傅衣凌著作集

休休室治史文稿补编

傅衣凌 著

中华书局

图书在版编目（CIP）数据

休休室治史文稿补编/傅衣凌著 . —北京：中华
书局,2008.5
（傅衣凌著作集）
ISBN 978 - 7 - 101 - 05581 - 8

Ⅰ.休…　Ⅱ.傅…　Ⅲ.史学 - 中国 - 文集
Ⅳ.K092.2 - 53

中国版本图书馆 CIP 数据核字（2007）第 034957 号

书　　名	休休室治史文稿补编
著　　者	傅衣凌
丛 书 名	傅衣凌著作集
责任编辑	王　勖
出版发行	中华书局
	（北京市丰台区太平桥西里 38 号　100073）
	http://www.zhbc.com.cn
	E - mail：zhbc@ zhbc.com.cn
印　　刷	北京市白帆印务有限公司
版　　次	2008 年 5 月北京第 1 版
	2008 年 5 月北京第 1 次印刷
规　　格	开本/880×1230 毫米　1/32
	印张 12¾　插页 4　字数 340 千字
印　　数	1 - 3000 册
国际书号	ISBN 978 - 7 - 101 - 05581 - 8
定　　价	33.00 元

傅衣凌夫妇合影

傅衣凌先生陪同郑天挺先生（右二）参观厦门大学人类博物馆

傅衣凌先生晚年病中与学生合影

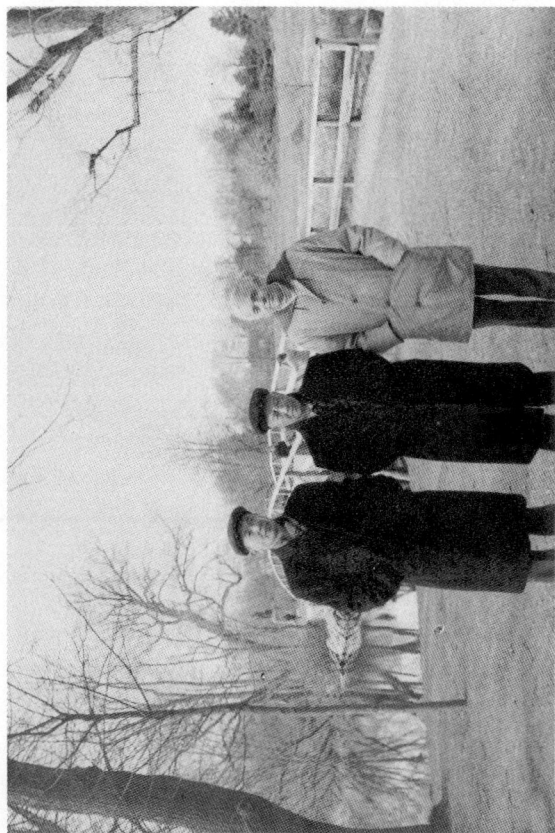

傅衣凌先生与孔飞力（左一）等在美合影

前　言

陈支平

中华书局准备出版《傅衣凌著作集》，作为傅衣凌先生的一名学生，这是我梦寐以求的大喜事。

傅衣凌先生，原名家麟，又称休休生，1911 年 5 月出生于福建省福州市的一个小康之家。1934 年毕业于厦门大学历史系，1935 年东渡日本，进法政大学研究院攻读社会学。1937 年回国后，从事农村经济史的研究。1941 年起，历任协和大学、福建学院、省立师专等校副教授、教授，福建省研究院社会科学研究所研究员兼文史组组长，在各高等院校讲授中国经济史、中国政治思想史、魏晋南北朝史、中国近代史、日本史。20 世纪 50 年代后，回母校厦门大学任历史系教授、系主任，历史研究所所长，副校长。他还是第五、六届全国政协委员，中国民主同盟中央委员、中央参议委员会委员、民盟福建省委副主任委员，中国史学会理事，中国经济史学会副会长，福建省社科联副主任、顾问，福建省历史学会会长，中国科学院历史研究所兼职研究员。1979—1982 年，先后赴美国、加拿大和日本访问和讲学，受聘为日本京都大学人文科学研究所客座教授。1988 年 5 月逝世于厦门大学。

傅衣凌先生是中国社会经济史学的主要奠基者之一，杰出的明清史学家。早在上世纪 30 年代，刚刚步入史坛的青年傅衣凌，就经历了中国社会史论战和农村性质论战的洗礼,他有鉴于歪曲中国历史的种种谬说,立志写作中国农民论、中国农村经济史。他以初步学习亚细亚生产方式理论的体会,吸收传统学术和日本史学、西方社会学、经济学、民俗学的长处,提出具有中国特色的社会经济史学方法而崭露头角。这就是:在搜集史料时,除正史、官书之外,应注重于民间记录的搜集,以民间文献证史;广泛地利用其他人文社会科学学科的理论、知识和研究方法,进行社会调查,把活材料与死文字结合起来,以民俗乡例证史,以实物碑刻证史。在探讨经济史中,特别注意地域性的细部研究和比较研究,从特殊的社会经济生活现象中寻找经济发展的共同规律。1939 年傅衣凌先生在永安福建银行经济研究室工作时,为躲避日机的轰炸,在距城十多里的黄历乡的一间老屋,无意中发现了一大箱民间契约文书,自明嘉靖年间以迄民国有数百张之多,其中有田契、租佃契约以及其他帐簿等等,他即依据这些契约整理成三篇文章,编为《福建佃农经济史丛考》一书,在福建协和大学出版,这是我国学者第一次引用民间契约文书研究中国社会经济史的著作,也是傅衣凌先生开创中国社会经济史学派的奠基之作。当时处于战争环境,交通隔绝,此书在国内流传不广,但很快被介绍到日本,成为战后日本史学界重建中国史学方法论的一个来源;尔后又由日本学者的媒介,传播到美国,成为美国五六十年代中国研究方法学的一个重要组成部分。

　　对于农村社会经济的探索,更进一步引发了傅衣凌先生的深层思索:中国的封建社会虽然经过农民军的猛烈冲击,封建地主势力却依然强大,封建土地所有制照样牢固存在着。对此,不能简单地从土地制度本身去寻求解答,还必须考察其他社会诸因素。这样他又把研究面从农村扩大到商业上面来。1946 年前后他写成《明代徽商考》发表。之后又把研究的视野扩展到陕西商人、苏州洞庭商人、福建海商以及明清时期的手工业等领域。在搜集史料中,他看到严如煜的《三省边防备览》一书,记载了清代中叶乾嘉时期四川、陕西、湖北三省边区手工业生产发达的情况。于是写了《清代中叶川陕湖三省边区手工业形态及其历史意义》一文。他在文章中指出,这些地区的手工业形态,已不是原始的家内工业的生产形态,而极接近于工场手工业的发展阶段。这篇文章是我国学者最先对中国封建社会后期工场手工业生产形态的探索,虽然当时尚未明确提出"资本主义萌芽"的概念,但它的开创意义是不言而喻的。

解放以后,傅衣凌先生倾心于研究中国资本主义萌芽和中国封建社会长期停滞诸问题。50年代初,他把研究重点放在明代的江南地区,也是先从农村经济开始探讨资本主义萌芽问题的。他在这个时期发表了一系列的论著,辑成为《明代江南市民经济试探》一书,同时,他把解放前对于农村经济史和商人商业史研究的成果加以补充提升,整理成《明清商人及商业资本》和《明清农村社会经济》这两部著作予以出版。这些著作具体地表明了他对于明清时期社会经济史和资本主义萌芽问题的认识。

傅衣凌先生一贯主张对于后期封建经济的分析,必须把中国资本主义萌芽和中国封建社会长期迟滞的现象结合起来一起研究,二者缺一不可。对前者主要看它的新生的、发展的因素,而对后者主要看它迟滞的、落后的一面。在这个思想指导下,他愈来愈有意识地把这两个表面上看来是矛盾对立的研究课题有机地结合起来,使他长期潜心研讨的心得融会升华,得出比较系统的见解。傅先生认为:"中国封建社会是以地主经济为中心的大统一的专制主义国家。"这种社会的结构,和马克思所说的那种等级森严、以土地分给尽可能多数的臣属为特征的欧洲或日本的纯粹封建社会有所不同。中国的封建土地所有制是"土地权力、商业资本、高利贷资本三位一体的综合体",官与绅、绅与商历来是互通的,而地主、债主、商人也是互通的,有的且是一身而二任焉。

中国的地主制，是食土而不临民的。地主阶级的经济权与政治权既有抱合又有分离；而且中国封建土地所有制的扩大，往往又和整乡、整族的移徙结合在一起，这就在皇室所有、贵族所有和私人地主所有之旁形成了一个个以家族同产制或乡族共有制面目出现的封建经济组织。土地所有制的这种特点，使得中国封建社会的统治形成了"公"和"私"的两个体系。"公"的体系是指封建政权，从一国、一省、一县以至乡，和官僚制度结合在一起，表现得非常错综复杂。而"私"的体系，则"集中了族权、神权、夫权等诸种力量，并巧妙地利用原始公社制和奴隶制的残余来进行统治"。这些特点造就了中国的封建经济结构十分牢固，既有落后性，又有灵活性。中国封建社会的发展，长期处于"早熟又不成熟"、"死的拖住活的"的状态。傅衣凌先生曾形象地把中国封建社会比喻为一种"弹性的封建社会"。

　　从研究新、旧两种因素的矛盾变化来把握社会经济的实质，这是傅衣凌先生研究明清社会经济史的基本构架。作为傅先生明清社会经济史研究的另一个基本构架，是把社会经济构成和阶级构成、阶级斗争联系起来考察。这诚如美国学者郑培凯先生所说："有人以为傅先生对明清时期阶级斗争的研究仅限于明末奴变、佃变、抗租之类，系他研究明清社会结构的副产品，并非他真正兴趣所在。其实不然，傅先生对农民战争所导致的巨大社会变革一直都有很强烈的研究兴趣。"傅先生研究阶级结构及阶级斗争的兴趣，旨在着重于说明它如何受社会经济发展程度的制约，以及它又如何反作用于经济基础的。因此，它不是纯粹的农民战争史的研究，而是作为社会经济史研究的一个有机组成部分。

　　由于这两个基本研究构架的结合，便形成傅衣凌先生明清社会经济史研究的总构架。傅先生把自己的研究范围总称为社会经济史，用于区别一般的中国经济史或国民经济史、经济制度史，其理由和特色即在于此。

　　傅衣凌先生对历史学的贡献，就在于他敢于突破传统或政治的成见，提出一系列富有启发性的、独特的见解。他在明清社会经济史领域的学术观点，人们所知较多，有的已成为权威性的结论。此外，他在中国史研究上的学术兴趣非常广泛，在他的文稿中，有关于原始社会的论述，有奴隶制的分析，封建社会史是他着力所在，从秦汉到明清，多有论述。少数民族建立的封建王朝如辽、金、元，他都有所探求。甚至近代史和民国史，他亦涉足其间，撰有专论。他侧重于社会经济，但对上层建筑，诸如政治制度、阶级斗争、历史人物、思想、民俗等等，亦作过许多探讨。其中不少意见，发人所未发，至今仍令人深省，饶有价值。只是这些成就，为他在明清社会经济史研究上的盛名所掩，不大为人所知罢了。80 年代以后，他所出版的著作主要有《明清社会经济史论文集》（1982 年）、《明清社会经济变迁论》（1989 年）、《傅衣凌治史五十年文编》（1989 年）、《明清封建土地所有制论纲》（1992 年）等。

　　傅衣凌先生曾经说过："我和古人相反，不自悔其少作，读书得间，颇有新见杂出其间，也不惜以今日之我与昨日之我相战。"数十年来，他经历了动乱而不平静的岁月，但他始终坚持真理、修正错误，不断探索。即使在晚年病重期间，仍然进行新的思考，提出了中国传统社会多元结构的论点，发人深省。近年来，我国著名经济学家吴承明先生多次在其论著中提到这一论点，所谓"傅衣凌先生在晚年提出'中国传统社会多元论'和'明清社会变迁论'。他认为，在 16 世纪中国的经济和社会、文化已发生走向近代的变化，但由于中国社会的多元结构，这种变化起伏跌宕，以至中断、后退，但到最后，并未能摆脱世界经济发展的共同规律"，"我想，这是自梁启超先生提出'近世'概念以后，对中国近代史最精辟的看法。我非常钦佩傅先生这个看法"。

　　傅衣凌先生是一位开风气之先的学者。他思路敏锐，好发前人所未发；学问渊博，征引史料常为前人所未见。读过他的论著的人，或以其堆积史料为嫌,却又不能不转引他发现的史料;或与他意见相左,却又不能不承认确有见地,寓有新意。这正反映了傅衣凌先生学术思想的魅力和影响。如今,傅衣凌先生所开创的中国社会经济史学,已引起了学术界的广泛兴趣,后继有人。傅衣凌先生的治学精神,无疑值得我们这些后辈学人认真继承和发扬。

此次《傅衣凌著作集》出版,中华书局嘱我予以整理编辑。为了尽可能地保持原貌,我按照傅先生已出版过的单本著作的先后次序进行编排,分为七编:一、《明清时代商人及商业资本》;二、《明代江南市民经济试探》;三、《明清农村社会经济》;四、《明清社会经济史论文集》;五、《明清社会经济变迁论》;六、《傅衣凌治史五十年文编》;七、《明清封建土地所有制论纲》。除此之外,其他一些未曾收入这些著作的论文,合为一编,根据傅先生生前的意愿,称之为《休休室治史文稿补编》。合在一起,共为八编。

由于傅衣凌先生的论著时间跨度大,前后历经半个世纪,各种出版体例不一;加上傅先生素以广征博引发掘珍稀史料见长,论著中所引用的一些文献资料,现在已经不易获见。因此,我在整理编辑过程中,除了注意体例的统一编排之外,也尽可能地对许多重要的文献引文进行核对校正。尽管如此,仍然有不少文献无从查找。所有疏漏之处,其咎在我,敬请方家学者批评指正。

最后,我要特别提到的是,林枫博士及研究生余清良、佳宏伟、晏雪平、卢增夫、李强、朱琼臻、周小霞诸位同学,为《傅衣凌著作集》的整理校对工作付出了大量的劳动。我谨向他们致以深切的感谢之情。

目　录

一 秦汉的豪族

一、豪族的来源

中国社会现象的资料之缺乏，这是治社会史的人所深切感到的；尤其在古代方面，既因文献无征，而历代的史家，又多为传统观念所束缚，所以尽有许多的社会现象为其所湮没，不复留一点的痕迹于人类的脑海里；或遂无闻于世。所以我们欲考见某种时代社会的真相，只能从残存的文献中，略略地叙述。

"豪族"为中国古代社会组织中的一种集团，发达于秦汉的时候，是当时社会、政治制度下的产物。虽然，在表面上看来，他不过是大宗族的团体，可是他们在社会上的地位，自然不是统治阶级，而又不同于普通民众，与中间阶级的士人、商人的地位较，也有点不同。而他在当时却有"无冠之王"的威力。这样奇异的团体，是怎样的产生呢？殊值得我们的考究。我已说过他是社会、政治的产物，所以关于他的来源，我们非明了当时的社会背景不可。

现在我们知道豪族为秦汉时代变质的大宗族组织。他或称"大姓"，也有叫做"著姓"，此外，还有其他的名称。这里，有一个问题，就是"豪族"从那里来呢？关于这个来历，据近人的研究，谓古代大族的后人，是有尊崇的地位的，我们只看僧侣阶级的"宗"，即彼居社会极高的地位。《国语》上有这么说：

> 使名姓之后，能知四时之生，牺牲之物，玉帛之类，采服之仪，彝器之量，次主之度，屏摄之位，坛场之所，上下之神，民姓之出，而

心率旧典者为之宗。①

宗便是"名姓之后",即是大族的后人。这虽是一个理由,但我却以为豪族的产生,乃基于贵族政治的破坏,大宗族制度发达的结果。我们知道周代为中国的封建制度的时代,父系的家族,已经成立,于是宗法便继之而起,而为其羽翼。所谓宗法:"别子为祖,继别为宗,继祢者为小宗。有百世不迁之宗,有五世则迁之宗",②"有五世而迁之宗,其继高祖者也,故祖迁于上,宗易于下。"③宗法最重宗子,宗子者,别子之后,世世的嫡长子,均谓之"宗子";宗子的各兄弟,统称做"支子"。宗子一系,既世世为大宗;各支子之后,均谓之"小宗",小宗须受支配于大宗。故在政治上有反映"天子有田以处其子孙,诸侯有国以处其子孙,大夫有采以处其子孙,是谓制度"。④ 而在社会上,宗之职能,即为"收族",《仪礼·丧服传》说:"大宗者,收族者也。"依《传》说:收族的工作有五:(一)祭祀,(二)燕饮,(三)扶养,(四)教导,(五)主持。其用意在巩固宗族的组织,使其有一定的秩序。所以自西周以迄春秋时代,政治的中心活动,差不多纯在贵族的手中,而贵族又率皆由公族而来。久而久之,便成为世卿制度,而大宗族的组织,也愈形巩固。所以虽贵族政治破坏的战国时代,如楚之屈、昭、景诸族,及孟尝、平原、信陵、春申四公子,在政治上仍占有相当的势力。其后六国因自身的矛盾,为秦所统一。秦虽统一六国,然六国的故家遗族,仍散处各地聚族而居,隐为民望,所谓"其势虽殁而独视也"。他们也不愿与齐民齿。虽失去了政权,而社会上对他们仍愿重视,犹不失为豪族,且依其旧日的威势,足以恐吓人们垄断一方。所以秦汉豪族的前身,多为六国的故家遗族。我们试看秦始皇灭六

---

① 《国语·楚语》。
② 《礼记·大传》。
③ 《礼记·丧服小记》。
④ 《礼记·礼运》。

国之后，便徙天下豪富于咸阳十余万口。至汉，徙族之举尤多：

> 臣愿陛下徙齐诸田，楚昭、屈、景，燕、赵、韩、魏后及豪杰名家，且实关中。无事可以备胡，诸侯有变，亦足率以东伐，此强本弱末之术也。上曰：善。乃使刘敬徙所言关中十余万口。[1]

> （高祖九年）十一月，徙齐楚大族昭氏、屈氏、景氏、怀氏、田氏五姓关中，与利田宅。[2]

至武帝时，尚有徙豪于茂陵。

> 偃说上曰：天下豪杰兼并之家乱众民，皆可徙茂陵，内实京师，外销奸滑，此所谓不诛而害除，上从之。[3]

这可见豪族的来源。他们的余孽，一直到了东汉末年才渐渐地消灭，尤足见其在社会上力量之伟大。其不徙入关中，仍散居各地者，亦颇不少，是均为其地的大姓，横行一方，握有相当的势力。不过"豪族"并非单从六国之后演变而来，而各地新兴的大族，乃大吏的子孙，也常常变为"豪族"。这是我们所当注意的。

二、豪族的组织

我们既明白豪族的来源，出于六国的故家遗族，所以他的人数，在社会上占着非常广大的数目，自然其内部成分的组织，是很复杂的。这样，才能握着社会的势力。现在我们先来看看"豪族"在秦始的社会，其人数究竟有多少？其聚集的地方多在哪里？

> 徙天下豪富于咸阳十二万户。[4]

---

① ［汉］班固：《汉书》卷四三《列传第一三·娄敬》。
② ［汉］班固：《汉书》卷一下《帝纪第一下·高祖下》。
③ ［汉］班固：《汉书》卷六四上《列传第三四上·主父偃》。
④ ［汉］司马迁：《史记》卷六《本纪第六·秦始皇》。

> 臣愿陛下徙齐诸田，楚昭、屈、景，燕、赵、韩、魏后及豪杰民家，且实关中。……上曰：善。乃使刘敬徙所言关中十余万口。①

> 汉兴立都长安，徙齐诸田，楚昭、屈、景，及诸功臣家于长陵。后世世徙吏二千石、高赀富人及豪杰兼并之家于诸陵；盖亦以强干弱枝。②

元朔二年，徙郡国豪杰及訾三百万以上于茂陵，《汉书·武帝本纪》：

> 太始元年，徙郡国吏民豪杰于茂陵，陵在云阳。③

这可见当时豪族数目之广大，多在关中一带之地，如长陵、茂陵等地。但其他的郡国，也常为豪族所聚之地，其数目亦颇非小，"王温舒由广平都尉，迁河内太守……捕郡中豪猾，相连坐千余家……至流血十余里"。④

但是"豪族"之内部组织的人物，到底是怎样的呢？依我看起来，其内部组织的人物，大概有三大部分。

（一）宗族"聚族而居"为我国家族制度的特色，这实为宗法施行的结果。所以古代的人，对于宗族的观念，非常之重。尤其大族的部分，他们更有严密的宗法，以保其宗之不失坠。为了这，所以豪族的第一个任务，在于保宗、收族，以为其组织的中心。只看当时豪族，都是聚族而居，便可以明白。

> 田儋，狄人也。故齐五田氏之族也。儋从弟荣，荣弟横，皆豪桀，宗强，能得人。⑤

① ［汉］班固：《汉书》卷四三《列传第一三·娄敬》。
② ［汉］班固：《汉书》卷二八下《志第八下·地理志》。
③ ［汉］荀悦：《前汉纪》卷第十五《孝武皇帝纪》。
④ ［汉］班固：《汉书》卷九〇《列传第六〇·王温舒》。
⑤ ［汉］班固：《汉书》卷三三《列传第三·田儋》。

济南，瞷氏宗人三百余家，豪猾，二千石莫能制。①

赵广汉，迁颍川太守，郡大姓原、褚宗族横恣，宾客犯为盗贼。②

第五伦字伯鱼，京兆长陵人也。其先齐诸田，诸田徙园陵者多，故以次第为氏，伦少介，然有义行。王莽末，盗贼起，宗族闾里争往附之。伦乃依险固，筑营壁。③

（二）养客。在战国时代的贵族，有一种风气，即竞行养客。如齐孟尝君的食客，有三千余人。而其他像赵平原、魏信陵、楚春申等，均养客以自雄。"豪族"虽是没落的贵族，然而他们哪里会忘记了政治，更为了社会的风气、传统的习惯，所以还广养宾客，而这般宾客又不能离开了他，去自找出路，为了这样的关系，宾客都成了豪族的内部人物，而宾客对于主人也尽有相当的义务。

夫不好文学，喜任侠，已然诺，诸所与交通，无非豪桀大猾，家累数千万，食客日数十百人。④

阳翟轻侠赵季、李款多蓄宾客，以气力渔食闾里。⑤

岑彭字君然，南阳棘阳人也。……彭将宾客，战斗甚力。⑥

冯鲂字孝孙，……其先魏之别支。秦灭魏，迁于湖阳，为郡族姓。王莽末，四方溃畔，鲂乃聚宾客，招豪杰，作营堑，以待所归。⑦

祭遵字弟孙，颍川颍阳人也。少好经书，家富给，而遵恭俭，恶衣服。丧母，负土起坟，尝为部吏所侵，结客杀之。初，县中以其柔

① ［汉］班固：《汉书》卷九〇《列传第六〇·郅都》。
② ［汉］班固：《汉书》卷七六《列传第四六·赵广汉》。
③ ［南朝］范晔：《后汉书》卷四一《列传第三一·第五伦》。
④ ［汉］班固：《汉书》卷五二《列传第二二·灌夫》。
⑤ ［汉］班固：《汉书》卷七七《列传第四七·孙宝》。
⑥ ［南朝］范晔：《后汉书》卷一七《列传第七·岑彭》。
⑦ ［南朝］范晔：《后汉书》卷三三《列传第二三·冯鲂》。

也，既而皆惮焉。①

（三）蓄奴。秦汉时代的中国奴隶经济，尚在发达的时候，故问人之富，有数奴以对者。如《史记·货殖列传》上说："……马蹄躈千，牛千足，羊彘千双，僮手指千，……此亦比千乘之家。"②而当时的豪族，袭其先世的余业，故蓄奴之风，亦颇盛。

> 留侯张良者，其先韩人也。……韩破，良家僮三百人。弟死不葬，悉以家财求客刺秦王，为韩报仇。③

> ……诸侯妻妾或至数百人，豪富吏民畜歌者至数十人，是以内多怨女，外多旷夫。④（按歌者亦奴隶之一种）

这可见当时蓄奴之盛。但家族为巩固其组织，并保存其身份起见，常与王家结婚，藉以援引。

> 郑崇字子游，本高密大族，世与王家相嫁娶。祖父以赀徙平陵。⑤

> 先是颖川豪杰大姓相与为婚姻，吏俗朋党。⑥

此外，在豪族之间，则互相结党，以充实力。

> 长安宿豪大猾，东市贾万，城西萬章、剪张禁、酒赵放，杜陵杨章等皆通邪结党，挟养奸轨，上干王法，下乱吏治。……⑦

这均反映出当时豪族结党之风之盛。而豪族之内部的组织的情形，也大概是这样了。

① ［南朝］范晔：《后汉书》卷二〇《列传第一〇·祭遵》。
② ［汉］司马迁：《史记》卷一二九《列传第六九·货殖》。
③ ［汉］司马迁：《史记》卷五五《世家第二五·留侯》。
④ ［汉］班固：《汉书》卷七二《列传第四二·王吉》。
⑤ ［汉］班固：《汉书》卷七七《列传第四七·郑崇》。
⑥ ［汉］班固：《汉书》卷七六《列传第四六·赵广汉》。
⑦ ［汉］班固：《汉书》卷七六《列传第四六·王尊》。

三、豪族的生活与行径

现在我们要问豪族的生活，是怎样呢？我从文献上的考察，觉得豪族的生活，都是非常的奢侈。因为豪族的经济力非常的充裕，差不多都"家累数千万"，所以汉如遇有什么饥馑，郡国仓廪还不足以赈贫，于是常"募豪人相假贷"。这可见出其经济力之雄厚。他们既有这么的经济力，自然生活方面，极其奢侈豪纵。

关于他们奢侈生活之可考见者，约述如下：

（一）营宫室

秦并天下……徙天下豪富于咸阳十二万户。……每破诸侯，写放其宫室，作之咸阳北陂上，南临渭自雍门以东至泾渭，殿尾屋复道周阁相属。①

陈相县人彭氏旧豪纵，造起大舍，高楼临道。②

（二）蓄姬妾歌女

诸侯妻妾或至数百人，豪富吏民畜歌者至数十人，是以内多怨女，外多旷夫。③

于是既庶且富，娱乐无疆，都人士女，殊异乎五方。游士拟于公侯，列肆侈于姬姜。乡曲豪俊游侠之雄，节慕原、尝，名亚春、陵，连交合众，骋骛乎其中。④

---

① ［汉］司马迁：《史记》卷六《本纪第六·秦始皇》。
② ［南朝］范晔：《后汉书》卷七七《列传第六七·黄昌》。
③ ［汉］班固：《汉书》卷七二《列传第四二·王吉》。
④ ［南朝］范晔：《后汉书》卷四〇上《列传第三〇上·班彪》。

(三)侈婚葬

太原、上党又多晋公族子孙,⋯⋯嫁取送死奢靡,汉兴,号为
难治。①

嫁娶尤崇侈靡,送死过度。②

兹再引仲长统一段话,以见当时豪族生活的总体相。

豪人之室,连栋数百,膏田满野,奴婢千群,徒附万计,船车贾
贩,周于四方,废居积贮,满于都城,琦赂宝货,巨室不能容;马牛羊
豕,山谷不能受;妖童美妾,填平绮室,倡讴妓乐,列乎深堂,宾客待
见而不敢去,车骑交错而不敢进,三牲之肉,臭而不可食,清醇之
酎,败而不可饮。⋯⋯③

因其为大宗族的生居,所以虽在家庭内,也极有一定的秩序。

李通字次元,南阳宛人也。世以货殖著姓,父守,身长九尺,容
貌绝异,为人严毅,居家如官廷。④

豪族的生活,既是这样的奢侈,而他的行径,也极端地放纵不轨,不
受法律的制裁;并恃势凌人,鱼肉民众。若分析起来,他们的行径,大概
是这样的:

(一)藏亡纳死。这本为游侠的行径,而豪族也常有之。"永始、元
延间⋯⋯红阳长仲兄弟,交通轻侠,藏匿亡命"。⑤

(二)干乱吏治。豪族因其为地方的重要人物,所以常故意犯法律,
而二千石也多不能制。

---

① [汉]班固:《汉书》卷二八下《志第八下·地理下》。
② 同上。
③ [南朝]范晔:《后汉书》卷四九《列传第三九·仲长统》。
④ [南朝]范晔:《后汉书》卷一五《列传第五·李通》。
⑤ [汉]班固:《汉书》卷九〇《列传第六〇·尹赏》。

　　济南，瞯氏宗人三百余家，豪滑，二千石莫能制。①

　　郡大姓原、褚宗族横恣，宾客犯为盗贼。前二千石莫能禽制。②

　　尹翁归拜东海太守，东海大豪郯许仲孙为奸猾，乱吏治，郡中苦之。③

　　（三）杀人行刺。豪族的行径，是那样地横恣，自然大为人们所不满，于是互相刺杀之风以起，甚或无故刺杀良人。

　　原涉字巨先，祖父武帝时，以豪杰自阳翟徒茂陵。……先是，涉季父为茂陵秦氏所杀，涉居谷口半岁所，自劾去官，欲报仇，谷口豪杰为杀秦氏，亡命岁余，逢赦去。④

　　董宣字少平……累迁北海相，到官以大姓公孙丹为五官掾。丹新造居宅而卜工以为当有死者，丹乃令其子杀道行人，置尸舍内，以塞其咎。宣知，即收丹父子杀之。⑤

　　（四）勾结官吏。豪族为肆行其横恣的举动计，于是不得不勾结地方官吏，或政府大员，以遂其奸，而官吏亦均乐与勾结，藉以互相朋比为盗，所以如遇有豪族被强吏所执时，必竭力营救之。

　　建素豪侠，宾客为奸利，广汉闻之，先风告，不改，于是收案致法。中贵人豪长者为请，无不至，终无所听。⑥

　　球迁南阳太守，以纠举豪右，为势家所谤，征诣廷尉抵罪。⑦

　　齐孝王孙刘泽交结郡国豪杰，谋反，欲先杀青州刺史，不疑发

----

① ［汉］班固：《汉书》卷九〇《列传第六〇·郅都》。
② ［汉］班固：《汉书》卷七六《列传第四六·赵广汉》。
③ ［汉］班固：《汉书》卷七六《列传第四六·尹翁归》。
④ ［汉］班固：《汉书》卷九二《列传第六二·原涉》。
⑤ ［南朝］范晔：《后汉书》卷七七《列传第六七·董宣》。
⑥ ［汉］班固：《汉书》卷七六《列传第四六·赵广汉》。
⑦ ［南朝］范晔：《后汉书》卷五六《列传第四六·陈球》。

觉,收捕,皆伏其辜。①

  大姓李子春先为琅琊伯(应为"相"),豪猾并兼,为人所患。憙下车闻其二孙杀人事,未发觉,即穷诘其奸,收考子春二孙自杀,京师为请数十,终不听。时赵王良疾病将终,车驾亲临,闻所欲言。王曰:素与李子春厚,今犯罪,怀令赵憙欲杀之,愿乞其命。②

(五)垄断社会事业。我们知道豪族既有财势,横行一方,那么社会上的事业,自被其垄断,而他们即从中取利。这与我们今日的乡绅,尚强占社会上的事业,是一样的。不过我们从文献上所能得到的只有下面的一件事。

  帝曾欲置常平仓,公卿议者多以为便,般对以"常平仓,外有利民之名,而内实侵刻百姓。豪右因缘为奸,小民不能得其平,置之不便"。③

(六)强奸妇女。这种的行径,在豪族间并不以为怪,而且认为必然的现象。

  阳翟轻侠赵季、李款多畜宾客,以气力渔食闾里,至奸人妇女,持吏长短,从横郡中。④

  长陵大姓尚方禁,少时,尝盗人妻,见斫,创着其颊,府功曹受赂,自除禁调守尉。博闻知,以它事召见,视其面果有瘢。博辟左右问禁:"是何等创也?"禁自知情得,叩头伏状。⑤

当时豪族的行径,类是这样的横恣,故为盗贼,鱼肉乡里,压迫民众。而民众畏其焰,尤甚于官吏。

---

① [汉]班固:《汉书》卷七一《列传第四一·隽不疑》。
② [南朝]范晔:《后汉书》卷二六《列传第一六·赵憙》。
③ [南朝]范晔:《后汉书》卷三九《列传第二九·刘般》。
④ [汉]班固:《汉书》卷七七《列传第四七·何并》。
⑤ [汉]班固:《汉书》卷八三《列传第五三·朱博》。

夫……宗族宾客为权利，横颍川，颍川儿歌之曰：颍水清，灌氏宁！颍水浊，灌氏族。①

严延年为涿郡太守，时郡比得不能太守。涿人毕野白等由是废乱。大姓西高氏、东高氏，自郡吏以下，皆畏避之，莫敢与忤。咸曰："宁负二千石，无负豪大家。"宾客放为盗贼，发辄入高氏，吏不敢追。浸浸日多。道路张弓拔刃，然后敢行。其乱如此！②

豪族的横恣的行径，从这里我们可以见出他们是到了什么程度，这样的行径，不消说和统治者的利益冲突。所以关于他们间的关系怎样，我将在下面详说。

四、豪族与统治者

从上面的这些话，所谓豪族的前身，乃六国的故家遗族及各地的大姓，拥有社会势力者。这本已为统治者所不喜。而他们的行径，又是那样地干法横恣，更处处与统治者的权利相冲突。所以对于他们也毫不客气地压服，使其就范，并且将其迁徙在京都的所在，以杜其奸谋。我们试看汉代的能吏，差不多都以"搏击豪强"称。

义纵为河内都尉，至则族灭其豪族民之属。③

王温舒由广平都尉，迁河内太守……捕郡中豪猾，相连坐千余家……至流血十余里。④

特征为洛阳令，搏击豪强，莫不震栗。⑤

而汉代并于豪族会集的长安，特设（一）京兆尹及长安令，（二）执金

---

① ［汉］班固：《汉书》卷五二《列传第二二·灌夫》。
② ［汉］班固：《汉书》卷九○《列传第六○·严延年》。
③ ［汉］班固：《汉书》卷九○《列传第六○·义纵》。
④ ［汉］班固：《汉书》卷九○《列传第六○·王温舒》。
⑤ ［南朝］范晔：《后汉书》卷七七《列传第六七·董宣》。

吾,(三)司隶校尉,专门以"搏击豪强,擒奸讨猾"为事。统治者对于"豪族",虽然是用这样严酷的手段,然而豪族对于统治者也时存反抗之心。如秦与新莽之政权的移转,虽由其社会之内部矛盾的展开,但为其中心人物者,豪族实占一个的地位。所以我们试看秦之崩溃,而其反抗者,差不多全为豪族中人。如:

> 项籍字羽,下相人也。初起,时年二十四,其季父梁,梁父即楚将项燕者也。家世楚将,封于项,故姓项氏。①

> 田儋,狄人也,故齐王田氏之族也,儋从弟荣,荣弟横,皆豪桀;宗强,能得人。②

> 魏豹,故魏诸公子也。其兄魏咎,故魏时封为宁陵君,秦灭魏,为庶人。陈胜之王也,咎往从之。③

这可见出他们的力量,盖人情囿于所习,故其政权虽已殁落多时,然其余威遗泽,尤足以号召一时,实在的,他们还有多少的力量呢?再看(王)莽的失败、光武的复兴,也陷入同样的情形。而豪族的力量,更十分地表现出来,他们不仅足以左右时局,且俨为一方之长,拥堡自固。

> 舞阴大姓李氏拥城不下,更始遣柱天将军李宝降之,不肯。④

> 郭伋字细侯,扶风茂陵人也。高祖父解……王莽时为上谷大尹,迁并州牧。更始新立,三辅连被兵寇,百姓震骇,强宗右姓,各拥众保营,莫肯先附。⑤

而光武的中兴,实在也半赖于"豪族"的力量。

---

① [汉]班固:《汉书》卷三一《列传第一·项籍》。
② [汉]班固:《汉书》卷三三《列传第三·田儋》。
③ [汉]班固:《汉书》卷三三《列传第三·魏豹》。
④ [南朝]范晔:《后汉书》卷二六《列传第一六·赵熹》。
⑤ [南朝]范晔:《后汉书》卷三一《列传第二一·郭伋》。

　　寇恂字子翼，上谷昌平人也，世为著姓。①

　　耿弇字伯昭，扶风茂陵人也。其先武帝时，以吏二千石，自巨鹿徙焉。②

　　刘植字伯先，巨鹿昌城人也。王郎起，植与弟喜，从兄歆，率宗族宾客，聚兵数千人据昌城。闻世祖从蓟还，乃开门迎世祖。③

　　这里，两者之间的关系，可见其常处于对立的地位。故宗族豪杰不见容于统治者，但他们却不肯示弱，乘机以倾覆其政权。这是值得注意的。

五、豪族的潜伏

　　秦汉时代的豪族势力的膨胀，其活动的情形，既如上述。可是他们的势力，从什么时候开始消灭呢？依我们看来；自东汉以后，即开始慢慢地消灭。但推测其原因有二：若从外面的说来，即为统治者的压迫；而其内部组织之开始崩坏，尤为不可掩的事实。

　　（一）统治者的压迫。我已在上面说过汉代的能吏，多以搏服豪强称。所以西汉的郅都、宁成、尹赏、王温舒、赵广汉等，东汉的董宣、樊晖、李章、周纡、黄昌、陈球等，都是其中的出色人物。而其手段的残忍，至于"积骸满阱，漂血十里"。温舒有虎冠之吏。王温舒为中尉，穷治奸猾，尽糜烂狱中，其爪牙吏虎而冠者也。延年受屠伯之名。严延年为河南太守，所诛杀血流数里，河南号曰屠伯，言之屠人若杀六畜也。我们虽至今日，就可想见其暴威的一二。故豪族虽倔强不法，然终不能不慑服于暴力之下。

① ［南朝］范晔：《后汉书》卷一六《列传第六·寇恂》。
② ［南朝］范晔：《后汉书》卷一九《列传第九·耿弇》。
③ ［南朝］范晔：《后汉书》卷二一《列传第一一·刘植》。

　　(二)内部组织的崩坏。"豪族"是一种大宗族的组织,这是我们所晓得的。但他们欲维持这种组织的不坏,必有相当的财力。豪族虽席其先世富裕的产业,以保宗收族,可是这不能持久。所以"豪族"在西汉虽盛极一时,横恣不可一世。而自东汉以后,则销声匿迹,况且他们的行为,极为统治者所忌,处处地压迫呢!

　　为了这两个的原因,所以豪族的声焰,渐开始消减。更因东汉末年的大乱,社会的秩序,大起动摇,而豪族遂亦随这大变动而俱渺,于是急流直转,豪族乃不得不潜伏,所以在东汉以后的社会组织中,我们见有门阀与乡绅的力量,实即为豪族之变相的活动,然而他们终为史家所忽视,所以"豪族"这两个字,也许尚不在人们的脑海里留点痕迹。

　　编者按:秦汉的豪族,为春秋封建制度下的遗物,他们的行径,处处有"任意"的色彩(此本封建时代意识之一种,封建时代的统治者,是不把对方看做人的)。所以在商品化的汉代社会,是非常不适合的(参看本文)。汉代的统治阶级是自由地主的代表,汉代的社会,已进到"佃耕制"的时代(或亚细亚式的前资本时代),所以这一般反时代的东西,纵能挟其前期的力量,夸耀于一时,终亦不免崩溃而消灭了,此亦可为佃耕社会之一证,——虽然衣凌先生草此文时,尚未知中国社会史论史上,有这么一种的新主张。

　　　　　　　(原文发表于《现代史学》第 1 卷第 1 期,1933 年。)

二 论中国的生产方式与农民

一、叙言

研究经济史难,尤其是研究中国的经济史,更不知有了多少的困难。经济的现象是非常复杂的,我们常见在同一的社会里面,包含着许多不同的生产方式,很容易发生误会,错把封建社会的生产方式,当做资本主义社会的生产方式,所以乌里亚诺夫对于1921年俄罗斯现存现象的经济关系,是这样地划分:

第一——家长制的农民经济(大部分是自然经济);

第二——商品小经济(出卖农产物的农民大多数属于这一类);

第三——私经济的资本主义;

第四——国家资本主义;

第五——社会主义;

这可见经济划分的不易,所以我们在一个社会里,绝不能机械地说只有一个单纯的经济关系,而无其他的成分驳杂着。只就这一点,我们可以推想得出研究中国经济史是到了怎样困难的程度。

"社会史论战",是中国近来学术界底一桩大事。自从公孙愈之、陶希圣这一干人在革命回想期所写的文章,一直的到了现在,战士愈打愈多,文章也出了不少,可是"中国是怎样的社会呢?"这个问题,却无人能够置答,即连中国经济发展的途径,也还没有正确的理解。这场论战,我觉得很失望,因而我近来颇潜心于经济史的研究,认定经济是社会底下层基础。假如此路不通,则社会史将永无解决的可能。试看经济史认识的薄弱,对于中国社会有那样光怪陆离的认识,就为着经济史认识的薄弱，他们全是机械的说法，拿西洋的学说，来刻画中国的社会，而尤自封建经济崩坏后，秦汉时代——这长期里的中国经济，更弄得一团糟，他们大概不是忘记了中国经济发展的特殊性，就是不以生产方式为割分的标准。

马克思说："在大体的轮廓上，亚细亚的、古典的、封建的及近代有产者的生产方法是可以表识为经济的社会结构之延长的各个时代。"①马氏的意思，就是指出中国社会的特殊性，她底经济的发展，并不与欧洲全然相同的，而自有其特殊的亚细亚的生产方式。所以我研究中国经济发展的形态，除以殷代为民族社会，西周和东周初年为封建社会，自战国秦到了清代鸦片战争前，在这长期里，我想，应该划分做隶农制。这是什么理由呢？

因为我觉得这长期里中国的生产者——农民，既非农奴，又不是佃农，若是佃农则尚有独立的身份，自己的私有财产，除偿还地主的地租外，还有其余的时间为自己劳动，仍不能自营生活，且有许多土地，尚在地主手中，但一面商业资本、高利贷资本像飓风一般，吹进了农村，正陷在这样的苦况中，而封建的残余利用其生产工具与经济外的强制，依旧把农民束缚在土地上，而地主们又可以不守封建的牵绊，得自由处理；这样迫得农民不得不隶属于地主，像晋代的佃客、宋代的客户，便可为很好的例证。故其所过的生活，较诸欧洲佃农不如远甚，且有极严密的隶属关系，所以我特指出此时期的生产方式与隶农为中国农民的本质。

前者陈啸江先生曾分此期为"佃庸制社会"，识力远大，惠我实深。惟从文献上的考察，似中国的农民生活，尚未到此种程度，若为佃庸制，则应该商业资本有非常的高涨，而中国亦可与欧洲各国走同一的路径，不至长期逗留在这样可怜的状况里了。质之陈先生以为然否？

---

① ［德］马克思著，郭沫若译：《政治经济学批判》序言，神州国光社1921年版。

二、中国封建制度的崩坏

隶农为中国特有的生产方式,他不是封建的,自非资本主义的,而为最典型的亚细亚社会的生产方式。这种的生产方式建立于封建制度崩坏之后。这里,我们要先明白当西周和东周初年的时候,中国曾有过封建制度的时代。可是关于封建制度的制度的解释,说者纷纷,莫衷一是。依乌里亚诺夫的意见,则为第一是自然经济的统治。农奴的地主经济应该是自足的、闭关的整体,和外界的关系十分淡薄。第二在这种经济中必需一般的生产工具,特殊将土地分配给直接生产者;并且——还要把他束缚在土地上,因为不如此便不能为地主保证工作。第三此种经济制度底条件,是农民对地主的个人依赖性。第四此种经济制度都是极端低等的、窳败的技术状况。[①] 因此,可知封建制度非仅为政治上的名词,而实建立于自然经济的基础上,农奴除取得其必要的生产品外,其余时间差不多都为地主服役,并纳相当的生产物地租。

这是封建制度的真粹处,然而我们到了春秋、战国时代,这样的情形,渐渐是不能维持了。其最明显是:

第一,生产技术的进步:

A. 铁器使用的扩大,关于中国铁器时代,近来学者多有所述,据章鸿钊所著的《中国铜器铁器考》,章氏因不信《管子》的缘故,谓粗铁之兴,始于战国。但《左传·昭公二十九年》"赵鞅、荀寅……遂赋晋国一鼓铁,以铸刑鼎,著范宣子所为刑书焉"。事虽后于《管子》,然古代鼎皆用铜,此独用铁,且有赋铁之事,可见自春秋时铁之使用已广,由此可知

---

① ［俄］列宁:《俄国资本主义的发展》,春秋书店 1930 年版。

农器、手工业器具之用铁。

B. 牛耕的开始。牛耕不始于赵过,历代学者已多有疑之者。可惜他们都缺乏确实的确据,直到近来徐中舒先生依先秦的实物来说明,故确信无疑。他说:"牛耕的开始,今唯于古代遗物中求之,确是先秦以前物。此种大农具,决非人力所能胜任,故由此物即可推知先秦以前已有牛耕。但亦不得在战国以前。"①

C. 人工灌溉的发达。"西门豹引漳水溉邺,以富魏之河内。而韩闻秦之好兴事,欲罢之,毋令东伐。乃使水工郑国,间说秦,令凿泾水,自中山西邸瓠口为渠。并北山东注洛三百余里,欲以溉田,中作而觉。秦欲杀郑国。郑曰:'始臣为间,然渠成,亦秦之利也。'秦以为然,卒使就渠,渠就,用注填阏之水,溉泽卤之地四万余顷,收皆亩一钟。于是关中为沃野,无凶年,秦以富强,卒并诸侯"。②

第二,田制的破坏。是亦为一重要的事实,大概当时田制破坏最明显的事实有二:

A. 行爰田。爰田亦曰辕田,始见于《左传·僖公十五年》,"晋于是乎作爰田"。关于爰田制的解释,孟康说:"三年爰土易居,古制也。末世浸废。商鞅相秦,复立爰田。上田不易,中田一易,下田再易。爰自在其田,不复易居也。"③《汉书·食货志》又云:"民受田,上田夫百亩,中田夫二百亩,下田夫三百亩。岁耕种者为不易上田地,休一岁者为一易中田,休二岁者为再易下田。三年更耕之,自爰其处。"④爰田实行的结果,就使农民可不束缚在土地上面,而能自爰其田。

B. 开阡陌。《史记·商君列传》云:"鞅为大良造,……筑冀阙,

---

① 徐中舒:《耒耜考》,《史语所集刊》第 2 卷第 1 期,1930 年。
② [汉]司马迁:《史记》卷二九《书第七·河渠》。
③ ·[汉]班固:《汉书》卷二八下《志第八下·地理下》。
④ [汉]班固:《汉书》卷二四上《志第四上·食货上》。

……集小都乡邑聚为县，置令丞，凡三十一县，为田开阡陌封疆。"①这里，就是开阡陌，就是土地可以买卖，农民得有自己私有的财产，脱离地主，而土地的兼并，亦随之特别加烈，应值得我们大书特书。

生产技术的变动与改良，自然社会生产力渐见增加，所以在春秋、战国后，我们常见许多的生产品，已变成商品。《史记·货殖列传》上说：

> 夫山西饶材、竹、榖、纻、旄、玉石，山东多鱼、盐、漆、丝、声色；江南出楠、梓、姜、桂、金、锡、连、丹沙、犀、玳瑁、珠玑、齿革；龙门、碣石北多马、牛、羊、旃裘、筋角，铜、铁则千里往往山出棋置，此其大较也。②

生产品既变成商品，于是货币的流通以起。

> 太史公曰：农工商交易之路通，而龟、贝、金、钱、刀布之币兴焉……齐桓公用管仲之谋，通轻重之权，徼山海之业，以朝诸侯，用区区之齐显成霸业。③

此外，关于货币流通的痕迹，亦随处可见，有商品，有货币，必然地产生了大工商业与许多的商业市场，像《史记·货殖列传》所载：

> 陶朱公以为陶天下之中，诸侯四通，货物交易所也，乃治产积居，与时逐而不责于人，……十九年之中三致千金……子孙修业而息之，遂之巨万。

> 子赣既学于仲尼，退而仕于卫，废著鬻财于曹、鲁之间，七十子之徒，赐最为饶益。

> 白圭，周人也，当魏文侯时，李克务尽地力，而白圭乐观时变，故人弃我取，人取我与，……能薄饮食，忍嗜欲，节衣服，与用事僮

---

① ［汉］司马迁：《史记》卷六八《列传第八·商君》。
② ［汉］司马迁：《史记》卷一二九《列传第六九·货殖》。
③ ［汉］司马迁：《史记》卷三〇《书第八·平准》。

仆同苦乐,趋时若猛兽鸷鸟之发。

　　　猗顿用盬盐起,而邯郸郭纵以铁冶成业,与王者埒富。①

与工商业同时发达的尚有高利贷资本之活动,我们看孟尝君遣冯谖赴薛收债、焚券的事实,便可明白,至春秋、战国时代的市场,是怎样呢。

我们晓得封建时代之城为贵族自卫的堡垒,范围极小。但到春秋时代,因商业发达,旧有的堡垒,不足以供贸易,故筑城之举屡见。及到战国时代,则其范围愈扩大,而繁华热闹的程度,也达于极点。依《史记·货殖列传》所载,当时著名的都会,有咸阳、洛阳、江陵、颍川、南阳……其他如邯郸等,亦均为有名的都会。

从这样的情形看来,中国商业的发达,已到了相当的程度。于是封建的自然经济的基础,遂完全被这可怕的商品的魔力推翻殆尽而崩溃了。

三、高利贷商人资本与封建残余的结合

自战国以后,中国的封建经济已成强弩之末,被高利贷商人资本的势力所渗透而变质了。它早非单纯的自然经济,而间杂着许多的新成分,农民自行了爰田、阡陌之后,可不再束缚在土地上面,而商人阶级则活跃于当时的社会上,像吕不韦这些人,一跃而为卿相。庄严华丽的秦朝,即建立在这个基础上。依这样的讲来,中国当很早地踏上资本之路,成立一个资本主义的国家。然而事实却不如此,中国反长期地陷落于高利贷商人资本与封建残余的结合的剥削制度中。而秦朝也历了十五年而崩坏。这个谜,真不知多少的人在谜着,却没有一个能猜得着。

_____

① ［汉］司马迁:《史记》卷一二九《列传第六九·货殖》。

它的原因很多,一为地理的关系,没有殖民地的刺激;二为蛮族的侵入,扰乱中国经济发展的步骤。这虽都不失为一个原因,而最有力的,厥在经济之内部的结构,看看生产力和生产关系能否适应,和社会上有没有此种的要求,有踏上工业资本的可能?关于这个原因,我引了乌里亚诺夫关于俄国自然经济崩坏底经济的情形,很可以拿来比拟。

> 劳役的经济制度,因农奴法之废除而破坏。……农民经济脱离了地主经济;农民可赎回自己的土地作为百分之百的私有物,地主们——则转入资本主义的经济制度。我们已经说过两个制度之在极端相反的基础上。但是向着完全不同的制度之转变,当然不能马上完成,其所以不能者,因为有两个不同的东西,第一资本主义所要求的那些条件,目下还没有,需要一个阶级的人,他们习于雇佣劳动,需要地主的家具,来代替农民的家具;需要把农业的组织同别的一切工商业的企业一样,而不能把他当作一种老爷事业来做。而所有这些条件只有慢慢地才能成立,在农民改革之后最初几年有些地主企图赎买外国机器甚至雇佣外国工人,结果不能不归于完全的可笑的失败。不能马上转变到资本主义的第二个原因,是因为旧的劳役的经济制度,虽然破坏了,但是还没有最后的消灭。农民经济还没有完全脱离地主经济,因为还有很多的农民分有地在地主手中,如"割裂地"森林、草地、水池、牧场等等。农民没有这些土地完全不能够经营独立的经济,而地主们用这些方法倒可以继续旧时的经济制度,还用劳役的方法。"经济外的强制"之可能依旧存在:如短期义务状况,轮流帮工制,派用农民的车辆,分配农民去做社会工作等等。①

这里,我们要先问中国自封建经济崩坏后,果具有资本主义的条件

---

① [俄]列宁:《俄国资本主义的发展》,春秋书店1930年版。

吗？当时的生产力能否和生产关系互相适应，然而事实告诉我们，战国、秦时代中国的高利贷商人资本虽绝活跃于一时，打碎了自然经济的堡垒。可是他们犹未能占绝对优势的地位，而且资本主义所要求的条件，目前还未能达到。至若社会上我们依旧可以看见残余的封建集团的活动，故秦始皇虽借其商业资本的力量，消灭了六国，但六国的豪族，还享有社会上底许多的特权。这样，还不可避免地展开了。于是纯粹代表商人阶级的利益秦朝，在刚过了十五个年头，戍卒一呼，而农民暴动遂布满天下。暴动的结果，在这青黄不接的当儿，造成中国经济暂时的落后，像汉代的初年，将相或乘牛车的情况，齐民无藏盖，便可以知道。

现在我们要注意到中国广大的农民暴动的队伍，常有投机的封建残余分子的揽入，这些分子就应用其欺骗的手段，利用农民群众推翻旧的统治者，而自己像代表农民的利益般，乘机来夺取政权。当这些封建分子取得政权成功的时候，自不会忘记他们自己底阶级的利益，来援助农民。于是农民依旧束缚在封建的压迫中。而这些封建分子对于商人阶级之会侵蚀其他阶级的利益，也是非常地痛恨，惟一的政策，就是压迫，像汉代的重农抑商的政策，及禁商人的活动等。然而自然经济之不可能，这是人所尽知，为了交换的频繁，商业资本又复活跃于市场上，其势力也很不可忽视，所以汉武帝也不得不应商人阶级的要求而有击匈奴、开西域底商路的战事，不然，卜式等为什么白白地把他们的财产交给政府呢！所以自汉代以后的中国经济是代表三位一体底具明的表示。

中国经济的落后底最有力的原因，已如上述。同时因为地理环境特殊的缘故。我们知道中国文化活动的地方，在于河流——黄河与长江流域，由河流的航行直接转到海洋的航行，就非常的困难，而西北则山峦重叠，交通不便，故虽有商人想努力把剩余品向国外发泄，而终不可得,也就有地理因素,而东北、西北的蛮族,常思向中原的河流地方活动,于是当这些蛮族侵入成功时,反使中国造成一时的退步,虽然,其间也有例外。

因此,中国的商人资本既无路可走,于是转过来把资本投在土地上面,和封建集团共同的压迫,把农民陷入非人的生活。我们知道农民生活的不良,常为技术改革的阻碍,因为在"经营的封锁和孤立,从属农民的贫困卑屈,实行改良的可能也没有了。特别雇役经营中劳动的报酬,比之使用自由工银劳动的场合还低廉呢。而低廉的工银,在机械的使用上成为重大的障碍"。① 并且他们又无殖民地的刺激,更无须改良技术,以制造过剩的生产品。所以在这样情形之下,中国经济发展的地方,只限于他底国内,全没有外来因子的活动。故其发展是非直线的,或为毫无变动的,而有循环率的作用。就是经济发达达到相当的程度,便行崩坏,继之以暂时的落后,这样地一直循环下去(此意详在我所拟著《中国经济史之循环率的研究》中)。但我们要注意到这个循环期限,乃各不相同的,而后来的循环期常较前者为进步。末了我还申明一句话,即上文所谓落后,乃指程度的差等而言,非说复原到自然经济,这要请读者注意。

四、隶农的本质

现在就要轮到讨论本文所谓的隶农的问题。隶农是什么样东西,他们所代表的是什么? 这似是困难,而实很简单。譬如有人问农奴是什么东西? 我们可以无疑地说:农奴是适应封建社会必须的产物。那末,我们也同样地说:他是中国历史的特殊现象——适应的经济关系底

---

① [俄]列宁:《俄国资本主义的发展》,春秋书店 1930 年版。

必然的产物,而代表亚细亚社会的生产方式,他们不是农奴,亦非佃农,而为一种的隶农。关于他的本质,将在下面详细之。

(一)中国农民的重负

我们晓得在封建时代,地主予农民以分有地,农民则为地主劳动,以取得生活必需品。其支付的形态,有所谓地租与力役。上面已说过中国为了特殊的关系,未能急速地走上资本主义之路,而变为高利贷、商人资本与封建经济三位一体的东西。所以使中国的经济,长期地陷落于停滞不进的状态中。于是此时活动的人物,多属于上面所说的两大集团,而其活动的战场,仍在土地上面,故中国地主的前身,不是商人阶级,便是封建贵族。因此,中国的农民除受了封建的剥削外,还要受高利贷和商品经济的侵蚀。有地租,又有力役,还有可怕的商品摆在眼前。

现在试举唐代的税赋,以代表中国农民负担之一斑。

武德七年始定均田赋税,凡天下丁男十八以上者,给田一顷,笃疾废疾给四十亩,寡妻妾三十亩。若为户者加二十亩,皆以二十亩为永业,其余为口分。永业之田,树以榆桑枣及所宜之木,田多可以足其人为宽乡,少者狭乡,狭乡授田减宽乡之半,其他(应为“地”)有薄厚,岁一易者倍授之,宽乡三易者不倍授。工商者,宽乡减半,狭乡不给,凡庶人徙乡及贫无以葬者,得卖世业田,自狭乡而徙宽乡者得并卖口分田,已卖者不复授,死者收之,以授无田者。凡收授皆以岁十月授田,先贫及有课役者;凡田,乡之有余,以给比乡;县有余,以给比县,州有余,以给比州。凡授田者丁岁输粟二石谓之租。丁随乡所出,岁输绢绫絁各二丈,布加五之一;输绫绢絁者,兼调绵三两;输布者麻三斤,谓之调。用人之力,岁二十日,闰加二日;不役者,日为绢三尺,谓之庸。有事而加役二十五日者,免

调；三十日，租调皆免。通正役并不过五十日……①

这可观农民负担之重。其间虽不无变动，大体上还是如此。这种剥削形态，的确是最典型的亚细亚社会底地租与力役，较诸封建的剥削，还进一步。因为在封建时代，尚为自然经济，此时则不然了，农民不但为地主作必须的劳动，且须为地主累积剩余品，以应市场的要求，还只有在农民身上加紧地剥削。一面因土地的大兼并，而地主又可以不守封建的信条，任意驱逐农民，常使农民有失地之苦。这样，农民为谋生存起见，宁可依赖于地主而为隶农，因为隶农除负了地租之外，不必再负国家的劳役，在表面上虽说是自由农，实际还不如隶农的自由。

(二)农民之农奴化

基于上面的原因，中国农民是较农奴还不如了，兹试从文献上的考察，引两三个例，以见农民之农奴化。

其一则为晋代的佃户：

> 佃客起于晋初，王公贵人各自占荫，以官品为差，多者四五十户，少者一户，《文献通考》卷十一："晋武帝平吴之后，令王公以下得荫人为衣食客及佃客，官品第一第二者，佃客无过五十户，三品十户，四品七户，五品五户，六品三户，七品二户，八品九品一户。"又东晋"官品第一第二佃客无过四十户，每品减五户，至第九品五户"。其五人号曰大家，"其客皆注家籍，皆无课役，其佃谷与大家量分"（《通考》原文）。盖一种农奴制也。②

第二则为宋代的客户、佃客：

> 川陕豪民多旁户，以小民役属者为佃客，使之如奴隶，家或数

---

① ［元］马端临：《文献通考》卷二《田赋考二·历代田赋之制》。
② 梁启超：《中国文化史》，商务印书馆1922年版。

十户,凡租调庸敛悉佃客承之。①

宁宗开禧元年,夔州路转运判官范荪言:"本路施、黔等州荒远,绵亘山谷,地旷人稀,其占田多者,须人耕垦,富豪之家,诱客户举家迁去。乞将皇祐官庄客户逃移之法校定,凡为客者,许役其身,毋及其家属;凡典卖田宅,听其离业,毋就租以充客户;凡贷钱止凭文约交还,毋抑勒以为地客;凡客户故,其妻改嫁者,听其自便,女听其自嫁。庶使深山穷谷之民,得安生理。"刑部以皇祐逃移旧法,轻重适中,可以经久,淳熙比附略人之法太重,今后凡理诉官庄客户,并用皇祐旧法,从之。……②

从上面的例子,我们了然中国农民的生活,还赶不上农民生活的水平线,差不多全隶属地主,哪里像欧洲的佃农有独立的身份? 此外,伴随这个制度而同时产生的,还有一个"欠债还利"的办法。

至道二年,诏江南、两浙、福建州军,贫人负富人息钱无以偿,没入男女为奴婢者,限诏到,并令检勘还其父母,敢隐匿者治罪。③

为更欲认识中国农民生活的真相,兹再引宋人底一段话,来互相参证。苏老泉曰:

周之时用井田,井田废,田非耕者之所有,而有田者不耕也。耕者之田资于富民,富民之家地大业广,阡陌连接,募召浮客,分耕其中,鞭笞驱役,视以奴隶,安坐四顾,指麾于其间。而役属之民,夏为之耨,秋为之获,无有一人违其节度以嬉! 而田之所入,已得其半,耕者得其半。有田者一人而耕者十人,是以田主苟不其半以至于富强,耕者日食其半以至于穷饿而无告。夫使耕者

---

① [元]脱脱:《宋史》卷三〇四《列传第六三·刘师道》。
② [元]脱脱:《宋史》卷一七三《志第一二六·食货上一》。
③ [元]马端临:《文献通考》卷十一《户口考二·历代户口丁中赋役》。

致于穷饿,而不耕不获者坐而食富强之利,犹且不可,而况富强之民,输租于县官,而不免于怨叹嗟愤。何则? 彼以其半而纳县官之税不若周之民以其全力而供其上之税也。周之十一,以其全力而供十一之税也,使以其半供十一之税,犹用十二之税然也,况今之税,又非特止于什一而已,则宜乎其怨叹嗟愤之不免也。噫! 贫民耕而不免于饥,富民坐而饱且嬉,又不免于怨。其敝皆起于废井田。……①

(三)中国农民暴动的特质

为了这个缘故,中国农民暴动底特质,非徒反抗地主们底惨酷的压迫,而尤其痛恨那些杀人不见血的商人阶级,用了商品经济的力量,吮吸他们的膏脂。所以当唐代黄巢暴动攻陷广州时,他杀死了很多的外国人。

　　据当时阿剌伯商之旅行记,则当乾符五年黄巢陷广州时,回教徒、景教徒、祆教徒被害者已十二万人,则外国人流离之多可想。②

这便是一个好例,黄巢为什么杀死这些外国人呢? 就是当时的外国人,多做商业的勾当,来诈取中国的农民。至如农民之反抗地主,差不多为历代农民暴动的本色。不过这里我要特地提出中国农民暴动的特质,有含着这样底意义。

五、市民英雄与封建专制主义

中国经济的本质,既如上述。所以在中国历史上,我们不见有代表商业资本底市民英雄的活动,到处只见封建专制主义者的猖狂。而封建专制主义为保持其势力底均衡计,也特别地压制市民英雄的活动。

---

① ［宋］苏洵:《嘉祐集》卷五《衡论下·田制》。
② 梁启超:《中国文化史》,商务印书馆于1922年版。

虽有时也受社会底经济关系的刺激,产生了所谓的市民英雄,但这新兴的势力,究竟有限,其社会的基础,亦未稳固,而旧有的势力,遂乘机围攻,于是这昙花一现的市民英雄,一忽儿便都为历史的陈迹了。兹随举一例说明。

王安石谁都承认他是一个大政治家,主张变法,然而不免失败,这是什么缘故呢?历代的史家囿于成见,对于这桩大有历史意味的大事体,差不多没有下过正确的批评。王安石的失败,不是由于历史上所描写的那样的坏人,至若司马光那般旧党也不是地道的正人君子。实际上,宋代新旧党之争,实为两种阶级利益之冲突的斗争,各有其后台老板。我们已明白中国经济为周期的循环率的发展,所以宋代的经济状况,大体上,反较唐代为退步,故封建地主阶级占着社会大优势。那末,此时的一切活动,自当以封建地主利益为前提,但是我们试看王安石的政策,是代表哪个阶级的利益。

> 二年二月,拜(安石)参知政事,上(神宗)谓曰:"人皆不能知卿,以为卿但知经术,不晓世务。"安石对曰:"经术正所以经世务,但后世所谓儒者,大抵皆庸人。故世俗皆以为经术不可施于世尔。"上问:"然则卿所施设以何为先?"安石曰:"变风俗,立法度,正方今之所急也。"上以为然。于是设置三司条例司,命与知枢密院事陈升之同领。安石令其党吕惠卿预其事,而农田、水利、青苗、均输、保甲、免役、市易、保马、方田诸役,相继并兴,号为新法,遣提举官四十余辈,颁行天下。青苗法者,以常平籴本作青苗钱,散与人户,令出息二分,春散秋敛。均输法者,以发运之职,改为均输,假以钱货,凡上供之物,皆得徙贵就贱,用近易远,预知在京仓库所当办者,得以便宜蓄买。保甲之法,籍乡村之民,二丁取一,十家为保,保丁皆授以弓弩,教之战阵。免役之法,据家赀高下,各令出钱,雇人充役,下至单丁、女户,本来无役者,亦一概输钱,谓之助役

钱。市易之法,听人赊贷县官财货,以田宅或金帛为抵当,出息十分之二,过期不输,息外每月加罚钱百分之二。保马之法:凡五路义保愿养马者,户一匹,以监牧见马给之,或官与其值,使自市。岁一阅其肥瘠,死病者补偿。方田之法,以东西南北各千步,当四十一顷六十六亩一百六十步为一方,岁以九月令佐分地计量,验地土肥瘠,定其色号,分为五等,以地之等均定税额。又有免行钱者,约京师百物诸行利入厚薄,皆令纳钱,与免行户祗应。自是四方争言农田水利,古陂废堰,悉务兴复,又令民封状增价,以买坊场,又增茶盐之额,又设措置河北籴便司,广积粮谷于临流州县,以备馈运,由是赋敛愈重,而天下骚然矣。①

这完全是代表当时商人阶级之利益的要求,用政府的权力,来解除封建地主的特权,使农民不再受土地的束缚,而建立代表资本的国家。可是这种改革的时期,尚未成熟,而旧的封建地主阶级还占着大势力,自然对此变法加以袭击,并且再看安石那样急进的态度,至谓天变不足畏,自和保守的、封建的旧党之人更格格不相入了。于是这代表商人阶级的王安石,遂陷入四面楚歌之中,而完全失败。

所以在中国历史上,我们见不到市民的英雄活动,于是,中国的政治形式,全被封建的专制主义所垄断。

关于专制主义的理论,近来已有人加以介绍。但中国的专制主义,并非与其他国家完全相同的,要注意中国的经济基础为隶农制,乃高利贷、商人资本与封建经济所合成的。所以中国的专制主义,以封建地主为主体,重等级的划分,标榜重农的政策,常思用法律的方式,以制裁商人,终不生效力。故中国无代表市民的各种会议,如欧洲各国,然谓法律贱商人,而商人已富贵矣。且商人常可以捐钱买官,渐进仕途,尽亦

---

① ［元］脱脱:《宋史》卷三二七《列传第八六·王安石》。

时会使然，无可如何，所以中国的专制主义的方式有如下表：

阶级：封建地主——商人——农民（隶农）——奴隶

统治方式：封建专制主义者——官僚——雇佣军队（或亲兵如部曲等）

此外，则阀阅与身份之划分极谨严，像六朝的门阀制度，有时虽为一个阶级中人，因阀阅身份的不同，常起纠纷，虽以专制君主的权力，亦不能变更之。如：

> 右军将军王道隆权重一时，到蔡兴宗前不敢就席，良久方去，兴宗亦不呼坐。何敬容与到溉不协，谓人曰："到溉尚有余臭，遂学作贵人"，以其祖彦之担粪也。……宋文帝宠中书舍人宏兴宗，谓曰："卿欲作士人，得就王球坐，乃当判耳。若往诣球，可称旨就席。"及至，宏将坐。球举扇曰："卿不得尔。"宏还奏，帝曰："我便无如此何。"……及僧真启帝曰："臣小人，出自本州武吏，他无所需，惟就陛下乞作士大夫。"帝曰："此事由江斅、谢瀹，我不得措意，可自诣之。"僧真承旨诣斅，登榻坐定，斅命左右："移吾床让客。"僧真丧气而退。告帝曰："士大夫固非天子所命。"[①]

这可见阀阅与身份之谨严，也为中国政治结构之特色。当时因为需要广大的官僚，于是实行考试制度，以登庸社会中的优秀分子，以为候补官僚。但要知道官僚薪俸的支付，仍不脱封建的方式。至若法律则多为压迫农民，拥护地主的特权。一切均表示到十分保守的样子，维持现状，所谓中庸主义是此时代底活动的结晶。

六、余论

从上面的许多论证，我就是指出中国经济的特殊性，并提供所谓亚

---

① ［清］赵翼：《陔余丛考》卷十七《六朝重氏族》。

细亚社会的生产方式,尤其注意于农民的特质的说明,因为是为亚细亚社会的生产方式最真实的基础。但这里我要申明一声,本篇文章,不过是我的私见,自难免没有错误的地方,极希大家指正。

至若详尽的意见,我拟在最近的将来,写成《中国经济史上之循环率的研究》、《中国农民论》二文将对这问题作较深切的研究,以期完成我所计划的《中国经济史论》一书。那末,现在,我非常抱歉,就平日研究的感想与鄙陋的见解写出来,呈献给读者的面前。

（原文发表于《现代史学》第 1 卷 3、4 期合刊,1933 年。）

三 辽代奥姑考

——母系社会遗迹之追寻

"奥姑"一词，当未读到本文之前，我想，许有一些的读者怀着疑问，这到底弄什么玄虚呢？现在且先转过来说说我写本文的动机。三四年前，余读《汉书·地理志》载"齐襄公时，令国中民家长女不得嫁，名曰巫儿，为家主祠。嫁者不利其家，民至今以为俗"。极饶兴味，当时即推断为母系社会之遗迹，颇思类辑域中关于此种的记载，作系统的说明。嗣因忙于他业，遂弃置不复问。月前为搜集辽代奴隶制度史料之故，曾将《辽史》细读一过，见辽代社会组织有一特色，即女子地位特高，其权力亦颇大。如后妃可以掌兵政、从戎事。

> 辽以鞍马为家，后妃往往长于射御，军旅田猎，未尝不从。如应天之奋击室韦，承天之御戎澶渊，仁懿之亲破重元，古所未有，亦其俗也。[1]

可以建置行宫，行宫即斡鲁朵，为辽代底特殊的政治单位，其中有城郭、有官吏、有人民，盖变形之封建组织，惟帝后得建立之。

> 蒲速盌斡鲁朵，应天皇太后置。兴隆曰蒲速盌，是为长宁宫，以辽州及海滨县等户置。[2]

立州县！

> 永州，永昌军，观察，承天皇太后所建。[3]

> 仪坤州，启圣军，节度，……生应天皇后述律氏，适太祖。太祖

---

[1] [元]脱脱:《辽史》卷七一《列传第一·后妃》。
[2] [元]脱脱:《辽史》卷三一《志第一·营卫上》。
[3] [元]脱脱:《辽史》卷三七《志第七·地理一》。

开拓四方,平渤海,后有力焉。俘掠有伎艺者,多归帐下,谓之属珊。以所生之地置州。①

而公主亦得有自己的分邑,可以建州置军:

> 徽州,宣德军,节度,景宗女秦晋大长公主所建,媵臣万户,在宜州之北二百里,因建州城,北至上京七百里,节度使以下,皆公主府署,户一万。②

> 成州,长庆军,节度,圣宗女晋国长公主以上赐媵臣户置,在宜州北一百六十里,因建州城,北至上京七百四十里,户四千。③

> 渭州,高阳军,节度,驸马都尉萧昌裔建,尚秦国王隆庆女韩国长公主,以所赐媵臣建州城,显州东北二百五十里。辽制,皇子嫡生者,其女与帝女同,户一千。④

此种事实,似甚可怪。但我们晓得当古代时,曾有过女性中心社会的阶段,此时的女性掌管社会上底一切事情,不论政权、教权,胥受其支配。盖辽为游牧民族,崛起塞外,去古未远,此种遗习之得有残留,殊无足疑。嗣读至公主表,见有"奥姑"之俗,始得一具体事实之证明,其词如下:

> 幼为奥姑。契丹故俗,凡婚燕之礼,推女子之可尊敬者坐于奥,谓之奥姑。⑤

我复见《太宗本纪》载有:"除姊亡妹续之法。"⑥又得一强有力之佐证。试索此文的意义,则可以推知当此时代之前,辽代有施行姊妹继承

---

① [元]脱脱:《辽史》卷三七《志第七·地理一》。
② 同上。
③ 同上。
④ 同上。
⑤ [元]脱脱:《辽史》卷六五《表第三·公主表》。
⑥ [元]脱脱:《辽史》卷四《本纪第四·太宗下》。

之法，这就是表明在母系社会之下，以女子姊妹相继承认为合法的行为。但其后因社会的进化，女性渐失其固有地位，男子渐起而代替之。兹再征引各民族间之母系社会的遗迹，而与辽代奥姑之俗相照，并确知其为进化民族必经的阶段。

关于西洋方面，则有这一段神话：

"雅典"（Athenes）这个字，是从"米来夫"（Minerue）这个字来的，希腊人称为 Athena，根据费龙的意思，他其所以名为城市的理由如下：一棵橄榄树忽然在这个地方长起来了，那个地方忽然又出了一线泉水，这两种奇怪事惊慌了国王，国王就去问"得尔弗士"（Delphes）的亚波罗神（Apolon），看这两种奇事究竟是什么意思，并且应该怎么样办。神回答道：橄榄树的意思就是 Minerve，泉水的意思就是 Neptune，这就是要城市里的居民，于二名之中任取一名来做他们城市的名称的意义。国王于是就召集全体的公民——召集男子，同时也要召集女子——因为女子在公民之中是有表决权的。选举票收集以后，男子都是投 Neptune 的票，女子都是投 Minerve 的票，因为在这个城市里面女子比男子多一个人，所以应该 Minerve 的名字了。到此时 Neptune 神却发怒了，用他的波涛来扰乱雅典人的土地，为得平息这个风波，女子就要受三种的罚：第一，女子从此就没有在大会中的投票权；第二，女子所生的小孩，没有一个是可以用她的姓氏；第三，从此以后，女子不能够作雅典人。①

这段神话很明白地告诉了我们，女子是社会里的中心人物，女子不仅有政权、教权，而其所生的子女还是用她的姓氏。

其在东方，汉唐时代的四裔民族，也有同样的习俗。据郑师许氏的考证云：

———————————

① 沙尔·费勒著，许楚生译：《家族进化论》，大东书局 1930 年版。

女权社会，在吾族无征，……若四裔民族则不然。马氏《文献通考·四裔考十六·东女》云："东女亦曰苏伐剌拿瞿咀罗，羌别种也。东与吐蕃、党项、茂州接，西属三波诃，北距于阗，东南属雅州罗女蛮、白狼夷；有八十城，以女为君。官在外者率男子为之，凡号令女官自内传，男官受而行之。王侍女数百，五日一听政。王死，以金钱数万纳王族，求淑女立之，凡二次为小王，王死因以为嗣。"其国在隋开皇六年及唐武德时、贞观时均曾遣使入贡。其地约当今日西藏之西、和阗之南，据右文所载，宛然《镜花缘》中之女儿国也，又云："俗轻男子，女贵者咸有侍，男被发以青涂面，惟务战与耕而已。子从母姓。"非所谓女性本位而何？又同书《四裔考十九·乌桓》云："乌桓者，本东胡种也。汉初保乌桓山，因以为号。俗，怒则杀父兄，而终不害其母。以母有族类，父兄每相仇杀故也。"谓不害其母，以母有族类，则女性本位社会之有家庭组织，男性无之，尤为显而易见之事。[①]

上面所述，不过确证母系社会之存在，这里，我再把与辽代奥姑具有同样性质的齐国巫儿俗详论一下，藉以互相比较。

《读律余谈》云："日本法律有女户主。以女子奉祭祀，而赘婿入女子之家，此为欧西法律所无。然各国宪法，每以女子承位，则亦女户主之理也。"《汉书·地理志》载：齐襄公时，令国中民家长女不得嫁，名曰巫儿，为家主祠，嫁者不利其家。民至今以为俗。是汉时长女主祠，亦名巫儿，巫儿不必齐襄之法。《秦策》曰：太公望，齐之逐夫。《说苑》亦言太公望，故老妇之出夫。夫而可逐、可出，则与日本之女户主无异。可知齐国早有巫儿之法也。《贾谊传》言秦地子长则出赘，本以避赋役。故秦汉之法，薄待赘婿，或加算、或遣戍。因赘婿无籍，以其妻之籍为籍。此其妻皆巫儿也。观此，知吾国旧法

---

① 郑师许：《汉唐时代四裔民族之妇女地位》，《新中华》1933 年 8 月。

与日本同。宋程大昌《演繁露》载元丰六年,提举河北保甲司言:乞义子孙、舍居婿、随母子孙、接脚夫等,见为保甲者,候分居日,比有分亲属给半。诏著为令。此所谓舍居婿,即现行法律所谓招婿养老,日本《民法》所谓婿养子缘组。所谓接脚夫,即日本《民法》所谓入夫。乃以男子入寡妇之家。现行法律及公文书,无接脚夫之说,然乡俗数见不浅。吾吴谓之填黄泥或爪脚黄泥。爪脚即接脚,接音闭口,例转幽宥,故认为爪脚。黄泥即巫儿,古音儿本读倪,倪宽即儿宽,巫儿转为黄泥,犹胡瓜转为黄瓜,无是公作亡是公耳。巫儿本义,为长女主祀。巫者,女能事无形,以舞降神者也。《诗》曰:谁其户之,有斋(原文确为"斋",疑误,应为"齐")季女。①

此外,像《春秋公羊传·哀公六年》"陈乞谓诸大夫曰:'常之母有鱼菽之祭,愿诸大夫之化我也。'"注云:"齐俗妇人首祭事。"《齐策》:"北宫之女婴儿子无恙耶?彻其环瑱,至老不嫁,以养父母。"这皆属于巫儿之类。这里值得注意的就是巫儿始为巫女之一种,齐国民家之长女,皆为巫儿,司一家之祭祀,实占家长的地位。此等女一生不出嫁,但因欲举子,故迎赘婿为配偶。而辽代之奥姑,则与此同俗,亦司婚燕之礼,当其坐于奥时,盖犹中国之以少女为"尸",均受人们的尊敬,此明为母系及母权制之痕迹。其尚足本问题的佐证者,据近代学者的研究,知古代东胡等民族曾盛行一种萨满教,其祭祀时常为当家妇及好女子主之,而此"奥姑"若以今语释之,当即萨满教之当家妇及好女子。这可见中国境内母系社会之广泛。而奥姑之为母系遗迹,可信而有征。兹为时日关系,暂止于此,将来如续有所获,当再为报告。

(原文发表于《福建学院月刊》第 1 卷第 1 期,1934 年。)

---

① 吕诚之:《中国宗族制度小史》,中山书局 1929 年版。

四　辽代的奴隶考

一、绪言

　　"奴隶"在中国社会上有很悠久的历史，这是谁都不能否认的。我们从古籍上即常见有奴隶的记载。如：《书经·甘誓》："予则孥戮汝。"《论语》："箕子为之奴。"《周礼·秋官·司厉》："男子入于罪隶，女子入于舂藁。"《左传·襄公二十二年》："斐豹隶也，载于丹书。"此外，尚有臣妾、臣仆、童仆、臧、获、竖、役、厮、扈、养、皂、舆、台等，均为奴隶的异名。但是奴隶这个名词到底应用怎样的解释呢？大抵隶属于他人，失去其国民底独立的自由与身份，而专供人之役使者，都可以叫做"奴隶"。奴隶的来历是这样的，自然在人们看过去是卑卑不足道底下流的东西。其实，我们稍为广泛的研究历史一下，会立即转换这种的论调。昔法国的经济学者杜诺逸氏（Chares Dunoyes）曾说："近来渐趋固定的社会经济制度，系发源于产业上各种职业的奴隶制度。"这殊值得我们之玩味的。原来奴隶是古代社会组织的必要要素，我们灿烂文明的现代社会，当其初期时，若没有这一般奴隶担任这个艰巨的开关工作，则其进度或许迟缓得多了。兹再借用英国经济学家殷格兰姆的话，以确证奴隶制度在古代社会的重要。

　　　　奴隶制度乃是古代社会经济之必要的部分，即从我们自身关于人类进化过程上的研究，也可以得到一同的结论。这不单是由于奴隶制度在其成立的当初是为胜者的利益而劳动，遂永为胜者所占有，以此代替因食人的习俗而牺牲俘虏，是一种显著的进步。这虽是错误，但由一种古语源而想起的这种利益是为一般所承认

的。然而奴隶制度——第一，使军事行动是由于最后到达点的征
服，适应了团体组织之必要的紧密性和继续性的程度而占得优势；
第二，强制在被征服的社会上形成大多数住民的俘虏及其子孙，不
问他对于那种在人性上已经养成根深蒂固的、规则的、继续的劳动
之如何憎恶，而在一般对于事物都漠不关心，极愿意没有责任的社
会进化的初期阶段上，使他们从事产业生活，——其后完成社会进
化上之一种重要的任务，却不大为人所了解。①

这可见出奴隶制度是社会阶段中底必要伴随物，尤其在低级民族
当其踏进定住农业社会时，须强制使用多量的奴隶，这在中国古代的殷
周时代及以后北胡民族入主中国时所建立的国家，如北魏、辽、金、元等
代奴隶制度之发达，均其适例。

曩者余读《辽史》，关于此类资料，搜辑颇多，盖辽为游牧民族，当崛
起东北时，其势殊足咄咄逼人，附近民族，殆皆被其吞并而立于可怜地
位，昔日雄飞一时的突厥、朝鲜、渤海、汉诸族，却黯淡无色，反受契丹人
所呼斥叫骂，驱其建州军，立郡县，使其担任军事、经济、家庭上的种种
工作，其数目的庞大，如"赐奴婢万口"之例，几有占着社会组织的基础。
此段事实，《辽史》记载极多，兹姑举数例，略见当时的政府、贵族、部族
蓄奴之风。

　　　　皇帝即位，凡征伐叛国，俘掠人户，或臣下进献人口，或犯罪没
　　官户，皇帝亲览闲田，建州县以居之，设官治其事。②
　　　　弘政县，世宗以定州俘户置，民工织纴，多技巧。③
　　　　萧惠曰：臣以戚属据要地，禄足养廉，奴婢千余，不为阙乏，陛

---

①　［英］殷格兰姆著，唐道海译：《奴隶制度史》，新生命书局1930年版。
②　［元］脱脱：《辽史》卷四九《志第一八·礼》。
③　［元］脱脱：《辽史》卷三九《志第九·地理》。

下犹有所赐。①

　　哈斯罕人户没入博啰满勒部者，索还复业。②

现在本文的范围，即从各方面将辽代奴隶状况作一般的考察，并略究其与社会的关系和作用。

二、奴隶的来源

广泛地，从全部历史的见地来考察中国奴隶制度的发展，在每时代中颇有浓淡深浅的不同。这个一起一落，常和中国的一治一乱，好像遥遥相对。为什么要发生这些现象呢？这从中国社会上可以得到解释。中国奴隶的来源，我常把握有两条的路线：

1. 由于农村的破产，盖中国为长期封建社会的统治，课役特重，土地问题不能解决，一遇农村破产时，农民多自愿投靠"大家"为奴隶，以避课役。秦汉魏晋间奴隶使用的广泛，多是这样的来历。余前草《晋代的土地问题与奴隶制度》（将在《现代史学月刊》发表，广州中山大学史学会出版）一文，对于这个问题，有详细的论列。

2. 由于北方民族的侵入与兴起，如"元魏破江陵，尽以所俘士民为奴，无问贵贱，盖北方夷俗皆然也"。因从游牧生活到农业生活，一定需要有广大的劳动者，专任开辟之工作。所以北魏、辽、金、元各代奴隶的众多，完全是基于这个理由。

亦为了这两个原因，所以奴隶制在中国社会能持续不断而有浓淡深浅的现象。不过我们须知奴隶制与其社会有深密的联系之处，这里且把辽代底社会结构，略为一述。

　　辽之建国，合两种人而成，一北方游牧之族，一汉地州县之民

---

① ［元］脱脱：《辽史》卷九三《列传第二三·萧惠》。
② ［元］脱脱：《辽史》卷六九《表第七·部族表》。

也。北方游牧之族，又分两种：一为部族，一为属国。《辽史·刑法志》谓："辽太祖时，治契丹及诸夷，皆用旧法，汉人则断以律令。太宗时，治渤海人亦依汉法。道宗时，始以国法不可异施，命更定律令，其不合者别存之。"则道宗以前，契丹、汉人，实未尝受治于同一法律之下。又辽人设官，财赋之司，偏在南京，亦朘汉人以自肥也。[①]

辽代自始即以种族的歧视，来奴使他族为目的。故其得到驯服渤海人、汉人时，并不杀却，而完全利用其作为推动社会行程的工具。为了这，所以辽代奴隶以战争的俘虏占着主要的部分，但也有其他的方法，兹依次叙述如下：

（一）俘虏

战争为制造奴隶的重要来源之一。古代希腊、罗马奴隶数目的惊人，亦皆从俘获而来。即在吾国古代，也是同样的情形，譬如"臣"字，依梁启超氏的疏解："象其稽颡肉袒屈服之形。《说文》'臣'字下云：'牵也，象其屈服之形。'《庄子》'擎跽曲拳，人臣之事也'。稽颡，服之甚也；肉袒，服之尽也。"[②]辽为新兴的游牧民族，其喜掠他族为奴隶，殊无足怪。而腥风所播，于是渤海、女直、汉人均沦陷于铁蹄之下。

明年秋七月，以兵四十万伐河东、代北，攻下九郡，获生口九万五千。……伐女直，下之，获其户三百。……先是德祖俘奚七千户，徙饶乐之清河，至是创为奚德部，分十三县。[③]

丙子，枢密使耶律色珍、林牙勤德等上讨女直所获生口十

---

① 吕诚之：《中国阶级制度小史》，中山书局1929年版。
② 梁启超：《中国文化史·社会组织篇》，商务印书馆1922年版。
③ ［元］脱脱：《辽史》卷一《本纪第一·太祖上》。

余万。①

十一年,总兵四十万伐代北,克郡县九,俘九万五千口。十二年,德祖讨奚,俘七千户。……神册元年,亲征突厥、托欢、党项、小蕃、沙陀诸部,俘户一万五千六百。……四年,亲征裕库国,俘获一万四千二百口。五年,征党项,俘获二千六百口。②

此外,关于"俘生口十余万"等这一类记载,更史不绝书,未能备引。而这些俘获的生口,当然都成了奴隶的补充队伍,源源不绝地供辽人的使用。

(二)罪人

清人方苞曰:"古无奴婢。事父兄者子弟也。事舅姑者子妇也。事长官者属吏也。惟盗贼之子女,乃为罪隶而役于官。"可见以罪人为奴隶之制,此风甚古,不仅辽代为然。

籍没之法,始自太祖为塔玛噶赛特时,奉哈陶津汗命,案裕实噜遇害事,以其首恶家属没入斡里,及淳钦皇后时析出,以为著帐郎君,至世宗诏免之。其后内外戚属及世官之家,犯反逆等罪,复没入焉。余人则没为著帐户。其没入官,分赐臣下者亦有之。③

十二月辛亥,以叛人纳洋珲家口分赐群臣。④

秋幸龙眉宫,辖逆党二十九人,以其妻女赐有功将校。⑤

杀伶人赵惟一、高长命,并籍没其家属。⑥

① [元]脱脱:《辽史》卷一一《本纪第一一·圣宗二》。
② [元]脱脱:《辽史》卷三四《志第四·兵卫上》。
③ [元]脱脱:《辽史》卷六一《志第三〇·刑法上》。
④ [元]脱脱:《辽史》卷四《本纪第四·太宗下》。
⑤ [元]脱脱:《辽史》卷一《本纪第一·太祖上》。
⑥ [元]脱脱:《辽史》卷二三《本纪第二三·道宗三》。

吼辞曰：臣位已高，弗敢求富。臣从弟达鲁诸子生事籍没，陛
下哀而出之，则臣受赐多矣。①

依最后这一段的话，可知当时的贵族亦有因犯罪而沦为奴隶者。

（三）赏赐

奴隶是失去了自由的人，在奴隶主方面看来，完全不把他当做人看
待，而视与牛马同科，专供人家奴使的工作兽，可以赠遗，也可以赏赐。
辽代奴隶之出于赏赐者极多。

丙寅，至库哩，……以生口六百、马二千三百，分赐大小鹊军。②

丙午，以先所俘户，赐鲁呼。③

以崇德宫户，分赐冀戴功臣及北院大王斡，南院大王吼，各
五十。④

己亥，猎熊以唤鹿人布库并披庭户，赐伊勒哈。⑤

九月乙巳，赐傅父侍中达里塔、太保芝补、太保丕勒、保母霍实
页页等户口、牛羊有差。⑥

戊午，幸凉陉，以所俘分赐皇族及乳母。⑦

丙寅，以太尉旺布所俘生口，分赐赵妃及裕悦迪辈伊啰斡。⑧

戊午，所俘高丽人，分置陵庙，余赐内戚大臣。⑨

---

① ［元］脱脱：《辽史》卷七七《列传第七·律吼》。
② ［元］脱脱：《辽史》卷一《本纪第一·太祖上》。
③ ［元］脱脱：《辽史》卷四《本纪第四·太宗下》。
④ ［元］脱脱：《辽史》卷五《本纪第五·世宗》。
⑤ ［元］脱脱：《辽史》卷七《本纪第七·穆宗下》。
⑥ ［元］脱脱：《辽史》卷八《本纪第八·景宗上》。
⑦ ［元］脱脱：《辽史》卷一一《本纪第一一·圣宗二》。
⑧ 同上。
⑨ 同上。

三月丁卯,诏有司以张孝杰家属分赐群臣。①

诏诛伊逊,……以其家属分赐被杀之家。②

赐奴婢万口。③

置北院枢密使,上命安图为之,赐奴婢百口。④

世宗即位,赐官户五十。⑤

继忠家无奴隶,赐官户三十。⑥

把奴隶当做赏赍品之一,视同私产,这里,可以十分明显的表现出来,其不在上面所述的,如赐官户之举,可不必一一缕引了。

(四)买卖

人口的买卖,亦为奴隶主要来源,这须在后期封建社会,商业资本有了长足进展之后,才占着主要的地位。所以中国的卖身制,在秦汉之间才开始发达,而春秋之前则毫无所闻,这实是一个好例。辽代是新从游牧生活踏进封建社会的国家,故其奴隶多为战争的结果,虽间亦有来自买卖者,不过没有占着重要的地位罢了。兹略举数例,以见一斑。

十五年,禁契丹以奴婢鬻与汉人。⑦

甲戌,以上京、南京饥,许良人自鬻。⑧

甲申,诏诸道水灾饥民,质男女者,起来年正月,日计佣钱十

① 〔元〕脱脱:《辽史》卷二七《本纪第二七·天祚皇帝一》。

② 同上。

③ 〔元〕脱脱:《辽史》卷六五《表第三·公主表》。

④ 〔元〕脱脱:《辽史》卷七七《列传第七·耶律安图》。

⑤ 〔元〕脱脱:《辽史》卷七七《列传第七·耶律斡》。

⑥ 〔元〕脱脱:《辽史》卷八一《列传第一一·王继忠传》。

⑦ 〔元〕脱脱:《辽史》卷一九《本纪第一九·兴宗二》。

⑧ 〔元〕脱脱:《辽史》卷二五《本纪第二五·道宗五》。

文,偿价佣尽,遣还其家。①

同时,因"辽人分士庶之族,赋役皆有等差",徭役繁重的缘故,常把良人的子弟变成奴隶去了。

> 戍卒之食,多不能给,求假于人,则十倍其息,至有鬻子割田不能偿者。②

(五)贡献及投靠

我们晓得辽代新起时,其势力所及之地,如对突厥、渤海、汉人等均责以相当的奴隶人口,供其使用,故其邻近的国家,时有"献俘"之举,藉当贡品,以求自保。其在辽人方面亦至为欢迎,且需要这大量人口的参加来增进生产工作。

> 吐谷浑遣军校恤烈,献生口千户。③
>
> 乙卯,伊勒希巴古云献乌尔古俘。④
>
> 七月戊午,旺禄等献党项俘。⑤
>
> 壬辰,李继迁献宋俘。⑥
>
> 吐浑进生口。⑦
>
> 夏国遣使献所俘宋将及生口。⑧

还有一种所谓投靠者,盖投附大家,藉免课役,其用意至为简单。当时的人为避役之故,亦多有自甘投附,乞隶宫籍,沦为奴隶阶级中人。

---

① 〔元〕脱脱:《辽史》卷一五《本纪第一五·圣宗六》。
② 〔元〕脱脱:《辽史》卷一〇三《列传第三三·文学上·萧罕嘉努》。
③ 〔元〕脱脱:《辽史》卷四《本纪第四·太宗下》。
④ 〔元〕脱脱:《辽史》卷六《本纪第六·穆宗上》。
⑤ 〔元〕脱脱:《辽史》卷九《本纪第九·景宗下》。
⑥ 〔元〕脱脱:《辽史》卷一三《本纪第一三·圣宗四》。
⑦ 〔元〕脱脱:《辽史》卷七〇《表第八·属国表》。
⑧ 同上。

十一月庚子,胪朐河裕悦雅克尼尔等,率户四百五十来附,乞
隶官籍。诏留其户分隶敦睦、积庆、永兴三宫。①

太祖始置宫分以自卫,欲稳率门客首附宫籍。②

不过这里所要提出谈谈的问题,就是哪一个占着重要地位呢? 我
们晓得,辽代社会好像是一个暴发户,其经济形态是建筑在从氏族经济
到封建经济过渡之间,故必以俘获为奴隶。这可见各种制度是与社会、
历史相呼应,而有极密切的联系。

三、奴隶的种类及名色

在统属于奴隶的同一名词之下,其中却有很多阶级的区分,即所得
待遇,亦各不相同,所以我们常听见许多不同的种类和名色。大概普通
依隶属的关系,可分为"官奴隶"与"私奴隶"二种。所谓官奴隶,多以俘
虏及籍没之罪人充之,为政府供役,而负公共的工作。至于私奴隶则因
隶属于其主人之故,仅对其主人服役执劳,但其使用的范围,略同于官
奴隶,有用于生产,亦有用在军事者。然辽代的官奴隶中,依种族、身
份、管理上的不同,尚有种种的名色。

辽为游牧民族,喜掠他族为奴隶,故其奴隶,从种族上的分类,有所谓:

（一）汉户

海北州广化军中刺史,世宗以所俘汉户置。③

遂州刺史,本渤海美州地,采访使耶律颇德以部下汉民置。④

顺化城响义军下刺史,开泰三年以汉户置。⑤

---

①　［元］脱脱:《辽史》卷八《本纪第八·景宗上》。

②　［元］脱脱:《辽史》卷七三《列传第三·耶律欲稳》。

③　［元］脱脱:《辽史》卷三八《志第八·地理二》。

④　同上。

⑤　同上。

衍州安广军防御,以汉户置。①

连州德昌军刺史,以汉户置。②

夏国遣使献所俘宋将及生口。③

道宗以耶律伊逊先朝任使,赐汉人户四十。④

(二)渤海户

肃慎县,以渤海户置。⑤

东州,以渤海户置。⑥

尚州,以渤海户置。⑦

乌宁鄂尔多,太宗置。收国曰国阿辇,是为永兴宫。初名沽依鄂尔多,以太祖平渤海俘户……置。⑧

孝文皇太弟敦睦宫,谓之学顺德哩本鄂尔多,孝曰赤实得本,以文献皇帝承应人及渤海俘建、沈、严三州户置。⑨

安民县,以渤海诸邑所俘杂置,户一千。⑩

(三)女直户

招州绥远军刺史,开泰三年以女直户置。⑪

龙化州兴国军下节度,本汉北安平县。……伐女直,俘数百户

① [元]脱脱:《辽史》卷三八《志第八·地理二》。
② 同上。
③ [元]脱脱:《辽史》卷七〇《表第八·属国表》。
④ [元]脱脱:《辽史》卷一一〇《列传第四〇·奸臣上·耶律乙辛》。
⑤ [元]脱脱:《辽史》卷三八《志第八·地理二》。
⑥ 同上。
⑦ 同上。
⑧ [元]脱脱:《辽史》卷三一《志第一·营卫上》。
⑨ 同上。
⑩ [元]脱脱:《辽史》卷三七《志第七·地理一》。
⑪ 同上。

实焉。①

（四）回鹘户

西北路招讨使萧托云奏，伐甘州回鹘，破其属郡肃州，尽俘其生口。诏修托辉口故城以实之。②

（五）准布户

岱拉哈鄂尔多，穆宗置，是为延昌宫，讨平曰"夺里本"，以乌宁鄂尔多户及准布俘户置。③

（六）奚户

阜俗县，唐末契丹渐炽，役使奚人，迁居琵琶川，统和四年置县。④

盖"辽起朔野，兵甲之盛，鼓行霾外，席卷河朔，树晋桢汉"。⑤ 这可说是汉民族最消沉的时代，然其凶焰所及，不仅当时文化较高的汉人、渤海人受其侵凌；其邻近各部，为前面所未述者，如党项等部，亦皆宛转呻吟于其铁蹄的底下。

其从身份及管理上考察辽代的奴隶，尚可分为下列的几种：

（一）宫户——我们晓得辽代有一种政治单位——斡鲁朵（亦作鄂尔多）制，义曰行宫。其发生此种组织，依日人津田左右吉氏的推断，为辽代"外戚大臣，殆各有私部曲，常将俘掠而来之汉人，以私城管理之。故皇帝亦自有此私部曲、私城，固不足怪。余以为行宫之起源实在此。外戚大臣等，以其私部曲及私城所管治之汉民等，用为手兵，皇帝亦然。行宫所属之州堡民，亦与皇帝有特殊关系，作为特殊部队（手兵或禁卫

---

① ［元］脱脱：《辽史》卷三七《志第七·地理一》。
② ［元］脱脱：《辽史》卷七〇《表第八·属国表》。
③ ［元］脱脱：《辽史》卷三一《志第一·营卫上》。
④ ［元］脱脱：《辽史》卷三九《志第九·地理三》。
⑤ ［元］脱脱：《辽史》卷三〇《本纪第三〇·天祚皇帝四》。

军)而用之"。① 而隶此宫籍内的汉人、渤海人,及犯罪之籍没者,均为皇帝的私隶,可以赠赐。如赐"宫户数十"等记载,史不绝书,这里,不再详引了。其不称"宫户",亦有称为"掖庭户"者。

> 穆宗庆历十八年九月,以掖庭户赐耶律伊勒格。②

(二)著帐户——其来源依《辽史》说:"著帐户本诸鄂尔多(斡鲁朵)户析出,及诸色人犯罪没入,凡御帐皇太后、皇太妃、皇后、皇太子、近位亲王,祗从伶官,皆充其役。"③其为奴隶的一种,可确信无疑。

(三)媵臣户——我们晓得古代的社会,曾有过母系社会的时代,辽代此种的遗迹极多。故其皇后、公主均得建州立郡,而皇帝常赐"媵臣户"以予之。

> 徽州宣德军节度,景宗女,秦晋大长公主所建,媵臣万户。④
>
> 成州长庆军节度,圣宗女晋国长公主,以上赐媵臣户置。⑤
>
> 懿州广顺军节度,圣宗女燕国长公主,以上赐媵臣户置。⑥
>
> 懿州宁昌军节度,太平三年,越国公主以媵臣户置。⑦

(四)二税户——在表面上,二税户虽还是良民,然而他们已完全丧失其独立的身份,而沦于奴隶的地位。其制如下:

> 初,多以良民赐诸寺,其税一半输官,一半输寺,故谓之二税户。⑧
>
> 初,锦州龙宫寺,辽王拨赐户民,俾输税于寺。岁久,皆以为

① 据[日]箭内亘:《元朝怯薛及斡耳朵考》。
② [清]张廷玉等:《钦定续文献通考》卷十四《户口考·奴婢》。
③ [元]脱脱:《辽史》卷四五《志第一五·百官一》。
④ [元]脱脱:《辽史》卷三七《志第七·地理一》。
⑤ 同上。
⑥ 同上。
⑦ 同上。
⑧ [元]脱脱等:《金史》卷四六《志第二七·食货一》。

奴,有欲诉者,害之岛中。①

(五)陵户——这完全是管理上的关系,与宫户同性质。盖辽人极重陵庙,常置陵户以司执役,负管理之责。

　　世宗析辽东长乐县民以为陵户,隶长宁宫。②

　　山东县本汉望平县,穆宗割渤海永丰县民为陵户,隶积庆宫。③

又当吾人读《辽史》时,常见有所谓"供役户"、"落帐人户"等名称,疑亦为奴隶之属。盖辽制大族,均居帐中,则落帐人户均当因罪或叛逆以致落籍,而变为奴隶去了。其在私奴隶,则并无特定的名称,多据为奴隶、部曲、门客、私奴,这可不必多说了。

四、奴隶的使用状况

说到使用这一门,这是研究奴隶制度史最真粹的一章,因为奴隶主蓄养这般多量的奴隶,其目的为何? 当然希望对于自己有相当的利益。但是使用的范围,非仅如我们平日所见到的劳动,而尤注意于其社会组织的关系。从历史上许多事实的证明,我们知道奴隶是辽代社会的基础,所以关于使用方面,应取广义的解释,无论皇帝、贵族均广蓄奴隶为自己的私部曲,故每当建州立县时,均以奴隶为根本。

其在皇帝方面,盖"辽国之法,天子践位,置宫卫,分州县,析部族,设官府,籍户口,备兵马;崩则扈从后妃宫帐,以奉陵寝;有调发,则丁壮从戎事,老弱居守"。④ 而这户口,自然以奴隶占着最大的部分。

---

① [元]脱脱等:《金史》卷九六《列传第三四·李晏》。
② [元]脱脱:《辽史》卷三八《志第八·地理二》。
③ 同上。
④ [元]脱脱:《辽史》卷三一《志第一·营卫上》。

　　苏斡延鄂尔多,太祖置。国语心腹曰"算",宫中曰"斡鲁朵"。
是为宏义宫,以心腹之卫置,益以渤海俘、锦州户。①

　　实保部,初取诸宫及横帐大族奴隶置。②

　　哈准部,初取诸宫及横帐大族奴隶置。③

其在贵族方面,亦常以自己的家奴,置头下军州。

　　头下军州,皆诸王、外戚、大臣及诸部从征俘掠,或置生口,各
团集建州县以居之。横帐诸王、国舅、公主许创立州城,自馀不得
建城郭,朝廷赐州县额。其节度使朝廷命之;刺史以下皆以本主部
曲充焉。④

这里的奴隶,非仅负普通的工作,要为其主人从事农作,供给赋税,
如遇有战争时,尚须负军事上的职任。兹再抽取《辽史》所载的奴隶使
用状况,略见一斑。

　　(一)军事劳动——契丹故俗,强悍好战。更为他是新兴的封建国
家,所谓"国之大事,在祀与戎"。故奴隶自亦多使其担任戎事。如:

　　癸卯,斡齐尔城降,括所俘丁壮,籍于军。⑤

　　时尼古察战殁城下,上怒,命诛城中丁壮,仍以叛民上户三十
为尼古察部曲。⑥

　　德呼五千人来攻,棠古率家奴击破之。⑦

然使用奴隶于军事劳役,尚非为奴隶主基本的愿望;把奴隶用在生
产上面,这才是使用的奴隶者最大的目的。

---

① 〔元〕脱脱:《辽史》卷三一《志第一·营卫上》。
② 同上。
③ 同上。
④ 〔元〕脱脱:《辽史》卷三七《志第七·地理一》。
⑤ 〔元〕脱脱:《辽史》卷三《本纪第三·太宗上》。
⑥ 同上。
⑦ 〔元〕脱脱:《辽史》卷一〇〇《列传第三〇·耶律棠古》。

（二）生产劳动——若论到生产上面，又可分做农业的、工业的种种。我们明白"斡鲁朵"与"陵寝"为辽代底二重政治组织。在"斡鲁朵"中，则有宫户；"陵寝"则有陵户。宫户与陵户在"平时纳租税于宫，战时与禁卫军同随皇帝出征"。故关于农业生产，虽无正面的记载，若据纳租税于宫，则可以推知其有使用于农业的了。现在尚可找到这一段的话，以为旁证。

> 振穷薄赋，给以牛种，使遂耕稼。置游兵以防盗掠；颁俘获以助伏腊；散畜牧以就便地。期以数年，富强可待。[①]

这不是明明说将俘获作为奴隶，而使用其于农业吗？但其使用于工业的事实又如何？

> 宏政县，世宗以定州俘户置，民工织纴，多技巧。[②]

> 应天皇后述律金氏适太祖，太祖开拓四方，平渤海，后有力焉。俘掠有技艺者，多归帐下，谓之属珊。[③]

这可见当时有把奴隶专门使用于工业者，且给以特殊的名称——属珊。这里，我要提出特别注意的就是辽代的统治，纯是主民族与奴民族的对立，我们在其部族组织中，已可略窥其消息：

> 萨拉噶部……太祖伐奚，乞降愿为著帐子弟，籍于宫分，皆设额尔奇木，圣宗各置为部，改设节度使，皆隶南府，以备畋猎之役。[④]

> 实保（稍瓦）部，初，取诸宫及横帐大族奴隶置稍瓦石烈，"稍瓦"，鹰坊也。居辽水东，掌罗捕飞鸟。[⑤]

---

① ［元］脱脱：《辽史》卷一〇四《列传第三四·文学下·耶律昭》。
② ［元］脱脱：《辽史》卷三九《志第九·地理三》。
③ ［元］脱脱：《辽史》卷三七《志第七·地理一》。
④ ［元］脱脱：《辽史》卷三三《志第三·营卫下》。
⑤ 同上。

不仅农工业方面如此，即如畋猎等工作，亦均分配得清清楚楚，俾便于奴隶主的取求。由此，我们可以明了辽代社会的真相，奴隶是栉风沐雨，不间昼夜的工作，而其主人却可养尊处优的，坐享着丰美的生活。

（三）宫庭劳动——宫庭间劳动以奴隶为中心，这差不多是使用奴隶的普通现象，非独辽代为然。不过以辽代的表面最为具体，如其"宫户"、"陵户"的设置，便可以推知得来的，但这里又可分为几部来讲：

一、护卫——"古者刑人不在君侧，叛逆家属没为著帐，执事禁卫，可为寒心；此辽世所以多变起肘腋欤"。[①] 这是一例，可知奴隶在宫庭生活的一面。

二、杂役——"著帐户本诸鄂尔多析出，及诸罪没落者，承应实达尔司藏、鹰坊、汤药、尚饮、盥漱、尚膳、尚衣、裁造等役，及宫中祗从伶官之属皆充之"。[②] 而在《百官志》上还有笔砚、寝殿、佛殿等役。所谓"实达尔"，即贱役之义，根据这些例证，使我们明了奴隶生活的又一面，则其在宫廷间的工作情形，可以不言而喻了。

前之所述，仅就官奴隶而言。至于私奴隶的使用状况，及其对主人所负的责任，当亦类此，至为详尽。兹再引"萧普尔布奉养无长物仆隶，欣欣如也"[③]一段话为例，则可见主人间的供奉，不论某种事体，无不以奴隶为之，而辽代奴风之盛，于此可略窥一二。

五、奴隶的身份

"奴隶不得与齐民齿"，这一种观念是深扎在人类的脑海里，故关于论述奴隶的身份，如从刑罚、婚姻、仕宦、诉讼上考察，便可以见出奴隶

---

① ［元］脱脱：《辽史》卷四五《志第一五·百官一》。
② ［元］脱脱：《辽史》卷三一《志第一·营卫上》。
③ ［元］脱脱：《辽史》卷一〇六《列传第三六·萧蒲离不》。

与自由民之间,有明显的隔离。不过我们已经明了辽代社会的情形,凡关国家的建设等,多以奴隶为中心。故身份的规定,不甚十分严格,颇有流通的地方,如奴隶亦得发表政见之地,及私奴可以为刺史之例。这一点,在辽代奴隶史上应为我们加以注意。然此种事实,非为绝对的,所以在别方面我们常见奴隶与牛马并举,视同货物,其间仍有很多的差别,试看下列的证据,现可以完全明白。

现在我们先从法律上,来把握奴隶与自由民之身份的不平等。《刑法志》上说:"吴王舒为奴所告,有司请鞫。帝曰:'朕知其诬,若案问,恐馀人效之',命斩以徇。"①

奴隶与主人是站着非对立的地位,主人有完全支配奴隶的权力,尽可不必经过法律的手续而任意处理。同书虽亦有规定:

> 二十四年,诏:主非犯谋反大逆及流死罪者,其奴隶无得告首;若奴婢犯罪至死,听送有司,其主无得擅杀。②

> 辛巳,制:诸掌内藏库官,盗两贯以上者,许奴婢告。③

据前例,则在此以前,奴隶是无身体的自由,主人可任意处理之。虽间亦有杀奴婢致罪者,如圣宗女"以杀奴婢得罪",但此例绝少。其在诉讼方面亦然,奴隶不得告首,或须在相当的条件之内,方许其有些微活动的可能。其目的盖以防止奴隶势力的伸张。而奴隶为在其主人高压之下,却时思反抗,故奴隶告主的事情,亦颇有所闻。

> 郡王特布家奴默勒济告其主方涉怨望,鞫之,无验,当反坐。

以钦哀皇后言,竟不加罪,亦不断付其主,仅籍没焉。④

其次在政治上规定,辽代似有一些的自由,像其能发表政见:

---

① ［元］脱脱:《辽史》卷六一《志第三○·刑法上》。
② ［元］脱脱:《辽史》卷二○《本纪第二○·兴宗三》。
③ 同上。
④ 同上。

> 诏士庶言国家利便，不得及己事。奴婢所见，许白其主，不
自陈。①

及私奴亦得为吏。

> 阿穆尔，性好聚敛，每从征所掠人口，聚而建城，请为丰州，就
以家奴阎贵为刺史，时议鄙之。②

但这种自由，是有限制的。因为奴隶是隶属于主人的，为主人底一
种附属品，其得为吏，发表政见，非其自己的能力，纯为其主人之关系的
结果，我们试参看"奴婢不得自陈"，时议之鄙家奴为吏，这些的事实可
知。不仅如此，即奴隶亦常因主人的缘故，而受到罪罚。如：

> 杀苏色等诸子，其幼稚及妇女奴婢家产，皆籍没之。③

> 二年，始发伊逊等墓，剖棺戮尸，诛其子孙余党，子孙减死徙
边。其家属奴婢，皆分赐被害之家。④

这样看起来，奴隶的身份，还是不自由的，完全随其主人而转移。
故其对于正当的仕途，仍禁奴隶的参加，更可以互证。

> 诏：医、卜、屠、贩、奴隶，及倍父母，或犯事逃亡者，不得举
进士。⑤

其在社会上身份的低贱，可不必说，即在服饰方面，亦有很严格的
区别。

> 诏：额尔奇木及副使之族，并民奴贱，不得塔纳水濑裘刀柄名
鹘鞍勒佩子，不许用犀玉、骨图犀。惟大将军不禁。⑥

---

① ［元］脱脱：《辽史》卷二〇《本纪第二〇·兴宗三》。
② ［元］脱脱：《辽史》卷七九《列传第九·耶律阿穆尔传》。
③ ［元］脱脱：《辽史》卷六一《志第三〇·刑法上》。
④ 同上。
⑤ ［元］脱脱：《辽史》卷二〇《本纪第二〇·兴宗三》。
⑥ ［元］脱脱：《辽史》卷二一《本纪第二一·道宗一》。

最后,要来说一说奴隶的解放。关于解放本来有两条路线:(一)政府的恩免与赦免;(二)本主的放免。然我们读《辽史》时,却不见有本主赦免奴隶之举。只有由政府的恩免与赦免,其证如下:

> 诏:博啰滴哒勒部□哈斯户之没入者,使复业。①

> 壬戌,围固安城,统军使颇德先登,城遂破,大纵俘获,居民先被俘者,命以官物赎之。②

> 甲子,诏:南征所俘有亲属分隶诸帐者,给官钱赎之,使相从。③

> 八年,燕地饥疫,民多流殍,以佶同知南京留守事,发仓廪,振乏绝,贫民鬻子者,计佣而出之。④

总之,根据这么多的例证,使我们得一个结论,就是无论那一方面看过去,辽代奴隶的身份及所得社会的待遇,尚是非常的低贱,不得与自由民同日而语。

六、结论

我既把辽代奴隶作鸟瞰式的探视,然而奴隶对于辽代社会的关系及其作用如何?却亦不可遗漏的。当辽人初起时,其文化的程度,远逊其邻邦中国、渤海等国,这是人所周知的。中国文化在隋唐时代的灿烂显赫,殊不用多说。这里,且抽述渤海文化的概况,据日人鸟居龙藏氏的考查云:

> 所谓渤海者,即生活于长白山北部与松花江上流地方通古斯

---

① [元]脱脱:《辽史》卷一九《本纪第一九·兴宗二》。
② [元]脱脱:《辽史》卷一一《本纪第一一·圣宗二》。
③ 同上。
④ [元]脱脱:《辽史》卷八九《列传第一九·杨佶》。

民族之鞨鞨，与兴自鸭绿江同族高勾丽之遗民，集合而成之王朝
也。此等鞨鞨人，已吸收隋唐之文化，达于某种程度，又与采用隋
唐以前汉族文化等之高勾丽结合，于是在长白山之北、松花江之上
流地，建设所谓渤海王朝。渤海文化，本身既已达于高程度，又采
用汉族之文化；且其文化中，又似包含西方土耳其民族之突厥分
子。此系据余之意见研究所得者。①

　　而辽人之在此时，倘寂无所闻。但辽人以其游牧民族的铁蹄，反能
急速地推翻文化较高民族的统治，这似有点异样。若我们普遍地研究
历史一下，则毫不为怪。然就为这一点，辽人驱使文化较高的汉人、渤
海人，以经营定住的农业社会生活，则其推动辽代社会文化的发展，殊
为重大。可是，辽人虽赖使用奴隶的力量，来提高其社会文化的发展，
然其失败的原因，亦关在这里。因为辽代的统治是建筑在主民族与奴
民族的对立，也可说是中国底奴隶社会最典型的时代。在这样情形之
下，主民族尽可不必劳动，坐待奴隶的供养，过着锦衣玉食的生活。间
接上，把辽人固有的优美的民族性，渐渐地丧失；而直接上，因过度压迫
奴隶之故，常激起奴隶的反叛。这种的事实，触目皆是，尤其在末年时，
与辽代的衰亡有极大的关系。且开后代金元奴隶制之先，这只好留给
将来慢慢地叙述了。

（原文发表于《食货》半月刊第 1 卷第 11 期，1935 年。）

---

① ［日］鸟居龙藏：《满蒙古迹考》，商务印书馆 1933 年。

五 晋代的土地问题与奴隶制度

一、楔子

畴曩读捷克人库斯聂（Knsnjer）的《社会形式发展史大纲》见其对于封建社会的认识，曾分做前后两期论之。他说：

> 封建制度通常是发生于原始经济与交换经济之过渡期间，这是生产力自然发展的过程，不过有时因交换与商品关系衰退，自然经济又代替了前一种经济，如是封建制度发生退化的现象，在这种场合下，封建制度是表示生产力低落的过程。显然的，在前一种情形下封建制度保有许多前一时期氏族社会的结构，在第二种情形下保有不显明的（或显明的）商品关系之残余。①

有了这个暗示，我觉得中国史也可以如是的分法，即将周秦时代为前期封建社会；而以汉至太平天国前为后期封建社会。但细分之，又得三阶段：（一）汉——隋；（二）唐——元；（三）明——太平天国前。因为这长期社会是陷入停滞状态中，汉代以后的社会不过是周秦社会的继续与扩大，虽其形式上颇有更换，而实质则毫无变异。农业始终占着支配生产地位，即以生产技术而论，自赵过发明牛耕之后，直至于今，仍没有什么大异，虽在宋元以后，木铁工具的制造，颇为精巧，且渐能利用水力、风力，然而这个觉醒，终不能跳越成"工业式"的生产方式，仍闭塞在自给自足里面。所不同者，即后期封建社会比前期的社会关系，较为复杂，这乃为保有明显的商品经济的缘故。但我并非承认中国社会是不

———————————

① ［捷克］库斯聂（Knsnjer）：《社会形式发展史大纲》，神州国光社 1931 年。

变的,其所以停滞不进者,乃为中国社会的特殊闭塞性,故其所走的步骤,稍为迟缓罢了。因此,我常说长期社会是属于封建社会范畴之内,或许有成立的可能。且不仅乎此,再看历代政府的重农抑商主义,国家统制工商业政策,均胚胎于《周官》,而发扬于后代。即如土地问题,历代亦均喜追效周代的井田制度,如汉之限田,晋代之占田,北魏之均田,这并非中国民族好古性的特强,完全为社会经济的客观条件使然,虽其结果仍未能解决土地问题。这因为在后期封建社会里,不似前期封建社会的单纯,它里面存在着很大的商品经济的力量,而晋代的占田制度之未能实行,纯基于这个的原因。现在本文就是从个观点,来把握晋代的土地问题及其与奴隶制度的关联。

二、晋代的占田与奴隶制度

第一、占田制度的基础。

一种制度,决不会凿空而来。晋代占田制度的基础如何?依我看过去,有两条的大路:一受汉代限田理论的影响;一为自经过三国大变乱之后,演成暂时地旷人稀的现象。晋武鉴于过去占田逾限的非善,又炫于古圣的井田理论,适行时会,于是乃试行这近古占田制度。不然,晋武又何能凭空地施行这个制度来呢。

谁都晓得西汉的中叶商业颇见发达,自然形成了很多的资本家,这些资本家有大部分多向土地投资,使土地兼并的惨剧,愈加厉害。董仲舒目击时艰,于是攘臂大呼,高唱限田的理论,藉以救祸于一时。其言曰:

> 古井田法虽难卒行,宜少近古,限民名田(师古曰:名田,占田也。各为立限不使富者过制,则贫弱之家可足也。)以赡不足,塞兼并之路;盐铁皆归于民,去奴婢,除专杀之威,薄赋敛,省徭役,以宽

民力,然后可善治也。①

然而这个理论未见能实行,董生只空喊一番,毫无补于实际,并且其后土地兼并较前尤剧。到了哀帝时,师丹辅政,又提出限田的口号。

哀帝即位,师丹辅政,建言:"古之圣王,莫不设井田,然后治乃可平。孝文皇帝承亡周乱秦兵革之后,天下空虚,故务劝农桑,帅以节俭,民始充实,未有并兼之害,故不为民田及奴婢为限。今累世承平,豪富吏民訾数巨万,而贫弱愈困,盖君子为政,贵因循而重改作,然所以有改者,将以救急也。亦未可详,宜略为限。"天子下其议。丞相孔光、大司空何武奏请:"诸侯王、列侯皆得名田国中,列侯在长安,公主名田县道,及关内侯、吏民名田,皆毋过三十顷,诸侯王奴婢二百人,列侯、公主百人,关内侯、吏民三十人。期尽三年,犯者没入官。"②

这实为晋代占田制度的蓝本,在理论上,虽得一部人的赞同,然终碍于权贵,不克实行。

时田宅奴婢,贾为减贱。丁傅用事,董贤隆贵,皆不便也。诏书且须后,遂寝不行。③

师丹的一片苦心,又不得实现,这只好留给后来晋武帝时,才师其遗意,而施行所谓占田制度了。

占田制度虽有理论的根据,但若没有当时社会环境为之推动,则亦难以施行。故晋代能行占田制度,非仅在于理论的基础,而社会环境实促成之。限田倡自汉代,而汉代不能实行,就没有社会环境的作用。在晋代前的三国,可算是中国历史很纷乱的时期,兵祸连年,社会失序,因

---

① [汉]班固:《汉书》卷二四上《志第四上·食货上》。
② 同上。
③ 同上。

此,演成地旷人稀的现象。近人陈登元氏于此点,谈之颇详,兹特引用,以为佐证。

民失其业,地旷人稀之现象,自三国之局开,即有明显之事实可征,请先言"地旷"。

盖三国之际,人口渐减,而食粮之需要愈重。蜀之武侯,至为屯田,魏之邓艾,亦言农战。魏人之田赋,亩收四升,昔人以为远过汉民;陆逊之告孙权,亦言"农桑衣食,民之本业,而干戈未戢,民有饥寒,臣愚以为宜养育士民,宽其租赋!"故在孙休之时,孙休犹言:"良田渐废,见谷渐少,……亦由租入过重,农人利薄,……今欲广开田业,轻其赋税,差科强羸,课其田亩,务令优均,官私得所,使家给户赡,足相供养,……太古盛代,未可卒致,汉文升平,庶几可及!"曰广开田业,曰良田渐废,足征地利之未尽;曰差科强羸,曰务令优均,足征制度之纷乱,——此亦乱世所有之现象也。地利之未尽,荒地之日多,似为当时普通之现象。魏卫凯言"关中膏腴之地,顷遭荒乱,人民流入荆州者十万余家"。足证昔时之良田,今乃有不耕者矣。又高堂隆言"吏俸比前五分居一,然度支经用,犹虞不足,牛肉小赋,前后相继"。此虽言赋税之减收,亦足以旁证土地之荒芜。蜀虽无明文,意亦不能逃出此种现象以外也。

至于"人稀",至于若何之程度耶?魏明帝(227—239)尝治宫室,陈群谏曰:"今丧乱之后,人民至少,比汉文、景之时,不过一大郡。"此语虽含有恫吓庸主之性质,然魏据中原,中原人口稀少之事实,固不能掩没之矣。至于吴、蜀之人口如何?蜀后主之降也,户二十八万,口九十四万;晋武帝平吴,王浚收孙皓图籍,户仅五十三万三千,男女口共二百三十万耳。以视《汉书·地理志》所载户口之数,元始二年,汝南一郡,户三十余万者,相去何啻天壤?《前汉书·地理志》言汉极盛时户千二百二十三万,口五千九百五十九万,应劭《汉官仪》言:"后汉永和中(顺帝136—141年)户千七十八万,口五千三百八十六万。"或则言后汉人口,户凡九百六十九万,口凡四千九百一十五万。其数容有出入,然两汉之盛,户达千万,可无疑义。以视西晋之初,户只三百七十七万者,相去远矣。——总而言之:在西晋初,土旷人稀之现象,已由三国扰攘之局势所形成,故限田之议,可行施于此时;——武帝之占田制度,殆即应此可能之时运而生。①

从陈氏的考证,可知晋代的占田制度是应社会的需要的一种土地制度改革运动。

有了这两个基础,晋武帝乃能决心地进行所谓"土地改革"。

第二、占田制度底组织。

占田制度的基础,一方面是由于经过三国的大变乱,演成地旷人稀的现象,一面还是继承汉代底限田制度的理论。为了这两个原因,于是晋代的土地制度,遂成为井田制度后的奇迹。然而他们底组织的真相,与怎样的占法,都为我们所不可不知的。

(一)一般百姓的占田。自从春秋时代井田制度崩坏后,中国的土地制度遂全归于地主豪绅所私有,经过了战国秦汉以迄三国,差不多都是这个现象,于是"富者田连阡陌,贫者无立锥之地",土地分配之不均莫此为甚。然其终酿成了农民破产,而骚动起来了。晋武帝目击时变,补救之方,即实行这占田制度,使一般的民众,不论男女众,都分配些土地,有田可耕。于是他规定:

> 男子一人占田七十亩,女子三十亩。其外,丁男课田五十亩,

---

① 陈登元:《中国土地制度》第85—86页。商务印书馆1933年。

丁女二十亩；次丁男半之，女则不课。①

但是这里所谓丁男女，到底是怎样呢？

　　男女年十六已上至六十为正丁；十五已下至十三、六十一已上至六十五为次丁；十二已下、六十六已上为老小不事。②

从这里看来，晋代的占田制度，颇有平均地权的意思，并且还有一个特色，就是男女一律的占田。可是晋代能否都能按照土地平均分配的原则做去，却不免有些疑问。

（二）贵族的占田。占田固基于土地平均的原则，然而一般民众都能占得相当的田地，那末，贵族阶级以他们优越的地位，岂可没有占得一些的土地。所以他们以官品的高下，都有一大块的土地。依《晋书》的记载，是这样的。

　　其官品第一至于第九，各以贵贱占田。品第一者，占五十顷；第二品四十五顷；第三品四十顷；第四品三十五顷；第五品三十顷；第六品二十五顷；第七品二十顷；第八品十五顷；第九品十顷。而又各以品之高卑，荫其亲属，多者及九族，少者三世。宗室、国宾、先贤之后及士人子孙亦如之。③

这可知贵族所占的土地，与一般百姓所占的土地，其相关是怎样的利害，故于限田的理想，仍未能达到。再看当时的贵族，犹得以"品之高卑，荫其亲属"。这岂不是仍许人们能占有多量的土地吗？此外，贵族不仅有占有多量土地的特权，且于京城附近还可占田：

　　平吴之后，有司又奏"诏书：'王公以国为家，京城不宜复有田宅，今未暇作诸国邸，当使城中有往来处，近郊有刍藁之田。'今可

① ［唐］房玄龄等：《晋书》卷二六《志第一六·食货》。
② 同上。
③ 同上。

限之。国王公侯,京城得有一宅一处。近郊田,大国田十五顷,次国十顷,小国七顷。城内无宅,城外有者,皆听留之"。①

所以晋代的占田制度表面上虽为限制土地私有,但实际上土地的兼并与占有仍如故,其作用至多不过限制多量的土地兼并罢了,而一般百姓犹不免受土地兼并的压迫。

(三)国宅底给与。除了占田之外,晋代还行有园宅给与的赐典,然而这只限于贵族的特有,为酬劳大臣或有殊勋者而设,而与一般百姓无关。

　　诏……亲兵百人,厨田十顷,厨园五十亩,厨士十人,器物经用,皆留给焉。②

　　……给厨田十顷,园五十亩,钱百万,绢五百匹,床帐簟褥,主者务令优备,以称吾崇贤之意焉。③

他如品秩第一者等亦均有给与。

　　诸公及开府位从公者,品秩第一:……元康元年,给菜田十顷、田驺十人。④

　　特进品秩第二,位次诸公,在开府、骠骑上。……元康元年给菜田八顷、田驺八人。⑤

　　光禄大夫……元康元年始给菜田六顷、田驺六人。⑥

　　尚书令……元康元年,始给菜田六顷、田驺六人。⑦

① 〔唐〕房玄龄等:《晋书》卷二六《志第一六·食货》。
② 〔唐〕房玄龄等:《晋书》卷三五《列传第五·陈骞》。
③ 〔唐〕房玄龄等:《晋书》卷三六《列传第六·卫瓘》。
④ 〔唐〕房玄龄等:《晋书》卷二四《志第一四·职官》。
⑤ 同上。
⑥ 同上。
⑦ 同上。

惠帝元康元年，复置詹事，二傅给菜田六顷、田驺六人。①

太康九年，（滕修）卒，请葬京师。帝嘉其意，赐墓田一顷。②

至若"宅"的方面，上面已说过王公在京城得有宅一所，即可为证，这样的给与，乃不过占田中之变相的土地独占。

（四）占田与户调。户调盖合田税与户口税而言，为封建时代必然的产物。其起于三国魏武帝时。

魏武安平袁绍，乃令田每亩输粟四升，又每户输绢二匹、绵二斤，则户口之赋始重矣。③

至晋武帝时又特定户调之式。

制：户调之式，丁男之户，岁输绢三匹、绵三斤；女及次丁男为户者半输。其诸边郡，或三分之二，远者三分之一。夷人输賨布户一匹，远者或一丈。……远夷不课田者输义米，户三斛，远者五斗，极远者输算钱，人二十八文。④

在表面上，户调并非凿空而税，皆为有田之人。因晋代男女皆占田有差。但须知晋代占田的特质，不过限制富豪的兼并土地，而一般百姓并不能均得有土地。且富豪常利用其优越的地位，以实行其土地兼并，于是无田之户赋役日重，而拥有多量的土地者反可不输户调，驯至农民日益困苦，不得不离乡而为"逃户"、"佃客"了。

（五）土地底还授与土地私有。占田制度的目的，在使一般百姓都能有田可耕。那末有授田，自有还授。因为这是占田制度的真谛，方足以打破土地的私有制度。我们遍翻《晋书》以及其他的史籍，均不见对于土地的还授有相当规定的痕迹。名曰占田，连这重大的事情都不规

---

① ［唐］房玄龄等：《晋书》卷二四《志第一四·职官》。

② ［唐］房玄龄等：《晋书》卷五七《列传第二七·滕修》。

③ ［唐］杜佑：《通典》卷第四《食货四·赋税上》。

④ ［唐］房玄龄等：《晋书》卷二六《志第一六·食货》。

定清楚,岂不笑语。并且我们再看东晋的时候,而于民间的田宅买卖,且公然征税,承认其有法律上的地位。

> 晋自过江至于梁、陈,凡货卖奴婢、马牛、田宅,有文券率钱一万,四百入官;卖者三百,买者一百。无文券者,随物所堪,亦百文收四,名曰散估。历宋、齐、梁、陈,如此以为常。以人竞商贩,不为田业,故使均输,欲为奖励,虽以此为辞,其实利在侵削。①

洪容斋说得好:

> 今之牙税、投税正出于此。田宅,所系者大,奉行唯谨;至于奴隶牛马,虽著于令甲,民不复问,然官所取过多,并郡邑导引之费,盖百分用其十五六,又皆买者独输,故为数多者率减灭价值,赊立岁月,坐是招激讦诉……②

这样说来,田宅的买卖,晋代且视为国家的一注大收入,这与占田的原意,不是背道而驰吗! 故晋代的占田制度还不能打破土地私有,而终于完全失败。

(六)占田与游民。晋代既未能真实地施行占田制度,禁止土地兼并,一方面又制户调之式,于是农民的负担愈重,并无分得土地却要输纳户调。同时又为天灾人祸的侵乘,这样,使农民怎能够维持生活下去,所以自惠帝时农民流亡,辄有所闻。

> 惠帝之后,政教陵夷;至于永嘉,丧乱弥甚。雍州以东,人多饥乏,更相鬻卖,奔进流移,不可胜数。③

至若流亡的数目。颇足惊人。

> 咸康末,庾冰为中书监,隐实户口,料出无名万余人,以充

---

① [唐]杜佑:《通典》卷第十一《食货十一》。
② [宋]洪迈:《容斋随笔》。
③ [唐]房玄龄等:《晋书》卷二六《志第一六·食货》。

军实。①

海陵县界,地名青蒲,四面湖泽,甚是菰葑,逃亡所聚,威令不能及。璩建议率千人讨之。时大旱,璩因放火,菰葑尽然,亡户窘迫,悉出诣璩自首,近有万户,皆以补兵。②

同时,晋代的豪族大家,亦"多挟藏户口,以为私附"。其数也很多。

时江左初基,法禁宽弛,豪族多挟藏户口,以为私附。退绳以峻法,到县八旬,出口万余。③

王导问含曰:"卿今莅名郡,政将何先?"答曰:"王师岁动,编户虚耗,南北权豪,竞招游食,国弊家丰,执事之忧,且当征之势门,使反桑田。"④

然而农民之甘为逃出者,就是因为能够避免赋役。

魏氏给公卿以下租牛、客户,数各有差,自后小人惮役,多乐为之。贵势之门,动有百数,又太原诸郡,亦以匈奴胡人为田客者,多者数千。⑤

这些的客户,遂成为变相的奴隶,所以占田制度并未能改造农民的生活。再看晋代奴隶的特盛,更可以恍然能悟了。

第三、奴隶制度的产生与成立。

农民在乡村里得不到相当的生活必需品,于是便不得不离村远赴各地,以求生活。若还不能得到生活,怎不令人为非作歹,强者散之四方,为匪为盗;其弱者则多倚附于豪族大家,藉免赋税,自沦为奴隶阶级里去了。故奴隶从广义上说来,凡依附于他人、自失去户籍与独立的身

---

① [唐]房玄龄等:《晋书》卷七三《列传第四三·庾冰》。
② [唐]房玄龄等:《晋书》卷八一《列传第五一·毛璩》。
③ [唐]房玄龄等:《晋书》卷四三《列传第一三·山遐》。
④ [唐]房玄龄等:《晋书》卷八八《列传第五八·颜含》。
⑤ [唐]房玄龄等:《晋书》卷九三《列传第六三·王恂》。

份的人，都可以称做奴隶。晋代的占田不能做到耕者有其田的地步，而赋税又复繁重，农民为衣食所迫，宁为奴隶而不悔。所以晋代奴隶的特盛，就显因这个缘故。并且多数都是自动地来依附、投靠，这是怎样可怜的事体。

（一）奴隶产生的原因。晋代的奴隶，多自投靠、依附而来，然除了这个以外，便没有别的原因，这又不然。兹将晋代奴隶产生的原因，分述如下：

1. 投靠。投靠的意义，就是自动地依附于权势之家，以要其保证，或获免赋役。

> 魏氏给公卿以下租牛、客户，数各有差。自后小人惮役，多乐为之。贵势之家，动有百数。①

> 东晋寓居江左以来，都下人多为诸王公、贵人左右、佃客、典计、衣食客之类，皆无课役。②

2. 犯罪。

> 邵广……有司正刑弃市。广二子，宗年十三，云年十一，黄幡挝登闻鼓乞恩，辞求自没为奚官奴，以赎父命。③

3. 鬻买。

> 永平七年，关中饥，米斛万钱，诏骨肉相卖者不禁。④

> 咸康元年，是岁大旱，会稽、余姚尤甚，米斗五百价，人相卖。⑤

> 仲堪致书于玄曰：胡亡之后，中原子女鬻于江东者，不可

---

① ［唐］房玄龄等：《晋书》卷九三《列传第六三·王恂》。
② ［元］马端临：《文献通考》卷十一《户口考二·历代户口丁中赋役》。
③ ［唐］房玄龄等：《晋书》卷七五《列传第四五·范坚》。
④ ［唐］房玄龄等：《晋书》卷四《帝纪第四·孝惠帝》。
⑤ ［唐］房玄龄等：《晋书》卷七《帝纪第七·成帝》。

胜数。①

　　于是百姓穷窘，鬻子以充军制，犹不能赴，自经于道路死者相望，而求发无已。②

我们再看当时政府对于奴隶卖买的征税，更可知此风的广泛。

4. 战争。

　　东海王越等执乂，送于金墉城，方使郅辅取还营炙杀之。于是大掠洛中官私奴婢万余人，而西还长安。③

　　尔后每为虏掠其种人，卖于中国。帝愍之，又发诏以官物赎还。下司、冀二州，禁市夫余之口。④

　　自恩初入海，所虏男女之口，其后战死及自溺并流离被传卖者，至恩死时，裁数千人存。⑤

　　晋元帝大兴四年，诏曰：昔汉二祖及魏武，皆免良人。武帝时，凉州覆败，诸为奴婢，亦皆复籍，此备征役。⑥

战争常为造成大量的奴隶，观此而益信。

（二）家生。在古代希腊、罗马的社会，奴隶的来源，虽多由于战争的俘获或掠卖，但亦有来自家生，即承认奴隶是世袭的。晋代有没有这个家生的奴隶，我们虽不敢决定，然从文献上仅存遗迹的推测，似颇有家生的痕迹。

　　许荣上疏曰："今台府局吏、直卫武官，及仆奴婢儿取母之姓者，本臧获之徒。无乡邑品第，皆得命议用为郡守县令。"⑦

---

① ［唐］房玄龄等：《晋书》卷八四《列传第五四·殷仲堪》。
② ［唐］房玄龄等：《晋书》卷一〇六《载记第六·石季龙上》。
③ ［唐］房玄龄等：《晋书》卷六〇《列传第三〇·张方》。
④ ［唐］房玄龄等：《晋书》卷九七《列传第六七·东夷》。
⑤ ［唐］房玄龄等：《晋书》卷一〇〇《列传第七〇·孙恩》。
⑥ ［元］马端临：《文献通考》卷十一《户口考二·历代户口丁中赋役》。
⑦ ［唐］房玄龄等：《晋书》卷六四《列传第三四·简文三子》。

在许荣的心目中,他是承认奴隶为世袭的,斥为"臧获之徒,无乡邑品第"。只好继续为奴隶,怎能升入仕途。故晋代的家生奴隶,虽无科学的正面的证据,然这一段很可为我们的旁证,得承认晋代亦有家生的奴隶。

此外,还有一种奴隶的来源,是统治者的赐与,如《晋书·职官》所说"赐田驺六人"等,但为数甚微。

三、奴隶的种类

这里,我们要请大家注意,我所谓奴隶者,乃失去其户籍、身份而依附他人者,都得列入奴隶的范围。晋代的奴隶,约可分为官、私两种,而与此相关者则为佃客、衣食客等。

1. 官奴隶。官奴隶多为罪人没入官者,或得诸战争的俘虏,如:

　　　求自没为奚官奴。[①]

　　　大掠洛中官、私奴隶万余人。[②]

　　　赐田驺六人。[③]

2. 私奴隶。至若私奴隶则多自鬻卖和俘获,亦有来自投靠者。名称繁多,普通多称为奴婢,亦有为:家僮、[④]僮仆、食头、客、[⑤]门生。[⑥] 门生是不是奴隶私属,这是颇有趣的问题。郝懿行《晋宋书故》云:"勋戚势家于私人冗从,依附户籍,视同家奴,谓之门生。……江左以来,此风

---

① [唐]房玄龄等:《晋书》卷七五《列传第四五·范坚》。

② [唐]房玄龄等:《晋书》卷六〇《列传第三〇·张方》。

③ [唐]房玄龄等:《晋书》卷二四《志第一四·职官》。

④ [唐]房玄龄等:《晋书》卷四九《列传第一九·谢鲲》。

⑤ [唐]房玄龄等:《晋书》卷一〇〇《列传第七〇·王机》。

⑥ 同上。

尤盛。"①而《王机传》云:"机遂将奴客、门生千余人入广州。"②亦将奴客与门生并举,则其贱可知。

其介于这两者之间,则为佃客、典计,盖这些人皆附籍于大家,且以户计算,其身份常为世袭的。

佃客起于晋初,王公贵人各自占荫,以官品为差,多者四五十户,少者一户。《文献通考》卷十一:"武帝平吴之后,令王公得荫人以为衣食客及佃客,官品第一第二佃客无过五十户,三品十户,四品七户,五品五户,六品三户,七品二户;八品九品一户。"③又:"东晋官品第一第二佃客无过四十户,每品减五户,至第九品五户。"其主人号曰大家,"其客皆注家籍……佃客、典计、衣食客之类,皆无课役……其佃谷皆与大家量分"。④ 盖一种农奴制也。⑤

此外,还有从外国输入的奴隶,也附带说一说。如:

胡婢孚,字遥集,其母即胡婢也。⑥

鲜卑奴。

下司、冀二州,禁市夫余之口。⑦

四、奴隶使用的状况

晋代一般的人,都广蓄着奴隶,究竟怎样地使用呢?就现在所能知道的,略可分为三:(一)生产劳动;(二)公共劳动;(三)家庭劳动。

---

① [清]郝懿行:《晋宋书故》。
② [唐]房玄龄等:《晋书》卷一〇〇《列传第七〇·王机》。
③ [元]马端临:《文献通考卷十一《户口考二·历代户口丁中赋役》。
④ [唐]杜佑:《通典》卷第五《食货五·赋税中》。
⑤ 梁启超:《中国文化史·社会组织篇》,商务印书馆 1922 年版。
⑥ [唐]房玄龄等:《晋书》卷四九《列传第一九·阮孚》
⑦ [唐]房玄龄等:《晋书》卷九七《列传第六七·东夷》。

（一）生产劳动，就是把奴隶用于生产方面，以经营剩余的价值。大概当时有田的人，都蓄着很多的奴婢。上面所说的佃客、客户，完全是使用生产的。其他的旁证亦多。

> 刁协子彝，彝子达，弟畅、次宏，各历职州刺史，兄弟子侄并不拘名行，竞收货殖，有田万顷，奴婢数千人。

> 其妇女，庄栉织纴，皆取成于婢仆，未尝知女工丝枲之业，中馈酒食之事也。①

这可见当时的生产工作，多以奴隶为之。连纺织也都叫"奴仆"来担任。

（二）公共劳动，凡遇公共的徭役，及国家的重要工作，如战争等，则多发官私奴隶充之。

> 王师攻方垒，不利。方决千金堨，水碓皆涸，乃发王公奴婢、手春给兵廪，一品已下不从征者、男子十三以上皆从役，又发奴助兵，号为四部司马。②

> 发投刺五官千人为军吏，调扬州百姓家奴万人为兵配之。③

> 于是并发所统六州奴及车牛驴马，百姓嗟怨。④

> 先是，翼悉发江、荆二州编户奴，以充兵役，士庶嗷然。充欲发扬州奴以均其傍。后以中兴时已上发三吴，今不宜复发而止。⑤

> 初，苻丕之来攻也，序母韩自登城履行，谓西北角当先受弊，遂

---

① ［唐］房玄龄等：《晋书》卷五《帝纪第五·孝愍帝》。
② ［唐］房玄龄等：《晋书》卷四《帝纪第四·孝惠帝》。按手春当亦为奴婢之别名。《汉书·刑法志》曰："其奴男子入于罪隶，女子入师春槀。"颇足为证。"以奴为兵，取将吏客使转运，皆协所建也。"（［唐］房玄龄等：《晋书》卷六九《列传第三九·刁协》）
③ ［唐］房玄龄等：《晋书》卷六九《列传第三九·戴若思》。
④ ［唐］房玄龄等：《晋书》卷七三《列传第四三·庾翼》。
⑤ ［唐］房玄龄等：《晋书》卷七七《列传第四七·何充》。

领百余婢、城中女子于其角斜,筑城二十余丈。①

义旗建,率私僮客随义军,蹑桓玄。②

仍尽发其家僮,令随潭助战。③

(三)家庭奴婢,如《孝愍帝纪》所谓"庄栉织纴,皆取成于婢仆"。④此外,凡家庭间的一切杂事,及服侍等,都为奴隶的专责。

实崇俭素,不尚华丽,尝诣石崇家,如厕,见有绛纹帐,裀褥甚丽,两婢持香囊。实便退,笑谓崇曰:"误入卿内。"崇曰:"是厕耳。"⑤

令小婢承福以纸笔及书草,使太子书之。⑥

方命婢肩舆,抽刃出门。⑦

陆纳字祖言,征拜左民尚书,将应召,纲纪白曰:"宜装几舫。"纳曰:"吾家不在此,已敕私奴乘驾,装并食粮米,无所须也。"临发,载被幞而已,其余皆封还官。⑧

这里,晋代奴隶的特质,就是大多数的劳动,差不多都是奴婢来担任,尤以生产和公共劳动,奴隶尽了特多的力量,和其他的朝代有所不同,且以奴为兵,又为晋代所盛行。

五、奴隶的身份

奴隶谁都认为是下流贱品的东西,其身份自然低下,视如牛马一

① [唐]房玄龄等:《晋书》卷八一《列传第五一·朱序》。
② [唐]房玄龄等:《晋书》卷八四《列传第五四·殷仲堪》。
③ [唐]房玄龄等:《晋书》卷九六《列传第六六·虞潭母孙氏》。
④ [唐]房玄龄等:《晋书》卷五《帝纪第五·孝愍帝》。
⑤ [唐]房玄龄等:《晋书》卷四一《列传第一一·刘实》。
⑥ [唐]房玄龄等:《晋书》卷五三《列传第二三·愍怀太子遹》。
⑦ [唐]房玄龄等:《晋书》卷九六《列传第六六·王凝之妻谢氏》。
⑧ [晋]何法盛:《晋中兴书》。

般。这看奴隶的买卖与田宅、牛马一样征税可知。现在我们打算从法律上与社会上看看晋代奴隶的身份,是怎样的?

(一)奴隶的法律地位。关于这个问题,因为史料缺乏的缘故,不能多论述。不过从《晋书·刑法志》里的话,推知其地位是非常的低下。《晋书·刑法志》是这样说:"奴隶捍主,主得谒杀之。"这即不承认奴隶的法律地位,而主人得有自由处置奴隶的身体与生死权。

(二)奴隶的社会地位。这也和法律地位一样,凡社会上上层的事情,如政治活动等,均禁止奴隶的参预。如许荣上疏曰:"今台府局吏、直卫武官,及仆隶婢儿取母姓者。本臧获之徒,无乡邑品第,皆得命议用为郡守县令。"①

而家僮的取官者,主人常被连治罪。如:

> 谢鲲,太傅东海王越闻其名,辟为椽,任达不拘。寻坐家僮取官,除名。②

不仅如此,即奴隶的形貌与服饰,亦异于常人。

> 会形貌短陋,奴仆之下者。③

> 雄与西曹韩阶,从事武延,并毁服为僮竖。④

然奴隶的身份,果都为世袭的,而没有流通的可能吗? 这也却不一定。

> 熊远,字孝文,豫章南昌人也。祖翘,尝为石崇苍头,而性廉直,有士风。黄门郎潘岳见而称异,劝崇免之,乃还乡里。远有志尚,县召为功曹。⑤

---

① [唐]房玄龄等:《晋书》卷六四《列传第三四·简文三子》。
② [唐]房玄龄等:《晋书》卷四《列传第一九·谢鲲》。
③ [唐]房玄龄等:《晋书》卷五九《列传第二九·赵王伦》。
④ [唐]房玄龄等:《晋书》卷八九《列传第五九·桓雄》。
⑤ [唐]房玄龄等:《晋书》卷七一《列传第四一·熊远》。

至若奴隶的解放,则依主人的喜怒为之。

> 敦尝荒恣于色,体为之弊,左右谏之。敦曰:"此甚易耳。"乃开后阁,驱诸婢妾数十人并放之。①

六、奴隶的数目与限制

从上面所述的,可知晋代使用奴隶之广泛。所以当时的权势及百姓,差不多蓄存很多的奴隶,如"家乏僮使",则其人贫穷的程度可知。大概奴隶的数目,自数十人以迄数千人不等。

> 崇水碓三十余区,苍头八百余人,他珍宝货贿田宅称是。②

> 晞出于孤微,位至上将,志颇盈满。奴婢将千人,侍妾数十,终日累夜,不出庭户。③

> 媵妾数十,家僮千余,珍奇宝货,富于天府。④

> 兄弟子侄并不拘名行,以货殖为务,有田万顷,奴婢数千人,余资称是。⑤

这样可知奴隶数目的惊人,且每次所征奴兵,均以万人计算,更可为证。这是当时很普通的,所以晋武帝即行限制之法,以官品高下各有差。

> 又得荫人以为衣食客及佃客,品第六以上得衣食客三人,第七、第八品二人,第九品及举辇、跡禽、前驱、由基、强弩、司马、羽林郎、殿中冗从武贲、殿中武贲、持椎斧武骑、持钑冗从武贲、武骑一人,其应有佃客者,官品第一、第二者,佃客无过五十户,三品十户,

---

① 〔唐〕房玄龄等:《晋书》卷九八《列传第六八·王敦》。
② 〔唐〕房玄龄等:《晋书》卷三三《列传第三·石崇》。
③ 〔唐〕房玄龄等:《晋书》卷六一《列传第三一·苟晞》。
④ 〔唐〕房玄龄等:《晋书》卷六六《列传第三六·陶侃》。
⑤ 〔唐〕房玄龄等:《晋书》卷六九《列传第三九·刁彝》。

四品七户，五品五户，六品三户，七品二户，八品、九品一户。①

然而这样限制，好像是一样具文，而大户之蓄养奴隶者，仍如故，毫不稍杀。

现在我要来附说晋代这般豪族大家畜养大批奴隶，颇有尾大不掉的神气。因为晋代奴隶多来自投靠，其目的在于获免赋役，以求保护，亦非自甘为奴隶。为了这个缘故，故当时的奴隶行径，颇极放纵。

> 强弩将军庞宗，西州大姓，护军张浚，宗妇族也，故僮仆放纵，为百姓所患。辅绳之，杀其一奴，又夺宗田二百余顷，以给贫户，一县称之。转山阳令，太尉陈准家僮亦暴横，辅复击杀之。②

> 刁氏既富，奴客纵横，固吝山泽，为京口之蠹。

奴隶横行的结果，其终虽未至酿成如明末清初轩然大波的奴变，然奴隶欺主之事，却时有所闻。如：

> 七月乙亥，新蔡王崇为其奴所害。③

末了，我对于部曲是否奴隶，觉得是值得讨论的问题，因为从其性质来说，部曲亦来自投靠（见《魏志》），是一种亲兵制度，子得袭领其父的部曲，且有"质任"，颇似私属。这点，我拟最近作《晋兵制考》一文论之。（此种工作，清人已有做过的，如钱仪吉的《补晋兵志》一书，刊在《广雅丛书》内。惟太简略，且无通识，颇值再做。）

七、占田制度的崩坏路线及其特质

占田制度既不能解除农民的困苦，其崩坏自无容疑，但其路线如何？虽原因复杂。然我们还可概括得之。

---

① ［元］马端临：《文献通考》卷六十五《职官考十九·职田》。
② ［唐］房玄龄等：《晋书》卷六〇《列传第三〇·张辅》。
③ ［唐］房玄龄等：《晋书》卷一〇《帝纪第一〇·安帝》。

　　晋代的历史虽不久,然而它却多事极了。晋武帝自平吴之后,才过了二十年的光景,而内部即生裂痕,赵王伦的首先发难,酿成八王之乱,其后更继之以五胡之乱,而天下遂骚然矣。试想处在这样环境之下,政府哪有心施行土地改革,顾及农民的疾苦;同时,政府为应付这危难的局面,自不得向人民身上多加剥削,这样的话,新兴的占田制度怎能顺利地进行呢? 故占田不能得有良好的结果,半受战乱的影响。

　　其次,政府之不决心推行占田制度,与社会环境的不许施行占田制度,实为其崩坏的致命伤。如一方面提倡占田制度,而又自乱其体例,把土地任意地赐给臣下,一面又许土地卖买,予以法律上的承认。如:

　　　　诏……亲兵百人,厨田十顷,厨园五十亩,厨士十人,器物经用,皆留给焉。①

　　　　给厨田十顷,园五十亩,钱百万,绢五百匹,床帐簟褥,主者务令优备,以称吾崇贤之意焉。②

　　　　赐钱百万,葬地一顷,京城地五十亩为第,又赐王家近田五顷。③

　　这样的占田,岂不笑话。同时,有些的豪强和商人常利用其政治上的优越地位,强占土地,以实行兼并。

　　　　司隶校尉李熹复上言:"骑都尉刘尚为尚书令裴秀占官稻田,求禁止秀。诏又以秀干翼朝政,有勋绩于王室,不可小疵掩大德,使推正尚罪,而解秀禁止焉。"④

　　　　泰始初,封祁侯。熹上言:"故立进令刘友、前尚书山涛、中山王睦、故尚书仆射武陔,各占官三更稻田,请免涛、睦等官;陔已亡,

①　[唐]房玄龄等:《晋书》卷三五《列传第五·陈骞》。
②　[唐]房玄龄等:《晋书》卷三六《列传第六·卫瓘》。
③　[唐]房玄龄等:《晋书》卷五八《列传第二八·周处》。
④　[唐]房玄龄等:《晋书》卷三五《列传第五·裴秀》。

请贬谥。"①

敦又大起营府，侵人田宅，发掘古墓，剽掠市道，士庶解体，咸知其祸败焉。②

这些的事实，在晋代多不胜举，又益以豪强的兼并，所谓"占田"，终成为历史的陈迹了。

崇与贵戚王恺、羊琇之徒，以奢靡相尚，……恺作紫丝布步障四十里，崇作锦步障五十里以敌之。……崇水碓三十余区，苍头八百余人，他珍宝货贿田宅称是。③

戎性好兴利，广收八方园田水碓，周遍天下，积实聚钱，不知纪极，每自执牙筹，昼夜计算，恒若不足。④

彝兄弟子侄并不拘名行，以货殖为务，有田万顷，奴婢数千人。⑤

这可见大地主之多，自东晋初行土地买卖征税后，而奴隶、土地的兼并愈烈，那有什么土地的制度可言呢？

所以晋代的占田制度，不过昙花一现罢了。因此，我们可见占田制度的特质。从其制度上说，所谓占田乃限制多量的土地兼并，划定其应得数目。至若一般民众，都给有相当的田地，这样没有做到，不然，晋初年怎有那么多的佃客呢？因为若人人都有相当的田地，以维持其生活，那末这些人为什么自降于奴隶阶级，而依赖于他人呢？所以，晋代的奴隶特多的缘故，即基于田制的纷乱，豪强的兼并，一般民众得不到生活，便相率而为奴隶了。

① ［唐］房玄龄等：《晋书》卷四一《列传第一一·李熹》。
② ［唐］房玄龄等：《晋书》卷九八《列传第六八·王敦》。
③ ［唐］房玄龄等：《晋书》卷三三《列传第三·石崇》。
④ ［唐］房玄龄等：《晋书》卷四三《列传第一三·王戎》。
⑤ ［唐］房玄龄等：《晋书》卷六九《列传第三九·刁彝》。

　　以上所述，是我对于晋代的土地问题与奴隶制度所提供底一些意见，尤其指出奴隶制度与土地问题有息息相关之处。至若详细的研讨，请俟于异日。

　　　　　　　　（原文发表于《现代史学》第 2 卷第 3 期，1935 年。）

六 从"杀"老到敬老

——社会史话之一

由于人类社会不断地在流变演进中，因此，我们的社会制度与道德习俗，亦不是一成不变：它常是由既成的秩序，向更高的阶段发展，而走着相反的不同的路线。

社会道德的演变，常超出我们想象之外，老人在历史的地位底变迁，便是一个极好的例证。在我们的日常生活中，不论谁都承认对于老人的尊敬，是应该的、必须的。同时，敬老在社会上看来，非仅视为道德的行为，而是作为国家行政设施的一部分。老人能够得到许多人的尊敬，其在社会上的崇高的地位的获得，是不是有古以来就是这样的呢？那又没有这么的简单。我们知道老人地位的获得与形成，好似男子在取得支配权之前，有经过长阶段的苦斗与许多悲惨的事实，才争取得来的。

当原始时代，人类曾长期地过着采集经济生活。壮年的男子，都是外出从事狩猎，妇女则采集天然的植物，或幼小的动物，作为食粮。但是这种采集经济，常受自然环境的限制，而极不稳定。因为一地野兽的数量，是很有限的，因不断地打杀及逃走之故，常使人终日毫无所获。至于采集品，也常是很有限的，特别是遇到天旱时，可食的茎叶根块在炎暑中干萎了，而小的两栖动物和爬虫，凡在平时得保全残生的，也逃徙净尽了。同时，原始人又不懂得保存鱼肉的方法。

如果有丰富的食品，他们便一气吃光。在这样不稳定的生活之下，于是由饥馑的来临，由于一时的缺少肉食，只好把自己的同类——人也拿来宰吃了，这是食人的一个原因。其次，原始人还迷信：一人只在自己活的身体中，领有生命力；所以若把一个人活活地吃下，即能取得他的生命力。① 这一个宗教的理念，又助长了食人的勇气。关于食人的风俗，就现在我们所知道的，如澳大利亚、苏门答腊、西伯利亚诸民族，都普遍实行过。至于我们的中国呢？在春秋时代尚残留有食人的习惯，如"宋公使邾文公，用鄫子于次睢之社"。② 所谓用人，就是杀人以祭。这也可以证出我国古代也有食人的风俗。

其始，原始人在饥馑时，先把战争中死伤的敌人拿来充饥，或侵袭别个部落，以掠夺牺牲品。但自和毗邻的部落之间，发生友谊的结合，旧来频仍的部落战争便因而减少了，于是土人乃开始吃儿童底肉，尤其因为一个妇人在进行中能够携带两个小孩和同时养育两个小孩子的是例外，所以在许多部落中，婴儿刚生下来，便杀来把肉吃了，不过夭殇的、大些的儿童也是被杀的。③ 没有抵抗能力的婴儿是被杀了，不久，这个厄运，也渐渐轮到残废的老人身上了。体力衰退的老人，在一般原始人的心目中看过去，完全是只会消费、不会生产的无用东西，于是在生活的重压与食粮欠缺的群体中，便实行对老人的戕杀，如苏门答腊的白太人（Betta）与往昔西伯利亚的朱克支人，都盛行这个风俗。④ 就在今日我国民间的传说里，亦有"老年不死，殃及子孙"的迷信，这也可认为反映古代老人杀害的一个残迹。

其在爱斯基摩人中，这个习俗，亦很为普遍。据说：老人随其体力的衰退，他在社会上的权威，也日就衰微，以前所养育的后辈，则将其视为赘疣。于是老人最后对于社会还做出一桩好事，就是在自己不死的场合，自杀而死。这个场合，宗教的传统，为要避免死的恐怖，据中部爱斯基摩人的说法，穷困的死者是升入天国。如彼岸的安乐，不能引起老

---

① 薛曼尔著，郑绍文译：《神之由来》。
② 《春秋左氏传·僖公十九年》
③ 沃才富克著，吴觉先译：《经济通史》，商务印书馆1936年版。
④ 邵可侣著，郑绍文译：：《社会进化的历程》。

人的魅惑时,则必须假手于其家族或朋友。在爱斯基摩人的文献中,关于杀害老人的报告,非常之多。一个少女无报酬地从岸上推杀老妇,对于她是个值得自傲的道德行为;而杀父者,在其民族的道德观上反视为模范的代表者。① 这是壮年与老年间,父一辈与子一辈间的剧烈的斗争,在很多很多的世纪中,最有能力与最有经验的男子们都太早地死去了,直至人们找到能维护三代共同生活的办法的时期,他们都为食人仪式的牺牲品。

但是为什么原因废除了老人杀害呢?"关于这种废除的理由,我们还没有半点证据,然而,把它归功于经济的要因与伦理的情感,大概是不大会错的。如投石带、弓箭、掷枪一类的击远武器和捕鱼以及狩猎等工具的发明,使老人恢复社会的效用。他们重新列入宗族防御者、粮食供给的队伍,武器与工具的制造、材料的选择、打猎时陷阱的布置、防御堡垒的工程都需要经验。保有它的只有年老的人们。宗族于是开始看重这大之对群体、小之对每一成员都有益的经验,在每年杀戮老人的时候,失却有用成员与宝贵顾问的惋惜,使他们起而反对杀人的本能,反对以人的牺牲永远延续宗族与祖先之生命力的原欲"。②

为了人类对于原有经验的保存与传授,以及青少年训练的必要,有了认识,于是老人以其丰富的经验,在生存手段尚未十分发达时,乃作为特种的劳动资格的担当者,替人类尽了很大的任务,而得到青年人的尊敬。但是权威的"长老制"的形态,亦不是一下子就完成的,所以老人必须将其丰富的经验,如关于季节、动植物、地形的知识,作有组织的处置,或将知识的一定部分有计划地秘密化起来,或扩大为空想的神话,

---

① [德国]维特福格尔:《家族权威发达之经济史的基础》,见《历史科学(日本)》第五卷第七号。
② 薛曼尔著,郑绍文译:《神之由来》。

造成一个完整的宗教系统,特别是在青年的训练或举行成年祭时,冥冥之中,用来统制其他的男女成员,发挥长老制的权威。如布西曼族,老人监视青年的狩猎的劳动,年青人必须把全部的狩猎物献给老人。山地答麻狩猎族亦须在圣火时贡纳其狩猎物,并且最好的动物完全是属于老人的所有,而且老人有先食的特权。①

这里,关于老人权威的获得,在今日尚残存的原始人群,典型地显示长老制的最高完成者,为澳大利亚土人。在那里,为了经济过程之物的要素非常的不发达,与其主观的要素(组织化与经验),特别赋与极高的意义。老人凭借着性的禁令及食物禁令,为着青年人的训练与保护,开始支配青年男子们准备食物的最有价值的部分;并在性的方面,征发集群的年青少女,或将其作为自己的劳动力。

罗利察族的老人在举行成年祭时,为表示威力,常在年青人的身上,予以肉体上的暴力行为及恐怖的习惯,并这样地发训青年们道:"不得走进女儿们的居处! ……你们,不可吃大的蜥蜴!""若使你们是想活下去,就该好好地做去,否则,就把你们投入火中烧死!"这个威吓,完全是真实的,成年男子与达到成年的处女或其他男子之妻,有发生肉体的关系,则立被监禁,或加烧杀。

食物律法在"不相等"的口实之下,年青男子们禁止享受最上等的食物。"为老人而备"的口实,在我们看来,可以想像到"不相等"的意义。可是尊敬老人作为所有历史的经验的担当者,及站在他们生活的实践上必须尊敬老人的年青的澳大利亚人看来,老人的这个威吓,完全是有现实性的。年青人如果敢吃老人们所贮备而未食的动物,则他所得的警告,是会生可怕的脓疮,且能使他不会生髯,性的机能不发达,甚

---

① ［德国］维特福格尔:《家族权威发达之经济史的基础》,见《历史科学(日本)》第五卷第七号。

至断绝。同样的,对于违犯食物禁令,也予少女以威吓,如说:乳房不发达或失去,性病来临,生育多数孩子(对于生活困难的威吓),或永远过着处女的生活。[1]

自是之后,老人在社会上的地位,日见崇高,于是所有宗教上、经济上的许多大事,也都操在老人手中,例如"澳州瓦拉曼加(Warramunga)之族人典礼与火葬,司仪之责,不由某地方之首长任之,而由五元老共任之,而此五元老乃由各族群体之中选出,而组成一种会议也"。[2]特别是在家族间,关于子女的教育,知识的授与诸种特权,使老人会受到人们的尊敬。一直到了农耕社会,老人的丰富的经验知识,仍担当了社会上的大事情。[3] 于是随着时间的过去,我们社会史上所谓老人杀害这个悲惨的事实,渐为人类所遗忘,而后起的、崭新的敬老道德,乃代之而起。

---

[1]　[德国]维特福格尔:《家族权威发达之经济史的基础》,见《历史科学(日本)》第五卷第七号。

[2]　摩勒·德斐著,陈建民译:《近东古代史》,商务印书馆1936年版。

[3]　老人在中国社会上,如汉的三老、明的老人都握有地方政教的大权。

七 关于服饰的起源及其变迁

——社会史话之二

关于服饰,谁都知道起源可追溯到悠远的古代,但是原始人类是不是自有史以来,即为生理上的必要以及羞耻观念的作用,习惯于穿着衣服呢? 这却需要讨论一下,根据社会史家的报告,知道有许多未开化的原始民族,如澳大利亚人、文奇比人(Mincopi)、波多古陀人(Botocuto)等,都不穿衣服,毫不知羞耻地裸露着他们的身体。而扶南国(在今之印度支那半岛),据我国古代所记,也说:"国俗本裸体,身披发,不制衣裳。"①

这里,大家要晓得人类社会生活的一切习惯,不是由于人类的自由意志而支配的,所以作为风俗之一分野的服饰亦常适应于客观的社会环境的演进,它先从裸体发展到体上的装饰,然后才有衣服的出现。下面我就把服饰的起源及其变迁,作个鸟瞰式的叙述。

人类装饰自己的目的,不消说,是有种种的原因。但其最原始的一个动机,却基于人类的爱美的本能。如我们见到一个最美丽的少女,鲜艳的花草,心中立即感到喜悦的愉快。因此,原始人同样地将吸引他人的注意,在保持其健美的体格之外,"也如今日文明社会的平庸者一样,往往孜孜不倦地要美化自己的身体,有时,为修饰头发,竟费数小时的长时间;趋向时髦——如选择羽毛、荆棘、种子、小玻璃品、布帛等能使身体增加光彩的种种——的热度往往超过狩猎或战争,黏质有色的陶汁,如'日尼巴'(Genipa 茜草科植物之汁)与'露孤'(Roucou 橙色染

---

① [唐]姚思廉:《梁书》卷五四《列传第四八·诸夷》。

料)等为很多蛮族最珍重的商品"。①

但为促使原始人热心装饰的一个直接原因,却是原始人类在其未开化的社会集团生活中,为表示自己的特征于众人的面前,必需用某种的征章。在被服未发达的裸体生活的未开化民族,关于男女的区别,那是依于肉体的、生理的差别,例如依乳房、臀部的姿态、髭须的有无,一见就可以判别的。

然而这单纯的性别区别,当其踏进一个较复杂的社会,由于社会年龄及社会地位的分裂,使得人类为表现自己的标帜,就必须需要一种较经久的、显明的装饰品,为的当时手工制造尚极落后,人类为表征自己的门阀、功劳和身份诸目的,发现到利用矿物、植物来涂饰自己的身体,最为便当。所谓文身之术,即是原始人在肉体上刻印下来一种不可磨灭的标帜。

关于文身的风俗,差不多在一切落后的民族中,都可以看得到,例如"爪哇人的文身,即表示自己在社会的阶级,及其所属的门阀;或为夸耀于乡土邻里。又当国王崩逝之时,臣子为表示其悲悼之情,亦行文身。亚非利亚的某种族,在战争中,为夸耀其武功,故意地在其股上刺画很长的伤痕。黑人的某种族,在同样的场合,亦在其面颊上自刺伤痕,以追求虚荣。其在欧洲中世纪之时,如有加入骑士集团者,其仪式亦即是文身"。②

古代的日本亦用文身,来表示社会地位的差别,如云:"诸国文身各异,或左或右,或大或小,尊卑有差。"③《明史》的那孤儿国,亦记"那孤儿,在苏门答剌之西……男子皆以墨刺面,为花兽之状,故又名花面国,

---

① 邵可侣著,郑绍文译:《社会进化的历程》。
② [日]三浦恒夫:《关于服饰史的考察言观色》,见《历史科学》第五卷第九号。
③ [西晋]陈寿:《三国志》卷三〇《魏书三〇·乌丸鲜卑东夷传》。

猱头裸体,男女止单布围腰"。① 这可见文身之风的普遍。

原始时代人类迷信的心理,极为强烈,这是谁都承认的。他们对于过分新奇、过分不习见的事物和地方,每生恐惧之心,特别是走到一个陌生的地方,言语风尚族类异于我,故对我必怀有异心。而外如虫蛇虎豹、草木森林、深山幽谷、大河急流、暴雨狂风、烈日严霜、社坛郊墓、神鬼妖魔,亦莫不在欺我,在僻静处、在黑暗时,伺隙而动,以捉弄我、恐吓我、伤害我、或致我于死地为无上之乐。因此,原始人为避免这些外敌意外的袭击,乃以种种方法,如塞住通路、移动小茅舍、或关闭墙壁与门户、或改变服装,以免认识,甚或以新的说话替代旧的,以避听闻。这样,文身的装饰,很自然地,又被利用为被除不详、抗拒恶魔的宝物。如我国古代的吴越民族,"断发文身,以避蛟龙"的习惯,据应劭的解释,即为吴越之民,"常在水中,故断其发,文其身,以象龙子,故不见伤害"。②这就可以见出文身的习惯,在夸耀之外,还附带着魔术的意义,具有威严的作用,所以有些落后民族,为着文身,曾罄其资囊而不惜;③且冒着生命的危险。④

像这样的文身,随着共同社会的领域的扩大,社会组织的复离多歧,文身的作用,就渐不适应社会诸制度,例如家族制度的发达,养子的出现,把家徽永久刻印于肉体上,残留永久的痕迹,自然是不便的,同时,奴隶的解放为自由民,文身亦是不便的,而表章的永久的存在,自见相当的麻烦,于是,这种印入身体的"衣服",在一种新的社会中,在一种

---

① ［清］张廷玉等:《明史》卷三二五《列传第二一三·外国六》。
② ［汉］司马迁:《史记》卷四《本纪第四·周》。
③ ［元］汪大渊:《岛夷志略》三岛条下云:"男顶拳,妇人椎髻,俱披单衣。男子常附舶至泉州经纪,罄其资囊,以文其身。既归其国,则国人以尊长之礼,延之上座,虽父老亦不得与争为。"
④ 文身有时须历青年的全期,这种长期与困难的手术往往会使生命冒着死的危险。

随气候的交替、职业的异同、个人的好恶,而随时容易改换体外衣服的社会中,即失掉他的全部意义。

并且古代社会对于裸体的崇拜,文身的注重的另一个意义,如我们所知的希腊社会,是依据于奴隶制。原来,在奴隶制下,生产技术极为落后,生产的大部分,主要地均依存于肉体的力与训练,这强力的肉体的伟大,便成为当时裸体崇拜的社会基础。故当奴隶社会崩坏之时,作为裸体崇拜的社会一告消灭,于是乃随着生产技术的发展,纤维工业的发明,人类渐知使用体外服饰的便当,原始的衣服即从这简单的围蔽身体的某一部分的腰布之属,而慢慢地发展出来的。①

基于上述的原因外,气候亦为促使衣服的出现,尽了或大或小的作用。就是"有些场合,人类的穿衣服或蔽身物,完全是为抵抗物质的环境的,原始人比较文明人尤其要顾到地方的情况,雨水极多的地方……如马布阿西亚(Popouasie)与巴西内部的有些部分——土人普通以木叶为原料的衣服,只是圆锥形的避雨器罢了。在缺乏纤维质植物与兽皮的区域,居民常以桐叶为他们的衣物,热带森林中蛮族都巧妙地使用简单的树皮。在极寒的、有海风吹袭的地方,遮蔽身体也是必要的"。②

同时,私有制度的出现,主人要遮蔽他的奴隶,以及在女子完全为男子私有的地方,也间接地促使衣服之广泛地利用。例如回教的东方,被压迫的女性须隐蔽面貌,只让茫然的目光显露于外。③

衣服我们已知直接是从文身的艺术所递嬗而来。故我国古代衣服的服饰,如所谓黼黻之类所绘画的乌龟的图形,即尚保存文身艺术的遗迹。而文身的作用,不用说,亦渐渐转嫁于衣服之上。所以到了封建社

---

① 〔日〕三浦恒夫:《关于服饰史的考察言观色》,见《历史科学》第五卷第九号。

② 邵可侣著,郑绍文译:《社会进化的历程》。

③ 同上。

会,衣服亦被利用为维持严整的身份制度的一个工具。我们试看历代封建主对于庶民的服饰的严厉的干涉,就可以恍然。有时,服饰甚至可认为对于一种政权的服从意志的象征。例如我国古代北方民族的征服中原,对于被征服民族一般地强制其被发左衽,而孔子至有"微管仲,吾其被发左衽矣"之叹,其后,清朝建国时,亦会强迫汉人易服辫发,便是一个好例。

其在近代社会,服饰已脱离了身份制度的束缚,却成为富有与权力的诱示之象征,试看,这个时代服饰的特征,就是一天一天地趋向于奢侈与非实用的途上发展了。[1]

数千年来来,人类就这样地习惯于穿着衣服,而不知原始的人类,会长期地过着裸体的生活,而毫不见得羞耻呢。

---

[1]　[日]三浦恒夫:《关于服饰史的考察言观色》,见《历史科学》第五卷第九号。

八　食的进化

——社会史话之三

　　翻开人类的历史，我们没有见到有一件能够像食那样引人开心的，而人类为了食的问题，也不知演出多少的悲剧，这就可以说明食对人类生活的重大了。不过人类生活的发展，是"由阶梯的下层，开始其生活的进程。并且借实验的知识之徐徐的累积，从野蛮状态而上达于文明之城"。① 因此，关于食的文化——食物的范围与其烹调技术，原始人为其在于低阶段的社会之故，自然也没有像现代人那样地进步、精美。它是跟随社会的进化，从植物到动物，从生食到熟食，从单味到复味，从非固定的采集食物到人工的生产食物，一天一天地进化而来的。

　　我们知道刚脱离了动物状态的原始人，其可作为劳动要具而被利用的，只有他们的手足爪牙，例外的，或偶借助于树枝或石块。为了这，原始人获取食物的活动，起初只限于自然的天产物之获取与占有，以维持其生活，所以他们大部分的食物均取给于植物界中的树叶、珠果、树皮、茎根、块根，至多也不过捕杀幼小的兽类与昆虫罢了。其后，经过了无数年月与世纪，原始人才懂得去应用人造的官能（即劳动工具）作为权力工具，适应着他底目的，作用到所熟望的对象上来加强或补充他本身官能的效能。譬如要向远处打击，他用一根棍棒来延长他底手臂；要加强拳击的力量，他握起一块锋棱的石头。这些工具的发明，不管如何原始，可是有了它们，原始人就获得了捕杀野兽和改善食物的重要劳动资料。依于工具的发明，虽使原始人的食料范围，从拾取植物扩大到捕杀动物，可是为了当时还不知有火的使用，把采集的东西调制后再来享

① 　[美]刘易斯·亨利·摩尔根著，杨东莼等译：《古代社会》，商务印书馆 1935 年版。

受,是没有的。所以凡是捉得的自然物品,只是生吞活剥地吃下去,仅于食前用牙和手剥去果实底硬壳,或者将捉来的小动物事先撕成小块,然后生食下去。这种生食的习惯,在一切落后民族差不多都曾有过,如"非洲有许多落后的民族,至今还不管三七二十一地看见什么就吃什么的,他们吃的东西,都是生的,如生蛇肉、生鸟肉、老鼠和草根"。①

而"爱斯基摩人,也吃生肉,住冰造的房子,他们用火也不是为炙食物,也不是为在屋内取暖,他们用火使长夜光明、用火化冰为饮水"。②

其在日本,亦有生食的习惯,如日人所喜的"刺身",就是一种生鱼菜,我国广东的"鱼生",也都是生食。

在这个原始的生食习惯之下,原始人自然是不懂得怎样去保藏食物,所以当他们捕获到一大批的食物时,常是一气吃光,"巴西原始森林中的印第安人,如果某次幸运地猎取了大量的野兽,便狼吞虎咽地吃个净光;肉是很快要腐坏的,为要丝毫不白丢,尽着肚皮所容纳,装个胃饱肠满,再让他懒散地慢慢消化——接着常是整星期的非常淡泊的食物"。③

于是饥馑的来临,就迫使原始人不得不杂食动物,甚至连腐臭的东西也当做美味。所以"味道好坏这件事,我们和野蛮人的见解相差很远。例如维陀人,就吃蜥蜴、幼虫等,而且真没有别的东西吃时,也不拒绝微腐的野兽肉,可是黑熊、胡狼、豹、象等肉,他们是不吃的。许多部落认为生牛肉,是不中吃的;尤其是维陀人厌恶生肉或半生肉。布西曼人饿时,蛤蟆、蜥蜴、蛇、蝗虫、白蚁等等也大嚼特嚼,连半腐败也不在被拒之列"。④

---

① 尼柯尔斯基著,焦敏之译:《原始人的文化》,读书生活出版社1937年版。

② [德]米勒利尔著,陶孟和译:《社会进化史》,商务印书馆1929年版。

③ 沃才富克著,吴觉先译:《经济通史》,商务印书馆1936年版。

④ 同上。

有的部落，其在大饥荒时，还发生食人的悲剧，而"此种不断地侵袭的饥馑，常产生许多奇异的风俗，为每年有靠收猎物之定居者所不了解的风俗，譬如家庭的关系，有时结婚、有时离婚，皆随渔与猎的必要而定。波恩巴维(Point Barrow)'搭幕地'的女子，如果变弱了，不能尽远猎挑负的责任，即被离弃，留在原处与老人孩童作伴，他的丈夫则另觅一个比较强壮的，能耐一切劳苦，能冒一切危险的妇人跟随着"，①其在澳洲土人之间所通行的"禁食制度"，和食粮的欠缺，是有相当的关系。

那末，到了什么时候，人类对于食料的供给，才不虞缺乏呢？那是在于火的发明之后，火的发明是给予原始人最初征服自然威力的有力的工具，因为原始人有了火，可以防御野兽的袭击，改良劳动的工具，又足以取暖，调制食物；并且熟食的结果，会使人类头骨盖的颜面部与齿起了变化。②

同时，它还扩大了人类食料的范围，"因为鱼不去加以烹饪是不能完全去利用他，所以鱼可以认为是人工的食物之第一种，要达到这一烹饪的目的，首先便必得应用火。鱼的分布是普遍的，其供给是无限的，不论何时而可以获得的食物便只有鱼一类"。③

这时，人类虽征服了火的恐怖，然而火食的习惯，却也经过长久的时间才完成的，原始人先是见到自然界的野火与火山的喷火，极为惊奇，嗣经长年间的观察，偶然发现半烧的肉片与果实比较生的气味香美、柔软适口，乃渐舍弃了生食的习惯，传下火食的方法。

原始人虽懂得火食的好处，不过为了取火的困难与煮器的尚未发明，不消说，其烹调技术，仍极为原始，如"塔斯马尼亚人完全不知用水

---

① 邵可侣著，郑绍文译：《人与地》。
② ［苏］波查洛夫著，［日］早川二郎译：《世界史教程》，白杨社 1934 年版。
③ ［美］刘易斯·亨利·摩尔根著，杨东莼等译：《古代社会》，商务印书馆 1935 年版。

煮物，也不懂得用大蚌或龟壳（他们还不曾发明木瓢）盛水，投炽石其中，使水沸腾的方法，为着兽皮的缘故，大袋鼠于烤前常被割成数块，较小的野兽，如袋熊、小袋鼠、狸之类，则整个带皮放在炽石上，时时翻转，方不至一面烧焦。及至将毛燎退之后，用石刀将皮刮净，剖开肚腹，用手把肠胃掏出来，然后再把这剥制的动物连脏腑放在火上或灰烬上，徐徐烤炙；最后把肉拿出来，扯成碎块，或用石刀切成小块——就可以吃了，塔斯马尼亚人不晓得吃尽，这面烤焦了，那面还未熟，或是肉上沾有灰污，他们都不以为意。同样地，鸟类、甲壳类、蛇、蜥蜴等也在文火或热灰里烤炙。块茎是放在热灰里烤炙，种子是放在炽热的石上，上面再加一块热石"。①

而"澳大利亚人调制野兽的方法，是先在地下用木棍掘一个槽形地洞，里面生起火来，或者在洞底铺些平石，再在石上生火，或者在洞底铺些平石，再在石上生火，次把野兽拿来，置于炽红的石块上，再另覆热石；为防止热气很快消散，常常再盖些树皮或兽皮"。②

这种单纯的烤炙食物，虽没有在烹饪技术上起大变化，然而它却能使人类从此获得储藏食物的方法。如"大安达受岛上的闵考皮人，他们先把粗竹筒截为数节，每节长约三十至四十公分，在火上久烤，至竹内水气烧干为度。然后将熏过或水煮半熟之猪肉或鸟肉，装入竹筒，连筒在文火上久煮，然后将竹筒两端用树叶及泥封严。日后吃时，先将泥封除去，再将肉连筒在文火上久煮"，③这样使人类就在饥荒时，也不致饿死。

其后，较进步的，则为印第安游猎民族与许多岛屿人习用木器或不

① 沃才富克著，吴觉先译：《经济通史》，商务印书馆1936年版。
② 同上。
③ 同上。

透水的篮盛水,然后将灼热的石投入,一直到了水的沸点的一种石煮法。①

不过为了这时他们所使用的食器只是用木头雕成的;或是把树皮、树根、兽皮等编制而成;亦有使用瓜类、椰子类的外皮、驼鸟的卵壳等。这些食器都是不堪耐火的东西,所以给予原始人的烹调技术以重大的变革,却为陶器的发明。

"瓦缶是表示安居的一个符号,并且有了瓦缶,才可以有烹饪的技术,只是有了瓦缶才可以煮饭,因为要是没有瓦缶,水就没有方法可以煮。"②从此之后,人类才知道如何调和五味,讲求美食,用盐和粮来增加食物的味道,渐渐地脱离了原始的单调调食法。

此时,复因人类的开始驯养动物,耕种植物,不虞食物供给的困难,也逐渐脱离食人的恶习,特别是人类的饲养家畜牧业,猎得这丰富兽乳的营养,对于儿童之健康与体力,都予以伟大的效果,而农业的发达,尤使人类获得无限的食物之生活。于是"从前受有局限的地域中之稠密的人口,到这时也可以收容了。在田野农业发明以前,在地球上任何地方,要五十万人民使之在一个政府之下而发展、而统一,是不会有的事,现在也都有可能实现了"。③ 聪明的人类却凭借这丰富的生活基础,进而建设现代的文明社会。

（以上《社会史话》系列原发表于《现代青年》,1938 年。）

---

① ［德］米勒利尔著,陶孟和译:《社会进化史》,商务印书馆 1929 年版。
② 同上。
③ ［美］刘易斯·亨利·摩尔根著,杨东莼等译:《古代社会》,商务印书馆 1935 年版。

九　社会史讲话

一、社会史的分期

　　社会史这一门崭新的学问,为了它的历史过短,资料太多,要把它很详尽地写了出来,已经是很不容易的事,至于将这世界人类进化的全史通俗化起来,提纲挈领地叙述,给一般青年朋友对于社会史有一点粗略的认识,那更为难了。这为难之点:第一,是我们人类的生活,从过去到现在,不晓得是怎样复杂多变。在历史的海洋里,各种的社会制度和文化形态真像浪潮一样在翻滚起伏着,而各色各样的历史人物也像泡沫一样在生灭交替着,单单看看我们这个时代吧,复杂得不可想象的经济网将全世界十多万万的人口联结得不能分开,在我们的周围,有依照计划生产的社会主义经济,有被利润支配的商品资本主义经济,有单纯商品经济和半封建经济,甚至还有带着原始色彩的自然经济;在政治生活方面,有社会主义的苏维埃国家,有资本主义的"民主政治",有君主国家和法西斯独裁国家,有封建的王国和半封建的军治国家,甚至还有在过部落生活的酋长制度;至文化生活的领域来说,我们也可以举出极矛盾的现象,现在科学昌明的世界,有的却在那里提倡读经,以及无批判地恢复一切旧有的东西,这些不合理而错杂的现象,围绕着我们的身边,实在已够弄得头晕目眩,莫知适从了。

　　其次,说到社会史不仅是说明社会发展过程的表面现象,而且是要进一步的,剖析社会发展过程的本质,把握其特征。那更见其难了。

　　可是这复杂万千的社会现象,是不是像垃圾堆里的东西,漫无系统呢? 这且让我慢慢说来。大家都知道自然界间有支配它的自然法则,譬如我们依于四季的变化，而知花开叶枯的现象，同样的，从我们人类的复杂的社会现象里，也可以抽出社会运动的法则来，不过社会现象即是人类的行为及其产物，而人类的行为是有意识的、有目的的，并不像自然界间春夏秋冬的更迭，是那样机械地运行着；同时，人类的行为、观点，又是受时代与地方的经济关系及社会关系决定的。这是说社会运动和自然运动的本质区别，然而它仍是受着社会法则的支配的。

所谓社会史的主要任务，就是研究社会诸构成的发生、发展、死灭，及其移向更高的新构成而发展的诸法则，社会的现象虽是复杂，为了它的基础，是建立在历史上一定的生产诸关系底体系，即是在某种特定的经济基础之下，就有某种适应这一特定的经济基础的社会组织、政治制度和文化生活。所以尽管我们世界上所表现出来的社会现象，令人无从捉摸，然而追究起来，却是源源本本，头头是道，并且每一社会经济形态，都表现着人类发展史中的一定的阶段，它具有种种特殊的、它所独有的发生、发展和崩坏之诸法则。沿着从低级到高级这一条发展的径路而进化的。

不过关于这个社会进化的阶段的划分，在过去学者间依于种种标准，曾有许多的表式，兹姑简单地介绍一下：

（一）从生产或生产与消费的关系的方面划分的阶段说：

（A）格罗色（Grosse. E.）的阶段说：

低级狩猎时代　高级狩猎时代　牧畜时代　低级农业时代　高级农业时代

（B）李斯特（List. E.）的阶段说：

野蛮状态　牧畜状态　农业状态　农工业状态　农工商业状态

（C）标夏尔（Biiches. K.）的阶段说：

封锁的家内经济时代　都市经济时代　国民经济时代

（二）以交换作基础而划分的阶段说：

（A）喜尔得布兰（Hildebrand. F.）的阶段说：

自然经济的时代　货币经济的时代　信用经济的时代

（三）以政治与经济的关系为标准而划分的阶段说：

（A）修莫拉（Sehmoller. G.）的阶段说：

村落经济的时代　都市经济的时代　领地经济的时代　国民经济的时代　世界经济的时代

此外，如桑巴德、马克思·伟伯、米勒利尔、波格唐诺夫等也都有其社会发展的特殊的表式，但是这里我们根据人类生活的发展，是"由阶梯的下层，开始其生活的进程，并且藉实验的知识之徐徐的累积，从野蛮状态而上达于文明之城"。因此，我对于世界人类社会进化的全史，是分原始社会、奴隶社会、封建社会、资本主义社会，以及现在苏联的社会主义社会。下面我就是把每一个社会构成的经济、政治、文化生活诸方面，作个全盘简要的叙述，并且指出低级社会构成如何被较高级的社会形态所更替。这里不过开个引子，本文却在后面，请读者们稍为等一等吧！

二、原始社会

原始社会，是人类史上第一个社会形态，它占据了极大的一个历史时期，估计起来不下几万乃至几十万年，并且经过了许多的阶段，即主要的，像人类共同生活底最初形式的"原始群"，及后来经过的所谓同血统家族，氏族公社的几个不同的发展阶段，以至于作为"古体社会形态底最后阶段或最后时期"的农村公社等是。

劳动力与生产手段——生产时用的房屋、机器、工具、原料等——底结合的方式，是研究每一社会形态的核心，而原始社会之各个发展阶段，这一结合的方式，是表现为"生产劳作者和生产手段之原始的统一"。因此，在生产力水平极度低下的原始社会里，是没有什么社会群对立这一回事，也没有什么法律和国家，而所有的只是习惯的统治和族长的威权。至于火的发明、工具的制造与使用、语言的创造，这些不但使原始人脱离了动物状态的生活，其对于后来的文化生活，尤予以不可磨灭的贡献。

关于人类社会的发生，我们根据许多学者的研究，都知道距今有三四十万年之久，那末，在这长久年月后的我们，要来叙述这悠远的原始社会，到底有甚么根据呢？的确，原始人，它所遗留给我们的文献（文字与实物），实在太少了。不过根据近年考古学研究的成果，即从这仅有的原始人的遗物（骨骼与工具）、传说，以及现存的野蛮民族的诸制度，很可使我们综合这些材料的总体，设定人类社会的发生、发展的顺次的阶段，并说明其发展的原因。

这里，我们要先来说明人类的起源及其出现时期。大约当几百万年以前，这地球还是一团巨大的红热气体，这团热气向空中射发，遂渐次凝结而成为一团大气体。嗣后它继续发冷凝结，终于再经过几百万年之后，地球上的温度遂完全适合于生物的萌芽，于是就有构造简单的动物的出现，很快地生殖于水中和陆上了。生物的发展过程，经过了好几百万年，构造较简单的生物死去，而代以较复杂的，如斯新陈代谢地发展，随后植物界也与动物界分离，每界都逐渐地发生了新而又新的物种，并且老的一部分死灭，一部分保留下来，而与组织较高的新种并存。在动物界中哺乳动物是组织最高的形态，也是最晚的一个形态，而在这种哺乳动物中间，经过长久的发展，而成为最复杂最完善者，则为人类。至于人类究竟出现在地球的那一个时代，至今还不能确定。我们知道在地球史上，有一时期，北极的冰块曾渐渐地向南移动，结果，欧洲有好多地方被覆没了，显然的，冰块覆盖的地方，任何生物都曾死灭了，植物死亡了，动物则移于那些没有冰冻的地方。于是在这种情形之下，有许多种的动物是完全灭亡了,经过几百年或几千年之后,又渐渐温暖,冰块溶解,并逐渐向北移动。在这解冻的地方,重新又发现了动植物,但土地的性质则已改变,有的成了荒野,有的成了森林,有的气候温和,有的则气候酷热了,许多学者以为在欧洲,这种冰期有四次,在两次冰期之间的一时期,称为"间冰期",这"间冰期"共有三次,据说:在属于第二"间冰期"的地层中,已发现了当时人类的零星骨骼,有些骨骼虽是独物,然而却可作为第二"间冰期"地球上已有人类生存的确证。也许人类在很早以前就有了,但是没有留下任何遗迹来。总之,我们看到上古之人,是生在自然界变动甚剧的时代。

在刚从动物界分出来的原始人,他们还是半动物的、粗野的,无支配自然的力量,亦不自觉自己的力量。因此,也如动物一样的贫弱。这试看原始人的生活,流浪于第四世纪郁苍的森林及河岸,他们每日所花的工夫,大半耗于寻觅果实树根,采集小虫鸟卵,捕杀小动物,其在河海的岸边,则捕食贝类及蟹,中间偶然得到死去的哺乳类的尸体,即大开豪奢的宴会,饱嚼一番,他们无所谓性及年龄的区别,一切的事情都是大家共同负担的,男子和女子也在同样地活动着。这个原始群(部落)每群的人数不多,大约总在二三十人之间,或者更少,为的低阶段下的采集经济,不能养活很多的人,所以老人们都不是自然地死去,常因体力衰退而被遗弃。那末,原始人基于什么条件,才能脱离这半动物状态的生活呢?

这里,作为人类从其他动物区别出来的基本标识,就是人类的使用劳动工具,因为使用工具的结果,手的作用日趋于专门化,成为人类的劳动及防御的机关,停止了当移动之际作为支柱的作用,这立即影响到前肢的两个任务,而发生直立的步行,使人类的骨骼成为真直。还有一点而且是最主要的一点,即原始人不仅知道使用工具,还会知道怎样去制造工具,我们知道类人猿科(如长臂猿、猩猩、黑猩猩),这些动物有时为获得食物也知用石及棍棒，可是他们绝不懂得独立地制造或改良这些工具。

人类最初所用的工具，大概是石头，是自然形成的，后来久而久之，才加以制作，用一块石头去磨别一块，最适宜于这种制作的，别为燧石。所以石器大抵都是燧石制成的，有些地方，亦有以石英、黑耀石代用者。这些石器，开始是有其万能的意义，换言之，即使用于各种的目的，后来人类才逐渐使其工具适用于专门工作，如桓、斧、锼、刀、箭、矛等是。原始的工具，不单是石，亦有以动物的骨角及鱼类的骨骼等制造的，不过以石为主罢了。这一个时期，在历史上称为旧石器时代或粗制石器时代。

其次，火的发现，也予原始人为火的利用，把原始人自动物界区别出来做出新的境界，人类借火之助，开始调理食物，又能扩大食物的范围，如鱼类、若干的球根类、果实等，过去所难以下咽的，这时也都成为日常的美味。原始的狩猎者为改良工具，亦常用火，他们晓得木制的标枪，用火烧好之后，能较为坚固。同时，火又能预防原始人因生食、受冷、伤寒而生的疾病。而火对于人类容貌的变化，又与以重大的影响，就是人类为了熟食能使头骨盖的颜面部与齿发生变化。

基于这些工具的发明与发现，人类在这狩猎——采集经济的进步，提高了人类对于自然界占有的力量，特别是弓矢的发明，给予人类以捕杀较大野兽的利器，提供了丰富的食粮，废弃过去残忍的吃人的风俗，为了一般经济生活的向上，所以这时人类已不似过去的裸露身体，开始着衣。其料为兽皮，用鹿筋为线，鹿角为针，把兽皮缝制起来；同时，他们又懂得以树枝简单的编成小舍而居，或仅以遮蔽物以防风雨，亦有住于洞穴者，那洞穴往往是掠夺自某种野兽（狮或熊的洞穴）的。

我们已知原始人是过着群居的生活，那末，使原始人明白群居生活的好处，维系这一群间人与人的结合纽带，是有两个原因。这是因为群居既可以防御野兽的袭击，又易于获得物质资源的供给，但基本上是因为生产力水平的低下。这样经过若干年之后，就在这原始群中发生了原始的分工。起初这分工是依于性别来区分的，如男子担任狩猎，而女子则任采集植物、烹饪，及看护等工作。其后乃有年龄的分工，体力衰退的老人，虽不能参加狩猎的工作，可是他的经验极为丰富，对于工具与武器的制造，尤有特别的训练。于是群中强力的、年青的成人从事于工具及武器的制造，老人则制造较专门的石器、枪尖、投掷用的棍棒。结果，在这原始群（部落）中，便生出老人与青年的集团，由于社会生活的复杂化，人类认为要有一种力量能够影响到自然界间。咒术（Magic）与原始宗教仪式的发达，神话、传说、故事的发生，技术经验的蓄积，其能完全地通晓这一切事情者，不是容易的事。特别是关于记忆祖先生活的由来，事物起源的神话，关于狩猎者所知的动物的习性，必要不少的能力与努力，这不用说，仅是老人和一般有天分的人们才能得知的，所谓长老权力的支配形态，就在这里造出一个巩固的经济的地盘。这个情形，现尚存于澳大利亚诸地方的土人间，在那里劳动以如下的方式分配的：青年，体力旺盛的则狩猎野兽，老人则制造工具。老人仅在饥饿迫切时，才取食物。依上述，老人由于经济条件并对于种族习惯之丰富的知识等，形成特殊的集团，于是凡关于社会的事业，例如寻求重要的经济对象的赭石、工具材料的石英——这不限在某一集团的领域——的远征，集团的狩猎的组织，对于近邻种族群的侵袭，罪人的处罚，祝祭——所有这些的事情，都依老人的评议会而决定的。这评议会虽为全体男子均得出席，但陈述意见的，仅老人而已，青年必须以尊敬的信念来。这里虽有老人集团与青年集团的分裂，不过他们的生活，仍是大家共同担负的，所以原始人尚不晓得私有财产为何物，土地属于一霍德（群）或部落公有。但是原始人的群与群之间的领域，却有明显的界限。

那末,这时代的婚姻状态又是怎样呢? 这是我们早已知道的,原始群曾有一时期为无秩序的乱婚,随后两个近亲(父母与子女)之间的结婚被禁止了,血统家族产生了,在同血统家族当中,男女之间的乱交,已限于同辈的男女们,嗣后家族中兄弟和姊妹之间的婚姻也被禁止了,人们必须从别的团体找寻他们的老婆和丈夫,但还没有个人的婚姻和个人的亲属,而是团体的结婚,就是在部落内分为两个婚姻的团体或两个团体的家族,这一团体的男女,和属于别一个团体的男女,在团体内部是不许互相结婚的;反之,各团体的男女,相互却认为夫妇。依这婚姻关系范围底缩小,血统家族的出现,于是乃渐渐地为后来氏族制度准备了一个成熟的条件。

但是人类怎样脱离原始群的生活,而踏进氏族制度的阶段呢? 这主要的原因,自然是基于生产工具的改善,农业与牧畜的发展,加强了人类对于自然界的驾驭力。我们知道次于古石器时代而出现于历史上的,为新石器时代。这时代石器的特征,是曾加以琢磨的,因为是磨制的石器,所以比古石器时代的石器更便利于工作了。这时,人们业已知道把石头钻孔,好好地穿在木柄之上;所以又有许多骨制和木制的工具出现。不但如此,人类为探求制造石器的适当材料,偶然地碰见了金属矿,初供利用的金属为铜,后来知道溶化铜和锡,并知取青铜之法,最后更晓得开采铁矿了。于是人类在石器外,又知使用铜、青铜及铁所制的器具了。生产工具的进步,立刻就影响到人类的经济生活,使其舍弃过去的渔捞的、狩猎的采集经济,而以畜牧与农耕的生产经济代之而起。首先是男性在打猎中熟悉了各种动物的性情与特质,其始不过为着娱乐的目的,应用经验加以驯养,以后乃将畜牧作为经济上的利用。而女性,她们为采取植物食物,无意中,发现了根茎、果实及种籽的发芽,便用尖棒或鹤嘴锄疏松一块土地,把它栽种起来,长久的一个时期,农事纯为妇女的职务。我们已知这时在原始人的部落中,已分为两个婚姻的团体,或两个团体的家族,女性因在经济上获得很大的独立,于是渐形成有女性耕作公社,当做妻子的妇女们则为公社的牢固而坚强的核心;其从事打猎的丈夫,在那里只不过暂时的性质,有时就跑到别一妇女公社里去了。母亲和其兄弟以及小孩,则为这一组织的基础,因为他们从婴孩起是由母亲抚养大的,故子不知有父,只知有母。所以在这公社内,关于经济及其他事务上,女性均居于决定的地位,女性的收入不但常较男子为多,并且可以任意赶走丈夫;就是姓氏、财产的继承也都是以母亲的系统为中心的。这就是人类史上所谓母系氏族制的时代。

不过随着生产力的发展,人口的增加,当男性渐渐踏进农业生产的领域内,占有主要生存来源以后,这个情形便不同了。男性既做了一家之长,握有自己的独立的经济的基础;而女性则为着生存必须依赖男性,于是便开始隶属于男性的统治之下。此时,男性也不愿小孩再取妻族的名称,而改取自己的姓氏,孩子隶属父族,并承继父亲的遗产。人类根据这新的族谱,便结合了一种新的氏族集团,这新的氏族团体,我们称之曰父系家长氏族制。在这氏族制下,血缘成为联系氏族成员之唯一的纽带,但也允许其他氏族成员的加入(如许多落后氏族的养子制度)。特别是在牧畜民中,因其经济生活的诸条件,必须与自己的氏族共同生活,否则他们的生存,便得不到保障。氏族成员依这紧密的经济的联系,约束其有共同拥护自己间的利益的必要。他们认为每一氏族成员的光荣与侮辱,就是全氏族的光荣与侮辱。因此,如果有一氏族成员被其他氏族所杀害,必须动员全氏族的人们为其复仇。像这种血族复仇,就在今天许多地方,都可以发现到。如我国闽粤两省的械斗,也可视其遗迹之一。

各氏族间因其有血缘的联系,他们都是由共同的种族祖先而发展下来的。他们有共通的语言,在游牧或农业时有一定的领土,由于这些的联系,常结成种族的同盟。于是当战争之际,种族即作为统一的全体而活动。为指导种族的生活,解决种族间的纷争,氏族的长老会议,具有颇大的权力。种族的首领,不论其为一人或数人的指导者,都没有独立的解决问题的权利,只执行长老会议的决议而已。

可是当农业与牧畜的发展,原始手工业的萌芽,产生最初的大分业,造出超过消费量的生产物,于是交换成为必然的。

最初,属于全氏族所有的财产——豕畜、土地及豕畜群,此时,因氏族内人口的增加,由氏族分出"大家族"——较血族结合的狭集团。同时,又发生氏族财产的分割。

许多家族都私有自己的家畜,使用自己的土地。土地还是公有的,在受到新的再分割以前,委于各家族的使用。因为这一种转变,并不是很顺利地进行,于是作为过渡的,在原始社会内,就出现有以公共财产与私有财产并存之内部的"二元性"的农村公社的阶段。在这里,家族的首领为男性的最年长者,故这最年长者在财产的处分上也有最大的势力。家族的财产是这最年长者的财产,而他在氏族的公社内,不仅是代表家族,其对于他氏族也把自己认为一般的家族的财产所有者。

各家族之间既不得平等,于是依于各种的原因——丰收或歉收,家畜的繁殖与病死,生出的富的差等,无产者被迫对于有产者请求援助,不得已要借谷物、家畜或工具。援助不是无偿的,须缴纳相当的利子,或则为贷与者负经济上的赋役。这私有财产的出现,立刻影响到氏族内的经济社会诸生活,要求更多的劳动力。这个过程,首先为利用贫穷亲族的劳动,但主要地供给这剩余劳动力的则为战争。以前战争的俘虏多被杀死,否则,则与家族的成员得有平等的权利而加入氏族内,现在则将这些俘虏变成为奴隶。这样,成为结合各氏族的必须前提,各氏族领土的共通,为分业与奴隶的出现的结果而被破坏。氏族的领土也住有氏族外的人们——奴隶,即其他的氏族员。这般新人物不能参加氏族的行政,他们在氏族组织是不同的人种,于是氏族的行政也起了变化,指导者及军事指挥官的自由的选举,多从富豪选取出,而长老的权力,同时,又是富的权力。自是指导者的更替渐为少数富有家族的特权。种族间,不断的战争的结果,做出专门的军队,在长期战争中,更造成军事的首领——酋长,这样,氏族制便让位给国家。

最后,我想把原始时代的精神生活,也略加说明。我们知道原始人为其生活的低阶段,对于自然界的一切,好像冥冥之中,有一种神秘的力量,能够操纵自己的命运。因此,原始人为避凶就吉,很想把握住有一种力量能够发生作用于自然界,使其为自己的祸福而服役,这就唤起宗教的出现。其具体的形态,则表现为灵魂的崇拜、祖先的崇拜。所以一般的原始民族对于祭礼的典礼,都非常的隆重,常献以果实和牲畜,有些民族甚至拿人来当做祭品,并出现了以供奉神灵为专业的僧侣,不过这时还没有发生多大的作用。此外,跟着这种迷信心理的支配,原始人对于图画、歌谣、舞蹈以及服饰诸方面,也都和宗教发生极密切的关联,同具有魔术的、威吓的作用。

(原文发表于《现代青年》第 2 卷第 5、6 期,1940 年。)

十　太平天国时代回乱领导人物出身考

——太平天国时代社会变乱史研究之三

　　我常说中国统一的——专制的封建国家的建立,其能达到富强灿烂的盛世,必须获得地方豪族与农民这两大势力的拥护,保持封建构成中的政治的经济的势力集团的均衡的发展。① 反之,中国统一的封建国家的崩溃,亦即由于他们几个势力集团间的均衡的破裂。近来,我因从事清末中国封建社会解体过程的研究,为说明此时发生于西南、西北各地的回乱所代表的社会势力,曾就其领导人物的出身试作分析。对于这一次的回教徒大叛乱,推断其非如一般人所认为单纯的种族或宗教的仇视,亦不是农民的叛乱,只是地方割据势力乘这大动乱时代企图脱离中央政权的束缚的一种封建集团的内部战争,而知同时代的捻乱团匪为同性质的东西。

　　关于回民在中国的历史与其血统诸问题,②以非在本文范围之内,暂不提及。惟自元明以后,回教徒在西北的陕、甘、新疆和西南的云南诸省,他们以宗教信仰的联系,同生活,喜周恤,固结乡族,聚居庄堡,已形成为地方上的大封建势力集团之一。

　　　　回部者,天山南部也。……其间大小回城数千,回庄小堡千余。③

　　陕、甘、云南诸省亦多见有回庄的组织。

　　　　王阁村等处即古沙苑之地,东西亘数十里,南北宽十余里,岭

---

① 说详拙著《西汉初年政府人物的分析》、《新唐书宰相世系表之社会学的研究》(未发表)。

② 关于中国回族为一宗教的信仰团体,或是一个种族问题,从来异说颇多,本文作者则倾向于前者。

③ [清]魏源:《勘定回疆记》。

之左右不生五谷,以植树为业,茂密成林,中尽回民村庄。①

　　甘肃回种之繁,除庆阳五属外,如泾州、平凉、宁夏、兰州、巩昌、秦州、凉州、甘州等属,回庄林立。②

言其社会组织,在政治上有伯克头人。

　　回部大头目谓之阿奇木伯克,最为尊贵,生杀予夺,惟其所为;次则伊什罕伯克,亦有统领之贵。……凡伯克,皆有小回子为其家服役如奴仆,自百户至二三户不等。③

有乡约。

　　乌鲁木齐之民,……各以户头乡约统之,官衙有事,亦多问之户头乡约,故充是役者,事权颇重。④

而实权则操于其教主的阿浑。

　　熟于经典者名曰阿浑(或作阿訇),每七日辄为众诵经祈福一次,……童子能书记者,谓之墨鲁。至阿浑则能解其文义,众皆敬信之,遇有疑难,必问阿浑行止,俟其一言而决,即男女婚嫁,皆所主持,虽误谬,不少怨悔。⑤

因其所辖人数的多少,又有大、小阿浑之分,其数目有至二三千名者。⑥按今青海省回教清真寺的规模,八十家以上者为大寺,八十家以下五十家以上者为中寺,五十家以下者为小寺(见《最近之青海》),凡回民一律受其约束。于此,可见回民的社会组织单位,是以宗教为基础的。其实,阿浑不但是教主,亦为回民的政治首长,即使伯克头人都须

---

① 《平定陕甘新疆回匪方略》卷十六,同治二年二月十九日多隆阿奏折。
② 《平定陕甘新疆回匪方略》卷三十七,同治二年三月初八日熙麟奏折。
③ [清]满洲七十一:《回疆风土记》。
④ [清]纪昀:《乌鲁木齐杂记》。
⑤ [清]祁韵士:《西陲要略》。
⑥ 讯据马洪亮供,本名马格力布,即上年狄道阵斩巨目绰号张非之弟,在宁河充阿浑,管回众二千余名,因斩决枭示。

听命于他。① 同时，地方上的经济大权，亦全归其掌握。如马化漋之例。

> 马化漋惑众敛钱，以贸易致富。又据金积堡膏腴之地，侵占汉民产业，富甲一方。②

本来，地方封建势力对于中央统一——专制政府的关系，向具有向心与离心的二重性，即当中央政府足以统驭地方势力的时候，他们常贴服不动；而中央政府亦开放一部分的政权，使彼大姓，假我爵禄，宠之名位，易为统摄，奔走惟命，我国边省的土司及回部伯克的制度，都可说是为此目的而设立的。即让其独霸一方，以羁縻之。或则以考试方式，选拔地方的优秀分子，俾其有参加中央政治的机会，以保持各势力的均衡，清代陕、甘诸地的回民，应试服官，荐升至提镇督抚者，为数甚多。

> 我（清）朝录其人才，准其仕进，回族由文武科甲得官，擢至督抚提镇者，亦不乏人，固未尝以其游于中国而外之也。③

而云南回民亦多读书应试者：

> 腾越各练，此教最多，其中读书入郊庠者，自有儒生气象，此外并其立教之本意而先亡之。④

惟这个情形，当其封建国家内部各阶层间的权利失去均等，土地转移到少数人手中，社会经济起了变动，中央政权开始动摇的时候，他们便乘机作反中央的活动。太平天国时代西南、西北各地的回乱，即是代表地方封建势力集团的一种离心的行动。故其领导人物的构成，如"金积堡

---

① "开斋之日，……未归王化以前，是日之阿奇木伯克入寺礼拜毕，即有阿浑等议其贤否，以为贤则留之，以为某某事无道，某某事尤无道，则与回众废而杀之，以故阿奇木多拥兵自卫。"（[清]满州七十一：《回疆风土记》）
② 《平定陕甘新疆回匪方略》卷二百三十五，同治九年十二月十八日左宗棠奏折。
③ [清]左宗棠：《请禁绝回民新教疏》，见《皇朝经世文续编》卷九十六《兵政二十二·剿匪四》。
④ [清]曹树翘：《滇南杂志》。

回人马化漋家太豪富，武断乡曲，回众附之"，①又"逆首赫文典、马万选，皆左近平罗豪富"。② 而陕回"马百龄家富乐施，众回向来依附。臣前任西安粮道时，即见其家门前，每逢朔望施放钱米"。③ 皆足见其在地方上的权势，刘树棠论滇乱之源，亦谓其由于处士的横议。

> 军务无起色，由铜厂之不开也，乡试之久停也。人孰不欲谋生，亦孰不欲上进，铜厂废则谋生无路，乡试停则上进无阶，加以捐输勒索，丁役科派，不从贼而难逃法网，从贼而反邀宽典，人何惮而不为贼。若大府筹饷以开厂，设法以开科，匪类不坐啸，处士不横议，而贼自平矣。④

现在综其出身，可分为五。

一曰：教主——阿浑。

上文我已说过回教徒是以宗教为其结合的纽带，而教主尤握有地方政教的大权，故清代的回乱，多由阿浑倡始。

> 回俗畏所管头目，较之汉民畏官尤甚。而彼教诵经祈福之师，名曰阿浑。又时以异说蛊惑愚蒙，为回俗所信奉，以致一夫倡变，乱者四起。从前道光年间，张格尔以回教阿訇、和卓构乱者此也。按阿浑，回教名阿訇，訇与洪音近。汉民呼为阿洪。今之马化漋，即新教总阿訇也。和卓即回教所称教师后裔贵种，在阿浑中尤尊。《明史》所称火者，即和卓之音讹，马化漋之署其父墓碑称为教父，盖窃和卓贵种之意耳。⑤

---

① 《平定陕甘新疆回匪方略》卷四十四，庆昀奏折。
② 《平定陕甘新疆回匪方略》卷六十九，庆昀、常清奏折。
③ 《平定陕甘新疆回匪方略》卷四十八，张集馨奏折。
④ 《滇略》，见《皇朝经世文续编》卷九十六《兵政二十二·剿匪四》。
⑤ ［清］左宗棠：《安插就抚陕回请增设员弁疏》，见《皇朝经世文续编》卷九十六《兵政二十二·剿匪四》。

而马化漋即以新教大阿訇的地位，号召徒众，而起叛乱。

　　臣于金积各犯解讯时，细心推鞫，有供称马化漋能知未来事者，如远客来访，必预知同伴多寡之数。从前官军攻剿宁、灵，马化漋父子兄弟，悉众抗拒，预言官军将退、回民无事之类。有供称马化漋时露灵异，疗病则愈，求嗣则得之类。有供称马化漋于投入新教之人，向其自陈过犯，罚挞皮鞭，代为忏悔，即可免罪之类。……方金积长围久合时，陕、甘各回，饥困殊常，至杀人以食。而马化漋父子兄弟，藏有余粟，无敢窃议之者。迨局势危迫至极，犹且互相宽慰，谓总大阿訇必有保全之法。马化漋诣营求抚，意在一身塞咎，见好诸回。而诸回目踵营看视者，日凡数辈，见马化漋辄双膝齐跪，不呼之起不敢起，如非迷惑陷溺之深，岂宜至此。①

云南的马德新、徐元吉，亦是教主。

　　滇省军兴十八载，沦陷五十余城，贼中著名凶酋有杜汶秀诸逆，而主谋倡乱，则马德新也。该逆又名马复初，大理府下关人，幼赴甘肃及关外回疆学经，回滇传教，到处信从，呼为汉室老爸爸。咸丰六年，因汉回互斗，遂首倡逆谋。……前督臣吴振棫、抚臣张亮基入滇招抚，奏请赏给马德新四品伯克职衔，委充正掌教，并以徐元吉即徐阿轰为副掌教。原冀开导众回，遵听约束，乃竟包藏祸心，复遣党陷武定，破九甲，屠戮居民。②

新疆的阿浑妥明亦然。

　　先是陕回阿浑妥明（一名妥得璘）假星命游荡金积、河湟间，比寇兴，窃三妇人出关，至乌鲁木齐，客参将索焕章家。……素蓄异志，师事妥明。妥明掌教演经，妄言祸福，愚回多惑之。同治三年，

---

① ［清］左宗棠：《请禁绝回民新教疏》，见《皇朝经世文续编》卷九十六。
② 《平定云南回匪方略》卷五十，同治十三年五月二十日岑毓英奏折。

……遂举乌城反。索焕章手刃提督，戕其家属，据汉城，推妥明为主，索焕章自为伪元帅，书吏马升为先锋，进围满城，八月陷之。①

其陕回的十八大营，如伍五、邹阿洪（名玉龙）、关阿洪、郭二阿洪（系第十三营营目）、赫阿洪（名明堂）、冯阿洪、禹德彦、马生彦、孙义保、马振河、马德有、盖明泰、余彦禄、于振奎等②诸营目，亦多出于阿浑。至就当时奏报中所见各地回乱的领导者之名为阿浑者，为数尤多，兹姑举数例于下：如新疆回首斜黑阿浑、阿克苏二阿浑、玛纳斯阿浑张景幅、甘肃清水阿浑邬成隆、宁河阿浑马沅亮、党川铺七阿浑、河州穆阿浑、来阿浑、董志原马阿浑、回目为清寿即普洱马阿浑、云南安宁州金阿浑等是。

二曰：士绅。

按此时云南回乱的领导者，多为士绅阶级中人。我们知道盘踞大理十八年的杜汶秀，原为保山县的生员，其倡乱之初，即多有士绅分子参加。如据当时官吏的报告云：

> 云南府学训导回人明赓飏，当回匪未滋事时，先将家族送至四川，若非与回匪潜通消息，何以能早为布置？今省城内回匪杂居，又得明赓飏倚恃在官人员，暗中指使，深恐不测。……近日逆回计陷大理府城。其初皆彼处回衿，在地方官前泣诉，情愿具结，将不安分回子逐出关外，撤去汉民团练，与之相安。乃团练甫撤，而城内外及上、下关同时起事，遂陷大理。现在逆首称王者，即是武进

---

① ［清］王定安：《湘军记》卷十九《勘定西域篇》。

② 此处陕回所记的十八大营目，系照录单化普的《陕甘劫余录》一文（刊《禹贡》第五卷第十一期），仅得十四人。按其人物颇有异词，《清史列传》卷五十二《左宗棠传》云："为白彦虎、杨文治、马长顺、禹得彦、崔伟、马正和、陈林、马正刚、马生彦、冯均福、邹阿浑、余彦禄等十八头目，号十八营。"而据《平定关陇纪略》卷十所载，则尚有虎元帅一人。"讯据生擒各贼供，始知胡元帅即虎元帅之讹，而贼中所称虎元帅，盖十八酋之凶悍素著者也"。

士马名魁。是该匪处心积虑,谋逆已久,即令劝谕,断不能入。①

马如龙(原名马现)为武生,田庆余为武进士,同为回民中的名望者。

回人武进士田庆余倡议在省城设立公局,将通省征收钱粮、税课、厘金,概归局中经管,委署文武各缺,亦由局公举,潘铎以无此体制,斥不允行。因此,马如龙及田庆余等亦皆不悦。②

其在陕、甘方面,则如下述:

陕省西、同等属回民,多半椎埋恶少,向来带刀游荡,睚眦杀人,与汉民积怨深仇,已非一日。(同治)元年四月,乘发逆入境,大荔逆首于阿浑、任老伍等,竖立灭汉兴回旗帜,以寻仇报复为名,大肆焚杀,妇稚无遗。渭南县役洪兴、武进士禹元魁、沙河掌教伪冯王、总头目伪赫王,分派海提木儿围泾阳。普洱马率领二河州马花虎诸逆,围咸阳。沙河一带,则伪公元帅唐麻木,总约马花、马朝,保正马五杰、武生马得荣、马得将、坏醇子等,分股搜杀。临潼起事首逆寇金积,焚掠省关,伪元帅孙元宝、白占奎,以及高陵、泾阳塔尔底苏家沟光台庙之首逆马武举、马二元、马三元,乡约马兴奎、马乌子、五八儿、白玉朝、安阿浑等大小头目,不下数十人。③

甘肃回匪马化漋招亡纳叛,谋为不轨,在半首山制造军器,与宁夏武生纳清泰,平罗县武举黑文选,河州游击马世勋,西宁马承清结为死党。去年陕匪作乱,飞递传帖,马化漋遂决意反叛,与军师周文灿、徐文彪等,纠集马兆元、王阿浑、周发、周连登等,于九月间围攻灵州,焚掠村庄。④

---

① 《平定云南回匪方略》卷三,咸丰六年十一年二十四日李培祜奏折。
② 《平定云南回匪方略》卷二十,同治二年八月二十三日劳崇光奏折。
③ [清]张集馨:《核议逆回详稿》,见《皇朝经世文续编》卷九十六。
④ 《平定陕甘新疆回匪方略》卷三十七,同治二年二月二十六日都察院奏折。

据上，则其领导者几乎泰半为士绅中人。他如苏上达、马忠海等，亦皆是地方的士绅人物。

> 萧河城回目监生苏上达，率众诣营吁求张集馨准其反正。并据汉民文生康英，耆民余彦益、马维翰具禀公保，永无反复①。

> 马家河回民头目军功监生马忠海，性本凶狡，从前曾受马化漋诚正王伪封，就抚以来，阳顺阴逆，屡唆其党劫掠官运，嫁祸陕回，并藏匿河逆海隆、李山珍等，与马化漋潜相勾结。②

> 据擒生贼常恺供，本灵州廪生，同治二年陷入金积者。③

甚至地方的现任官吏，亦多有参加叛乱的行动。如：

> 固原失守之故，访系署知州马文伟于正月初一日放云南回子纳姓入城，将阖城官民屠戮殆尽。④

> 平罗相近之达武口，又有回匪马万德。该逆本系宁夏理事衙门通事，熟悉蒙古情形。⑤

> 署洮州同知淡殿臣率领阖城文武暨汉、回绅民到营，并亲赍文武关防印信，连日交出滋事首逆回官丁重选及回民丁重连、李四五子等二十八名。⑥

> 隆德失守之故，实因雷正绾粮台委员回官马姓开城构变。⑦

> 据西宁道禀报：署西宁知府马桂源擅便出城与众回商抗官军，两日不返需内。……马桂源本循化厅回民捐纳候选同知。西宁驻札之青海办事大臣玉通，于回初乱时，力持抚议，先委马桂源署循

---

① ［清］杨昌浚：《平定关陇纪略》卷二。
② ［清］杨昌浚：《平定关陇纪略》卷九。
③ 同上。
④ 《平定陕甘新疆回匪方略》卷三十七，同治二年三月初八日熙麟奏折。
⑤ 《平定陕甘新疆回匪方略》卷四十四，同治二年五月二十一日庆昀奏折。
⑥ ［清］杨昌浚：《平定关陇纪略》卷三。
⑦ 同上。

化同知。同治八年，又咨穆图善委署西宁知府，而以其兄马木源署镇标游击，代办西宁镇篆务。①

三曰：兵弁。

兵弁亦为清末回乱的领导中心人物，他们本来是中央政权的拥护者，现在竟相率起而参加叛乱的行动。这个现象，正是说明此时离心心理就在封建势力集团中，也已逐渐成长。

> 滇省武营弁兵，回人居多，宜防内应。闻提臣文祥带兵三百前赴楚雄，内即有回兵百余名，打仗时尽放空枪，当被提臣查知遣回。前扑省垣之时，城内拿获为首之妥幅、杨春科等，皆系绿营武举，现在未获之新兴武举马凌汉、嵩明武举马符中，均身受国恩，尚敢如此，其余可知。②

马联陞则为副将。

> 逆首马荣逃回寻甸贼巢，勾结前署曲寻协副将马联陞，谋袭迤东各属。马联陞于本年二月纠约逆党万余人，攻陷平彝县城。③

而陕西回乱的初起，亦由回勇生衅。

> 初渭河以北，回汉不睦，互相械斗，而汉不胜回，致数处村庄遭回民焚毁杀戮。乃大荔县回，复出而助虐。两县汉回各不能平，愈斗而愈厉。渭南绅士中书赵炳堃接管前河南藩司严树森所募回勇数百名，为防御粤匪、捻匪计，乃该回勇为奸回所诱，恃有河南原发器械，遂先戕害赵绅，聚众为乱。④

新疆的倡乱者——索焕章，则家世将门。

> 回首索焕章，为原任甘肃提督索文之子。当乌鲁木齐变乱时，

---

① ［清］杨昌浚：《平定关陇纪略》卷十一。
② 《平定云南回匪方略》卷二，咸丰六年九月二十九日李培祜奏折。
③ 《平定云南回匪方略》卷十九，同治二年七月二十四日徐之铭奏折。
④ ［清］杨昌浚：《平定关陇纪略》卷一。

不能违众自洁,此时又何能强众输诚?①

此外,则西北诸省兵弁的参加叛乱者,为数尤多。

　　内有逆首杨三腥、杨阿浑,革兵迈居受、马如林等,均系甘心谋逆,情罪重大。②

　　查马三娃,以内地回民变乱,纠约已革赤金营腊兵马得功、马油布等谋为不轨,抗拒官兵,实属愍不畏法。③

　　据署凉州镇莫德哩禀称,正月二十三日,回弁王永泰率领十门堡回匪突起变乱,沿街持械杀伤百姓多人。④

　　有回目曾任宁夏游击纳忠、守备纳万有、花马池参将保立及千总外委等十五名,来营呈递履历。臣择其职衔较微,人稍怯弱者三名,饬令催出城内回人及应征各项,予限三日毕事。又查出陷城时,首先内应之守备纳万有一名,当饬正法,一面将纳忠等十一名扣留作质。⑤

　　查三月初三日之变,自二月以来,兵勇粮食绌极,而营兵则兼有室家之累,不免怨望,遂有无赖之弁兵王占鳌等密约十八人至城外二郎冈庙中沥血饮酒,共议聚众索粮。其中回兵马魁马文等,以为索粮之后必加重办,不如借口于裁兵饥伍,诱众抢杀,一面勾请狄河北山回匪前来,献城归教。⑥

　　再从逆武员,一为王锡爵,供系云南蒙自县回民,由武进士花翎侍卫报捐都司,分发甘肃,随征立功,保升花翎游击,署花马池参

---

①　《平定陕甘新疆回匪方略》卷一百九十五,同治八年五月十八日景廉奏。
②　《平定陕甘新疆回匪方略》卷四十四,同治二年五月二十四日常清奏折。
③　《平定陕甘新疆回匪方略》卷六十二,同治三年三月三十日恩麟奏折。
④　《平定陕甘新疆回匪方略》卷九十六,同治四年三月十五日恩麟等奏折。
⑤　《平定陕甘新疆回匪方略》卷一百二十五,同治一年二月初九日都兴阿奏折。
⑥　[清]杨昌浚:《平定关陇纪略》卷三。

将。同治元年,宁夏镇派令带兵一千名赴陕防堵,在陕城北关外侦探贼踪,同所带回兵投入陕回贼营。七年,到董志原,其眷口由花马池移至金积堡,以其女嫁马化为妻。董志原破,遂归金积堡。一为铁秉忠,供系长安县回民,由行伍出征,历保蓝翎都司衔守备,前陕甘总督委护灵州营参将。八年,贼陷灵州,该犯投贼,携眷移金积堡。一为袁世荣,供称凤翔县回民,由行伍出征,历保都司衔花翎守备,署陕西砖坪营都司,七年,挈家投入金积堡。①

其他类此之例甚多,未能备举。惟是我们知道此时回乱的蔓延不已,与这兵勇的从乱,有极大的关系。于此,尤可明显地看出在太平天国变乱时期清朝各种离心势力并起的状态。②

四曰:乡约、头人。

我们知道陕、甘、新疆各省的回民,多结堡筑寨,聚族而居,向有寨长、堡目、乡约、保正的组织。如陕西禹均彦本管十一村回子。

黄鼎收队回防,指讯贼目,供认为禹均彦。……云系渭南人,同治元年,因汉回争斗起衅,该匪管禹家十一村回子。③

河州穆阿浑亦管有回民三十六村。

据供河州回民三十六村伪总帅穆阿浑派周七十为元帅,带千余人,踞康家堡。④

所以政府如遇有与回民交涉事件,亦多归此乡约、头人办理。

塔尔巴哈台回民闻陕、甘回匪滋事疑惧谋乱,经明绪传令回民

---

① [清]杨昌浚:《平定关陇纪略》卷十。
② 说详拙稿:《太平天国乱后的军队叛变问题》,以见清朝虽赖湘淮军之力以平乱,然因对于农民生活的无办法,于是不久就在其队伍中又孕育了新的离心力。
③ [清]杨昌浚:《平定关陇纪略》卷四。
④ [清]杨昌浚:《平定关陇纪略》卷六。

掌教石金斗等，乡约陈生福、海玉珍等劝导。①

为了这个缘故，这般人物不但渐在地方上拥有相当的力量，足以号召徒党，甚至即以之作为反抗政府的根据。故在清末回乱的领导者中，他们亦占着一个重要的地位。

> 据沙州东乡三十六会回民总约马万祥、马有明等赶赴行营，跪道哭诉，以伊等与狄河汉民本无深仇，近因各处回民多事，汉民传言见回不留，洮河一带不准回民过渡，回民每过汉村，汉民必多方刁难盘诘，搜攫资财，以致回民怀恨逞忿，纠众报复，不法之徒，乘乱肆抢。伊等头人不能约束，实罪有应得，今愿解散股党，听候查办。②

> 现充华寺回民总约之马归源，年幼才阔，不能约束属下，因而狡黠之徒，恃众妄为，西碾一带屡受其害。③

> 查河州辖境周四百余里，土匪头目之著名者，马坌大、马占鳌、米阿浑、刘阿浑、坌乡约、临洮谢大师外，尚有撒拉番回八弓、外八弓头目老阿浑等股数甚多。④

> 据擒贼供，此股逆目即刘四花乡约、马元、张四皆西和礼礼逆回。⑤

> 州堡管事回目苏兆明，本金积逆党，绰号小光棍，曾受元帅伪职。⑥

> 前此阻水之永宁洞、马家两寨，俗呼为双桄杆，又名油坊寨。

① ［清］王先谦等编：《东华续录（同治朝）》卷二十一。
② 《平定陕甘新疆回匪方略》卷三十二，同治二年正月十五日恩麟奏折。
③ 《平定陕甘新疆回匪方略》卷四十九，同治二年八月初四日恩麟奏折。
④ 《平定陕甘新疆回匪方略》卷二百四十五，同治十年五月二十日左宗棠奏折。
⑤ ［清］杨昌浚：《平定关陇纪略》卷八。
⑥ ［清］杨昌浚：《平定关陇纪略》卷九。

……二十七日，刘锦棠令董福祥等夜袭之，以四鼓往，登时破其寨，寨头马重生缒墙遁入油坊寨，仅以身免。①

马化漋复求陈林转禀，请平王洪堡。堡目王洪前已伏诛，回民三马仲、王鹏等自毁其堡，以堡众降。②

五曰：大商。

回民长于经商，致富者多，如陕回十八大营的营目之一——马生彦，即原为茶商出身。

陕回马生彦，向充甘肃茶商。去秋由宁夏率众西来游弋北边一带，无地出身。自本年正月以后，屡遣人来省递禀求抚。……当商将马生彦，先赏给四品顶戴花翎功牌及茶布等物，谕令仍回北山听候安插，现其所捐粮石，已经陆续运省。③

总上所举，很可使我们明白回乱的领导者，是怎么样的人物。惟是他们之间的社会身份，亦非十分固定的。如卫千总马朝清即马化漋，武举邹阿浑，河州掌报马归凉（按即马桂源）为总约，又署西宁知府。他们是教主，又是官绅、大商。同时，在回乱中我们常见到一件有趣的事实，即当他们降附时，常由政府责令办缴银米为纳降条件之一，他们如非家本豪富，或在地方上有特殊势力者，焉能办此？

其次，我们再来考察其叛乱的起因，亦和一般的农民战争有异，即据我们所得的资料，其由回民直接抗官而起者，仅见下列一条云：

据平远所回民杨春汉等投递呈词，以该厅同知屈升之听信家丁王四、捕役马添奉等之言，于上年捐输后，藉相验命案，带领多役，勒令再捐，以至激变。④

---

① ［清］杨昌浚：《平定关陇纪略》卷九。
② 同上。
③ 《平定陕甘新疆回匪方略》卷一百三十二，同治五年四月三十日林之望奏折。
④ 《平定陕甘新疆回匪方略》卷二十四，同治元年九月二十三日恩麟奏折。

左宗棠亦云："回变与发逆、捻逆不同，而甘回与陕回起衅缘由又异。"而多数厥为地方势力者间的内部权益的斗争与冲突，而非对于当时成为桎梏的生产关系提出抗议。

一为团练的冲突。我们知道，当太平天国革命时代的前夕，其时离心势力即已相当发展，各地民间的会团组织极为普遍，如广东早有保良攻匪之约，①云南则有牛丛之会，②他如湖南的安良会，③河南的联庄会，④狄河回民的三十六会，⑤亦皆是同性质的东西。此种组织名虽标榜自卫，实则自相雄长，政府无力过问，而为中央统治权衰落的表征。及至太平天国革命时期，此种会团组织，不但迅速的推行于全国，且在团练之名的掩护下形成为地方势力集团的武力基础。所以此时西北、西南的回乱，大抵皆由地方团练起衅。其在陕西，据胜保的报告云：

> 查陕省绅士梅锦堂、冯元佐等，带领团练为数逾万，惟究系有名无实，若遇大股悍贼，断难抵御。渭北仓头镇等处回民，因华州

---

① 林则徐于道光时任粤督时，即云："各县绅衿中，多有攻匪保良之公约，不知起于何时？其始所保所攻，未尝不当，迨久之而渐成袒庇，难免黑白混淆。"（［清］林则徐：《林文忠公政书》卷三《两广奏稿》）

② "滇省牛丛之立，揭竿路隅，各隶其长，或藉护耕牛，或椎牛为誓，戈矛锋刃，森然以齐，凡所欲杀者，疾如风雨，杀恐有迹，秉畀炎火，生不知名，死不知罪，血肉为灰，惨至此极，而官固莫能治也。"（［清］何绍祺：《禁化牛丛论》，见《皇朝经世文续编》卷八十《兵政六·保甲》）林则徐亦云："询闻迤西一带，向有贼不畏官官畏贼，民虽被贼莫鸣官之谣。因是各村庄，以防贼为名，设牛丛以聚众，始而获贼擅杀，并不报官，迨后彼此相仇，所杀多非真贼，而大多奸盗，转行勾结横行，莫敢过问。"（［清］林则徐：《林文忠公政书》卷八《云贵奏稿》）

③ "道光庚寅辛卯间，湘乡杨家滩贼窝聚至二千余人，举人刘象履、象恒兄弟，倡行安良会治贼，贼悉窜出，至今湘、邵界数十里皆行其法，贼无敢入其境。"（［清］彭洋中：《复魁荫庭太守书》，见《皇朝经世文续编》卷八十《兵政六·保甲》）

④ 说详拙稿：《太平天国时代团练抗官考》。

⑤ "恩麟奏，狄河汉回械斗，委员查办，具结解散，地方安静。惟三十会人数众多，良莠不齐，而汉民中无赖之徒，御侮不足，挑衅有余。"（［清］王先谦等编：《东华续录（同治朝）》卷二十五）

购买竹竿一案，夙与汉民有隙，乘机将附近汉村焚掠，藉词报复。经冯元佐带领各团，将回村不分良莠，一概剿洗，回民怀恨益深。……汉民素存灭回之心，私立传单，约期举事，单中即推张苇为首，回匪遂疑张苇前来为羁縻陷害之计，因此被戕。彼时巡抚瑛棨尚未得张苇遇害之信，未肯遽尔加兵，而回匪势已披猖。……是时王阁村等处虽有回巢，而西安各属回村甚多，尚无蠢动。讵料梅锦堂乘间纠合汉团二千余人，先将长安境内各回村肆行焚杀；复到鄠县之辉渠堡回村围攻烧杀，阖村数百家立成灰烬，惨不可言。其余未经起事地方，妄杀无辜回民，或数十人或数百人不等，并将其庐舍一律焚毁。该回等老弱被杀，精壮悉归渭北，结为死党，前来报复，以致附省村堡均遭焚掠，匪众愈聚愈多，始则戕害汉民，继则抗拒官兵，径扑省垣，鸱张日甚。①

上文所谓"始则戕害汉民，继则抗拒官兵"，实为说明回乱发展的最好资料。嗣后如河州、宁夏、陇西诸县，亦相继而起。

河州东乡太子寺一带，与狄道州北乡沙、泯州判所管村落地界毗连，向来东乡回民出外贸易，皆由狄道崔、甘等庄渡口过河。自上年春间西宁剿办撒匪，好事之徒往往以见回不留之言，遍相传述，汉回人等渐起猜疑。嗣经崔、甘等庄，汉民藉词团练盘查奸匪，遇有东乡回民自外归家者，勒指留难，不容过渡，并攘夺其资财牲畜，以致回众忿恨，纠众前往理论，而各庄汉民亦聚众抵御。②

宁夏县回民马万选、赫壮图等以道员侯登云等暗遣汉团数千杀害回民等词叠次具禀，均经详晰批示。……该回众辄敢纠众入

① 《平定陕甘新疆回匪方略》卷二十二，同治元年闰八月二十三日胜保奏折。
② 《平定陕甘新疆回匪方略》卷四十九，同治二年八月初四日恩麟奏折。

城，将侯登云杀害。①

　　陇西县汉回民团互相戕害……缘本年三月内，陇西县属之绽坡、山河口等处回民勾结狄河回匪，在陇属汪家衔一带杀掠蹂躏，武生李耀荣等纠约该处难民约万余人起团堵击，名为海团。因闻府城北关所住回民有与绽坡等处回匪勾结之事，声称杀回报仇。该府斌越闻知，谕令解散，并饬该县知县黄国锦亲往弹压。李耀荣等抗违不遵，斌越等欲胁以兵威，随会商营员周胜，挑带弁兵三百余名，黄国锦自带汉回民团一千七百余名，同往该乡查办。五月初四日行抵王家营，黄国锦恐海团头人王庄藏匿，饬令兵团围庄搜拿，讵回庄不遵约束，擅入汉民王姓庄内放火烧房。周胜喝阻不听，恐酿成事端，先将所带弁兵撤退，该回团乘机杀死无辜汉民五人。黄国锦遂即撤团回城，李耀荣等带领海团于初五日拥入巩昌府西关，直抵城下，杀死回民多名。城内居民惊惧，于初七日潜开南门逃窜，海团遂由南门入城，绕至北关，复杀毙回民二百余人。其精壮回民逃出关外，即于十三、十四等日勾串近处回匪前来报复，烧毁近城庙宇民房。嗣闻黔勇将到，遂遁往附近村庄。②

二为经济利益的冲突。如云南回乱即始于争厂，因而演成汉回——地方势力者间的斗争。

　　查云南汉回互斗，由咸丰四、五年间争占临安石羊厂起衅。其始互相残杀，止于一隅，其后遂蔓延通省。迨徐之铭办理各处抚局粗定，惟大理逆回杜汶秀抗不就抚，临安梁士美亦不肯与回民议和，连年争战不止。……滇省十余年以来，通省府州县被回匪攻陷不少，而临安屹然无恙，自是梁士美等固守之功，而其与回民日寻

---

① 《平定陕甘新疆回匪方略》卷五十七，同治二年十一月廿四日庆昀、常升奏折。
② 《平定陕甘新疆回匪方略》卷七十四，同治三年八月初五日恩麟奏折。

干戈,实为私仇,而非公义。①

其在西北,亦多少带有经济利益的意图,如陕回的根据地之一——羌白镇,即当时的经济要区。

> 羌白镇为皮货所萃,每岁春夏之交,万贾云集,陕西巡抚岁以珠毛羔皮八百张贡诸京师。其实来自远方者,不止羊皮。②

> 羌白镇聚各色生皮熟皮,四方商多来售者。③

而马生彦以茶商参加叛乱,都足透露其间的消息。

三为教派的冲突。这个事实,尤十足地表现出他们之间互争雄长的倾向。兹举甘肃西宁府属回民的争斗,资为证明。

> 甘肃西宁府属回民,向有华寺、临洮两教。华寺教则系河州传派,循化巴燕戎格两厅撒拉回族,均属同气。临洮则系狄道传派,素来合寺诵经礼拜,初无争竞。迨咸丰初年,临洮人数渐多,华寺头人因其所得布施较厚,心生觊觎,遂欲归并一教,兼收其利。临洮人众不服,以致连年勾结撒拉辩论纷争,肆行窜扰,波及无辜。而现充华寺回民总约之马归约,年幼才阘,不能约束属下,因而狡黠之徒,恃众妄为,西、碾一带屡受其害。本年三月初六日西宁府城关厢所住华寺、临洮两教回民,忽又聚众争斗。西宁县属之南川,碾伯县属之巴藏沟,暨丹噶尔厅城,均系两教回众聚处之区,亦各闻风效尤,互相焚杀。华寺之人,旋复纠约戎属撒拉帮助,肆行攻击,各有杀伤。湟属汉番人等,因屡被撒匪掳掠,乘间报复,地方骚然。而丹噶尔境内被扰情形尤重。④

依上三端论之,则可明白清末回乱发展的原型,其始止于汉回互

---

① 《平定云南回匪方略》卷二十五,同治四年闰五月十七日劳崇光奏折。

② 《大荔县志》卷六。

③ 《大荔县志》卷五,据单化普:《陕甘劫余录》转引。

④ 《平定陕甘新疆回匪方略》卷四十九,同治二年八月初四日恩麟奏折。

斗，或教派之争，为地方势力者间的内部斗争。初仅自相雄长，藐视执政，后乃演成抗官的叛乱。就如杜文秀在回乱中可说是比较出色的领导者，且有政治野心的人物，然其复杨振鹏书云：

> 三教（即回、汉、夷）联心，已如一家，纵不能还期大成，亦可偏安小就，效法南诏，历年八百。揆诸时势，差堪自信。①

其最高理想亦不过据地自雄，图作闭门天子而已！故由其发展的径路来说，殊不可与一般的农民战争同日而语。惟是我们亦不可机械地根据其领导者的出身，都为士绅阶级，因而否认农民在这动乱时代中的地位。即地方势力者能够号召一般群众参加叛乱，也必定在这社会构成中已开始了裂痕，才有实现的可能。太平天国时代全国各种叛乱的蔓延与扩大，其总的原因，不消说，还是由于清朝封建社会的崩溃，引起社会经济的畸形发展，农民生活的贫困，于是各种离心势力相率并起，其间交互错综的关系，是要辨得明白的。所以在此次回乱中云南的人物，不仅为回人，也有汉人在内。李芳园，其原为宜良生员，而为杜文秀平南国的大司寇。

> 逆回马三先锋勾结汉奸革生李芳园等，纠约匪党五六千人，围困安宁州城。②

在西北，则回乱的队伍中，有叛勇、会党、土匪，亦非纯粹的回人。

> 据生擒叛卒及各弁勇供称：二月初旬，高连升因各营收留游勇，多有哥匪，饬各营严密惩办，勒令首悔。有前营亲兵丁玉龙畏罪倡乱，嗾各营之曾入会者，勾结回逆，约于二月二十八日入犯，因而举事。③

---

① 据何慧青：《云南杜文秀建国十八年之始末》，转引《逸经》第十二期至第十六期。
② 《平定云南回匪方略》卷九，咸丰十年三月二十六日张亮基、徐之铭奏折。
③ ［清］杨昌浚：《平定关陇纪略》卷六。

且后来回乱的平定,亦非全是清廷的力量,而多赖于回族中人的协助,如马化龙之在云南,马占鳌之在甘肃然。因此,这一次回乱的本质,正确地说,固亦是下层的回汉群众反对满清政权的政治运动,惟为其领导者所代表的社会势力,尚是落后的东西,且在当时历史条件的限制下,它只能提出反清这一个口号,而未能对于我国近代史有较进步的领导,结果,这一场的苦斗,只留下一页惨痛的历史的经验,让给后来考史者的寻味。

（原文发表于《福建文化》1945 年第 2 卷第 3 期）

十一　记清末东北的木匪

读史札记之一

最近，我时常翻读《清穆宗实录》，其卷之二百十二于同治六年（1867年）九月丙子有一条的上谕，极饶兴味，内云：

> 丙子，谕军机大臣等：都兴阿、奕榕奏，筹办孤山木匪事竣，调兵驻扎，并定期出边查勘各一折。孤山土匪续经擒获五十余名，并拿获匪首金四彪等正法，地方渐已肃清。大东沟木匪盘聚至数千人，经奕榕派员开导，均各畏罪抒诚，愿将木植尽数交官。该副都统见木植一半入官，一半售价，酌给该游民川资，陆续遣散，办理甚是。现在孤山地方，已经都兴阿派令开复，协领穆锦等带兵三百余名驻防，即著饬令该协领妥为弹压，随时认真搜捕，以免余孽复萌。至木匪之起，均系山东游民及本地穷民，出边偷伐，运至大东沟售卖。上年经色尔固善查办，即各恳交木植，本年复敢偷伐私运，是其狡猾伎俩，业已习为故常；并闻多系本地绅富等出赀雇觅该游民等出边私伐。源之不塞，流何能绝？并着一究查办理，以明□□，庶不至年复一年，罔有休止。□见定期出边勘查，即着妥为办理。……嗣后再有游民偷伐私运，一经拿获，并将出赀雇觅之绅富等，一并严办，毋稍宽纵。此次孤山剿匪，及办理木匪游民在事各员，着准都兴阿、奕榕酌保数员，毋许冒滥。将此由四百里各谕令知之。

根据以上的记载，这木匪当和历史上的茶寇、盐枭、矿盗等，是属于同一类型的东西。对于我所要拟论的"中国封建社会的经济统制及其变乱类型"，又提供一个新鲜的事实，说明中国原始资本蓄积的缺如，与在长期封建制停滞下的中央统制主义与地方自由经济的经济斗争之一面。无疑的，这封建式的经济统制会给予中国社会的发展以莫大的阻力，它不但把产业预备军的游民未能直接转变为产业劳动者，就是官僚资本、土地资本混合体的绅富资本所企图突破统制经济的藩篱，转化为产业资本的可能路线，亦被阻塞了。结果两败俱伤，迫使中国的绅富资本无路可走，只好回复到土地上面，造成现在中国落后的现象。所以我抄完这一段史实，对中国经济史上所一脉相传的封建式的统制经济，实怀着无限担忧，而有重新考虑的价值。

（原载《星光日报·历史双周刊》第二期，1946 年 8 月 29 日。）

十二　休休室读史札记

一、福建人祭遗迹偶拾

"人祭"的风俗,在我国古代社会史上颇会盛极一时,根据近人的考证,我们知道古代的殷人与春秋的楚、宋诸国,都实行有此种习惯。其实,这个残迹,在宋代的福建,尚可以见到。日前翻读福建地方志,适得有两条的记载。一在闽南的宁洋县:

> 曹四公,集宁里香寮人。生时香雾浓山,三昼夜不散,因名其地为香山。元祐间,香有神,岁以童男女祀,里人患之。公往谒庐山君学禁祝,起方术。归至其乡枣子隔,行厌劫法。人闻空中有金戈铁马声,神惧求活,许其栖水尾潭中,后不为厉。①

一为闽北的建阳县:

> 横山麓,宋时有横山王庙,岁祭赛,必用童男女,否则乡里有灾。②

此处所见的用童男女,亦即是一种以人为祭的制度。盖福建为越族故居之地,近于南夷的系统,因其开化较晚,所以迄于宋代仍保留有这落后的风习,且普遍存在于福建各地。

二、何镜山的开国论

在明代对外贸易史上,曾经立有两种的论议,一派是主张锁国的,自明太祖的片板不准下海,以及后来朱纨、柯乔等的武装禁贩,可为代

---

① 同治《宁洋县志》卷十二《杂事志·仙释》。
② ［明］何乔远:《闽书》卷十四《方域》。

表。一派则较为和缓一点，鉴于明代中叶以后，国内经济的发达，人口的激增，为解决这一严重的社会问题，于是他们是主张开国贸易的。他们的出身，多半是属于浙、闽、粤沿海各地的势力巨族，他们所持的理由，固然有一些是代表私人经济的利益，但大体上却都想对于当时严重的社会问题，提出一个解决方案。近读明代何乔远（镜山）的《闽书》，根据明代福建的实情，比较锁国与开国这两个意见对于当时社会所发生的作用，说明福建海患之起，不尽由于通海，而在于生计之□□□□谋的不减。兹将其论议抄录如下：

何子曰：闽中成、弘以前山寇多而海寇少；正、嘉以来，山寇少而海寇多。国初州县仍宋元旧，山林深阻，箐棘蒙密，奸宄时窃发，至乎蔓不可图。今其地芟夷之后，悉置县司，即欲啸聚靡所藏寄，此山寇多少所由异也。国初太祖严通夷，禁寸板不许下海。江夏侯经略海上，城塞方新，士伍骁健，又孰有寇？嘉靖之初，都御史朱纨以禁夷仰药死，副使柯乔亦坐诛。海上市易，未易辄禁绝。至乎季年，倭从浙、直入犯，闽中大乱以数岁。于今闽人声息益众，非仰通夷，无所给衣食。又闽地险山多，渠渎高陟，雨水不久蓄，岁开口而望吴越、东广之粟船，海乌能禁哉！倭故蹂躏吾民乎？来亦有时，今其所行劫海上者，率吾内地之民，假其面目，借其名号，杀越于货，了无畏恐，此海寇多少所由异也。方此之时，山寇少矣，当事者睠睠忧海上倭寇，要以前所言海外之倭有时，内地之倭无日也。予友宁国沈有容，旧为浯屿把总，海滨之民，皆知其生业，出入贸迁何业，所藏货物当往何夷市，剧奸捕治之，其次可用为耳目力使者，籍为兵。彼习知冲犁抵拒之法，见刀刃而不惧，望旗帜、听金鼓锐炮，色不怖而又为之利器械、坚船具。有容为把总数年，泉中绝海寇。嗟乎！事在其人哉。虽然人何容易。今夫武将一途，仕路哑窦也。文吏耻之而不敢言，且无人知也。不费之文吏，费之督总矣；不费之督总，费之兵部矣；不费之兵部，费之炀灶中央之人矣。
而又欲自肥其身家，非虚冒卖放剥刻何得也。下腋军士，上替国家
而替武备，予于武臣乎何诛？在当事欤！在当事欤！①

不过当时主张开国通海者，不仅何氏一人而已，我们知道李卓吾、郭造
卿诸人也都有同样的主张，并且这两个对立的论议，一直到了明亡，还
未能获致解决。于此，又可为说明中国封建社会的长期停滞问题之一
个的旁证。

（原载《星光日报·历史双周刊》第四期，1946 年 10 月 3 日。）

---

① ［明］何乔远：《闽书》卷四十《捍圉》。

十三　关于明末清初中国农村社会关系的新估计

从十六世纪到十八世纪初期是中国封建经济史上值得注目的一个时代,那就是这个时期中国某些地区出现有资本主义的萌芽因素,在这一个新的历史条件之下,首先看到中国的纺织工业和矿冶工业里,稀疏地萌生着一些新的生产关系的幼芽,其中,由于城市手工业的推动,于是乡村工业也发展起来了。苏州附近的盛泽镇,当成化、弘治间不过是一个普通的乡村,可是到了明末清初已成为拥有万户以上人口的丝织业的专业市镇。这种新发展起来的乡镇,一部分成为城市经济的补充地带,一部分又是乡村手工业的基点。据顾炎武《肇域志》转引明代江苏的地方志,曾论述明代江南地区这种乡镇,为数颇多。这些带有生产性的乡镇,不仅在江南地区出现,在长江的中下游,沿海地区,甚至较偏僻的山区,也有存在,尽管它的数量是微不足道的。这一种封建社会内部的地域分工,商品经济的成长,特别是工业原料和粮食的需求,自不能不影响到农业生产的变化。这是大家都知道的,长江三角洲的苏浙两省是中国的蚕桑地带,这一地区的粮食供应在很大的程度内是依靠于外来的供给。于是湖广两省的米谷生产遂较前大大地推进一步,因而出现有"湖广熟、天下足"之语。[①]　像这种米谷生产的分工,还可以引证明清之际福建沿海的粮食,也很突出地依靠外地的供给。为这新的生产条件的要求,自在一定的程度内改变了旧有的经营方式。尤其宋代以后,中国地主土地所有制愈益占着支配的地位,佃农制的发达和农民的相对离土自由,于是就在农村中出现有三种的劳动力形态,即佣工、佃户和僮奴的三者。固然,上述三者的劳动力形态,在中国史上是

---

① "湖广熟,天下足",据[日本]藤井宏的研究,此语始见于明末的《地图综要》书中。

早已存在的,惟是此时使用并购买这般劳动力者,不能不含有一些新的因素在内,那就是在城乡手工业的影响下,工业原料和米谷的商品化程度的加强,于是一般在乡的经营地主和富农,为着扩大生产和增加收入都使用有一部分的佣工。如湖州为蚕桑区,这一地区的在乡地主就很多,故有"其俗皆乡居"①之语。那末,这些乡居地主是怎样经营他们的生产活动呢?像我在另文所述的归安茅氏种桑且数十万树,这般在乡的经营地主都是亲自管理农事,改进技术,进行农桑蚕织的多种经营。由于种桑需要有较专门的技术人才,所以佣工制较为发达。据万历年间湖州庄元臣的《曼衍斋草》,其在治家条约的立庄规中,曾提到湖州桑地均系雇工经营,兹特引用如下:

> 凡桑地二十亩,每年雇长工三人,每人工银贰两贰钱,共银六两六钱。每人算饭米两升,每月该饭米一石八斗,逐月支放,不得预支,每季发银贰两,以定下用,四季共该发银八两。其叶或梢或卖,俱听本宅发放收银,管庄人不得私自作主,亦不许庄上私自看蚕。②

这一节纪事,又可给我们证实了湖州蚕桑区使用雇工的普遍。③其实当时不仅在经济作物上面使用了雇工,就是米谷的生产也多使用佣工。明代江南地方志里记载着雇工之事,为数不少;其他则山东、湖广等省也有发现,④而江西的山区——宁都,其佣工大半为南丰人。⑤为了佣工在农业生产上的大量使用,于是当时通行的日用百科全书里,

---

① ［明］王士性:《广志绎》卷四。
② ［明］庄元臣:《曼衍斋草》。
③ 参考拙著《明代江南市民经济试探》,上海人民出版社1957年版。
④ 顺治《蕲水县志》卷十八《风俗》:"其无田佃人之田者,曰佃户。亦有饶者,最贫则为人佣工,或计岁,或计日而岁值焉。"又清初的《醒世姻缘传》记载山东地区佣工之事甚多。亦可为证。
⑤ ［清］魏禧:《魏叔子文集》卷七《与曾庭闻》。

曾发现雇工文约的一般格式。

> 立雇约某都某人,今因生意无活,情愿托中雇到某都某名下,替身农工一年,议定工银若干,言约朝夕勤谨,照管田园,不敢懒惰,主家杂色器皿,不敢疏失,其银按季支取,不致欠少,如有荒失,照数扣算。风水不虞,此系天命,存照。[①]

固然,明代的佣工,尚不是很自由的,但其和雇主议定工作年限和工银若干,他们人身依附关系,显然较之一般佃户和僮奴松弛得多,所以这种雇工的大量存在,我认为是一个值得注目的时代特点。

其次,明代中叶以后,由于城乡手工业的发达,引起原料作物种植面积的扩大,山区的开发,于是又出现有大量佃耕山地的佃农,如江西南赣之例。

> 南赣地方,田地山场坐落开旷,禾稻竹木生殖颇蕃,利之所在,人所共趋,吉安等府各县人民年常前来谋求生理,结党成群,日新月盛。其搬运谷石,砍伐竹木,及种靛栽杉、烧炭锯板等项,所在有之。又多通同山户田主,置有产业,变客作主,差徭粮税,往来影射,靠损贫病。又有一种来历不明之人,前来佃田佣工,及称斋公教师等名色,各多不守本分,潜行盗窃。间又纠集大伙,出没劫掠,不可踪迹。[②]

这班佃耕山地的佃农,有种种不同的异称,如在江西、浙江、福建等省每被称为棚民、麻民、蓝户、箐客等,他们的职业除了佃山耕种之外,还兼营有一些手工业的活动,所谓种麻、种茹、造纸、烧炭为主。另一方面,在这当中,中国南北各地都不断地爆发有或大或小的农民起义。正

---

① 据[日本]仁井田陞氏:《元明时代的村规与租佃契约》一文转引,见《东洋文化研究所纪要》第八册。
② [明]周用:《乞专官分守地方疏》,见《西江志》卷一四六《艺文》。

统十三年（1448 年）福建沙县佃农邓茂七的起义，其所提出的斗争口号，尤具有划时代的意义，于是在当时激烈的阶级斗争和商品经济发展的相互推动下，其居于城市的不在地主和一部分的乡居地主为着保证封建地租的获得，也不得不改变经营方式，用契约制以刺激佃农的生产积极性，并在佃农中也出现有极少数的富裕阶层。① 固然，契约制的租佃关系，早见于宋元时代，然大量的施行，则不能不说到了明代中叶以后才逐渐发达起来的。据日本仁井田陞氏搜集明代通行的百科全书类的图书二十多种，差不多都记载有佃田契约的格式，②则可知其流行之广。由于租佃契约制的发达，并在当时激烈的阶级斗争下，地主为鼓励佃农的改良土壤，改善经营，借以增加生产，保证封建地租的榨取，又不得不给予农民以永佃权，于是一田二主制，在福建、江西等省又发达起来了。这种佃权就我所见万历三十五年（1607 年）由福建布政司颁布刊行的家礼简仪，在其《田园佃批式》中，即附有永佃权的记载。③ 关于永佃权在中国租佃制度史上的作用如何？兹拟另文论之。④ 惟在其出现的初期，殊不能说其没有含有一定的积极意义，这一种农村关系的新变化，都是我们所不可忽视的。

但因中国资本主义萌芽因素的成长是不平衡的，地区与地区之间，行业与行业之间是不同的。这一种不平衡尤突出地表现在地区方面，我们知道明末清初中国经济比较发达的地区，尚局限于江南、东南沿海和运河区等附近地带；并且就在这一些地区之内，它的发展也是不平衡的，有的地方工商业较为发达，而广大地区则自然经济仍占着支配的地

① 参见上注所引《蕲水县志》及[清]魏礼：《魏季子文集》卷八《与李邑候书》。
② 据日本仁井田陞氏：《元明时代的村规与租佃契约》一文转引，见《东洋文化研究所纪要》第八册。
③ 同上。
④ 详见拙稿：《永安农村赔田约的研究》。

位,江南如此,其他地区亦多相类。在这情况之下,曾因长期存在的农业与手工业的紧密结合,又紧紧地拖住中国封建经济的进一步发展,尽管如此,但在当时商品经济的刺激下,却仍使农业与手工业的结合在封建后期出现有多种经营形态。关于这多种经营形态的具体内容怎样,据我个人的体会,认为应含有两种的意思,一是农业生产内部之间的多种经营;一是农业与手工业相结合的多种经营。这多种经营形态像我在另文所述的,①它为满足广大人口的粮食需要,提供丰富的工业原料,改善农民的施肥习惯,发展乡村手工业,都起了积极的作用。但是这一种分化是极为有限的。主要是中国农业与手工业的结合极牢固地维持自然经济的存在,而封建势力又采取各种措施,以压迫手工业的发展,如中国传统的主谷生产政策,就限制了原料的供给;各地地主阶级又每以浮口过多,为地方不安之源,因而主张干涉或毁弃工业的活动,反对开矿等等。这自使手工业不能得到顺利的发展。不过中国又系一个广土众民的大国,由于地方性的差异,广大人口的需要,各地物资之间的流转和交换,仍有其广阔的前途,是以在这时期内中国又出现有大大小小的商人集团,其著者,如山陕商人、徽州商人、洞庭商人、浙江商人、闽粤商人等,②就是比较僻远的内地与山区,商人之数,亦不在少。③兹姑举湖北蕲水的一个偏僻的地区——"石险、金谷道通罗田、蕲州,薪麻布谷麦菽、皮毛齿革,交易都会也。其估客转贩,即岁入不赀,故民多积聚"。④ 在这商品经济与自然经济的严重矛盾中,于是这一时期封建经济的发展,就出现有进一步、退二步的相反倾向;特别在中国的传统

---

① 见拙稿:《明末清初江南及东南沿海地区"富农经营"的初步考察》,《厦门大学学报》1957年第2期。

② 详见拙著:《明清时代的商人及商业资本》,人民出版社1956年版。

③ 参见拙稿:《明清时代河南武安商人考略》,《学术论坛》1958年第2期。

④ 顺治《蕲水县志》卷一,引《旧志图论》。

封建社会里,农民具有相对的离土自由,这般从农村挤出来的人口,于是每在有利可图的场合,或较可发展的地方,我们常见到一批一批的失业的农民,麇集而来,从事季节性的运输劳动、耕种山田,及为佣工佃耕。这样,在中国经济比较发达的地区,这商品生产的发达,大量劳动力的存在,并不能引导中国走向新的经济道路方面前进,而在中国的地主经济与农民经济里却出现有极端矛盾的而又错综复杂的社会关系的新特点。兹先就地主经济而言,就是乡居地主的高利贷化和城居地主之日益寄生化。这一种分化,我们认为是属于封建后期的特有的历史产物,因为明代中叶以后,像我屡经说过的,中国江南地区曾存在有一小部分的在乡经营地主和富农阶层,他们使用佣工,注意于生产技术的提高、经营方式的改善,并把他们的经济活动,在某些方面和市场发生一定的联系。可是这一种幼芽的成长,在当时中国的历史条件下,他的发展是很不顺利的,相反的,我们却见到有不少的江南乡居地主离开了生产,转而专门从事高利贷的活动。下面所引的常熟大桥黄家,就是一个典型的乡居地主的高利贷化。

　　任阳为虞邑之极东南境,地洼民贫,而黄氏独以赀雄乡里,居大桥,世谓之大桥黄家,余及见者,曰黄亮功。自伊祖积赀起家,专以权子母为业,益见中原多故,增饷增役,业田苦于赔累,不若贷粟于人,其息倍收,又无饷役累也。亮仍家法,尤乐此不疲,岁囷米粟以千计,豆麦花布称是。崇祯间,吴中水旱频仍,米价腾贵,亮复邀取重利,朱提成锭,辄窖藏之,青蚨成贯,辄柜藏之,其零星者,必镕成贯,贮而藏之乃快。由是亮积赀巨万,而家益富。亮为人阴柔,外貌若温厚无棱角,而中实机深多诈,性尤吝啬,处置家事节缩若寒士,屑屑谋朝夕。其父尝欲为亮遵捐粟例为护身符。亮不觉蹙额曰:爹直欲儿作桍腹监生耶。每用一钱,辄沉吟良久,将已仍贮之囊,其吝如此。家多权量,同式而异用,视出入而盈缩之,未尝用银钱,凡与人贸易,尽以折色昂其价,但有毫厘利己亦喜。邑中牙侩妇陈丧夫,欲他适,亮闻其挟重赀,欲娶之,父曰:"嫠也。里中请婚者多,何必是?"亮曰:"彼以贿迁,是足欲也。"遂妻之,得其资五百金,已而变其房产,又得四百金。陈善治家,勤纺织,亮得其伙,家业日炽。①

上面记事,是淋漓尽致地把封建地主的丑恶面目描绘出来。其所云:"自伊祖积赀起家,专以权子母为业。"这给我们说明一个倾向,即当时有一部分乡居地主,不自经营农事,专以权子母为业;也就是说,在当时的封建条件下,乡居地主的高利贷化,即在乡地主之成为债主,农民的被榨取的程度不是减轻,而是加重了;尤其对于生产方面更不起任何积极的作用。这显然较之从事生产经营的乡居地主倒退了一步。这是关于乡居地主的一些变化。现在再来看看居于城市的不在地主的情况。我曾在一篇文章里说到明自嘉靖以后,由于赋役的改革,特别是一条鞭法的施行。江南地区又出现有寄庄地主。这些寄庄地主虽带有浓厚的封建的身份制的色彩,但是他不用僮奴耕田,而采取佃耕的办法,并且较多部分系以运用其财力,使农业生产中获得更多的收成,这总是有助于生产的发展的。② 这一个估计,我认为尚是可用的。惟是我们还要知道一条鞭法的施行,只是税制上的一种改革,而没有触及生产关系的变革,于是到了后来,却更加助长不在地主的寄生性。据记载,在一条鞭法施行之后,福建莆田县的不在地主,有着迅速的发展。

> 明嘉靖已前,有田租五十石者养马一匹,养夫一名,名曰马户夫保,如租百石,养马二匹,夫二名,遇官府及差使往来,不分日夜取马与夫,跟之至交界而回,络绎答应,苦累破家,乡宦户亦不免,

---

① 《过墟志感》卷上,见《虞阳说苑》甲编。
② 参考拙著《明代江南市民经济试探》,上海人民出版社出版1957年版。

故富贵不敢多置租,当时士大夫畏清议,归来宦囊皆淡,无豪强兼并之风。民有限田,家无甚穷,谷无甚贵。迨庞军门洞悉民瘼,条陈利弊,将本折色什赋差徭,编入条鞭,总为一则,照米纳银于官,官自雇倩答应,民得息肩。明末仕改清操,捆载而归,求田问舍,每户数千租,郭尚书租至一万三千石,惠洋庶民方南川租亦一万二千石,富者千仓万箱,往往闭粜,每至春末谷价涌高,由是富者愈富,穷者愈穷,田租每石价值七八两。①

也就为了一条鞭法的改革本身没有涉及到生产关系的变革;再由此时农民的未解放,商品经济的发展也缺乏坚实的生产基础,于是促使地主对于佃户的榨取,只有采取封建性的剥削,以攫取最大限度的地租为目的;复因当时工业原料和粮食有着广阔的市场,而粮价的高涨,尤为利薮所在,这更引导着不在地主从事囤积居奇,以剥削广大的农民和城市居民。据我所接触的材料,明季福建不在地主是非常之多,如闽清地主多系居住于省会福州的不在地主,②上杭、永定的不在地主亦多。③湖广地区的寄庄户,数亦不少。④而赣州"各县之田,多为吉安债准"而去。这般地主都是囤积米谷,待价而沽。明末周之夔的《弃草文集》,曾载福建不在地主的经济活动云:

其田主及有力家城居者,仓廒既设外乡,或设他县,每年不过

---

① 〔清〕陈鸿:《熙朝莆靖小纪》抄本。
② 《闽清县志》卷八《杂录》云:"邑七都平街地方,周围仅里许,旧有小南台之称。盖明季省中富室多寓此收租,因之筑屋暂住,久之子孙遂家焉。街之前后有十余姓,今皆式微,其田产悉售于近乡富户。"又据福建师范学院历史系地方史研究室于1958年在闽清所搜集的清初租佃契约,均载向"福城王衙"、"福城林衙"承租土地等字样。
③ "且如上杭来苏之田,非必即来苏之人田也。永定溪南之田,非必溪南之人之田者,或有在城之人,而买田在彼都者;或有别都之民,而买田在彼都者。"(〔明〕陆稳:《陆北川奏疏·俯顺民情添设县治以绝盗源疏》,见《皇明经世文编》卷三一四)
④ 顺治《蕲水县志》卷一引《旧志图论》。

计家口所食谷几何，量运入城，余尽就庄所变粜，即乡居大户亦然。盖米谷重滞，且多折耗，而出谷入银，轻便易贮，故凡稍知心计之人，皆相率积银逐末生息，决不作积谷迂缓之务。①

地主之以囤谷出售，出谷入银，逐末生息为事，这正是体现了后期封建经济的特点，也如实地暴露着不在地主的寄生性。这里，我们所要讨论的则是寄生地主原属于半封建的土地制度的范畴之内，惟明清时代的不在地主制，却由于城市工商业的不发达，农民的未解放，不能引起经营与土地所有的分离，于是这不在地主们，就只在租主与债主之间打圈子，而不能找出自己的正当的发展道路。

总之，在当时的地主经济中，虽然，表露有新的因素的萌芽，可是在强大的封建压力下，这一种经济并没有导致着中国资本主义萌芽因素更进一步的成长，相反的，而是封建徭役制的更加巩固，这就是我在下面所要论述的农民经济的中心课题。

我在上面已经指出明末清初的农民经济，由于当时农民生活和市场经济有着一定程度的联系，大量的工业原料和粮食的出口需求，促进着雇工制与租佃契约制的发达。惟是这一种变化是不稳定的，只为着当时商品经济远较停滞的自然经济，倒能给予地主阶级带来更多的利益，扩大其贪婪的胃口，于是一般地主阶级为着增加自己的收入，便更加残暴地掠夺直接生产者的农民，转而维持了超经济的强制，加强了人身依附关系，在这场合里，农奴制度"是与奴隶制度没有什么区别的"。② 这样，中国史上有些进步的因素，像中国商品经济的发达，早已形成封建性的全国市场；劳动力也不似欧州中古那样束缚在领主的庄园内部，而有相对的离土自由，可是这些因素在当时都不能起着应有的

---

① 周之夔：《弃草文集》卷五《广积谷以固闽圉议》。
② ［苏］列宁：《论马克思、恩格斯及马克思主义》，苏联外文版，第410页。

进步作用,而变成相反的东西。因此,考察明末清初的农村劳动力形态,更明显地带有这种野蛮的中古式的矛盾性格;更为了当时城市手工业的发展,一般地说,尚是落后的。有很大部分仍受着行会制的支配,同时,城市对于农村人口的容纳量,也是极为有限的。这一个情况,又和当时有一大批的离开土地的农业人口,很不相称。关于明代各地方人口的移动,是非常频繁的,以江西为例而言,其地之人率多向湖广一带移殖。如云:

> 以今日言之,荆湖之地,田多而人少;江右之地,田少而人多。江右之人,大半侨寓于荆湖。盖江右之地力所出,不足以给其人。必资荆湖之粟以为养也。①

这广大的农业人口向全国各地的自由流动,固然,在缓和了某一地区的人口压力和社会矛盾,促进移住地的经济开发,都发挥了一些作用。不过这大量的农业人口如果过多地向某一地区集中,则必然的会产生降低劳动力的生活水平和技术水平的后果,出现有争求雇主的现象。明清之际苏州的织工,即系如此。

> 郡城之东皆习机业,织文曰缎,方空曰纱。工匠各有专能,匠有常主,计日受值,有他故则唤无主之匠代之,曰唤代。无主者黎明立桥以待,缎工立花桥,纱工立广化寺桥,以车纺丝者,曰车匠,立濂溪坊,什伍为群,延颈而望,如流民相聚,粥后俱各散归。若机房工作减,此辈衣食无所矣。②

在这种情况之下,是很难指望城市手工业的雇工制能有较健全的、合理的发展,而不得不受着严重的封建剥削。为了城市对容纳过剩人口有着一定的限度以及佣工制之含有浓厚的封建性;同时,复以当时严

---

① ［明］丘浚:《江右民迁荆湖议》,见［明］陈子龙等辑:《明经世文编》卷三十八。
② ［清］陈梦雷纂:《古今图书集成》卷六七六《职方典·苏州府议》。

重的封建剥削,不断地制造出大批的新失业的农业人口来,于是在无路可走的情况下,就迫使大批离开土地的人口,又不得不回归到土地上面去,这样,只有更加恶化租佃关系和在佣工制上维持了极野蛮的中古式的关系;再以此时商品生产的发达,工商业的繁荣,致使有一部分的地主阶级为着攫取更大的利益,以便把农民劳动的果实拿到市场上去出卖,于是乃转而维持落后的奴隶制残余,使用大量的僮奴,以从事农工商业的活动。

在中国封建经济里,奴隶制残余曾占有一定的地位,这是大家都认识到的。所以明代初年,蓄奴之风仍盛。凉国公蓝玉家奴至于数百,其他类此之例甚多。至于中叶以后,沿海江南地区的地主经济,则与商品生产有密切的结合,他们之中有些人亲自经营经济作物和手工业的生产,甚至从事商业上的活动。就是一般内地的地主,也在出口粮食和工业原料的鼓励下,采取直接经营的办法,使用大量的僮奴,以从事家庭或生产上的劳动。吴宽的《匏翁家藏集》曾数载江南地主役使僮奴,以事耕作。有如常熟的徐南溪,"率其僮奴服劳农事,家用再起"。[1] 长洲的李端其,"益督僮奴治生业,居则量物资,出则置田亩,家卒赖以不坠"。[2] 又吴宽的"先母张氏,少归先父。……勤劳内助,开拓产业,佣奴千指,衣食必均"。[3] 都足以见江南地主使用僮奴之多。同时,为了中国封建政府的徭役和赋税,对非身份制的中小地主和自营农民,是个很大的威胁。这些自营农民和破产了的中小地主,他们为免役之故,常宁愿丧失自己的自由身份,而投靠于豪族大姓为其奴仆、佃户,称为靠势。[4] 这种农民流亡和大户苞荫,在明代初年即在进行中,宣德末周忱

① [明]吴宽:《匏翁家藏集》卷五十八《徐南溪传》。
② [明]吴宽:《匏翁家藏集》卷六十二《李君信墓志铭》。
③ [明]吴宽:《匏翁家藏集》卷五十二《先世事略》。
④ "明末乡宦家僮,至以千计,谓之靠势。"(吴骞:《愚谷文集》卷十三)

《与行在户部诸公书》，即曾道及此事。

> 其所谓大户苞荫者：其豪势富贵之家，或以私债准折人丁男，其以威力强夺人子息。或全家佣作，或分托居。赐之姓而目为义男者有之，更其名而命为仆隶者有之。凡此之人，既得为其役属，不复更其粮差。甘心倚附，莫敢谁何。由是豪富之役属日增，而南亩之农夫日以减矣。①

所以到了后来，于是"吴中仕宦之家，奴有至一二千人者"。② 其实，这种现象不仅吴中一地为然，举凡江苏、浙江、安徽、山东、河南、陕西、湖北、广东、福建等省，一些豪族大姓无不畜养大量的奴仆。这班奴仆的成因，不用说，是来自对抗性社会所造成的大批被剥去生产资料的人们，而被"强没入奴仆者"。③ 其中有的来自投靠，如江南及东南沿海则系如此。

> 今江南士大夫多有此风，一登仕籍，此辈竞来门下，谓之投靠，多者亦至千人。④

河南亦然

> （河南）光山一荐乡书，则奴仆十百辈皆带田产而来，止听差遣，不费衣食，可怪也。⑤

有的则系用价买仆。

---

① ［明］周忱：《与行在户部诸公书》，见《明文衡》卷七。
② ［清］顾炎武：《日知录》卷十三《奴仆条》。
③ 黎遂球的《莲须阁集》有载明末大姓强役人为奴仆者，其文如下："许子班、王今以贿事，械至京师。然闻其为令甫下车，即榜于衢，有强役人为奴仆者，听其自归，焚其券。旁邑效尤，率携手去。豪家大姓衔之，乃因中贵人得其书币以为贿，吴殆与贿异矣。"（卷五《赠太仓知州刘子序》）据上文所说，虽不知其在何地，但明末奴仆与其主人之间的矛盾早已尖锐化。
④ ［清］顾炎武：《日知录》卷十三《奴仆条》。
⑤ ［明］王士性：《广志绎》卷三。

（麻城）耕种鲜佃民，大户多用价买仆，以事耕种，长子孙，则曰世仆。[1]

江西新淦则"本地大户，收养游手逃民，称为佣仆"。[2] 浙江江山别有"伙余"，盖亦奴仆之属。

田亩倩人种植，成熟分收，即佃户也。别有一种，曰伙余，多自家仆，令其居庄看守；或外乡单丁，以庄屋栖之，给以偶，有子孙则世服役如奴隶。[3]

在这当中，奴仆与主人的关系，是存在着深刻的对立的矛盾。兹以江苏松江为例言之：

吾娄风俗，极重主仆。男子入富家为奴，即立身契，终身不敢雁行立，有役呼之，不敢失尺寸；而子孙累世不得脱籍。间有富厚者，以多金赎之，即名赎而终不得与等肩；此制驭人奴之律令也。然其人任事，即得因缘上下，累累起家为富翁；最下者，亦足免饥寒，更借托声势，外人不得轻相呵，即有犯者，主人必极力卫捍，此其食主恩之大略也。[4]

这种主奴的对立，各地皆然，如一经为奴，例从主姓，历代不改，不仅其本身，且役其家族。湖北的情况，即系如此。

楚俗贫而自鬻者，至奴于其族，更数世，犹隶役如故。[5]

在这情况下，"主人之于仆隶，益非复以人道处之矣。饥寒劳苦，不之恤无论己；甚者，父母死，不听其缞麻哭泣矣。甚者，淫其妻女，若宜

----

[1]　光绪《麻城县志》卷五。
[2]　［明］钱琦：《东畲先生家藏集》卷四十一《公移·招抚事宜》，据［日］小山正明：《明末清初的大土地所有》（《史学杂志》第 67 编第 1 号，1958 年）一文转引。
[3]　同治《江山县志》卷一《舆地》。
[4]　佚名：《研堂见闻杂记》。
[5]　《福建列传》卷二十六《张治具传》，据李文治：《晚明民变》（中华书局 1948 年版）转引。

然矣。甚者,夺其资业,莫之问矣。又甚者,私杀而私焚之,莫敢讼矣"。① 这种深刻的阶级矛盾,再由于当时商品经济的发达,更引起有一部分的奴仆,他们为着经济的独立自主,提出解放人身隶属关系,乃属当然之理。

至于佃户方面,我们必须注意到这一时代的历史特点,即是明代地主的集中土地在很大部分是利用封建的特权,如献产豪强之风。② 其另一方面,则因工商业的相对发展,又加速了土地的集中,如明代大官僚严嵩、徐阶均各有田二十多万亩,而江南豪家田有至七万顷、粮二万(石)者。其他千亩、万亩的地主,更是为数不少。在这些土地上面,固有使用佣工、僮奴以从事直接经营者,但绝大多数都是通过契约的形式交给佃户耕作的。虽然,当时由于封建社会的内部孕育有新的因素,并在激烈的阶级斗争的形势下,农民经济有所发展,在农民当中也分化出一部分的富裕阶层——原始富农和佃富农,这是必须肯定的。可是还应该看到在当时强大的地主制的压迫下,在奴隶制残余的影响下,佃农的人身依附关系却是非常严重地存在着。首先,佃农的身份仍是不自由的。如云:

　　　　江南……富家大族役使小民,动至千万,至今佃户苍头有至千百者。③

就是把佃户和苍头视为同一类型的人物。所以"佃户例称佃仆,江南各属皆然"。④ 江西亦是如此。吉安府的佃户,地主不仅役其本身,且役其家属。

　　　　(安福)乡俗,庄佃中育女者,许字时必先馈银田主,名曰河例,

---

① [明]张履祥:《杨园先生全集》卷九《议·义男妇》。
② 参考[清]赵翼:《廿二史札记》卷三十四《明乡宦虐民之害》。
③ [明]于慎行:《谷山笔麈》卷十二。
④ 康熙《崇明县志》卷六《习俗》。

以故佃人多溺女。①

这种"女儿出嫁也得缴钱"的河例，我认为应是最野蛮的初夜权的一种残余。所以江西农村迄于清代初年，佃户的身份尚是不自由的。

> 康熙初年，……吉赣俗以佃为仆，子孙无得与童子试，公为按版籍，勒石永禁，破数百年陋俗。②

这种佃农身份的不自由，在其他地区也是存在的。这里，佃农是被认为地主的一种财产，而地主得任意剥削的农民。

其次，佃农的负担，也是非常苛重的。兹先就佃租论之，一般的，都还是以实物地租为主，惟在着重主谷的观念下，地主当限定农民必须缴纳谷物，作为地租。不过佃耕山地者，也得以其所产的实物作为地租，如油山纳油租之例。

> 雩阳书院油山座落一唐村里峡山，各佃共耕，油租每年实纳三百六十四斤十二两，外纳山租银三两五钱七分，又纳山租钱九百五十文。③

至租额，则一般都是较重的。据我们所知，宁化有三七对分之例。

> 大抵富者有田，坐享七成之利，农民佃其田，终岁勤劳，获止三分，籽种耨获之费在其中，仰食俯畜，食指稍繁则不给。④

永安有八二分租的传说。建阳附近各乡岁收最丰富者，田主可得七成半至八成，佃户则得二成至二成半。⑤ 江西宁都下乡的批田，亦较他乡为重。

> 批田较他乡稍重，诚有之，然亦有故焉。宁都之田，下乡称腴，

---

① 民国《吉安府志》卷三十六《人物志·义行》。
② ［清］邵长蘅：《提调江西学政按察使司金事加一级邵公延龄墓碑》，见《碑传集》卷八十一。
③ 同治《雩都县志》卷四《书院》。
④ 民国《宁化县志》卷十。
⑤ 见国民政府司法行政部编：《民商事习惯调查录》。

他乡田计收谷一石，直金一两，下乡之田则三两，田从上则起科，输粮特重，佃户一石之田，收至五石四石，又有杂粮。[①]

这里，我要特别指出中国高额佃租的形成，自为地主阶级对于土地的垄断，惟其中亦有一些附带的因素，即中国地主家族的多妻多子制的盛行和传统的遗产继承制度常把一般地主所集中的土地，率不数传即告分散。如宁都魏氏，初有产数千石，但经数分之后，其每人所得都不过百余石左右。下引的两篇析产序，都能提供刻所需要的资料。

汝兄弟三人，侃出抚为吾叔兄后，其遗产岁得田谷百十六石，而缩收与播种实为石六七十有奇。儆、俨请曰，弟虽后仲父，产薄恐不给食，愿割己分以益弟，于是以收百石谷之田以畀侃，而儆、俨乃各得百八十有六石之田。[②]

于是计平昔所自创及先子所分受，奉老母命，集诸子而阄分之，济、濙、溓各得田百五十石。山城居室、奴婢皆有定分。沆最幼，出抚为季弟子，不得与三兄均，除田百石，以车畀之。[③]

这田产的一再均分，造成了中国农村中的广大的中小地主层。其另一个因素，则是中国商业资本的无出路和浓厚的乡土观念，他们每以经商所得的一些蓄积，认为稍可过活，便相率返乡以购良田美宅为荣，这又把中国的土地愈分愈碎了。这般中小地主为生活之资，便不能不深入农村，他们因比较熟悉农情，于是其对于直接生产者凡可以加予的剥削，绝不放松，我认为这当是中国高额佃租的一个根据。另外，在地主土地所有制下，广大人口对于耕地的争夺，也排斥了雇工自营的可能前提，因为他们觉得雇工自营，倒不如采取佃耕方式，把田地出租给农

---

① 〔清〕魏礼：《魏季子文集》卷七《与李邑侯书》。
② 〔清〕魏礼：《魏季子文集》卷七《二子析产序》。
③ 〔清〕魏世俲：《魏昭士文集》卷三《析产序》。

民,向其征取高额的佃租,更稳妥而可靠,牢固地保留零细耕作的习惯。因此,封建势力所加予农民的束缚,显见苛重。在实物地租之外,还见有劳役地租的残余。赵翼《廿二史札记》,就有典型的记载。

> 《焦芳传》,芳治第宏丽,治作劳数郡,是数郡之民,皆为所役。又《姬文允传》,文允宰滕县,白莲贼反,民皆从乱,文允问故?咸曰:祸由董二。董二者,故延绥巡抚董国光子,居乡暴横,民不聊生,故被虐者,至甘心从贼,则其肆毒,更可知也。又《琅琊漫抄》载松江钱尚书治第,多役乡人,砖甓亦取给于役者。有老佣后至,钱责之,对曰:"某担自黄瀚坟,路远故迟耳。"钱益怒,答曰:"黄家坟亦吾所筑,其砖亦取自汝家,勿怪也。"此又乡宦役民故事也。[①]

这种劳役地租的残迹,在福建、江西两省毗邻地区的农村中,也不时可以看到。地主对于佃农不仅要求其在经济上的服役,像宁化的送仓、宁都佃人的送河交斛、送仓交斛的乡例。有的,且使其担任军事上的劳役。[②] 其应地主的呼唤,为操杂役,则皆认为当然的事,殊不足怪。这劳役地租的残余,他在农村中的作用,还保留了身份的隶属关系;再由此而把佃农紧缚于土地上面,使其不得自由移转,如南赣的佃农然。

> 吉、抚、昌、广数府之民,虽亦佃田南赣,然佃田南赣者十之一,游食他省者十之九。盖远去则声不相闻,追关势不相及。一佃南赣之田,南赣人多强之入南赣之籍,原籍之追捕不能逃,新附之差徭不可减,一身而三处之役加焉。民之所以乐于舍近,不惮就远,有由然焉。[③]

同时,封建地主对于佃农还通过各种形式以榨取农民的血汗,这就

---

① ［清］赵翼:《廿二史札记》卷三十四《明乡宦虐民之害》。
② 关于佃农担任军事劳役之例,《永定县志》卷二十六《人物·惇行》云:"沈玉振,前川堂堡人,……闽广盗起,肆掠乡邑,振奋身纠集子侄佃甲,以时训练技射,保障一方。"
③ ［清］海瑞:《兴国八议》,见同治《兴国县志》卷三十六《艺文》。

是在地租之外,尚有种种名色的额外负担和封建的贡献。江西宁都佃农于批赁田山时,田主例索批礼银。

> 一田山批赁,田主按赁收租,佃户照批掌耕,彼此藉以为凭,原不可废,但批赁时,田主必索佃户批礼银,并创十年一批之说,殊属额外多取。[1]

有白水谷。

> 一白水谷,批赁时佃户不能现交礼银,照依银数,每岁入息三分,是为白水。[2]

有桶子谷。

> 一桶子谷,收租或有用升者,较官斛甚小,所以桶子谷乃帮足官斛之数,非官斛之外,另有桶子名色。查系帮足官斛,原非额外横取,但田主不得借此转加。[3]

有帮贴行路使费。

> 一行路使费,田主家人上庄收租,佃户计其田之多寡,量给草鞋之费。[4]

此外,并有其他的贡纳或送礼。

> 一节牲、粢糯、新米、年肉、糍团、芒扫等项,佃户于出新时,或于年节致送一二,田主亦多有仪物回答者。[5]

按宁都之俗,佃农对于田主尚有入学贺礼、帮纳差粮诸费,[6]而安徽徽州则有信鸡之纳。

---

① 《宁都仁义乡横塘塍茶亭内碑记》,乾隆时立石,据《民商事习惯调查录》。
② 同上。
③ 同上。
④ 同上。
⑤ 同上。
⑥ 同上。

同样的，在闽西北各地农村中，关于这些的封建苛例，也牢固地存在着。如宁化的移耕，即是宁都的批赁；冬牲、豆粿则是宁都的送年鸡鸭、送年糍团等。① 故冬牲的贡纳，即相当的普遍，宁化、清流、归化、沙县、永安、南平、尤溪、闽清、闽侯诸县，都有这一种的习惯。三明梅列于冬牲之外，并有冬旦一筵。② 据康熙五十三年（1741年）福建闽清的租佃契约，亦有"年例田牲谷拾一斤（只），帚乙合，芋捌斤"，③这可不言而喻的，系沿自明代的老例。如其田地有种植其他的副产物者，也得缴纳一部给田主，如福建三元即有加收绿豆之例。

其实，佃农的负担，不仅仅这高额的佃租和其他的贡献而已。而地主的额外加征，任意取盈，亦所在多有。

> 吴中田亩无麦租之例，只因去冬（崇祯十四年）田多全白，赔粮太甚，今夏麦又大稔，诸大家创为新例，凡旧岁田禾苛而荒者，每亩索麦租斗，诚不得已而然，而乡民亦遂输麦，无不奉令者。④

至于不统一的度量衡制，尤给地主阶级利用为榨取农民的工具。明末吴次尾记其乡——安徽贵池县的租秤，在其进出之间，即有很大的悬殊。

> 敝乡田租每亩亩取二石，而收之者，用租秤。租秤者，每石二百二十斤也。出粜则用发秤，发秤者，每石九十斤也。天下有一物，出入而不平若此者乎！⑤

其他类此之例甚多，兹姑举数例如下，有如江西新城的租斗。

> 暗窠程氏，吾邑东南乡之以富著者也。……时富家多苛削庄

---

① 道光《宁都直隶州志》卷十四《武事志》。

② 《三明历西正顺庙志》卷三。

③ 福建师范学院地方史研究室收藏。

④ ［明］叶绍袁：《启祯记闻录》卷二。

⑤ 《横山堂集》卷十三《与田会公论乡中粜谷书》。

田,租税之人,或用大斛收,小斛粜,小民压于强力莫敢忤。……此
崇祯中事。①

广东惠州的租斗。

　　惠人租斗有加一加二至加五六者,皆其初量用所出定之,不知
所始矣。②

福建宁化的租桶。

　　邑以二十升为一桶,曰租桶;及粜,则桶一十六升,曰衔桶,沿
为例。③

永定的量制,尤见复杂。

　　永人计田不以顷亩,但以收税量名为数,契载或曰桶,或曰秤,
或曰箩,或曰篇,桶又不一,收田骨大税者,较官斛二斗四升;收皮
骨税者,二斗二升或止二斗。秤较官斛六斗,箩二斗,篇三升。④

这种各地单行的度量衡制,只有给一般地主对于佃农的榨取得有较大
的自由,所以这一个租斗问题,也就成为明清时代东南各省的佃农斗争
的中心内容之一。关于明代地主的虐佃,兹可举下列二例。一是江西
兴国的屯田佃农。

　　一为其佃,舆马填门,大桶加量,科噢百端,既派传餐,又索下
程,既租到船,又索夫价,一物稍当意,挟以必得,与之则后遂为例,
不与之则修郄告府,殆无虚日。……一则曰无幸承耕驾运军田,军
之科索,大桶加租,尤其余者,饮食不当意,碎及器用,辱及妻孥,丢
粮不纳,带告上司,勾提到府,先制缚之卫所,拷打勒骗,又多方迁

────────────

① 同治《建昌府志》卷十《杂类》。
② 康熙《惠州府志》卷五《郡事》。
③ 康熙《宁化县志》卷七《寇变》。
④ 《永定县志·风俗志》。

延，不与审结，虽有得直，而农务废弃，使费不赀，甚且身家为是倾陨。①

一是福建德化的屯佃农。

> 屯田尽归巨室，收租多系家人。凡贤缙绅肃家政者，主佃相安，未尝横索。间有新进喜事之仆，乘此路隔二日，僻处山窝，瞒主不知，遂以德邑收租为乐境，三五成群，乘舆而至，大斗浮量，额外需索，收租已毕，不肯回家，日则赌钱饮酒，夜则乘醉图奸，佃户不堪，愿退不耕，则又具呈粮官，票提监禁，所以一闻呈告，便挈妻子而逃，积怨含冤，日甚一日。②

据此，则地主对佃农将不仅使其担任经济的服役，且不保障其人身的安全，实在地说，明末的佃农已濒于奴隶的地位。其中，有不少的佃户，即被地主抑勒为奴仆者，如"凤颍大家将佃户称庄奴，不容他适"。③ 安徽婺源佃户穷民亦多被欺压为奴。而河南汝南则多以佃为仆。

> 其一为佃田之仆。夫佃户领田输租，又与雇工不同，乃汝俗多称为佃仆，肆行役使，过索租课。甚有呼其妇女至家服役，佃户不敢不从者。且有佃户死亡，欺其本宗无人，遂嫁卖其妻若子，并收其家资，占以为利者。更有一等亲属佃田，查诣律例云：佃户见田主，并行以少事长之礼。若亲属则不拘主佃，止行亲属礼，是亲属主佃，又与佃户不同，令甲昭然，况可以奴隶蓄之。④

特别是明末的佃农很多部分由于投靠而来。这只有更加强了佃农的人身依附关系。

---

① 同治《兴国县志》卷三十六《屯田条议》。
② 民国《德化县志》卷七《民赋·屯粮》。
③ ［清］徐国相：《特参势豪勒诈疏》，见康熙《江南通志》卷六十五《艺文》。据［日］小山正明：《明末清初的大土地所有》（《史学杂志》第 66 编第 12 号）一文转引。
④ ［清］李渔辑：《资治新书》卷七《条议部》，据小山文转引。

以上所述佃农和奴仆,这是明末清初中国农村的主要劳动力,由于当时商品经济和国内的市场的初步发展,引起了独立的自营农民的成长,可是这一种农民阶层的内部分化,是在极艰难的环境中进行的,特别中国专制的封建政府,为着巩固地主的统治,从各方面限制城市手工业的发展,这样商品经济的发展,并不能促成农民的解放,反使乡居地主和不在地主更多地利用商业资本和高利贷资本以剥削农民,更加凝固了农村中的封建关系,使得佃农的生活水平长期濒于奴隶制的边缘。这一个情况,又自和已处在封建制度下行阶段的明清时代,农民迫切要求发展自己的独立经济正相抵触的,这样,他们就很自然地联合起来,一致行动,以反对封建地主,掀起了一场轰轰烈烈的解放运动。

(原文发表于《厦门大学学报》1959 年第 2 期)

十四　关于中国资本主义萌芽的几个问题

一

任何一门社会科学，都是在斗争中发展起来的，中国经济史的研究，亦不例外。中国资本主义萌芽问题之被提起，并引起人们的注意，也是经过一番斗争的。五四运动以后，帝国主义代言人、资产阶级学者胡适之流根据实用主义哲学，大肆宣扬历史没有规律可循；散布东方文明长期静止，外国资本的入侵帮助中国的开化等等谬论。他不仅不注意中国历史的真正研究，且加以种种歪曲，把中国史研究搞得一团糟。直到1926、1927年大革命中及其失败以后，由于当时革命斗争的需要，一部分马克思主义的史学工作者为探讨革命失败的根源，反驳帝国主义代言人以及革命叛徒对中国历史的歪曲，才开始从事中国社会性质的研究并展开了讨论。有些人提出中国封建社会的长期性和中国不发生产业革命等问题。在探索过程中，人们已经开始接触到资本主义的萌芽问题，不过提得并不十分明确，进一步的研究亦还不多。

解放以后，学术界才对资本主义萌芽问题进行全面的研究，这是从批判《红楼梦》研究中的资产阶级思想而引起的。因为牵涉到《红楼梦》的时代背景，于是进而探讨当时的社会性质，也引起史学界对明清时期经济史研究的兴趣。经过几年来的讨论和研究，成绩是很大的，值得提出的有下列两点：首先，通过这几年的讨论和研究，学术界提供了相当多的论文、专著和资料。就南京来说，南京大学历史系编辑了《中国资本主义萌芽问题讨论集》；江苏省博物馆编辑了《江苏省明清以来碑刻资料选集》。这些工作对推动科学研究是有好处的。其次，几年来为了探讨问题,提出了若干新的论点,从方法论的探索到具体问题的研究,普遍开展。例如怎样正确理解"萌芽"的含义,雇佣劳动的两重性,量变和部分质变的关系等等。在具体问题上,谈到萌芽的时期,有人认为始自唐代或宋代,也有说在元末明初,较多的人同意为嘉靖以后,也还有人以为清代才开始的。国内市场究竟在什么时候形成,也存在不同的看法,有人以为在鸦片战争以后才开始形成,有人则说当封建社会末期已出现有国内市场。手工工场以及织造工业的性质等,各人的看法也颇分歧。对于明中叶以后阶级斗争的市民性等问题亦有人提到。尽管大家对这些问题的看法很不一致,但许多问题都被提出来了。

对以上这些问题,各人的估计有高有低,认识很不一致,争论亦颇激烈,这是很自然的。因为探讨一个新的学术问题,主观认识与客观存在不免有所距离。真理是愈辩愈明的,只有经过充分的讨论,在马克思主义思想的指导下,开展百家争鸣,问题才可以逐步得到解决。

不过,几年来在对中国资本主义萌芽问题的讨论中,也存在一些问题。首先是我们对马克思主义经典著作钻研得不够深,还不能很好地运用经典作家的基本理论进行研究。毛泽东同志对中国封建社会提出了不少理论指示,并且指出了应该如何研究中国历史。在《湖南农民运动考察报告》中,他就指出"四权"的问题。但我们运用毛泽东同志的这些理论指示进行研究是很不够的。其次,学术研究必须占有大量的资料。明清两代史料浩如烟海,不但地方志、文集等需要系统地搜集和整理,即其他有关经济史的资料,例如明清时期的档案以及近年发现的徽州民间契约(其他各省也都有类似的资料)也当作进一步的整理。这是研究明清经济史的头等资料,但目前这一工作尚有待于加强。

当然,这些问题现已引起注意,相信经过全国史学界继续努力学习,占有材料,勇于大胆提出意见,进行新的探索,一定会取得更大的研究成果。

二

关于中国资本主义萌芽问题的讨论，目前存在不同的意见。对于这些问题，应当怎样估计呢？我认为，首先应根据中国封建社会发展的一般规律进行探讨，这是研究的出发点。同时，还必须注意到中国封建社会是以地主经济为基础的多民族的统一的专制主义国家。这个地主经济和领主经济相比较，具有它的特点。诸如土地是可以买卖的，但不是自由买卖，因为在土地买卖过程中有很多的限制；农民具有相对的离土自由，不如欧洲领主那样把农民紧紧地束缚在庄园内部；在中国地主经济统治下，商品经济有较早的发展，从封建社会早期到晚期，商品经济都比较发达，不似欧洲封建社会出现过"黑暗时代"。这些特点，自然会影响到中国封建经济的发展和资本主义萌芽的出现。因此，对资本主义萌芽的估计，既要看到中国封建社会的一般规律，也要注意到它的特殊规律。同时还要认识资本主义萌芽是出现在中国封建社会的后期，它正处于新旧交替的阶段，是一个过渡时期。在这种情况下，新生的东西跟旧的成分往往纠缠在一起，呈现出非常矛盾、复杂的现象。再由于时间、地点、条件的不同，它的表现形式便有差别。所以对这个问题的探讨，既要区别萌芽状态与成熟状态的不同，两者不可等同起来；又当注意中国封建社会发展的长期性和缓慢性。在研究时，不能只看到发展的一面，还要估计到它的落后和停滞的一面。必须把中国封建社会长期停滞性和资本主义萌芽问题结合起来考察，不能片面地以欧洲某些国家的发展情况作为依据来硬套中国资本主义萌芽的发展全史。

现在试把我个人的一些看法，论述如次：

第一，关于中国资本主义萌芽的时间问题，据我个人的估计，始自明代中叶，以嘉靖朝（1522—1566 年）为一转折点，一直到鸦片战争以前，也就是从十六世纪到十九世纪中叶，大约有三百多年的时间，这是中国资本主义萌芽时期。

　　第二，作为中国资本主义萌芽的标志，应该从生产力和生产关系的矛盾和变化来进行考察。在手工业生产方面，我认为，明代中叶以后，中国某些手工业生产已经出现有资本主义萌芽状态，尽管大家对于万历时期苏州地区织工的关系，有种种不同的看法，但从"机户出资，机工出力，相依为命"的情况看来，仍不失为一个有力的证据。又如同时代浙江崇德县石门镇的榨油工业很为发达，镇上一共有二十家作坊，每一个作坊有二十多个工人。这些工人是从外地来的，他们向作坊主领取货币工资。这些作坊已比行会作坊前进了一步，是一种为满足商品经济的需要，一方出资本、一方出劳力所建立起来的手工业。由于当时社会生产力的发展，广大群众对生产资料的需求，矿冶工业有着迅速的发展，工场工人有的达数百人，小作坊也有几十人。他们在同一工场主的指挥下，从事不同的分工，制成品是作为商品而出卖的。关于冶铁的生产技术，也和以前有所不同。据屈大均《广东新语》记载，广东已出现高炉冶铁，他们从开矿、炼铁到鼓铸，曾组成为一系列的作业程序，初步具备手工工场的雏型。其中，值得注意的，是出卖劳动力的人，大部分不是本地人，他们除了劳动力之外，别无所有，已与生产资料有一定的分离，具有原始雇佣劳动的形态。其购买劳动力者，大部分是拥有一定资本的商人。我们见到福建的建阳、沙县等地，有许多徽州商人购买大量劳动力从事冶铁经营，目的是为了商品生产。他们彼此之间的关系也比较自由。当然这种自由只是相对而言。清代初年，根据文献记载，台湾的制糖业很为发达，当时应募到糖廍从事劳动的，须由工人先付出十两银子给廍主作为定钱。如果这些劳动者还处于不自由的农奴地位的话，如何能付出十两银子呢？这是值得考虑的一个问题。

在农业生产方面，它的发展速度是比手工业迟缓一些。明清时代农村中的长工，身份是不自由的，这些长工应属于农奴制的类型之内。但也必须看到，当时商品经济的发展，经济作物的普遍种植，以及粮食作物商品化的加强，在农业生产中出现有一定数量的短工。在短工中，有一部分是具有雇佣劳动的初步萌芽，当然，还不是完整的。这些短工都是从土地上排挤出来的，但他们还在不同程度内附有一定的生产资料。有人认为短工只要保存生产资料，就不能算是自由雇佣劳动者。但是，在列宁的《俄国资本主义的发展》一文中，就有很多例证说明短工不一定完全脱离生产资料。即使在资本主义发展时期也是如此。例如鞍钢，在解放前，半工半农的劳动力就占百分之五十左右。所以，明清时代农村中的短工，可以说是自由雇佣劳动者的萌芽。可是，在农村中，这批劳动力——短工的购买者，到底是谁呢？地主呢？抑是富农呢？这却是长期没有解决的一个问题。最后，我在北京，无意中见到乾隆二年十二月的一份档案，帮助我解决了这批短工的购买者为谁的问题。这一份资料，记述山东滋阳县有一个农民宋美立，"分种董姓地亩，工力未足，乾隆二年三月内，美立向贾大言明短雇帮活，议定工价小钱四十文，三月上工，十月下工，原未立有文约"。按上所说，这个短工的身份是自由的，无文契关系，并以货币支付工资。至于这批劳动力的购买者，则是自己劳动又雇人帮活的富裕佃农一类的人物，这种人就当时来说，应和封建地主有所区别，也反映了商品生产给予农村中社会阶级关系的影响，假如不是受到强大的封建压力，短工是有发展前途的。

此外，像这一种雇佣关系，在当时对外贸易中，也有类似情况，所谓"富家以财，贫人以躯"，即足以说明其间的关系。

我们已知资本主义生产的萌芽，是在封建社会内部孕育出来的，因而它的发展过程，并非一帆风顺，而是充满着新旧两种势力的斗争的，这在江南市镇经济中，尤其表现得明显，而且激烈。万历年间浙江崇德的石门镇和康熙年间江南嘉善的枫泾镇,均出现有封建地主阶级采取各种手段杀害榨油工和织染工的惨案。对于封建地主阶级这种行为,将不能视为简单的仇杀,而实为旧的力量扼杀新因素成长的一种表现,是一场严重的阶级斗争。这又证实了江南市镇经济之中,已出现有新质的萌芽,否则,将难以说明彼此之间斗争的激烈。

从以上所引资料可以看出,在封建社会的后期,即明清时代已经出现了资本主义生产的萌芽。但因这只是个别地区、个别行业的情况,而不是普遍现象,所以不能对它作过高的估计,加以夸大。并且由于中国地主经济的特性,因而资本主义萌芽的发展过程,又具有自己的特点,这特点,可以从以下四个方面进行探讨。

(一)地区性和不平衡性。

从中国历史来考察,资本主义生产的萌芽因素只是在沿海、沿江和江南地区比较显著。至于广大内地,仍属于自然经济的统治。就以江南地区而论,它的发展也是不平衡的。例如:明清时代吴江、秀水等地蚕丝业很为发达,出现有不少丝织的专业市镇,象盛泽、濮院等都较有名,可是在同县内的其他广大地区,仍是十分闭锁的自足自给经济。反之,在自然经济占绝对支配地位的内地山区,有时却出现有商品性较大特点。因为这些地区的产品,如经济作物和木材、果品之类,皆非农民本身所能消费得了,有不少部分需要输出,或作为工业原料而投入市场,这就使山区人民生活和商品经济发生紧密的联系。再则山区富有矿藏,有不少商人为进行商品生产,插足其间组织生产,因此,在这当中也可能出现资本主义的萌芽。

(二)不够成熟和不大完备。

中国封建社会,经常出现有死的拖住活的、旧的拉住新的现象。这个情况,就影响到资本主义萌芽的发展不够成熟和不大完备,商品经济和自然经济同时并存,并且交织在一起。农业与手工业相结合,是典型的自然经济的产物,但它也是有变化的。据记载,明代浙江温州地区,有些农民在家内从事纺织,是商人提供原料,并由商人收购成品。从这个情况看来,这个家庭手工业,实际上已受商业资本的控制,是商人支配生产的出发点,但是这一个生产形态,从明代到清代,却长期停留于原始状态,而不能冲破旧的束缚,前进一步。再就地租形态来说,在封建社会后期,不仅有劳役地租、实物地租,也存在有货币地租的萌芽。明代万历年间,湖北汉川县就有银、粟各半纳租之例;徽州地区,住佃承佃房东土地,"前去锄种,议交租银四钱正,秋熟之时,送租银上门,照分交纳,不敢少欠",①这个佃约记明是用白银交纳。本来,货币地租的出现,意味着人身依附关系的削弱,可是在中国的历史条件下,货币地租的出现,并不能立即减轻农民的负担及其依附关系。不过,不应否认它为货币地租的萌芽,只能说在封建压力下,它的发展不够成熟,不大完备罢了。

(三)出现"夭折"或"中断"的状态。

在强大的封建压力下,中国资本主义萌芽还具有另一个特点,即往往出现"夭折"和"中断"的现象。例如在矿冶业方面,明代有些地区十分发达,但到清代就中断了。这些矿山为什么会停废的? 可能与矿苗有关系,但封建地主势力的压抑,也就是说社会的因素是主要的。如果有的同志对此感到兴趣,很可以根据全国各地方志的资料,进行比较研究,就不难找出其间原因。明代福建建阳印刷业是很发达的,号称图书之府,当时书市"比屋皆鬻书籍,天下客商,贩者如织"。但到清代就完全衰落了。对这衰落原因的探索,有人说是由于清初的一场大火灾。我的看法不是这样。因为,生产力是最革命的,它总会向前发展。如不是受到上层建筑或其他社会因素的压制,建阳的印刷业必不致于中途

---

① 万历十一年佃约。

夭折。在中国社会里,不仅工商业财富的积累是困难的,就是地主经济也不易长久维持,所谓"千年田,八百主",即说明它的脆弱性。

(四)长期性和缓慢性。

根据中国地主经济以及上述三个特点的影响,又形成了中国资本主义萌芽发展的长期性和缓慢性的特点。从十六世纪开始,一直到十九世纪中期,它始终未取得支配地位,它经过了一个长期缓慢的发展过程。

综上所述,中国资本主义萌芽是具有自己的特点的。

三

中国资本主义萌芽为什么会出现上面这些特点呢? 对于这些特点,应该怎样分析呢? 我以为应从中国封建经济结构本身去找答案。兹分述拙见如下:

(一)国家政权在巩固自然经济统治中的作用。

封建国家政权在巩固自然经济中所起的作用,首先表现在对于劳动人民的直接统治。早在封建社会初期,中国封建主就有一套管理农民的措施,如商鞅的什伍制、王安石的保甲制、王守仁的十家牌法等等,通过官僚机构把农民束缚在土地之上,使农民无法离开土地。中国地主就这样掌握了大量的人口,要他们提供封建地租。

其次是对于手工业工人的束缚。这在封建社会早期还不十分突出,但到了明清时代,封建国家政权对矿山地区以及手工业比较集中的地区的统治就非常突出,如苏州地区的纺织业和印染业中,皆推行保甲制和包头制来管理手工业工人。在这种情况之下,农民和手工业工人都不能摆脱封建束缚。

国家政权为了保持自然经济的统治,还控制了一般工商业经济。

中国封建社会早期就实行盐铁国有政策。盐铁国有的结果,许多有利可图的生产事业,就完全落在封建政权手里,使人民不能参预这些经济活动,因而妨害了工商业经济的发展。而且封建国家长期以来还实行重农抑商的政策,对商人作出种种特殊的规定,限制商人的活动。由于中国封建社会商品经济已有一定程度的发展,封建主也需要商业交换,因此封建主除了直接通过政府法令抑制商人活动以外,还采取比较隐蔽的手段,通过卖官鬻爵、捐纳制度,使这些商人成为封建政权中的一个组成部分。在这种情况下,中国的商业资本和官僚资本结合了起来。封建统治者还把对外贸易掌握在国家手里,他们禁止人民从海上或陆上和国外发生联系。这种情况特别在明清时代更为突出。明清时代对外贸易有一定的发展,从事贸易的不但有商人,还有手工业者。万历时,浙江杭州有一个绸缎商人,开设了工场,参加海上贸易活动,就遭受封建官府的压迫,受到法律处分。这就使一般手工业者不能从事海上贸易活动,在生产上受到很大的限制。据《明清史料》记载,当崇祯到顺治年间,尚有不少商人,如徽商、山西商人等从事海上贸易活动,但自康熙以后,从事海上贸易的商人就很少了。封建政府还通过政治上的特权,随便没收商人的财产,明太祖就曾经抄没了一些商人的财产,强迫商人迁徙,离开本土。清代初年亦有"拔富"之举,对民间财富任意加以剥夺,使工商业的发展受到影响。

(二)通过乡族势力对封建经济进行干涉。

中国封建地主为巩固自然经济,压迫工商业生产的发展,不但通过封建特权,而且还通过其他各种权力,即族权、神权、夫权诸种力量进行控制,巧妙地利用原始公社制和奴隶制的残余来进行统治。这是束缚农民的极重要的一根绳索,是封建政权的一个补充工具。由于它采取隐蔽的方式,利用民间所固有的风俗习惯势力,通过相互扶助、连带责任来统治农民,中国的封建地主阶级又十分残暴,劳动人民不能一下子就认识到这就是一根束缚自己的绳索,因而这也就形成中国封建社会长期迟滞的一个因素。因为这种乡族势力常被地主阶级所利用,因此在欺骗劳动人民、隐蔽阶级矛盾方面,曾起了一定的作用。宋元时代,在封建土地所有制上我们见到了"义庄"、"义田"、"社仓"、"族田"等乡族土地共有制的发达。为什么此时会促使这一种土地占有形态发展起来呢?因为当时农民曾强烈地提出分配土地的要求,如王小波、李顺均贫富的主张。地主阶级为缓和尖锐的阶级矛盾,隐蔽剥削的真相,于是扶植了民间残存的相互扶助的习惯,发展了这一种乡族土地共有制,以便欺骗。北宋时代,范仲淹倡议的范氏义庄,即针对农民的土地要求和模糊的斗争对象而提出的。所以义庄便很快地推行到全国各地,一直到解放之前还有保存,构成为后期封建土地所有制中的一个重要的土地占有形式。

中国的封建地主阶级为保护中国封建土地所有制,对财产权也进行干涉。中国土地虽然可以买卖,但不能说是自由买卖,因为封建主常利用乡族势力干涉农民的土地外流。在民间契约中,就可以看到土地买卖总是先兄弟,后乡人,然后是外地人。中国封建地主对农业生产还进行干涉,特别对于经济作物的种植,如茶、烟之类,封建主每通过乡族势力加以制止,这就妨碍了商品经济的发展,又限制了工业原料的提供。中古的欧洲,乡村是处在行会制的干涉之外,因而乡村成为产业革命的发源地,其在中国就不可能。明清时代,工业生产曾利用水碓制茶、造纸、制糖等,可是封建地主阶级都订立公约,制定"三时溉田,冬日归碓",加以限制,于是水碓就只能用于灌溉,而不能用于工业生产,因而延缓了技术改革的产生。封建地主还用"修桥补路"等方式,来控制交通运输大权,阻碍商品经济的发展。在中国社会里,我们还见到有一些农村市场和集市,均受乡族势力的支配,他们分疆割据,保持地方性的度量衡制度。而且中国甚至有整个家族从事某种职业或某种商业,所谓举族为商或为工。他们之中的当权者,在城市或乡村中,既是族长，又是工商业的领袖。这样，就使得有一部分的工商业成为乡族势力的支配物，并在城市工商业经济里刻上封建的烙印。

（三）中国地主经济本身的特点。

由于土地可以买卖，农民具有相当离土的自由，这就在一定程度内缓和了一些社会矛盾的对抗。譬如土地买卖，则为商业资本找到了出路，商人可以把他剩余的资金用来购买土地，不一定急于为发展生产而找门路；农民有了相对的离土自由，他们就可以在困难时跑到其他城乡去，这也可以缓和农民对土地要求的矛盾。同时，由于农民的离开土地，还产生了一些副作用，使城镇发生劳动力过剩的现象，阻碍了生产技术的改革。

总之，根据以上所述，中国资本主义萌芽是不完备、不成熟的，但不能说是没有发展的，因为生产力的发展是不以人们的意志为转移的，中国资本主义生产萌芽的发展，虽遭遇到封建主的种种压迫，但它还是向前发展的。假如不是受到外国资本主义的入侵，中国也会缓慢地走上资本主义的道路。

（原文发表于《文汇报》1961 年 12 月 21 日）

十五　太平天国时期江南地区农民的抗租

研究中国近代经济史的人们，对于清末农民的地租量负担有着不同的意见，有的认为地租量略有减少，有的不同意这种说法，认为地租量有增无减。根据近年学者的研究，主张江南地区地租量略有减少，[①]我是同意这种意见的。为什么近代地租量负担反而略有减少呢？固然原因是很多的，由于鸦片战争以后门户洞开，外国资本主义势力逐步侵入我国的各个地域，商品生产的发展，工商业的发达，扩大了城市经济的繁荣，可以更多地吸收农村的过剩人口，促成农村人口的转移，兼以战乱之后，土地荒废，形成部分地区农村劳动力的相对减少，此种现象以在沿海及江南地区较为明显。其中，江南农民的抗租斗争，我认为还不失为一个重要因素。特别是浙江农民提出的"七收、八收"主张，对于减少地租量有深刻的影响作用。十九世纪中叶前后是中国史的一个剧变时期，也是清王朝统治的危机阶段，江南农民提出的半租、五租、八租抗租纲领，是引人注目的一件事。十年前，我曾对太平天国时期江南农民的抗租，搜集一些资料，并写成初稿，征求意见，乃因人事倥偬，无暇及此，留置箧间，迄未定稿。兹因其可供参证，特抽取其中江南地区农民的抗租资料，撮述如下，以供探讨。

清末江南农民的抗租，可追溯到道光初年。道光七、八年（1827—1828年）以后，苏属各地的租佃关系已经相当紧张，抗租斗争不断发生，如山阳县佃农的霸田抗租，吴江、震泽两县佃民金大年的殴毁抗租，仪征佃民朱起枢等打抢业主，其他元和、昆山、无锡、华亭各地业佃之间皆发生有严重的冲突，"每有不肖佃户，揽田到户，或私给他人，顶种得价；或指田借债，将租

---

① 　参考章有义：《明清徽州土地关系研究》，中国社会科学院出版社 1984 年版。

偿还;或以碎糁揠交,拐揹未遂,泥门远逃;或借称水旱,唆讼逞刁;或欺逼孀孤,霸田指稻;或业户催租,胆敢唆妇拼闹,架命图赖,甚至年老疾笃,弄假成真。种种不法”。“顽佃积惯吞租,几成痼习”。[①] 但到了道光二十年(1840年)左右,则形成为较大的风潮。首先,是浙江“杭州、湖州等府,奸民藉灾聚众抗租,讹诈抢夺。余杭县匪徒以呈请赈济为名,拥入仓内凶闹。归安县乡民亦藉灾起事,并敢恃众拒饬兵役。……其绍兴之山阴等县,亦有佃户抗租抢夺之事”。[②] 诸暨亦有聚众抢掠。同时秀水新塍的西乡,有“虞阿南聚众抗租,号召邻圩,戽水于田,钉栅于滨,截催租近路”,[③]从者千余人,拆毁业主楼房,抗官拒捕。余姚县坎墩则有“胡八、胡九、孙震等倡言乱世不复输租,纠恶少劫巨室”,继而胜山王三、西乡陈方义等风起响应,“扰攘一时”。[④] 后至道光二十五年(1845年)风潮又起,佃农“抗租不还,业户催租,佃户反持器械,向殷实富户掳掠”。有的则将业户租船截住,抢夺棉花钱物,持械相向。[⑤] 据清朝官吏的报告,当时浙江全省几沉浸在抗租运动中,并且人数甚多。

江苏亦是如此,道光二十二年(1842年),昭文即有“徐二蛮等聚众抗租,焚烧运丁船只,并摧毁业户多家”。[⑥] 二十六年(1846年),更发生了佃户挟制田主减价收租的斗争。清代中后期,由于鸦片的大量输入,白银外流,破坏了我国的国民经济,引起钱贱银贵的恐慌,当乾隆四十年(1775年)以前,银一两折钱约千文,道光二十年(1840)则银一两涨至一千六百文至二千文之间,逐渐地把中国的封建经济纳入国际资本

---

① 《山阳县严禁恶佃架命招作霸田抗租碑》、《昆山县奉宪永禁顽佃积弊碑》,见江苏省博物馆编:《江苏省明清以来碑刻资料选集》,三联书店1959年版。

② 《清宣宗实录》卷三六四,“道光二十一年十二月丙午条”。

③ 《新塍镇志》卷二十五《丛谭》。

④ 光绪《余姚县志》卷十二《兵制》。

⑤ 《清宣宗实录》卷四一七。

⑥ [清]李星沅:《李文恭奏议》卷十二。

主义的经济体制之中。而地主阶级趁机高价折钱征租,加重了佃农的负担,于是"昭文县佃户还业主麦租,向由业主议定价值,画一折收,由来已久。有王四麻子、金三桂于二十六年五月十六日,与张荣荣、张坤大会遇,张荣荣言及……现在钱价甚贱,各业户收取租价,不肯减让,心怀不甘,起意效尤,写贴揭帖,约会众佃,挟制各业主减价收租,如不依允,即纠众打毁。王四麻子允从,张荣荣令唐一万写就揭帖,交王四麻子等各处分贴。十九日,张荣荣因未见各业户知会减租,即与王四麻子、金三桂、张坤大商定纠人打毁,以鸣锣为号,于二十一日会齐。张荣荣鸣锣领头,王四麻子、金三桂、张坤大鸣锣押同张关通随后行走"。①组织大班佃户,在归市、东周市等处,打毁业户三十六家,其中有地主,亦有商人。这次斗争,体现了当时的社会特点。

太平天国运动席卷江南之后,江南地区的地主阶级受到了沉重的打击,封建土地所有制受到了猛烈的冲击。在太平天国运动的影响下,更激发了江南地区农民的抗租斗争。当咸丰二、三年(1852—1853 年)间,浙江的鄞县、奉化、昌化以及嘉、湖两属都发生有抗租抗粮斗争,江苏则青浦、嘉定、元和、南汇、吴江、无锡等县亦同时并起。其中,青浦农民周立春率众与上海刘丽川的小刀会相配合,攻占嘉定、南汇各地,不抢掠,不奸淫,专杀贪官污吏,与百姓秋毫无犯,惟向绅富索银,"其各处所贴,为富户不肯济贫,为富不仁,故来伐暴"。② 同时,吴江、震泽"农

---

① 〔清〕李星沅:《李文恭奏议》卷十二。按柯悟迟的《漏网喁鱼集》对于这次抗租风潮的记述,足供互证。特引用如下:"五月十一日,菜麦将刈,价值二千。思有归、徐市间张贴无名榜,其意条银已贱,如业户照旧收麦租者,约期拆毁房屋。廿一日在陈吉观音堂鸣锣集众,至百人,向各业户勒贴,麦租价每斗只许一百六十。稍不即应,即行拆毁,沿途逼人从走,次日声势更甚。廿三日锣声环震,分翼而出,一至何市,一至周吴市,顺途抢掠。如是被毁抢焚掠者四十余家。"

② 《昭景楼时事杂录》。

民盟约,还租只有五分,否则全欠,业主俯就"。① 金山五保十九图的佃农,趁太平军占领上海、青浦等县的机会,以沈掌得为首,"起议团社,齐心吞租,有不从者辄殴毁之,山塘马某禀请饬禁,沈率众携薪围其宅,将焚烧屋舍。……后沈掌得、富盲子、朱阿四等以减租为名,揭竿而起,乘势劫掠"。② 斗争了地主,并冲击县署。他们"聚众龙门杀富室,先议定欲劫之家,榜示寺门前"。③ "率众闯至县署,令惊匿"。常熟张家市、东周市等处的佃农,亦以地主"倚势催租,鸣锣聚众",④人数自数百人以至数千人,焚烧地主的内室,打破什物。当时苏南的常熟,还租绝迹,稻区亦效尤,就是"收租每亩不过百文"。⑤ 太仓、镇洋的城乡,地主们串通官府下乡追租,佃农们则四处打毁差船,"差船抵横泾追租,亦被农人殴差烧船","鸣锣聚众二百余人,扬旗、手执器械,寻获差船,打毁烧毁"。⑥ "鸣锣聚集举人顾承藻家,毁烧净尽"。⑦ 当时有人惊叹为"佃农之变,一至如此!"武进佃农也有抗租。⑧ 所以咸丰三、四年(1853—1854 年),江苏"业田之家,佃户抵不交租,地方官概不追比"。⑨

四年(1854)初,扬州、吴江等地农民亦相继而起。扬州东乡地方农民董文阆、李大坤、倖万祥等"藉租为名",联络附近五十余庄,鸣锣聚众。⑩ 吴江则有陆孝中等以抗拒租粮为由,聚集数千人,设立公局,制

---

① [清]知非:《吴江庚辛纪事》。

② 光绪《金山县志》卷十七《志余》。

③ 《当湖外志》卷八。

④ [清]柯悟迟:《漏网喁鱼集》。

⑤ 同上。

⑥ 同上。

⑦ 光绪《金山县志》卷十七《逸事》。

⑧ 佚名:《癸甲日记》。

⑨ [清]王先谦:《东华续录(咸丰朝)》卷二十七、二十八。

⑩ 同上。

造火器。兵役往捕,即"鸣锣聚众抗拒"。① 五年(1855 年),扬州旱,地主们"恃势征租不一肯息,群佃怒欲杀之",老农董三首倡其事,为雷以缄所镇压。其余部又在"泰州、东台聚党携耰锄,耀武于州城及曲塘镇"。② 咸丰十年(1860 年),青浦县浦北佃农"彼此观望,未有粒米送仓"。③ 同年十月,常昭"东南何姓因议收租,田夫猝起焚拆选事王姓之屋,又打乡官叶姓"。④ 同年(1860 年)十月,常昭乡官局欲兼收租粮,佃户们"邀集乡人,共往击之。……杀死甚惨,支解破腔,弟侄同罹其难。馆局住屋,皆成灰烬"。⑤ 十一月,锡金农民因书吏循旧章按户完粮收租,并设总仓厅代地主收租,于是"各佃户聚众折毁而废。后归各业自行到乡收租,大抵半租而已"。⑥

浙江的情景亦然。咸丰三年(1853 年),平湖县"马沈坊佃棍某纠众持械追业落河,将船劫去,船户被伤。不数日,又有屈圩坊佃某因租欺业,逞凶殴差,焚毁差船。……自此法纪荡然,而冬季还租者益复寥寥"。⑦ 六年(1856 年),佃农们并冲入县署,胁令官府给示减租。到了咸丰七、八年(1857—1858 年)前后,太平军逐渐向苏、杭两地推进,于是浙江佃农的抗租运动又迅速高涨起来。先是余姚、慈溪佃户继起抗租,慈溪佃农"扬言田东每年收租,门客皆用大秤,今年我等只拂八租,以折大秤。佃户竟百口同声"。东乡佃农也"霸租不拂",而西乡十九都的佃户,

---

① 〔清〕王先谦:《东华续录(咸丰朝)》卷二十七、二十八。
② 〔清〕倪在田:《扬州御寇录》卷上。按臧谷的《劫余小记》所记扬州佃农抗租事,可以补充,特录供参考:"董三妾子,一村农耳。当军务倥偬之际,州县未启征,凡佃人田者,亦思抗租不纳,豚酒莅盟,推董为首。董以武孝廉蒋某最倔强,必先除之,乃率众前往。时尚无械,锄棒而已。蒋某应以火器,当者辄毙,复又骇散。"
③ 〔清〕姚济:《小沧桑记》。
④ 〔清〕汤氏辑:《鳅闻日记》。
⑤ 同上。
⑥ 〔清〕佚名:《平寇纪略》。
⑦ 《当湖外志》卷五。

则只允"半租交纳"。同时,余姚县佃农"以团练出费为名,抗租不纳。……倡以租抵费之说,扬言今年只纳田东五租"。① 而黄李鲍佃户,亦以岁歉减税,连结各村,号十八局,黄春生倡言"只纳田东五租",群佃拥众入城,以"减租为辞,胁县官当堂给示盖印,并颁官称,照旧行十四两之式。官被佃遮拥,不得已给之"。② 佃户们还焚烧恶霸豪绅邵姓,不仁富户李姓、谢姓的房宅,以示惩罚。于是慈姚佃农与地主仇若水火,"遂致乡间不敢入城,城中不敢下乡"。③ 咸丰九年(1359年),慈溪县龙山十九都等佃遂与黄李鲍并,亦拥众诣县,踵而效之。各立局,使人逻察,如有照旧输租者,即毁其家。黄李鲍以黄春生为首,两陇以宣士文、姜家渡以倪庆元为首,均在本处设十八局,"与主树敌"。④ 当时绍兴、诸暨、嵊县、上虞,农民们纷纷起来与地主进行长期的斗争。⑤ 咸丰十一年(1861年),他们并联系入浙的太平军,与诸暨的莲蓬党、乌兰党、嵊县的虎啸党,共同反抗清朝的封建统治。咸丰十年(1860年),浙东的温岭有农民截掠夺东洋金氏租船。⑥ 次年旱,四乡皆抗不缴租,夺城中富户租船。当时黄岩、温岭还有十八党的活动。⑦ 江南农民设立公局,联盟抗租,提出"半租"、"五租"、"八租"的减租纲领,都是农民多年来土地斗争的经验总结,反映了中国农民反对封建土地所有制的巨大决心,以及封建社会晚期农民的抗租斗争有了某种程度的组织性和策略性。

太平天国时期的江南地区农民的抗租斗争,虽然未能彻底地摧毁封建土地所有制,然毕竟为自己争取到发展生产的一些有利条件,打击了

---

① 段光清:《镜湖自撰年谱》。
② [清]柯超:《辛壬琐记》。
③ 同上。
④ 同上。
⑤ 光绪《上虞县志校续》卷三十八《兵制》。
⑥ 光绪《太平续志》卷十七《杂志》。
⑦ [清]叶蒸云:《辛壬寇记》。

地主阶级,使落后的租佃关系,得到了某些调整。当时许多记载表明,"佃户认真租田当自产,故不输租,各业主亦无法可想",①地主们向佃户收租,"如乞丐状,善者给数斗,黠者不理,或有全家避去者"。② 所以,近代江南地区地租量的有所减少,正是这一时期农民轰轰烈烈的抗租运动的直接成果。并且这种地租量的下降,在太平天国失败后的很长一段时间内,一直得不到回升,由此尤可看见太平天国时期江南农民的抗租斗争,对于地主阶级所带来强烈的冲击作用。然而我们又不能不看到农民这个小生产者,由于阶级的局限,他们的分散性、狭隘性,以及他们根深蒂固的农民思想,与中国近代的社会剧变,显得不太合拍,因此,他们的抗租斗争及其组织,往往与乡族结合纽带和旧传统有千丝万缕的关系,他们的斗争目的,亦仅仅是为了使落后的小农经济得到某些复苏,而不可能顺利地使自己发展为新社会独立的阶级力量,所以它的斗争,归根结底,是失败的。同时,激烈的抗租斗争,具有一定的破坏性,它颇不利于生产,不利于近代资本的原始积累,甚至起破坏的作用,这又是我们不能不指出的。

最后,我要附带一言的,即江南农民的抗租斗争,和太平军后期在江南的统治所采取怀柔地主的政策是不相吻合的。它启发我们认识到,一是天朝田亩制度既没有实行,又带有严重的空想性;二是太平军晚期反封建斗争的软弱性,不能为新的生产力创造条件,终于导致革命的失败,这应是重新加以探讨的问题。

作者附言:本文之成,尚在病中,承陈支平同志协助补充整理,特此志谢。

(原文发表于《厦门大学学报》1986 年第 4 期)

---

① ［清］佚名:《平寇纪略》。
② ［清］范城:《质言》。

十六　隋唐五代中国西部地区耕畜关系文书掇拾

——休休室读史札记

关于中国耕畜租佃制度，我早在三十年代即感到兴趣，那时抗战开始，图书馆内迁，无从查阅，只在友好间借阅一些资料，草成一篇短文——《关于福建的耕畜租佃》。后虽继续进行搜集，所得无多，亦只限于福建一地，且极不完全，已见我的另一篇文章，[①]不再赘述。至于这些契约文书的过去沿革，更属茫然无考。病中无俚，偶翻《敦煌资料》第一辑、《吐鲁番出土文书》（1－7册），无意中获见其间有关六至十世纪社会经济史料极为丰富，特别是租佃契约，不仅与考见中国这一个大统一国家广大西部地区社会经济的发展和中原地区有密切关系，且对于研究明清时期的契约文书，无论从内容、格式等方面，都有类似之处，可以相互参证、对比。兹只掇拾两书中西部地区的耕畜（只限牛畜，不计马驴）租佃关系资料，略加分类，进行初步分析，以供同好者的参考。

在中国历史上，牛是主要牲畜之一，它作为祭品、食用、力役而受到人们的重视。特别是随着农业的发展，牛耕的使用，牛更是生产的重要工具，所以畜养牛畜的数量是很大的，《史记·货殖列传》即云："用谷量马牛"，并指出中国的西部，"畜牧为天下饶"。而到了北朝、隋、唐时代，沙州、西州等地，长期接受中原的政治、经济制度和文化，农业又有了新的发展，所谓"编户之甿，咸出中国"、[②]"厥土良沃，谷麦岁再熟"，[③]这又进一步促进了西部畜牧业的兴旺。时至今日，我们还可以想见当年大

---

①　《福建农村的畜耕租佃契约及其买卖文书》，《中国社会经济史研究》1983 年第 4 期。

②　［唐］许敬宗：《文馆词林》卷六六四《贞观年中巡抚高昌诏》。

③　［后晋］刘昫：《旧唐书》卷一九八《列传第一四八·高昌》。

西北“风吹草低见牛羊”的自然景观。

由于牛畜在畜牧业和农业生产上占有重要的地位，所以这种耕畜租佃关系当早已存在，曹魏的屯田制，即有官牛、私牛之分；在均田制中，牛且成为授田对象之一，特别在中国广大的西部的农业发达地区，生产的需求和自然畜牧条件的优越，使牛畜的使用量更大，既是贡品，又是商品。这种现象在现存的出土文书所残存的一些材料中屡有反映，如畜牧主的牛帐等，兹引述如下：

(一)高昌牛簿

实行牛　黄牛公一头　紫大牛一头　赤青大牛二头　犁大牛二头

黄大牛一头　黑大牛一头　青草牛三头　赤青草牛三头　犁草牛四头　白面犁草牛二头　紫草牛二头　黑草牛一头　晏草牛二头犁马交　草牛一头　赤秃草牛三头　赤白胁草牛一头　赤草牛三头　黄草牛一头

三岁赤青草牛市一头(入大草牛中)　黑草牛市一头(入大草牛中)　二岁赤犊犗一头　二岁紫犊犗一头　紫晏字犊子一头　犁字犊子一头　黄字犊子二头

白额晏字犊子一头　黄秃特犊子一头　一岁赤字犊子五头

赤清字犊子一头　晏字犊子一头　赤白额字犊子一头未入额犊子　胁赤字犊子一头　青字犊子一头　赤犁字犊子一头

字犊子一头晏字犊子一头犁特犊子一

[后缺]①

① 《吐鲁番出土文书》第三册，第177－178页。

(二)唐西州某乡户口帐

……

□□□□马□马娄马牛车

一百卅六犉牛

卅七牸牛

……①

(三)唐杂物牲畜帐

……

水磨一合。中磨二合,大牛八头。在外大牛一头。岑

马叁匹。草马吕(驴)叁头。父马吕

一头。马吕马居(驴驹)子一头。大草牛十五头。特牯

八头。二岁草牛市六头,犊子七

头。女犊子叁头。②

(四)唐牛帐

[前缺]

　　　　　　岁

月　　　　□岁乌秃字(牸)牛一头六岁

月　　　　岁

　　六岁

　　　　一头七岁

月　　　　岁,白面特牛一头□□

　　　　牛一头九岁

---

① 《吐鲁番出土文书》第四册,第11页。
② 《吐鲁番出土文书》第四册,第61页。

　　　　［后缺］①

（五）唐□太夫人随葬衣物疏

　　　　……

　　　　小麦及大麦三万石　　聚□各二万　　奴婢五十口

　　　　车牛五十乘　　羊马驴牛骡等总

　　　　三百五十头匹　　悉是平生用具,随意

　　　　取用,不得迴回。……②

文书中还保留一节很有趣的牒文,记载牛死尚须经过检验的手续,虽然,它没有说明官牛或私牛,但对牛是重视的:

　　　　唐永淳二年牒为翟欢相死牛事

　　　　翟欢相牛一头

　　　　右奉判,今检前件牛无他故死,得恶致死有实。

　　　　牒件检如前谨牒

　　　　　　　　　　　　　永淳二年二月　日录事唐牒③

随着畜牧业的发展,牛成为地主的重要财富之一,于是,畜养、医治耕牛的技术,亦得到相应的进展,64TAM19 保留有《唐人写牛疫方》二帖,亦饶有趣味。

（一）

　　　　［上残］牛疫方　　　鬼

　　　　［后缺］

（二）

　　　　［前缺］

---

①　《吐鲁番出土文书》第四册,第 243 页。

②　《敦煌资料》第一辑第六册,第 64 - 65 页。

③　《敦煌资料》第一辑第七册,第 399 页。

三两　木三两

细辛一两

初以瓶盛药

小□瓶内烧，药

气熏牛鼻，中

出即止。养牛

疫宜顿置

　　［后缺］①

　　在两书中，还有关于地主、畜牧主雇用劳动力工作并交付牛畜饲养、使用的材料，如沙州敦煌契约：

(一)癸未年□文德雇工契

　　癸未年三月廿八日立契，龙勒乡□□□文德，久阙人力，遂于赤心乡贺康三雇取□不得工一日，每月来驼，春衣汗衫□□□鞋一两，□汗衫□限□□□□□□□□□□或若车牛笼具镰刀为却牛畜唤池人田种一□非以人当牛畜□死主人字姓便是作　　无裴□□□□□□不许先悔

　　　［后缺］②

(二)戊戌年令狐安定雇工契

　　戊戌年正月廿五日立契，洪润乡百姓令狐安定，为缘家内欠阙人力，遂于龙勒乡百姓龙聪儿造作一年。从正月至九(月)末，断作价值，每月五升(斗?)。现与春四个月价与收勒。到秋，春衣一对，汗衫□裆并鞋一两，更无交加。其人立契，便人任作，不得抛功一日，勒物一斗，忽有死生，宽容三日，然则须驱驱。所有农具等，并分付与聪儿，不得

----

① 《吐鲁番出土文书》第六册，第537-538页。
② 《敦煌资料》第一辑，第340页。

非理打损牛畜事,打掊在作人身。两共对面撼审平章,更不许休悔,如先(悔)者,罚羊一口,充入不悔人。恐人无信,故勒此契,用为后凭。

(后缺)①

畜牛业的发展和畜牛私有权的扩大,牛畜的交易也日见频繁。这班畜牛主们对于牛畜可以进行自由买卖、租赁、转让、交换,双方并订立契约合同,共同遵守。其交易形式,大致有如下几种:

一、耕牛买卖、转让、交换、抵当文书

(一)寅年令狐宠宠卖牛契

紫挞牛一头,六岁,并无印记。

寅年正月廿日令狐宠宠为无年粮种子,今将

前件牛出卖与同部落武光辉,断作麦汉

斗一十九硕。其牛及麦,当日交相付了,

并无悬欠。如后牛若有人认识,称是寒盗,

一仰主保知当,不干卖人之事。如立契后在(三)

日内牛有宿病不食水草,一任却还本主。三日已

外,依契为定,不许休悔。如先悔者,罚麦五硕,

入不悔人。恐人无信,故立私契,两共平章

画指为记。其一十九硕麦内,粟三硕。和(下缺)

牛主令狐宠宠年廿九

兄和和年卅四

保人宗广年五十二

保人趁日年卅

---

① 《敦煌资料》第一辑,第344页。

保人令狐小郎年卅九①

(二)寅年常住易牛契

紫挞牛一头,八岁,无印。(下缺)

寅年正月十八日报恩常住为无牛驱使,寺主僧
□如今将青草驴一头,七岁,更贴细布一匹,博
□□□□得户□元恭□□□□其牛及驴、布等
(后缺)②

(三)未年尼明相卖牛契

(前缺)

黑特牛一头三岁,并无印记。

未年润十月廿五日尼明相为无粮食及

有债负,今将前件牛出卖与张抱玉,准

作汉斗麦一十二硕、粟二硕。其牛及麦,

即日交相分付了。如后有人称是寒道(盗),

(中缺)

认识者,一仰本主买上好牛充替。立契后有人

先悔者,罚麦三石,入不悔人。恐人无信,

故立此契为记。

麦主

牛主尼僧明相年五十五

保人尼僧净壤年十八

保人僧空照

保人王忠奴

---

① 《敦煌资料》第一辑,第290—291页。

② 《敦煌资料》第一辑,第292页。

见人石明□①

(四)丁酉年阴贤子买车契

丁酉年正月十九日汉(莫)高乡百姓阴贤子,伏缘
家中为无车乘,今遂于兵马使汜金刚面上车
脚一具并钏,见过八岁黯耕牛一头,准绢(后缺)②

(五)丁巳年唐清奴买牛契

丁巳年正月十一日通颊百姓唐清奴,为缘家中欠
少牛畜,遂于同乡百姓杨忽律元面上,买五岁
耕牛一头,断作价直生绢一匹,长三丈七尺。
其牛及价,当日交相分讫为定,用

(中缺)

时限不还者□□

为后凭。其绢□限□□□至 年十月利□□ 还若

买牛人 唐清奴(押)

买牛人世 男定山(押)

知见人 宋介子(押)③

(六)唐开元二十九年卖牛契

开元廿九年六月十日真容寺于于谌城
交用大练八匹,买兴胡安忽娑乌柏
特牛一头,四岁。其牛及练,即日交相
付了。如后牛有寒盗,并仰主保
知当,不干买人之事。两主对面,

---

① 《敦煌资料》第一辑,第 295-296 页。
② 《敦煌资料》第一辑,第 299 页。
③ 《敦煌资料》第一辑,第 303 页。

画指为记。

练主

牛主安忽安卅（押）

保人安失药年卅二

见人公孙策①

牛畜作为一种私人财产，还经常被作为钱、物借贷的债务担保物，如在唐大历十四年（779年）霍昕悦的便粟契中，就写明"如违限〔还〕，一任僧〔虔英〕牵掣霍昕悦家资牛畜，将充粟直"。② 又如唐建中三年（782年）马令痓的举钱契中亦写道："如虔英自要钱用，即仰马令痓本利并还，如不得，一任虔英牵掣令痓家资牛畜，将充钱直。"③吐鲁番出土文书中有《翟疆辞为负麦被掕牛事》，便是债务未清而被掕牛抵当的材料：

〔前缺〕

□春从人□□□奴，奴佛流

□二斛，夏□□□□偿麦三斛，

□夏麦□□□□□恶，已偿

麦一斛五斗，残负麦一斛五斗，比

尔当方宜索偿，疆是贫

□，外□□牛一头载致，流掕牛

□去，经四日□愿赐教付曹，

□流以牛见还，比尔当举便

偿流。谨辞以闻。④

由此亦可窥见当时高利贷的猖獗。

---

① 《敦煌资料》第一辑，第456页

② 《敦煌资料》第一辑，第464页。

③ 《敦煌资料》第一辑，第467页。

④ 《吐鲁番出土文书》第一册，第102页。

二、耕牛租赁雇用文书

六至十世纪中国西部西州、沙州等地农业的发达,固然使一部分地主拥有牛蹄千只,而另一方面,在封建赋役、高利贷等等的压迫下,更有许多小农家庭,缺乏应有的生产工具,故这一带的耕牛租赁相当频繁,试举二例如下:

(一)壬辰年雇牛契

壬辰年十月生六日洪地乡侄百厶乙阙少牛畜,遂雇

同乡百姓雷粉□黄自牛一头,年八岁,十月至九月末。

断作雇价每月一石,春□被四月三日,若是自牛并(病)死者,

不关雇人之是(事)。若驮□走煞,不关牛主诸(之)事。两共对

面平障(章),不许休悔。如先悔

者,一驮(后缺)①

(二)唐麟德二年畦海员辩辞

畦海员年卅五

海员辩,被问赁牛两头与麴运贞践麦,是何日赁与,□

□得多少价数者,谨审;但海员不是赁牛与麴运贞

□□日巳时许,麴运贞家内一婢来,不得名,到海员

曹主遣赁你两、三个牛来,用践麦,海员

赁与,实借牛两头与运贞践麦是实,被问 依

□□ 辩

式　　麟德二年五月　日

---

① 《敦煌资料》第一辑,第343页。

奴　有宿　处

证见并捡

既不是□

［后缺］①

又有一种耕牛租赁形式，是与田地租佃结合在一起的，即地主既出租土地，又附带牛畜、牛车等用具，地主并规定租佃人要保护耕牛、定规赔偿。兹先引高昌等地的资料如下：

（一）唐某人夏田契

［前缺］

夏　价

□□寺百升兜（解斗）中取。

禾并（耕）田人自承了。若租殊（输）

仰　耕　田承了，若水出处稿（槀）

一车。若过期月不偿，听捯

虫贼破，随大匕列。种大与大，种小

边得车牛一乘并囊，二主和同

返（反）悔悔者一罚二，入不悔者。

［后缺］②

（二）唐权僧奴佃田契

僧　奴

南渠常田一分，次薄田一分，二分田中粪堉土。仰

---

① 《吐鲁番出土文书》第六册，第460页。

② 《吐鲁番出土文书》第四册，第58页

权僧奴使足。□□田主以(一)田中耕牛、人力、麦子、粟子仰
僧奴承了,田地　　　　少,二人场上亭分。田中粪土不
遭好　　　　佰役,仰田
[后缺]①

当然,更多的是地主出佃土地而佃户自备耕牛、种子、农具的情况:

唐龙朔三年西州高昌县张海隆夏田契

龙朔三年九月十二日武城乡人张海隆于
同乡人赵阿欢仁边夏取三、四年中,
五年、六年中,武城北渠口分常田二亩,海
隆、阿欢仁二人舍佃食。其耒牛、麦子,
仰海隆边出。其秋麦,二人庭分。若海隆
四年、五年、六年中不得田佃食者,别钱五十文
入张,若到头不佃田者,别钱五十文入赵。
与阿欢仁草九围,契有两本,各捉一本。两
主和同立契,获指□记。
田主赵阿欢仁
舍佃人张海隆
知见人赵武隆
知见人赵石子②

这些残存文书和我们所见到到明清时代的文书进行对照参证,有
很多相同的地方,无论在商品买卖、租佃关系、雇佣劳动以及高利贷等
方面,都显示出早熟的形态,但直至明清时期,仍然不能有决定性的变
化,许多旧的关系长期存在,如在两书的分家阄书中有关耕牛的处理,

---

① 《吐鲁番出土文书》第四册,第59页。
② 《吐鲁番出土文书》第五册,第117-118页。

完全相同,轮流使用,兹略举一二例如下:

(一)后晋天福九年董加盈兄弟三人分家

> 天福九年己巳岁闰八月十三日神沙乡百姓
> 董加盈,弟怀子、怀盈兄弟三人,伏缘小失
> 父母,无主作活,家受贫寒,诸道客作。
> 兄弟三人久□不谥。今对姻亲行巷,所有
> □□贫资,田水家业,各自别居,分割如后:
> ……
> 九岁□牸一头,共弟怀子合。
> ……
> 加盈门道园舍,三人亭支,又九岁□牸牛一头,
> 共兄加盈合。……
> ……①

(二)善濮兄弟分家文书

> ……
> 数,其两家和同对亲诸立此文书,从今已后
> 不许争论,如有先是非者,决丈(杖)五十。如有故
> 违。山河违(为)誓。
> ……
> 一、剪刀一、灯一、锹一张、马钩一、碧绢一丈七尺、黑
> 自牛一半对,草马与大郎,镢一具。
> 遂思:铠一口,并主? 子一面,铜钵一,龙头铠子一,种
> 金一付,镰一张,安一具,大钘一,铜灌子一,镢
> 一具,绢一丈七尺,黑自牛一半。

---

① 《吐鲁番出土文书》第三册,第290页。

　　……①

此外,还看到官府征召车牛、私人租赁车牛及牛车道价等的文书:

(一)高昌某年传给昌等县车牛子名及给价文书

　　(前缺)

　　银钱六文。□□保牛得银钱一文。

　　□□牛二具。次始昌孙延□牛得银银拾壹

　　安足□牛得银钱给壹人。

　　拾具,乘牛一头,得近道价,□□□□往河畔中取账木次十

　　传始昌远行车牛子名:董安伯牛得银钱二十六文

　　叁文。参军师祐牛得银钱二十六文。刘延明车　　延车牛

　　一具,得银钱三十究(九)文。张延叙牛得银钱二十

　　钱十三文。

　　罗寺道明车牛一具,得银钱三十究(九)文,张伯儿

　　车牛一具,得银钱三十究(九)

　　文。张伯臭牛得银钱二十六文。唐怀愿车得　　　　文。

　　田来得牛得银钱二十。

　　□。

　　[下略]②

(二)唐龙朔四年西州高昌县武城乡运海等六人赁车牛契

　　龙朔四年正月廿五日,武城乡

①　《敦煌资料》第一辑,第423-424页。
②　《吐鲁番出土文书》第三册,第290页。

运海、范欢进、张

六人赁

具到□□□一道。

文，更依乡价输送。□具有失脱。一仰

□□知当。若车牛到赤亭，□依价仰

依乡价上，两和立契，获指

□□。

车牛主张贵儿

赁车牛人范□□

凭车牛人

赁车牛人翟

赁车牛人

（后缺）①

(三)唐显庆三年赵知德上车牛道价抄

赵知德上张甘塠伊州车牛道价银钱□叁□

显庆三年九月六日张甘塠领。②

对牛车役还可以纳钱代役：

唐史玄政等纳钱代车牛役帐

史玄政	竹住欢二日	靳义府一日	张祐隆一日		
入七文	十文更四文	六文更四文	五文更二文		
张还运一日	康毗达一日	黄鸧达一日	□屈德一日	王才达一日	
二文更二文	五文更三文	六文	一文	入六文更四文	

已上户共车牛一乘

---

① 《吐鲁番出土文书》第五册，第145－146页。

② 《吐鲁番出土文书》第六册，第156页。

　　[后缺]①

　　像这种车牛役允许纳钱代役的现象，说明货币在唐代自然经济中已具有某些裂缝或弹性，值得作进一步的探讨。

　　上引资料抄录既毕，使我对于中国土地租佃制度和耕畜租佃的发展过程有个初步的了解。同时，又从这些契约文书里联想到很多问题，即中国这个统一的封建大国，像我一向所主张的，长期以来，存在着公和私的两大系统，就是中央专制政府及其地方机构和以血缘、地缘为结合纽带的乡族势力两大力量。正由于这两种力量的互相合作妥协，组成严密的专制统治网，凝固并强化封建体制；又为着这种妥协合作的破裂，出现对抗的局面，引起政治纷乱。所以，在中国国家里，政府法令和民间乡族习惯势力具有同等的法律力量，西部地区如此，广大中原地区也是一样的。这种私的系统就表现在文书中所说的"官有政法，人从私契"及"准乡法和立私契"等，这类记载在两书残存的文书契约里数有发现。这对于研究中国封建社会的长期性和牢固性，封建后期科举官僚制下政权、绅权、族权的相互关系，探究它的历史根源，是有作用的。

　　上稿只是我读书时就两书中所见到的部分材料，一时兴之所到，随手札录掇拾资料，粗加排列，非是研究，姑备遗忘而已，也没有参考其他有关文献互相参证，误谬不全挂漏之处，定当不少，于此，谨候同好教正。

　　本文承陈支平同志协助写成，并承杨际平同志提出意见，同此致谢。

　　　　　　　（原文发表于《中国社会经济史研究》1987 年第 2 期）

---

① 《吐鲁番出土文书》第七册，第 492 页。

十七 谈史学工作者的知识结构和学术素养

　　史学工作者应该具备怎样的知识结构与学术素养？这是青年同志经常提出的问题。我愿结合自己的治学经验及教学实践，谈谈个人的一点体会和看法，供大家参考。

　　历史学是一门综合性的学科，它的研究对象不仅涵盖了人类社会生活的各个方面，而且还会涉及人与自然的各种关系。司马迁说过，史家应当"究天人之际，通古今之变，成一家之言"，这就要求史学工作者应当具有广博的自然知识和人文知识。史学研究总是必须借助于其他学科的认识手段，并不存在完全独立的或纯粹的历史学。因而，一个合格的史学工作者，必须具备多学科的知识结构，才能与时俱进，不断提高自己的认识水平和研究能力。

　　多学科的综合研究，已成为当代史学发展的国际性学术潮流。一方面是史学家们在自己的研究工作中大量地吸收其他学科的理论和方法，另一方面也引起社会学、人类学、经济学，甚至计算机科学等各方面的专家致力于历史研究。在当今西方颇有影响的年鉴学派、计量学派、心理历史学、结构主义史学等都以多学科的综合研究作为自己的重要学术特色。以年鉴学派为例，费弗尔·布洛克提出"总体历史"观念，创办《社会经济历史年鉴》时，已广泛运用心理学、社会学、人种学、语言学的理论；布罗代尔主持法国高等实验学院第六部期间，这个学派又发展起定量分析和历史人口学研究；勒·高夫等人主编百科全书式的《新史学》，又大量吸收了人类学、精神分析学、生态学、地理学的知识。这个学派历五十年而不衰，影响遍及西方和东欧。尽管最近有些学者提出异议，但由于它能不断汲取各个学科的研究成果，在学术上不断创新，所以仍有活力。

　　我在研究中国社会经济史的实践中,也曾经进行过多学科研究的探索,试图把经济学、社会学、人类学、民俗学、统计学等学科的一些理论和方法同历史学的研究方法结合起来。这些工作虽然不是很成功的,也曾遭到各种批评,但今天看来仍然是不无意义的。

　　西方学者运用自然科学方法研究历史已有很久时间。近年来国内一些中青年学者也在这方面作了一些探索,利用控制论、系统论、信息论、数理统计、模糊数学等方法来分析、解释历史问题。总的说来,这种努力是符合学术发展潮流的。对此可以进行学术争鸣和商榷。

　　还应当强调指出,史学工作者应当具有一定的哲学素养。爱因斯坦曾经说过,哲学"可以被视为全部科学研究之母",史学研究当然也不例外。从当代西方史学各个流派的学说和方法中,可以明显地看到科学主义和人本主义两大哲学思潮的影响;而十九世纪以来世界史学的发展,也与从思辨历史哲学到分析历史哲学的变迁有密切关系。中国史学研究的许多"重大理论问题",归根结底还是由于在历史本体论和史学认识论方面见仁见智。毋庸讳言,由于二三十年来的闭关锁国,阻断了国际学术交流,致使国内部分史学工作者的哲学思辨能力还不是很高,对国际哲学思潮的发展(包括近三十年来苏联、东欧和"西方马克思主义"对马克思主义哲学的研究)缺乏了解,甚至对经典作家的哲学著作也很少研读,只是根据某些教科书的简单化归纳进行演绎,思维层次很浅,理性思辨不足,许多成果显得平淡无奇,缺乏哲理。这种局面必须尽快改变。

　　历史学的研究对象具有既逝性的特点,史学认识过程必须以史料为中介,因而,广泛地搜集和利用史料、严格地鉴别史料,是史学工作者必不可少的学术素养之一。

　　除了常见的文献资料外,史学工作者要广辟史料来源,善于"化腐朽为神奇"，在别人不屑一顾的东西中发现有用的材料。新材料的发现，往往会给史学研究带来新的局面。本世纪以来殷墟甲骨、云梦秦简、居延汉简、敦煌吐鲁番文书、明清大内库档和各地民间文书的发现和利用，对先秦史、秦汉史、魏晋南北朝隋唐史和明清史的研究产生了一些突破性的进展。章学诚主张"六经皆史"，使史料的利用前进了一大步，但实际上，所有人类活动留下的痕迹，包括非文献的民俗、传说、故事和其他口碑资料，都应该成为史学研究的依据。我自己的研究就时常以民间传说、路途传闻、儿提故事作为有用的资料。詹姆斯·弗雷泽的《金枝篇》(The Golden Bough)是一部很好的民俗学著作，在世界上很有影响，但似乎国内尚无人介绍。梁启超的《中国历史研究法》及其续编，对于史料的范围和搜集利用的方法有很好的论述，此书出版距今已有六十多年，仍然是史学工作者的必读之书。

社会调查是搜集资料、了解社会、理解历史的重要途径。我自己的学术研究，在很大程度上就得益于社会调查。原来我长期生活在沿海城市，对中国农村社会不甚了解，抗日战争期间疏散到内地农村，才真正接触、了解农村社会，由此开始对社会史论战提出的许多问题进行思考。在永安、沙县、三元等地发现的城堡制度，使我联想到类似欧洲中世纪社会的庄园制度在中国也可能存在；我在闽清见到木材运输以及其他商品流通有各种规约，注意到这就是封建割据的反映；在农村发现的契约、账簿、碑刻、谱牒、民间习俗等材料，已成为我进行社会经济史研究的重要资料来源。更为重要的是，社会调查使我注意到中国封建社会发展的复杂性和区域不平衡性，注意到乡族势力和与国家制度相对立的"私"的社会系统的存在，注意到中国历史发展不同于欧洲的许多特点。社会学家历来重视社会调查，并拥有抽样分析和社区研究等一整套科学的研究方法，从事历史研究，特别是社会经济史研究的同志，应该努力把社会学与历史学结合起来。

由于自然和人为两个方面的因素,史料总不可能是完备的,而且错漏讹误很多。所以,研究历史的人需要有基本的训练,必须具备训诂、考证、古文字学、年代学、职官制、历史地理等基本功夫。此外,对于佛学、经学等传统学科,也要有一定的了解。例如,宋元以后的许多著作,若没有一定的佛学基础,就很难理解。

学术的发展总是通过不断的创新来实现的,而所有的创新又都是在批判继承传统的基础上进行的。所以,学术工作者必须十分熟悉本学科的学术源流和研究现状,从中把握学术发展的归趋。对于史学研究者来说,不但要熟悉自己所从事专题的研究状况,而且要对中外史学史有较好的了解,明了当代东西方史学的研究现状和发展趋势。

中国史学从传统史学到近代史学到马克思主义史学,经历了几千年曲折的发展历程,具有多方面的学术传统和鲜明的民族特色。我们必须了解中国史学的发展历史,科学地总结前人的研究成果和学术经验,以超越前人、不断提出新理论、新观点和新方法作为自己最重要的学术使命。当前史学研究中普遍存在的重复劳动的情况,不能再继续下去了。

中西文化的相互影响和交流,是近代以来学术发展的重要趋势。具有现代意识的史学工作者,都必须密切注意世界学术思潮的发展,明了西方和东欧史学研究的历史与现状。从兰克开始的近代史学一百多年的发展历程,都值得认真总结,从中得到启示。目前西方史学研究中出现的重视理论思辨,多学科综合研究,注重区域研究、个案研究、比较研究,研究手段科学化,研究过程计量化等等趋势,在中国史学中也必将出现。当前中国有些史学工作者(包括我自己在内)对国外史学研究不多、所知甚浅,实际上已在一定程度上使中国史学游离于世界学术潮流之外。历史学是一门科学,科学从本质上讲是没有国界的，在马克思主义指导下系统地介绍和借鉴国外史学研究的理论、观点、方法和手段，取其精华，去其糟粕，将会给中国史学研究带来勃勃生机。

对于中国历史的研究者来说，还应该重视国外学者对中国问题的研究。亚当·斯密的《国富论》就曾论及中国的外贸、金融、价格、农业政策、公共工程等许多问题；重农学派在提出其理论时也曾参考了中国历史上经济的发展。在十月革命以后，各国的马克思主义史学家对于中国社会经济的研究有新的发展，对中国史学产生过很大影响。这样的例子举不胜举。第二次世界大战以后，国外社会科学和人文科学学者曾经有过"中国热"，各自创立新说，著述甚多。他们的研究，或因意识形态的不同，或因民族文化的差异，有许多是我们所难以接受的。但也有许多学术成果以其观察角度、理论思辨、研究方法的独创性，具有较高学术价值。

史学工作者除了了解国外史学研究成果外，还必须注视国外人类学、社会学、经济学、政治学等各个领域的动态，因为史学的发展是受到更大范围的学术潮流的制约的。例如，西方学者把韦伯和涂尔干与马克思并列，称为现代最有影响的三大社会科学家，其学术思想的影响遍及所有的社会科学学科。虽然中国老一辈的学者在三四十年代已接触和介绍过韦伯和涂尔干的理论，但中青年史学工作者却对他们知之甚少。

前段时间对史学的功能问题讨论较多。其实，史实研究的功能应该有两个方面：一是学术功能，即史学研究的发展可以推动整个科学事业的发展，丰富和提高人类的认识能力；二是社会功能，即史学研究通过它所揭示的人类社会生活的规律和哲理，对当代社会的经济生活、政治生活和文化生活产生影响。意大利历史哲学家克罗齐虽然是唯心主义者，但他讲"一切历史都是当代史"，是有启发意义的。史学社会功能的存在,要求史学工作者关注现实社会生活和文化传统,具有对民族、对社会的责任感。

现实是历史的发展,现代社会的许多现象,都可以在历史上找到其渊源。目前存在的许多妨碍现代化建设的现象,如政治生活中的任人唯亲和结帮拉派,经济生活中自然经济的行会习惯和小农方式,农村某些干部的不正之风,宗族势力的抬头,迷信活动的增加等等现象,都是封建社会的产物,都是某种文化传统起作用的结果。史学工作者对历史上类似事实的研究,将有助于在现实生活中清除这些现象。那种认为历史研究与现实无关的想法是错误的。

青年一代史学工作者进行学术活动的时间正处于本世纪末叶和下世纪开端,任重而道远,更应该关心现实、关心社会,注意社会科学、人文科学和自然科学的最新进展与发展前景。近来有的学者认为,现代社会正类似于蛮族入侵前的社会,亚非文化将取代欧洲文化。还有的学者认为,下个世纪经济文化的中心会从欧洲转移到亚洲、太平洋沿岸。这些观点对于史学工作者选择研究课题、开拓学术视野,是有启迪作用的。

我自己对社会经济史的研究素感兴趣,所以还想就经济史研究的有关问题谈点看法。什么是经济史?过去史学界习惯于沿用苏联那种"国民经济史"的体例,把经济史的研究局限于赋税和财政制度。我认为,经济史的研究对象应该包括整个社会经济生活,而且,应该通过经济史的研究来解释各种社会历史现象。所以,我主张经济史学科的研究范围应当是"社会经济史"。当前,应着重加强以下两个方面的研究。

首先,要加强区域经济史的研究。社会经济史的区域性研究,近几十年来已成为国际性学术潮流,方兴未艾。例如,布罗代尔在《地中海与腓力二世时期的地中海世界》一书中所用的理论和方法,就被许多国家的经济史研究者视为圭臬。由于中国社会历史发展在地域上严重的不平衡性,区域性研究具有更大的学术价值。美国人类学家施坚雅运用人文地理学的"中心地学说",以集市为基础,研究中国历史上商业中心的层次及其影响范围,提出区域经济的史学理论,产生了很大影响。近年来这方面的研究已越来越引起国内史学研究者的重视,但仍然要做更多的脚踏实地的工作。在区域研究中要分别考察沿海、内陆和边远地区的生产方式和生活方式,研究自然生态和各种人文社会因素对经济发展的制约和影响。各个地区的经济史研究者都要注意本地区社会经济发展历史的研究,因地制宜,因人制宜。对于青年学者来说,研究区域经济史也是打好基础的重要途径。

其次,要重视比较研究。比较历史学也是当今国际学术发展的一种重要趋势。我在研究中国历史时,就注意把日本资本主义与中国的半封建半殖民地社会进行比较,讲座学派的重要著作《日本资本主义发达史讲座》对我产生过很大影响。德川时代的日本是典型的封建社会,同时代的中国也是典型的封建社会,可是后来两个国家却走上了不同的发展道路。有的人用地理环境的差异来解释这种不同。但关键还是在于内在的经济因素。日本的资本积累比较集中,三井、住友等财阀从德川时代就开始集中资本,并投资于生产领域。中国虽然也有徽州、山西、宁波等较大的商人集团,但他们都从事金融、专卖和高利贷活动,几乎与生产没有联系。我们还可以比较中国与欧洲的不同。意大利的威尼斯商人靠航海业发达起来,中国从广东、福建、浙江到山东都有许多海商,但由于财力十分分散,没有产生威尼斯商人那样的影响。从事中国社会经济史研究的同志要多读一些欧洲经济史和日本经济史的著作。通过比较研究,我们将发现中国社会历史发展的许多特殊性,对这些特殊性的研究,又将有助于我们更好地说明整个人类社会的发展进程。

当前，由于政治的、学术的和社会的动因，中国史学正经历着一场重大的变革。史学研究的课题、理论和方法，正在逐渐更新。我希望新一代史学工作者，努力完善自己的知识结构，提高自己的学术素养，使思维层次更深一些，学术视野更开阔一些，勇敢地迎接国际学术潮流的挑战，为具有我国特色的社会主义史学研究开创新的局面。

这是我的一次课堂谈话的记录，由陈春声、郑振满补充、整理，特此附志。

（原文发表于《文史哲》1987 年第 2 期）

十八　商品经济对明代封建
阶级结构的冲击及其夭折

——读惠安《骆氏族谱》兼论奴变性质

　　明代是中国后期封建社会的一个重要转折时期，新的经济因素开始萌发，而旧的势力依然占着统治地位，各种新旧因素相互交错存在。特别是明中叶以后，商品经济的空前发展，对当时社会、政治、经济的各个方面，都产生了一定的冲击作用，然而它又处在旧势力的包围之中，难以顺利发展以至夭折。本文以明代中后期福建以及东南地区的奴变作为例证，就明代商品经济对于封建阶级结构的冲击及其夭折问题，作一新的探索。

　　明代商品经济的发展，首先体现在农产品的商品化和专业性农业的出现。自明中叶以后，桑、棉、茶、蔗、果树，染料作物——蓝、靛、红花、槐花，油料作物——胡麻、芸苔、莱服子、桐子、黄豆，以及其他药材、花草等经济作物的种植，无论是地区或数量，都有着长足的进步。在某些先进地区，经济作物的种植已经在整个农业生产中占有很大的比重，如江南松江府，其土地"大半种棉"，浙江北部地区，"湖俗以桑为业"，福建的种烟业，"处处有之"，果树、甘蔗的种植也很普遍，其利"行天下"。这些地方的农民正从事着专业的商品生产。为适应东南沿海地区桑蚕业、植棉业以及其他专业性农业发展的需求，长江中游湖广等地的米谷生产受到有力的促进，源源运往东南各地，出现了"湖广熟、天下足"的谚语，体现了区域专业性农业分工的初步形成。与此同时，明代的手工业生产，也开始部分脱离农家副业的性质，逐渐朝着专业商品化的道路前进。如松江是棉纺织业的中心，号称"衣被天下"；①苏州、南京是丝织业的中心，"居民大半工技"；②江西景德镇，"天下窑器所聚"，畅销海内外，"其民繁富，甲于一省"；③广东佛山镇是著名的冶炼中心，"佛山之冶遍天下……石湾之陶遍二广及海外之国"；④福建的制茶业、榨糖业、干果业等，也都闻名天下。

　　工农业生产和分工的发展，促进国内大小市场与商品流通的扩大。十五、六世纪前后，许多临时的、定期的商业市镇在长江流域及沿海地区茁壮成长，如江南地区的支塘镇、沙头市、黎里镇、平望镇、震泽镇、盛泽以及塘栖镇、濮院镇、新城镇、王江泾、双林镇、菱湖镇、乌镇、南浔镇等，都是当时极享盛名的新兴市镇。这些市镇的成长过程，有不少是从偏僻的乡村，发展为市，再发展为镇的。不仅数量大量增加，其专业化的性质也相当明显。如苏州盛泽镇，"两岸绸丝牙行，约有千百余家"；⑤松江枫泾、洙泾诸镇，"前明数百家布号，……而染坊、踹坊悉从之"；⑥浙江的新泾、硖石等镇，"为棉花管屦所集""卉织为布…视他县为佳"。⑦浙江的双崎、漳州的月港、泉州的安平等，是当时著名的对外贸易自由港口，所谓"迩年番舶连翩径至，地近装卸货物皆有所倚也"。⑧这些新兴的工商业市镇，它们的经济活动显然已经超出了地区性的限制，成为当时全国性的国内市场的一个组成部分。市镇之外，在工商业发达的基础上还出现有较大的城市："今之所谓都会者，则大之

①　[清]陈梦雷纂：《古今图书集成·职方典》卷六九〇《松江府部》。

②　[清]陈梦雷纂：《古今图书集成·职方典》卷六七六《苏州府部》。

③　[明]王世懋：《二酉委谭摘录》。

④　[明]屈大均：《广东新语》卷十六。

⑤　[明]冯梦龙：《醒世恒言》卷十八《施润泽滩阙遇友》。

⑥　[清]顾公燮：《消夏闲记摘抄》卷中。

⑦　万历《嘉定县志》卷一《疆域·市镇》；乾隆《宁志余闻》卷四。

⑧　[明]胡宗宪：《筹海图编》卷四。

而为两京、江、浙、闽、广诸省；次之而苏、松、淮、扬诸府，临清、济宁诸州，仪真、芜湖诸县，瓜州、景德诸镇。"①明中叶以后国内大小市场的茁壮成长，大大促进了商品的交换和流通。举福建的情景为例："凡福之绸丝，漳之纱绢，泉之蓝，福、延之铁，福、漳之橘，福、兴之荔枝，泉、漳之糖，顺昌之纸，无日不走分水岭及浦城小关，下吴越如流水，其航大海而去者，尤不可计。"②至于江南苏、松、湖、嘉一带的专业性市场，更是"居民日增，货物益备"，"千艘万舸，远近毕集"。③ 为了解决广大市场需求与小的分散销售之间的矛盾，全国各地大小商人也应运十分活跃起来，从而形成了许多个地方商人集团，其中有著名的徽州商人、山西商人、陕西商人、洞庭商人、龙游商人、山东商人、江西商人、闽粤商人等。他们不仅足迹遍布四方以外，并且积累有相当雄厚的资本，如晋商，"非数十万不称富"；④徽商，"千金之子，比比而是，上之而巨万"。⑤ 其富足的程度，堪足与封建的地主阶级相抗衡。王世贞曾记嘉万时期天下首富十七家，其中商人竟占七家。⑥ 明代中后期商业资本的发达和商人经济力的增长，使得他们的社会地位也有了明显的提高，传统的重本抑商的思想开始发生了动摇，地主、文人、士子经商的现象相当普遍，他们儒贾兼业，并不以经商而降低身份，甚至许多高层官僚，为了过豪华奢侈的生活，也不惜从事商业；而一般商人们，亦常常凭藉自己的资财，科举捐纳，跻身于官僚行列。这些都成了当时相当盛行的社会风气。

明代中后期商品经济的繁荣，构成了后期封建社会经济的多样化，

---

① 万历《歙县志》卷十《货殖》。
② ［明］王世懋：《闽部疏》。
③ 乾隆《震泽县志》卷四《镇、市、村》。
④ ［明］沈思孝：《晋录》。
⑤ 万历《歙县志》卷十《货殖》。
⑥ ［明］王世贞：《弇州史料后集》卷三十六。

为先进的经济因素的萌发提供了必不可少的前提条件,它又对旧的社会形态产生了一定的冲击力量,逐渐腐蚀和分化着传统的阶级关系,阶级矛盾十分错综复杂,斗争的方式又是多种多样的。既有广大农民反抗封建大土地所有制以及明中叶以后佃农抗租斗争的兴起,又有从事海上自由贸易活动的沿海商民,长期进行着反抗封建压迫和禁海政策的斗争。与此同时,那些和商品经济有着密切联系的山区棚民、寮主以及城市市民工人的反封建斗争,也经明中叶以后的阶级斗争增添了新的内容。而这一时期兴起的奴仆反主斗争,更体现着明中叶商品经济发展对于封建阶级结构冲击的一个重要侧面。

众所周知,在中国封建经济里,奴隶制残余曾占有一席之地,地主阶级为了巩固封建土地所有制和维护政治特权,充分利用村社制的、奴隶制的残余,采取各种不同形式的隶属关系、租佃关系,对直接生产者实行残酷的剥削和统治。然而自明中叶以后,沿海和江南地区的地主经济,则与商品生产有所结合。中国封建社会后期商品经济的发达,扩大了地主阶级的贪婪胃口,他们不仅继续以高额地租的形式榨取农民,而且亲自经营经济作物和手工业,进行商业活动,从手工业、商业等方面获得财富。因此,地主兼营工商业和商人购买土地的现象大量出现,在出口粮食和工业原料以及商品货币关系的刺激下,明中叶后的许多地主,不仅使用大量的僮仆,以从事家庭或生产上的劳动,同时也大大助长了地主、商人们以奴经商的习俗,如徽州商人,"课僮奴,……行贾四方,指画意授,各尽其才";[1]福建海商,"或得婺子弃儿,抚如己出,长使通番","或以他人子为子,不以乱宗为嫌,其在商贾之家,则使之挟赀

---

[1]　[明]缪昌期:《从野堂存稿·故光禄丞敬一程翁墓表》,见潘锡恩辑:《乾坤正气集》卷三一六。

四方"。①

　　明代中后期地主商人们课奴经营，固然反映了商业资本落后的方面，但是我们还应当看到，中国封建社会晚期奴仆的成因是十分复杂的，有家生、有强占、有投靠、有价买，封建强制和商品买卖以至自愿依附揉和在一起，这样，明代的许多奴仆，并不纯是空无所有。从名分上讲，他们与地主商人们有着主仆关系，但在经济上，他们可以拥有一定的财产，甚至可以买地经商，纳妾收奴。其身份亦非固定，时在变化中。于是，随着明中叶商业资本的发展和地主商人课奴经商的流行，奴仆们的经济地位也得到了显著的提高。这些经商的奴仆，可以离开主人的直接监督，获得商业活动的自主权，而有的则因"巧于货殖"，勇于"与风涛争顷刻之生"，②为主人和自己赚得了高额利润。地主商品经济的发展，既扩张地主的财富，也促进奴隶经济的繁荣，许多从事工商业活动的奴仆，往往"家资巨万"，"累累起家为富翁"，使原有的社会阶级出现了分化的现象。

　　但是，奴仆经济的发展一直受到封建关系的严重束缚。从法律规定上看，奴仆们所蒙受的社会身份的不平等待遇，自明初以至明末，几乎没有丝毫的改变。他们的主人们也力图维持旧的秩序，依然实行残酷的剥削和控制。这种落后的封建统治与奴仆们日益提高的经济地位是极不吻合的。在这种情况下，许多奴仆为了进一步发展自己的经济和社会地位，不断起来斗争。因此，自嘉靖以后，奴仆反主的情况逐渐增多。万历《嘉定县志》写道："大家僮仆，多至万指，平居乘气为横乡里，及主家衰落，则掉臂不顾。至于中人之家，抚养有恩，或至长子育

---

① 　[明]何乔远：《闽书》卷三十八《风俗》。
② 　《龙溪县志·风俗略》。

孙,而一旦叛去,恣意殴詈,且操戈入室焉。"①万历年间广东肇庆府新兴县知县王仰被义男王守真等三人同谋毒杀,②常州奴仆戴修子逼死原主赵少宰等,都是当时比较著名的例子。③ 至于我国明末优秀的现实主义戏剧家李玉,④也是奴仆出身,他则在思想、文化艺术方面,对当时的封建束缚进行无情的批判,他要求个性解放与自由平等的精神,正与明代后期出现了冲破传统的异端思想如李贽、杨起元、汤显祖等,交相呼应。

明中叶以后商品经济的发达促进主仆关系的分化,这在福建地区亦有着深刻的反映。《沙县志·风俗志》中的一则记载写道:

> 成、弘之世,富者无缯练之御,贫者无粱肉之饫,父子相爱,兄弟相保,煦煦然若初离襁褓。……俗之美莫过于成、弘者也。……嘉、隆之季,已浸浸违其初矣,万历庚申、辛酉(1560—1561 年)之后,干戈倥偬,竞以机械为名高,吞噬抢攘,恣以渔猎为厚利。凿齿之徒,伤鼓吻而争之,锥刀之微,猔猔相搏,民之无良不特俗已也,而小民为甚。故贱至于妨贵,少至于凌长,小至于加大。是以一事之举,尊者权之,而卑者阴拱以掣其柄;一议之兴,贤者谋之,而不肖者号眺以阻其成。甚至强奴悍卒,得以劫其主君;不才子姓,得以挟其父老。讼狱烦滋,告讦飙起,异方逋逃之民,又从指木教猱而升之,而世胄保家之主,惴惴然顾成业如捧盘冰,尚敢出一息与之角哉?……呜呼! 至无等也,至迫上也,可胜言哉! 且也猾商黠奴纵子钱以助其欲,深文慅吏复罗织文致而巧诋之,大都白日

---

① 万历《嘉定县志》卷二《疆域·风俗》。
② [明]许孚远:《敬和堂集·抚闽疏·议处复仇疏》。
③ [明]伍袁萃:《林居漫录》别集卷六。
④ [清]焦循:《剧说》中记述:"李玉,系申相国家人,为中公子所抑,不得应科试,因著传奇,以抒其愤。"

之中鬼瞰其宅矣。……迄沧桑屡易，兵燹迭遭，奔窜流离，不可胜计。①

明中叶以后，福建地区社会风俗的这一变化，在其他一些地方志，如南安、福安、泉州等志的风俗记载中也有所反映，②这说明了明代中叶福建地区的奴仆欺主犯上，几成为当时社会的一种普遍现象。近来，我们获见惠安县《龙山骆氏族谱》，③内详载明代万历年间骆氏家族与奴仆之间的纠纷始末，对于我们进一步了解明代中后期主仆关系的变化，又提供了一个有力的例证。

惠安骆氏家族大致在宋末元初之际，"自光州固始避乱入闽，暂住云头村"，置有田宅产业。其始祖号"必腾公"，仅生一男，"讳天佑，字孚仲。生四子，长一麒，次一麟，三一凤，四一鸿"。之后不断繁殖，族众日益增多，到了明代弘治、正德以后，人口不下数千人。

骆必腾携家移居惠安时，有随迁养男黄来保、杨成安、朱长安等，"当播迁之始，与四仆同济时艰，爰收入籍"，允其姓骆。后来二世祖骆天佑又率族众徙居惠安县二十二都玉埕里，为了照看开基祖业和先人坟墓，便将"旧置田地庄舍在云头一洋者，尽付三养男等管掌"。骆氏家

---

① 康熙《沙县志》卷一《方舆·风俗》。

② 如万历《福安县志》卷一《风俗志》云："俗侈而凌僭，方中盈路，士夫名器为村富所窃，而屠贩奴隶亦有着云履而白领者。且喜杂剧戏文，其谚曰：'无钱扮戏，何暇纳粮'，故多以竞戏相轧。其在村落，恶少动以逋租自毒。凡此偷俗，于今为甚。"又康熙《南安县志》卷十九《风俗志》云："自嘉靖中，……粮产多归晋（晋江）之士绅，闾巷细民与一切失业者，皆相率趋财博椎剽嚚讼之计，竞锥刀以幸旦夕，其甚者则蝇营狗媚，始不过隶豪门以求活，岂且狐假丛借，卖其以自雄行，而有司几不敢问矣。"许孚远《敬和堂集·公移文》，"颁正俗编行各属"云："一方巾儒履，系缙绅学士所用，吏典用之，已为逾僭，乃有奴隶庸流豪侠恶少，滥着前项冠履混迹街衢，何以为贵贱儒俗之别。今后通行禁革，违者拿究。"

③ 《惠安龙山骆氏族谱》手抄本，现藏惠安县档案馆，为明崇祯间该族生员骆东壁编修。清代骆氏子孙偶有续记，但至为简略。下文所引骆氏家族奴仆反主有关资料，均引自这本族谱，不另注明出处。

族在玉埕里定居后,黄、杨、朱三姓奴仆虽与其主人居住二地,然而其主仆关系依然世代存在,奴仆们不但要管理守卫骆氏家族的祖业先墓,而且每当骆氏家族春秋大祭,"岁供牲、纸,共应门役"。这种封建的依附关系,一直维持到明代中期,未有变更,"盖三百余年,里叟邻孩喙能道说也"。

但是到于嘉靖、万历年间,骆氏家族这种数百来秩序井然的主仆关系,发生了突变。这个时期,正是福建沿海人民从事亦商亦盗的海上贸易活动最为活跃的时期,骆氏家族的世仆黄氏裔孙黄乾育兄弟,为了摆脱和骆氏家族的依附关系,跟随安海商人,冒险海上,取得成功,"一旦骤富"。于是,维持数百年之久的封建主仆关系产生了公开的对抗。《骆氏族谱》载有《忿词》一节,记述了奴仆反主的这一过程,兹摘录如下:

> 惠安二十二都玉埕里立忿词户长骆瑷,因世仆乱宗,名分倒置,姑述其概,俾览观者得辨玉石,庶本宗世系不至为他姓所紊乱也。……祖有随迁养男黄来保、杨成安、朱长安,俱收入籍,共支户投。祖虑世远健奴乘主,严厉传家,族谱载详悉。……今骆乾育号安峰者,正黄来保之裔也。始无立锥之地,为桶匠治主,妻陈来定女,弟乾任娶贺庆福女,二姓皆白崎村郭、李之仆佃也。世代村落,五尺通晓。伊叔成贯,怜育无依,送跟安海商人为奴,颇得厚利,遂带货物往广交接倭船,……以此积奸致富,遂逞雄猾,渺视主仆分谊。今春葬父,谋地占害,反掇采谱记糟粕,耸惑宦家,代笔志铭,将伊祖来保改作天保,冒称吾祖必腾公长子,而抑天佑次之,以此欺瞒亲友,炫耀缙绅,识者咸切齿之。夫以来保之后裔孙子,至今称主称仆,尊卑森严,惟育移居晋邑,欺众耸察,遂蒙虎麕,乘主蔑伦,情甚可恶,神人共愤。岂不知族类子姓,斑斑谱记,纵奸诡百出,焉能以一旦之骤富,而混数百载之黑白哉!第恐闻风轻信,未

袭成例,谨将乾育世仆事由遍告诸士大夫君子,共扶正气,众口交捧乱宗罪恶,知所警戢。而晋之乡宦误听缔亲者,亦不可因财而忘贵贱之羞。

以上虽然只是骆氏家族的一面忿激之词,但我们参考《骆氏族谱》的其他记载,仍不难看出明中叶以后骆氏家族主仆关系所发生的如下变化。

一、黄姓世仆通过从事海上走私贸易获得经济地位以后,他们极力谋求平等合理的社会地位,敢于摆脱骆氏家族的控制和压迫。首先,他们于万历年间毅然断绝了意味着他们与骆氏家族有着主仆隶属关系的祭祀执役和奉送牲纸的传统活动。接着,他们又于万历十四年"出揭乱宗",擅自撰刻先人墓志、修纂自家的《骆氏族谱》,把自己世仆的身份,更跃居骆氏主人之上,所谓"将伊祖(黄来保)改作(骆)天保,冒称吾(骆)祖必腾公有二子:长天保,为乾育之派;次天佑,为惟俨公之派"。为了达到混乱骆氏宗族以提高自己身份地位的目的,黄姓世仆大力运用了自己的经济力量,出资重贿,拉拢和分化地方乡邻以至他们原先的主人,以求得其中一部分人的同情和支持。骆氏家中的一部分人,有的"受贿于叛仆,而假族谱,以供其变";有的则亲密往来,兄弟相称,承认其为伯族的地位。乾育葬父时,又有人"往吊以金纸后为颁志铭",主家之人"反拜于养男之墓"。而当骆氏家族的上层士绅地主们愤起与黄氏世仆较争时,骆氏家族中竟有人"嗜利忘义,甘心事仆","为之图解"。这些人公然对出首较争的生员骆日升等说:"公亡呶呶攻富贾也,正义不足以胜邪利,虚词反以谋实蓄,某固忠,公之宜自为计。"在黄氏世仆雄厚经济力量的攻击下,主家骆氏家族的统治力量受到了严重的削弱。

二、为了使自己"富贾"的身份地位得到社会的承认,黄姓世仆们利用金钱财物,广泛结交官府和地方士绅,他们盛请文人名士"并拜云头祠宇",以叙通家;"耸惑宦家,代笔志铭",耀祖光宗。而官府乡绅在他们的财力面前,"亦雅相顾"。从上引的《忿词》中还可以看到,黄姓世仆在骤富以前,世代不得与平民通姻,如黄乾育兄弟所娶之妻,"皆白崎村郭、李之仆佃也"。经商获利之后,"乾育为子求姻,贿媒耸听于林、黄二大姓","晋(江)之乡宦误听缔亲",力图通过与官宦世家的联姻通婚,来进一步提高自己的社会地位。

三、随着奴仆经济地位的日益提高,黄姓世仆们还极力谋求应有的政治地位。骆氏家族是惠安地区颇有声望的世家大族,所谓"子姓故蕃,弘、正以来,蔚以文章有声",时有子弟登科入仕,因此在《骆氏族谱》中,特辟有《宗贤纪录》一节,以记述该族历代登科入仕的情况。但是到了明代中后期,世仆们的子弟竟相继入庠登科,又各以骆族大姓自诩,致使主家骆氏宗族大为震动,《宗贤记录》因而一度中断记载,该族谱感慨写道:"不意外裔登科,不便备录。"黄姓世仆热衷于跻身封建统治阶层,争取封建特权,固然反映了他们反抗封建压迫的软弱性,而另一方面也足以说明明中叶以后奴仆经济地位的提高,已经有力地冲击着旧的封建秩序,在一定程度上改变了他们以往那种极为低贱的社会地位。

惠安骆氏家族与黄姓民仆相互关系的这一系列变化,在商品经济较为发达的江、浙一带,也有着突出的反映。伍袁萃在《林居漫录》中谈到明中叶这里的社会风尚时写道:"令甲娼优隶卒之子不许入学,迩来法纪荡废,胶序之间,济济斌斌,多奴隶子,而吴之苏、松、常,浙之杭、嘉、湖为最盛,甚至有登甲第入翰苑猎清华秩者,岂不辱朝廷而羞当世士耶!"[1]"奴富至数百万,初缙绅皆丑之,而今则乐与为朋矣,即地方监司亦多与往来,宴饮馈遗,恬然无复廉耻之色",[2]"抑有更甚者,缙绅家之女惟财是

---

[1]　[明]伍袁萃:《林居漫录·前集》卷二。
[2]　[明]伍袁萃:《林居漫录·前集》卷三。

计,不问非类。……昔人所丑,今人所趋也"。[1] 虽然伍袁萃本人对于明中叶以后良贱身份秩序的瓦解深痛恶绝,但从他的记载中也反映了当时的许多人,包括士大夫,对于奴仆社会政治地位的提高"恬不为怪",这充分体现了在商品经济的冲击下封建阶级结构的分化已形成一种潮流。

综上所述,明中叶以后社会经济特别是商品经济的发展,既扩张地主的财富,也促进了奴隶经济的繁荣,它使原有的社会阶级出现了分化的现象。然而,奴仆经济地位的提高是与当时落后的封建隶属关系不相容的。于是,自明中叶之后,在商品经济比较发达的东南沿海地区,许多奴仆采取形形色色的手段,进行了大规模的奴变运动。因此可以说,明代中后期东南沿海地区奴变的发生,是这个时期商品经济的发展与不合理的封建阶级结构发生严重冲突的必然结果。正因为如此,我们认为,对于明末奴变的性质问题,很有值得进一步探讨的必要。以往论者在讨论时将明末奴变与农民战争混为一谈。诚然,明末的奴变与农民战争有着某些联系,明末农民大起义的爆发,震撼了明朝的封建统治,给明末奴变的全面展开提供了一个有利的机会。但是我们还应当看到,明代中后期至明末的奴变,大多发生在城市,而不是在乡下。奴变的主要力量,大多是那些与商品经济有着某种联系的富奴,他们和当时下级儒生的斗争、城市手工业者的斗争是互相呼应的。他们的斗争目标,与明末农民大起义的反抗封建土地所有制和要求平均主义有所差别,他们要求人身自由,反对封建奴役,追求个体自由经济的进一步发展。值得注意的是,明代中后期沿海商民要求自由贸易反对封建禁海政策的斗争,曾有不少奴仆的参加,如嘉、隆年间福建漳洲著名的"海盗"吴平,"诏安四都人,为人短小精悍,有智略,……为人家奴,厌之,去

---

[1]　[明]伍袁萃:《林居漫录·别集》卷六。

为盗,盗掠其主人"。① 曾一本,原为吴平部曲,"起自椎埋",②其社会地位亦与奴仆一样低贱;广东潮州著名海寇张琏,聚众号称十万,亦大多为潮汕一带大家世族的"佃仆僮奴"。③ 至明代后期,浙江又有"大盗高元,……向为舍侄家奴,坏法逐出,……逸出为大盗,……所掠既饱,即欲下海行劫,其不在小"。④ 这说明明代中后期沿海地区的奴仆反主斗争,在要求脱离封建人身依附的同时,更具有要求发展自己经济,特别是发展商品经济的强烈愿望。

　　明中叶以后东南沿海地区社会经济特别是商品经济的发展,固然在一定程度上冲击着封建阶级结构,然而,明代中后期毕竟还是一个自然经济占统治地位时代,封建统治者和地主阶级,对于这一时期社会各方面的变化,无论是沿海商民的海上贸易活动,还是山区经济的商品化,无不采取着严厉的压制政策,使得这个时期新的经济因素的产生与发展,受到严重的阻碍,甚至于夭折。对于这一时期阶级结构的变化,也是如此,地主阶级利用着政权的、乡族的种种力量,力图恢复旧的封建秩序,压制下层人民的人身解放和个体自由经济的发展。从惠安《骆氏族谱》的记载可以看到,当黄姓世仆起来反抗封建压迫、争取平等地位时,该家族的上层地主分子,"咸切齿之","同族子姓兄弟,苟有一念笃祖敬宗之意、传子贻孙之谋者,皆当目击心忿"。于是纠集族众,群而攻之,"齐到泉城东门二郊庙,同往乾育家正名",同时,他们还把骆氏家族与黄姓世仆的渊源关系以及所谓黄姓世仆的丑行,写成《忿词》、《辨章》,"遍粘街坊,庶晋邑士大夫君子览观者亦得共愤而切齿之",试图唤起封建的社会压力,把已经争得人身自由和社会地位的黄姓世仆,重新

---

① ［清］顾炎武:《天下郡国利病书》原编第二十六册《诏安县志·兵事》。
② ［明］林大春:《井丹先生集》卷十五《上谷中丞书》。
③ ［明］钟秉文:《乌槎幕府记》。
④ ［明］祁彪佳:《祁彪佳集》卷三《致毕郡丞书》。

束缚于骆氏家族的隶属之下。

另一方面,骆氏家族通过加强内部管理,来达到对世仆实行严厉的控制。《骆氏族谱》中载有《倡义立字稿》,便是该家族在吸取了黄族世仆反主事件的教训后所公议成立的规约,这个规约除了强调"倘嗜利忘义、甘心事仆,不敢出一言以相攻正者皆非我族类"和"向义出头之人俱刻名字,列之主仆匾额,永挂祠宇,以垂不朽"的原则之外,还定有具体条款四则:

> 一、主仆混乱乃通族之羞,非一人私愤。其公费等钱,除养子孙外,照依派盐丁数均出;如有恃顽不出者,会众同取。

> 一、首议之人非生端喜事,以前辈尊长不敢劳烦,故不得已而任其责。如或后日生端,报首议之人,族众誓约壮心共御,使后之向义者有所激励云。

> 一、凡同宗子姓兄弟,既议之后,如再因财利之交而忘良贱之分者,查实,会众鸣鼓而攻之,以为后者之戒。

> 一、举议正名系祖宗重事,如有倡为不必较以阻后生之行,此事得罪祖宗,永不许入家庙。

封建地主统治者的多方压制,不能不使明代中后期的奴仆反主斗争,受到严重的挫折。

再从奴仆的自身形态来寻求明代中后期反主斗争夭折的原因,也有许多值得探讨的地方。首先,正如我们前面所述,奴仆经济对于地主经济有着明显的依赖性,奴仆经济与地主经济的纠合在一起,使得它们不能自由发展作为地主经济的对立物。特别是明代的奴仆是由诸多成份的人所构成,自我投献而成的奴仆,其主要的动机,是企图凭借主人的经济实力和封建特权来庇护自己的地位,因此,明代"豪奴"欺压贫民的现象也是比较普遍的。随着"豪奴"们经济地位的提高,他们固然有摆脱主家封建依附和发展自己经济的愿望,但是他们力图借助封建权势和轻视欺压贫民的观念也是根深蒂固的。这样的奴仆经济，与地主经济有着千丝万缕的联系，削弱了斗争性。

其次，无论是地主，还是奴仆，他们作为商人，无不受到传统儒家思想的影响，因而他们往往是儒贾兼业，缺乏新的追求独立财富的理想，对于如李贽的"人必有私，而后其心乃见"这样新的思想视为异端邪说。他们热衷走着"以末起家，以本守之"的老路，缺乏独立创业的精神。这样，使得忠于主人的观念在一些奴仆的思想中依然牢固存在。加上地主阶级经常提倡和表彰所谓的"义仆"，都在一定程度上削弱了奴仆的反抗力量。如惠安黄姓世仆，他们进行着争取平等地位的斗争，但骆氏家族的其他奴仆，如杨、朱二姓，对于黄姓世仆的斗争，不但不能给予坚决的支持，反而站在主人一边，共同谴责黄姓世仆。这样不能不使黄姓世仆的英勇斗争陷于独立无援的困难境地。

其三，后期的奴变，又和农民战争混在一起。当嘉、万时，奴仆的反主斗争和争取自由贸易的斗争如吴平、张琏等，与当时农民的争田夺地，是带有生产性的。但到了明代末期就不同了，特别是李自成的农民军，是以游民、逃卒为主体的，他们都是游离在生产外面的，他们要求的平均主义，具有很大的破坏性，这影响到后期的奴变，往往把奴仆要求发展个体经济生产的斗争与劫富济贫的农民起义结合起来，转变为平均主义。而城市中的奴变组织分子也具有游民的某些性格，流氓无产者的不良习气日益增长，最终导致明中叶以来奴变改变了性质，而处于夭折的地位。

总之，由于以上种种原因，虽然自明中叶以后，在社会经济特别是商品经济的作用下，东南沿海地区的奴仆反主斗争，到处兴起。然而，他们的英勇斗争，却未能冲破牢固的封建樊篱，而被地主阶级的结构冲击，遭到了夭折。当然，明代中后期奴仆反抗运动的成绩是不容否认的，它在一定程度上迫使地主阶级改变他们的剥削方式，减轻劳役；清代私家地主蓄奴的现象也大有减少。但这场运动，最终并未能彻底摧毁落后的蓄奴制度，奴仆的社会地位，也得不到太大的改变。奴仆经济的发展，也不能为新的劳动力的产生，创造有利的条件，旧的势力、旧的封建秩序依然牢固存在，它严重地阻碍着社会经济和社会变革的顺利发展，这无疑是很值得引起我们深思的。

（原文系与陈支平合作写成，收入傅衣凌、杨国桢主编：《明清福建乡村经济研究》，厦门大学出版社 1988 年出版。）

十九　中国传统社会：多元的结构

　　由于历史学家的学术使命感和对国家、民族的责任感与忧患意识，从近代资产阶级史学到现代马克思主义史学，中国封建社会的长期延续问题一直是中国历史研究的最重要课题之一。寻求解决历史遗留给中国现实社会生活的沉重包袱的钥匙，在很大程度上已成为中国史学工作者的学术价值追求，许多研究都直接或间接地、有意或无意地试图解答这个问题。这个问题的本质在于如何认识中国传统社会的结构以及受该结构制约、规定的社会发展道路。

　　长期以来，人们坚信不疑：如果没有外国资本主义的入侵，中国也将和西欧一样，自发地依靠自身的力量进入资本主义社会。这一立论是从马克思关于西欧资本主义起源的历史概述引伸而来的，但不一定完全符合马克思本人的观点。马克思指出："把我关于西欧资本主义起源的历史概述彻底变成一般发展道路的历史哲学理论，一切民族，不管他们所处的历史环境如何，都注定要走这条道路，……这样做，会给我过多的荣誉，同时也会给我过多的侮辱。……极为相似的事情，但在不同的历史环境中出现，就引起了完全不同的结果。"[①]所以，关于中国传统社会结构的讨论，必须从中国历史发展的实际出发。

　　鸦片战争以前的中国社会，与西欧或日本那种纯粹的封建社会（Feudalisim），不管在生产方式、上层建筑或者是思想文化方面，都有很大差别。为了避免在比较研究中出现理论和概念的混淆，本文使用"中国传统社会"一词。

---

① ［德］马克思：《给〈祖国纪事〉杂志编辑部的信》，《马克思恩格斯全集》卷十九，人民出版社1958年版，第1300页。

由于自然生态、生产条件、种族迁徙、农村公社原有组织形态等等因素的差别,在原始社会漫长的瓦解过程之后,中国社会形态的演变进程错综复杂,社会结构新、旧交错,融为一体,出现了多种生产方式长期并存的局面。学者们长期以来对于商周两代的社会性质见仁见智,终无定论,原因之一就在于从原始社会末期开始,中国多元的社会结构已经形成,很难用一套适用于欧洲社会的模式来进行规范。秦汉以后,这一特点表现得更为明显,奴隶制因素、地主制因素、自耕农经济成分和其他多种经济因素长期并存。从东汉"豪人之室,连栋数百,膏田满野,奴婢千群,徒附万计"①的情况到明清时期仍广泛存在的奴婢制度,生产资料所有者完全占有生产者本人的现象从未消除;中国从未出现过严格的庄园制度,没有等级森严,效忠于领主、诸侯的骑士、武士制度,没有不输不入的特权,而是长期存在着地主所有制;地主阶级通过租佃制主要以实物地租形态剥削佃农的同时,劳役地租(如佃仆制)和货币地租也长期作为其附属和补充,而不表现为一种时间先后的替代;自耕农、半自耕农经济的存在更是一种长期的现象,在每个新王朝的早期还往往占有很大的比重。此外,原始村社制的残余也普遍存在。而且,各种经济成分之间有着复杂的互动关系,总是处于历时性的、动态的变化之中。

建立在这样一种多元的经济基础之上的,是官僚专制主义的国家政权。恩格斯认为:"国家是社会在一定发展阶段上的产物;国家是表示:这个社会陷入了不可解决的自我矛盾,分裂为不可调和的对立面而又无力摆脱这些对立面。而为了这些对立面,这些经济利益互相冲突的阶级,不致在无谓的斗争中把自己和社会消灭,就需要有一种表面上驾于社会之上的力量,这种力量应当缓和这种冲突,把冲突保持在'秩

---

① [南朝]范晔:《后汉书》卷四九《列传第三九·仲长统》。

序'的范围以内；这种从社会中产生但又自居于社会之上并且日益同社会脱离的力量就是国家。"①由中国传统社会内部产生的官僚专制主义国家政权，就是为了协调该社会多种并存的经济因素和阶级矛盾而产生的，与中国多元的经济基础是相适应的。长期以来有一种观点，即认为中国和印度、埃及、美索不达米亚、波斯等地区一样，管理渠道和人工灌溉设施，举办公共工程，节省用水和共同用水的要求是中央集权政府建立的原因。其实，中国的情况与上述地区根本不同，虽然中国专制集权国家也经常组织一些大型的水利工程和公共工程，但是这些活动并非集权国家形成的原因，而是集权国家出现后由于其地位而具有的功能，而且是其众多的功能之一，并未具备什么特殊的重要性。事实上，在中国传统社会，很大一部分水利工程的建设和管理是在乡族社会中进行的，不需要国家权力的干预。

　　由于多元的经济基础和高度集权的国家政权之间既相适应又相矛盾的运动，中国传统社会的控制系统分为"公"和"私"两个部分。特别是秦汉以后，大一统国家真正形成，继承了六国的传统，中央集权与地方分权的斗争更为激烈和明显，但两种势力又互相妥协和利用。一方面，凌驾于整个社会之上的是组织严密、拥有众多官僚、胥役、家人和幕友的国家系统，这一系统利用从国家直至县和次于县（如清代的巡检司）的政权体系。依靠军队、法律等政治力量和经济的、习惯的等方面的力量实现其控制权，在"溥天之下，莫非王土；率土之滨，莫非王臣"这一影响深远的观念之下，国家的权力似乎是绝对和无限的。另一方面，实际对基层社会直接进行控制的，却是乡族的势力。乡族保留了亚细亚公社的残余，但在中国历史的发展中已多次改变其组织形态，既可以

---

① ［德］恩格斯：《家庭、私有制和国家的起源》，《马克思恩格斯选集》卷四，人民出版社1958年版，第166页。

是血缘的，也可以是地缘性的，是一种多层次的、多元的、错综复杂的网络系统，而且具有很强的适应性。传统中国农村社会的所有实体性和非实体性的组织都可被视为乡族组织，每一社会成员都在乡族网络的控制之中，并且只有在这一网络中才能确定自己的社会身份和社会地位。国家政权对社会的控制，实际上也就是"公"和"私"两大系统互相冲突又互相利用的互动过程。

这两大系统的矛盾和斗争，有时采取了地方割据和阶级斗争的形式，这就造成中国历史上无数次的农民起义、农民战争、改朝换代和分裂割据。局部地区农民起义的发生常常由于该地区国家权力与地方势力矛盾尖锐，无法协调地控制农村基层社会，王朝末年全国性农民战争的爆发则明显地由于国家系统控制权的削弱。公私两大系统的矛盾是长期存在的，地方势力往往利用国家力量衰落、农民起义或外族入侵的时机搞地方割据，这种割据的局面在特定的历史环境下可能打破大一统国家政权对社会生产多元化发展的阻碍，有利于落后地区的开发和商品经济的繁荣。地方割据势力有时借助农民起义的力量，其代表人物有时也出身于起义军。更值得注意的，镇压大小农民战争的往往不是中央政府，而是地方豪族。由于幅员辽阔，民族成分复杂，社会结构多元化发展和大一统思想文化的影响，中国历史上多次出现的割据和起义并未使国家长期陷于分裂，而是反过来促使了大一统国家和中央专制集权的强大。所谓"天下可传檄而定"的说法，既说明基层社会实际上控制于地方势力手中，并可通过他们消除地方上的不安定因素；又反映了整个社会需要一个大一统国家政权的心理。

在公和私两大系统之间发挥重要作用的，是中国社会所特有的"乡绅"阶层。国家利用察举、荐举、科举、捐纳和捐输等社会流动渠道，把地方上的精英分子和有钱有势之人吸收到政权体系之中，授予官职、功名和各种荣誉，允许他们享有优免特权和一定的司法豁免权，这是"乡绅"阶层产生和长期存在的直接原因。同时,高度集权的中央政权实际上无法完成其名义上承担的各种社会责任,其对基层社会的控制只能由一个双重身份的社会阶层来完成,而基层社会也期待着有这样一个阶层代表它与高高在上的国家政权打交道,这就是"乡绅"阶层长期存在的根本原因。乡绅一方面被国家利用控制基层社会,另一方面又作为乡族利益的代表或代言人与政府抗衡,并协调、组织乡族的各项活动。因此,我们所说的"乡绅",已大大超过了这两个字的语义学涵义,既包括在乡的缙绅,也包括在外当官但仍对故乡基层社会产生影响的官僚;既包括有功名的人,也包括在地方有权有势的无功名者。政府可以授予或褫夺某些乡绅统治地方基层社会的权力,可以剥夺他们的财产;但归根结底它对基层社会的控制仍然不得不通过乡绅阶层来实现;它实际上只能在不同乡绅或乡绅集团之间进行选择。反之亦然,虽然乡绅作为一个阶层一直掌握着直接统治乡族社会的权力,但哪些人可以进入这一阶层和这一阶层中哪些人可以合法地履行这些权力,却取决于政府的授权和承认。

与多元的经济基础和社会控制体系相适应的,是财产所有形态和财产法权观念的多元化。国有经济、乡族共有经济和私有经济的长期共存,是中国传统社会财产所有形态的一大特色。对西周的"井田制"是国有土地、村社共有地还是领主所有土地,众说纷纭,也许在当时的法权观念下,根本就无法作这样的区分。以秦汉以后的情况而言,多种财产所有形态的并存,已为几十年来中国社会经济史研究的一系列成果所证实。从汉代开始的"盐铁官营",历代王朝建立的各种皇庄、官庄以及各种官营手工业组织,都反映了国有经济的重要性。乡族组织共有经济包括族田、学田、义田、义仓、社仓、义渡、义集、私税、私牙等等形态,在传统社会的某些发展阶段,在某些地区,这种的乡族共有经济曾经成为社会最重要的经济成分。至于以地主、自耕农和商人为主要代表的私有经济,更是具有长期的举足轻重的地位,而且私有经济所有权的转移十分频繁,所谓"千年田,八百主"的谚语正反映了这种情况。正是由于私有经济的存在,中国传统社会的乡族网络已与严格意义上的亚细亚农村公社有很大不同,乡族成员并不被动地无条件地依附于村社共同体,再通过共同体与土地发生联系;相反的,他们大多自己拥有土地或佃种别人的土地,他们受乡族网络的控制和制约,但又能动地利用和改造乡族组织以适应日益变化的复杂的外部环境。由于多种财产所有形态并存和财产所有权的频繁转移,还有生产技术水平的提高,中国传统社会的财产法权观念也是多元的,从未出现过西欧那种独立的、非人格化的绝对的财产法权。国家政权对私有财产的剥占和褫夺在社会习惯上被视为正常行为,特别在王朝早期打击地方豪强时经常发生。

乡族势力对乡族成员的财产也有一定的控制权,这一点在族人的土地买卖中有尤为明显的表现。财产法权观念多元化的更为引人注目的表现是宋代以后"永佃权"和"一田多主"现象的普遍存在,不但土地的所有权、经营权和使用权发生分离,而且每一种权益还可以作多层的分配。

与社会控制体系多元化相对应的还有司法权的多元化。从秦汉到明清,历代王朝都有系统、详细的成文法典,但这些法典的权威性又远远不如皇帝的谕旨,而且社会上不同的特权阶层还拥有不同的司法豁免权。尽管国家对犯罪和违法行为的惩罚以及司法程序有明确、细致的规定,但在具体的司法实践中,以人代法、以情代法的现象经常被认为是合理的。更值得重视的还有独立于国家司法系统之外的"私"的司法权的存在。从汉代"乡曲豪富无官位,而以威势主断曲直"[①]的现象,到明清乡族的族规、乡例等,这种乡族的司法权一直存在,而且在解决

---

① [汉]司马迁:《史记》卷三〇《书第八·平准》。

民事诉讼和预防、惩罚犯罪方面起着国家司法系统所无法替代的作用。乡族势力不但可以施行私刑，而且往往拥有部曲、私兵、家兵等武装力量。

社会结构的多元化，在思想文化领域也有同样的表现。中国传统社会既有代表地主阶级的思想，也有反映农民平均主义、"劫富济贫"的社会观念；既有理性主义倾向比较明显的上层士大夫的精英文化，也有比较非理性的下层大众文化。中国长期以来有儒、释、道三教合一的主张，但文化的多元使这一主张根本无法变成现实。而且，儒教、佛教和道教在中国社会的作用，也是多元的。儒教长期被作为中央专制集权政治的理论基础，但其中也不乏"民为重，君为轻"的民主思想，康有为甚至从中找到了进行资产阶级改良主义活动的思想武器。道教长期被统治者所利用，许多神祇还得到皇帝的封赠；但农民阶级和流氓无产者也利用其组织形式和思想内容发动反对统治阶级的起义，例如五斗米道以及白莲教等。实际上，整个传统中国社会的价值观念、行为规范、道德标准都是多元、充满矛盾的。研究中国传统文化时，如果抓住一点，不及其余，甚至利用个别史料、个别现象故作惊人之语，是难免片面化和简单化的错误的。研究一个多元的、矛盾的文化体系，一定要有更为辩证、更加超越的思维方式。

在注意中国传统社会结构的多元化时，我们还不能忽视这种多元化是出现在经济、政治、社会发展极不平衡的辽阔国土上的。由于自然环境的差异和生态平衡的改变、历史上开发时间的先后、人口的流动和增减，以及经济重心的转移等等因素的影响，各个地区的生产技术水平、生产方式、社会控制方式和思想文化千差万别，而且还随着历史的发展而出现周期性的和不规则的变化。这种情况使多元化社会结构更为复杂，也从一个方面说明了社会经济史区域性研究的必要。

由于生产方式、社会控制体系和思想文化的多元化，由于这种多元化又表现出明显的地域不平衡性和动态的变化趋势,中国传统社会产生了许多西欧社会发展模式所难以理解的现象。例如,中国农村社会基本上是以一家一户作为一个生产和消费单位,生活必需品的自给自足程度很高,但与此同时又一直存在着十分活跃的商品货币交换;中华民族创造了长达十几个世纪领先于世界的灿烂文明,有着许许多多对世界文明史和后来西方资本主义发展作出重大贡献的科学成就,但这些成就在社会生产中却极少得到应用;欧洲中世纪的行会只存在于城市,由同业或相关行业的师傅、帮工组成,而中国的行会组织则在农村也普遍存在,由手工业者、工商业者组成,除同业外又有同乡组织,而且与地方绅士有较密切关系,如此等等。这一切和前面所提到的用西欧模式看起来互相矛盾的各种现象,在中国这个多元的社会结构中奇妙地统一着,相安无事,甚至相得益彰。这种既早熟又不成熟的弹性特征,使中国传统社会具有其他社会所无法比拟的适应性,不管是内部生产技术水平的提高,还是外部环境的变化,这个多元的结构总是能以不变应万变,在深层结构不变的前提下迅速改变自己的表层结构以适应这些变化。中国历史上多次遭受变乱和分裂,而最后仍然作为一个统一国家长期存在,其奥秘正在于此。这样的社会结构对于社会变革的化解和抵御能力,也是西欧和日本中世纪的社会结构所难以相比的。

当然,正如许多学者所指出的,从十六世纪开始,中国社会在政治、经济、社会和文化等方面发生了一系列变化。这些变化的出现有国内和国外两方面的原因。

就国内而言,唐宋之际中国经济有了新的发展,经济重心逐渐南移,五代时南方出现的十个割据政权注意发展本地区的生产和商品交换,对原来比较落后的东南部地区(特别是山区)的开发起了积极作用。宋辽金元以后商品经济继续发展,虽然这一时期政治上出现过分裂局面,但南方和北方的社会生产都有长足的发展,各个分裂地区之间的经济交往一直未曾中断,而且日趋活跃。这些为明中叶以后经济的繁荣准备了经济条件。而且,元末农民起义、明初的胡蓝之狱和空印案打击了保守的豪族势力,靖难之役又进一步扫除了这些势力的残余,有利于社会关系和经济关系的变化。

就国外而言,当时西欧国家已进入资本原始积累时期,葡萄牙、西班牙、荷兰等国商船先后来华,力图进行直接贸易,并且由以货易货改变为货币支付,白银成为一般等价物,在墨西哥铸造的西班牙银元大量流入中国,对中国经济产生很大的冲击。同时,东南沿海地区倭寇和海寇活跃,嘉靖以后倭寇活动带有明显的私人贸易性质,许多"倭寇"实为中国商人、地主,其窝地、窝家也大多是东南沿海的地主,特别是大地主,这种私人海上贸易活动无疑也冲击了原有的社会结构。

由于上述两方面的原因,十六世纪开始中国商品经济空前活跃。专业性的农作物生产区域开始出现,经济作物种植日趋普遍,农业商品化程度有很大提高;手工业生产的技术水平和生产能力明显提高,生产组织形式有较大变化,生产的内部分工和专业化程度有所发展;商品流通领域空前繁荣,长途和短距离贸易十分活跃,出现了一些很有势力的商人集团。在此基础上,商品经济繁荣地区和主要贸易商路附近出现了许多新兴的手工业和商业城镇,特别是江南地区,许多临时的、定期的集市发展为较大规模的工商业市镇,在一定程度上成为全国性市场的一个组成部分。

由于商品货币关系的冲击和明朝后期国家政权控制力量的削弱,当时的社会关系也发生了很大变化。由于契约性的租佃关系的普遍出现,财产私有化的趋势比较明显,劳动者对国家、佃农对地主的人身依附关系有较大减弱。在江苏、浙江、安徽、山东、陕西、湖北、广东、江西、福建等地多次爆发"奴变"、"佃变"风潮,也从一个侧面反映了社会关系变动的趋势。由于有了一定的人身自由,人口流动的数量也增加了。

商人势力在社会、政治生活中的地位日显重要,在许多工商业市镇已谋取了某些社会控制权,市民阶层的力量有很大增强,万历三十年(1602年)前后各城市市民反对矿监、税使的斗争是一次很有影响的市民运动,说明市民阶层已认识到自己独立的经济利益。

以商品经济发展和社会关系变化为背景,劳动者与生产资料所有者的关系也有了一些质变的萌芽。在江南的一些手工业行业和山区的一些经济作物种植业中,出现了以商品生产为生产目的的雇佣劳动,也就是人们通常所说的"资本主义萌芽"

与上述情况相适应,思想文化领域也出现了前所未有的变化,其中最引人注目的是反映市民阶层利益和要求的观念的出现。当时思想界出现的左派王学(即泰州学派),正是市民阶层的思想代表,该学派主张"百姓日用即道",以"利欲""鼓动得人",表现了追求经济增长的近代意识。与该学派关系密切的李贽进一步提出了个性解放的要求,主张"私者人之心也,人必有私而后其心乃见",提出"穿衣吃饭即是人伦物理",提倡重视功利,冲破传统礼教束缚,提倡童心,代表了一种新的风气。"临川四梦"、"三言两拍"和这一时期的许多文学作品,提倡男女平等、个性自由,蔑视和批评传统的伦理纲常,都反映了思想文化的新的发展趋向。

然而,这些与西欧封建社会解体时期有相似之处的新的因素,并未能导致资本主义社会形态在中国建立,究其原因,正在于中国传统社会多元结构的影响和制约。一方面,这样一个结构使在其中产生的新因素走上与西欧不同的发展道路,具有另外一种导向性;另一方面,这个弹性的、内部多矛盾统一、有广泛适应性的结构对新因素的冲击有很强的化解能力,可以比较灵活地改变自己的表层结构以适应各种变化。

就农村社会而言,尽管有少数地区已成为专业化的农作物种植区域。但"农工不分"仍是一个很有影响的传统,以手工纺织业为代表的农民家庭手工业到本世纪四十年代仍然十分普遍，甚至在一些工商业已十分活跃的地方也是如此。农民对国家和地主的人身依附虽然有所削弱，但超经济强制并未消除，更为重要的是，这一时期以宗族组织为代表的乡族控制力量有了明显增强，农村居民对乡族有强烈的依附性，很难得到真正的人身自由。乡族组织虽然也有从事工商业活动或保护族人从事这类活动的（如我曾经研究过的"族商"），但它又有不利于商品经济发展的一面。

就市镇经济而言，明清时代中国城市经历了与欧洲城市完全不同的发展道路，并未获得城市自治权，从未有过商人法、市民宪章及市民免税、商业自由诸种特权，城市的独立性十分有限。市镇的功能以流通为主，流通重于生产，获取的利润大多成为高利贷资本，而不转换为原始积累式的生产资本。市民阶层的力量也十分薄弱，自主意识和斗争能力有限，与他们原来的乡族社会仍然有着千丝万缕的联系。

而且，"儒贾兼业"的现象十分普遍。晋商、徽商、闽粤海商等有影响的商人集团都与官僚专制政权有密切联系，既受到国家政权的敲诈、勒索，又从政府得到保护和特权。许多商人以捐纳、捐输进行政治性投资，取得功名或官职，谋求政治、经济特权；也有一些官僚把政治性积累所得到的资金投入商业活动。同时，地主投资商业、借贷业，商人、高利贷者又买地进行地租剥削，商人、地主、高利贷者和官僚"四位一体"。所以，尽管十六世纪以后商人成为中国社会一支重要的力量，但他们缺乏独立的政治和经济要求，没有必要、也没有勇气与其他的社会力量决裂，提不出发展资本主义生产方式的要求。

思想文化的发展也受到多元社会结构的制约，充满了矛盾性，有进步色彩的思想观念很难成为社会普遍的行为规范和价值准则。例如李贽就是一个有内在矛盾的思想家，他既尊儒又反儒，既信佛又反佛，其信徒既有儒家弟子，也有佛家朋友如达观等人。他在明代处境艰难，其思想难以生根和发展，但后来却对日本的民主革命产生了作用，明治维新的先驱者吉田松阴就自谓颇受李氏《焚书》的影响。

对前述新的生产方式和社会形态的因素起更直接破坏作用的是明末的战乱和清兵入关。长达几十年的社会动乱以及清初实行"海禁"和文化钳制政策，使江南的社会生活、城镇经济受到严重摧残，市民阶层受到迫害，有反传统色彩的思想观念受到抑制，华北地区的人身依附关系又有所加强。当然，正如前面所讲的，农民战争和改朝换代正是中国传统社会多元结构矛盾运动的结果。康雍乾时期受到破坏的经济逐步恢复和发展，新的生产方式的因素重新出现，但是，资本主义社会形态最后终于未能在中国建立。这主要受到内因和外因两个方面的制约。就内因而言，多元的传统社会结构依然顽强存在，并有很强的生命力，几千年来农民战争所主张的"平均主义"、"劫富济贫"思想在基层社会中一直是许多人追求的社会理想，资本原始积累所需要的社会心理环境很难出现。商业资本照样无法和欧洲一样转变为产业资本，商人们投资于钱庄、当铺、高利贷、票号等行业，通过买地成为地主，与国家政权和乡族力量互相依存、互相勾结，不能成为资产阶级，从而实现社会变革。同时，清代中央专制集权空前加强，限制人民的各种经济活动和社会活动，影响了生产的发展和先进生产技术的传播。就外因而言，当时西欧已进入资本主义社会，其经济发展大大超过中国。资本主义世界体系在全球的扩张，终于导致了十九世纪中叶鸦片战争的爆发，把中国卷入了该体系之中，确定了中国在整个世界政治、经济格局中的弱小和不发达地位。正由于内外两方面因素的作用，中国沦为半封建半殖民地社会。在这一新的社会中，传统中国多元的社会结构并未有根本改变，相反的，它很好地适应了变化了的社会环境，表现了很强的生命力。直至今天，从社会、政治生活中存在的专制主义、官僚主义、裙带关系、迷信活动和宗族势力等等现象，仍然可以看到这一社会给构的残余。

爱因斯坦认为:"科学就是一种历史悠久的努力,力图用系统的思维,把这个世界中可感知的现象尽可能彻底地联系起来,说得大胆一点,它是这样一种企图:要通过构思过程,后验(posterior)地来重建存在。"[①]从某种意义上说,历史学也是力图把各种已知的历史现象联系起来,后验地重建历史存在的"构思过程",在这一过程中,史学研究者的学术思维习惯和历史哲学素养起着十分重要的作用。过去,由于经典物理学的影响,纯然因果决定论在科学认识中占主导地位,人们把五种生产方式线性发展的模式机械地套用于各国复杂的社会形态演变过程,是可以理解的。本世纪二十年代以来,由于量子力学的诞生和概率论在科学研究中的广泛运用,或然的因果决定论和选择论成为科学领域最重要的思维方式,科学研究更为注重事物发展的或然性、多元性、相对性和模糊性,强调共时态的结构性分析。马克思主义在新的历史时代,又有新的大发展。每一位有时代感和学术责任感的史学工作者都有必要重新反思自己的思维方式、学术观点和价值观念。作为一个已经工作了半个多世纪的老史学工作者,我对青年一代尤其怀有殷切的期待。

(原文发表于《中国社会经济史研究》1988 年第 3 期)

---

① [德]爱因斯坦:《科学和宗教》,《爱因斯坦文集》第三卷,商务印书馆 1979 年版,第 181 页。

二十　清末福州郊区人口的职业变化

清代后期是中国历史上的一个大动荡时期,也是中国社会经济史上的一个重要变化时期。一方面,历经二千年的中国封建社会,依然沿着它独特的发展道路,顽强而又缓慢地向前迈进,尽管从整个社会结构上看,自然经济仍然占着主导的地位,但其内部产生的商品经济,也有了相当程度的发展,并且开始冲击着旧的社会秩序。另一方面,1840年的鸦片战争,西方殖民主义者用军舰大炮打开了中国的大门,使古老的中国社会,逐渐走向半封建半殖民地的社会。西方殖民主义者的政治侵略和经济掠夺,对于中国社会经济的发展产生很大的影响。清代后期的中国社会,便是处在这种外力入侵与传统结构的相互矛盾与相互胶着之中。所以,我一向认为研究清代后期的历史,不但要研究鸦片战争对于中国近代历史进程的重大影响,而且还要研究鸦片战争以前中国传统社会结构对于近代社会经济的紧密联系,二者不可截然分开。本文试从清末福州郊区人口的职业构成及其变化这一侧面,对中国社会从封建到半封建半殖民地的倾斜性发展,作一初步的探讨。

一

福州市作为福建省的省会,它在工商业上的重要地位,自明代以来就已相当著名,张瀚在《松窗梦语》中称:"福州会城及建宁、福宁,以江、浙为藩篱,东南抱海,西北联山,山川秀美,土沃人稠,地饶荔、梃、橘、柚,海物惟错,民多仰机利而食。俗杂好事,多贾治生,不待危身取给',①何

---

① 〔明〕张瀚:《松窗梦语》卷四《商贾记》。

乔远在《闽书》中亦云："福州，闽中一都会，西北控瓯剑，东南负大海，气候恒燠，田每岁两获，鱼盐果实纺织之利颇饶，……负贩之夫，相逢衢道。"①到了清代，福州省城的工商业经济，又有了进一步的发展，潘思榘在《江南桥记》中写道："福之贾区，鱼盐百货之臻，万室若栉，人烟浩穰，赤马余皇，估艑商舟，鱼蜃之艇，交杂于其下，……肩摩趾错，利涉并赖。"②明代以来，福州城市经济的繁荣，对福州郊区农村的经济结构以及人口职业构成产生了一定的影响，农村与市场经济的联系有所加强，单一的农业经济逐渐瓦解，商品性农业得以发展。城郊的许多劳动人口，也已逐渐走出农村，进入城市以及外地，从事各种各样的工商业活动，所谓"冥顽之夫竞及刀锥，……闾巷少年仰机利，泛溟渤，危身取给，不避刀锯之诛，走死地如鹜者，徼重获也"。③农村的人口职业构成已经逐步渗入了工商业经济的成分。

　　1840年鸦片战争之后，福州作为五口通商的城市之一，所受到外力入侵的冲击尤为明显。随着外国资本对于中国的政治和经济的侵略日益加剧，福州已日益成为外国资本倾销商品和掠夺原料的重要口岸。延至十九世纪下半叶，外国殖民者又对中国进行了资本输出，开办工厂。与此同时，封建政府的洋务工业和民族资产阶级所开办的私营工商业，也陆续在福州出现，并有所发展。这种局面，虽然是畸形的，但它在某种程度上刺激了福州城市工商业的进一步繁荣。举茶、木、纸的转运外销为例，光绪年间的记载写道："八闽物产，以茶、木、纸为大宗，皆非产自福州也。然巨商大贾，其营运所集，必以福州为的。"④"闽省城，……烟户繁盛，茶行鳞次，洋、粤商人集贾于此，街道错综，……皆阛阓

---

① 道光《重纂福建通志》卷五十五《风俗》。
② ［清］潘思榘：《江南桥记》。
③ 道光《重纂福建通志》卷五十五《风俗》。
④ 光绪《闽县乡土志·商务杂述》。

崇闳,熙攘接踵。"①

清代末期福州城市工商业经济的繁荣,对于郊区经济结构所产生的影响更加明显。郊区的市场交换日益发达,它不仅与福州城市经济有着紧密的依存关系,即是在郊区各乡村之间,这种交换也是相当频繁的,出现了许许多多的乡村市镇和商品交换场所。我们曾作过粗略的统计,仅侯官一地,各种乡村市镇市肆不下三十个。② 在这数十个乡村市镇中,有的已经具有相当的规模。如西门外的白沙镇,"地当冲要,南北段各乡出入之总汇也,……人习四民之业,市肆骈阗,货物充斥"。③大穆区的溪口镇,"本区以溪口乡为中心点,而以大穆溪左右岸及闽江东岸之各乡并隶之,……户多业农商,乡之中绣壤交错,市肆星罗,为各乡货物委输之总汇,颇称繁盛"。④ 西南门外浦东西区的外洲镇,"是处下连白马桥,俗呼江下,上游各府商贩多集于此,市肆骈阗,木植栉比,港内小舟络绎,极为繁盛"。⑤ 这种以福州省城为核心,连络各乡村以及远通外地的工商业市场网络的形成,反映了清末福州郊区农村经济结构与商品经济的紧密联系。

在商品经济的冲击下,清末福州郊区的人口职业构成,也发生了深刻的变化,它已逐渐由传统的男耕女织而日益转向多样化和工商业化。首先,它有力地刺激了郊区商品性农业的发展。如前所述,外国资本主义者对于中国的经济侵略,已迫使中国的社会经济部分地纳入世界市场。五口通商下半殖民地商业的畸形发达,曾一度促使福建的竹、木、茶、笋等土特产品的大量外销。于是在福州郊区的许多乡村,商品性农

---

① 　[清]百一居士:《壶天录》卷中
② 　关于清末侯官县的乡村市镇,请参看光绪《侯官乡土志·版籍略》的记载。
③ 　光绪《侯官乡土志·地形略》。
④ 　同上。
⑤ 　同上。

业迅速发展,大量的农村劳动力,纷纷从事茶、木、竹、笋等经济作物的种植及其加工。如福州市井北门外,"雷厝坪,黄姓百余户,……境内有茶局,设机器以制茶饼"。院前村,"曾姓二十余户,产茶及柴、竹"。七星坪,"杂姓数十户,采茶为生"。峨眉村,"陈、林等姓百余户,地产纸竹及茶"。竹弓山,"张姓二三十户,地产茶、柴、粳秫"。又如西门外各乡村,"上墩三四乡,……共百余户杂姓,产柴、炭、棕、竹、笋、板料"。下宅村,"江姓六七百户,人习耕种,土产有杉、木、笋、丝等物"。① 除茶、木、竹之外,蔗糖和果品的外销亦颇兴旺,如西南门外的下陈镜蔗洲等地,"李姓二百余户,以种蔗制糖为业"。尧沙村,"唐姓千余户,习四民业,沙洲一带多植橘,出产颇旺"。仓下村,"林姓五六百户,业农商并有习儒者,物产亦以橘为大宗"。浦口村,"陈姓约五百余户,土人习耕作兼种糖蔗为业"。坡尾村,"杂户百七八十户,土人多耕洲田,并种糖蔗、油、麻、青豆、小麦等物"。又如西门外竹崎区,"居民杂姓二百余户,市肆骈罗,森林发达,多植青果橘柚"。② 大小寨村,"二乡共八九十户杂姓,多植果木"。清末福州郊区商品性农业的发达,使得郊区逐渐成为福州城市经济的原料和商品的生产基地。

再者,福州城市工商业人口的不断增长,对于粮食、蔬菜等主副食品以及日常用品的需求量亦日益增加,于是在郊区便出现了许多专事农圃以供应城市日常需求的乡村,如汤井门外西园区各乡村:"红墙村,杂姓三十余户,多业农圃。"山头角,"约八九十户,多张姓,业农圃"。营房里,"杂姓二十余户,业蔬圃,背城而居"。河尾村,"背城而居,杂姓五六十户,地出温泉,并擅林木、鱼池、蔬圃之胜"。南门外程埔头张坑对湖,"三乡各四五十户,均杂姓,……各乡多种蔬菜,兼植茉莉为业"。其

---

① 光绪《侯官乡土志·地形略》。
② 同上。

他如养鱼、采樵、植花、种瓜等等,亦所在多有。汤边村,"分东西二乡,……有渔户数十家"。张都墓湖,"大逾百亩,每岁畜鱼,获利颇厚"。河上村,"杂姓五六十户,地多园田鱼池"。塘下村,"刘姓三百余户,业农圃兼种时花"。猫头山,"有居民六七十户,曾、李等姓,山场多田地少,耕樵为业"。汤畲村,"多黄姓,约三百余户,居民业农樵,多产茉莉"。山洋顶,"范、杨等姓二百余户,习耕种地,产火柴、火炭"。柳浪村,"洲地约三百余户,有黄、卢、陈等姓,土人多植橘树并种西瓜"。[①] 这些产品源源运往城内及附近市场,满足了城市居民的消费需求,繁荣了市场。

清末福州城市经济对于郊区人口职业构成的冲击是多方面的。根据光绪《侯官乡土志》的记载,这一时期郊区比较主要的、与市场有联系的生业,大体还有以下种种:蚕织业,"岭头,林姓七八十户,习农商蚕织"。联头,"程姓二百余户,习四民业,近蚕业颇盛"。油业,"院埕牛场龙峰山,土人习耕作,兼榨茶子为油,输出颇旺"。大坑桥,"李姓百余户,土人多以榨油为业,岁出数千石"。操舟业,"港边,杂姓百余户,力田兼习操舟"。小桥村,"张姓,又有渔户附居者,多杂姓,约共三十余户,力田兼操舟"。帮洲,"土人或习操舟,或习耕作,并植蔗、麻、豆、芋为业"。造船业,"方村,方姓约二百余户,习农商及造舟为业"。后洋,"陈、李等姓三四十户,业耕作并习造船"。"三县村,亦洲地,土人习操舟造船或负贩为业"。烧瓦制陶业,"仙岐,杂姓四百余户,多以烧砖为业,窑灶计百余所","缸窑(村)约二百余户,是处有窑,能制粗缸钵,故名"。除此之外,还有各种服务业以及手工艺制造行业,如新境村,"洪姓百余户,……多出溪粉,销路甚旺,俗称官源里粉干"。西门外洪塘区,"土人并能制麻竹蓖梳,贫苦者或捞蚬以自给"。黄丘村,"杂姓约百

---

① 光绪《侯官乡土志·地形略》。

余户,力田、并织席,兼畜锚缆为业"。李园、太平桥等地,"是乡多旅馆"。寿山乡,"黄、王、陈三姓约百余户,产粳秫并产田石、水晶图章石等物"。月洋村,"三四十户,袁姓,地产图章石"。①

清末福州郊区人口的职业变化,还不仅限于立足本地资源而为城市经济提供原料和商品,其中有相当一部分劳动力,已经走出农村,进入城市以及外地为工为贾。如西南门外龙湖村,"俗呼土牛,杂姓约百余户,土人多往永福经商,专贩炭、箕"。马腾村,"陈、吴两姓约百余户,田地无多,土人习贸易为生"。其足迹遍及大江南北,甚至远赴海外各国。如柑蔗区的店头村,"林、叶两姓百余户,习四民业,兼习蚕织,又多出洋经商"。联头村,"程姓二百余户,土人又多出洋赴暹罗各地为商"。② 近代闽北各地茶叶、林业颇为发达,其中便有不少福州城郊商人活动其间,组织生产、经营销售,使闽北各地的木材、茶叶等源源不断地顺着闽江而远销世界各地。

更值得注意的是,近代福州洋务工业和民族工业的兴起,又使得福州郊区农村中出现了近代中国的第一代产业工人。举福州马尾船政局为例,马尾船厂开办之后,附近乡村的农民纷纷入厂为工执役,当时的记载写道:"福州地瘠民贫,谋生不易,自有船厂,趋之若鹜,仰食者不下万家。"③如闽县仁南区各村,居民滨江习水性,许多青少年农民都成了福建船政局的骨干工人,"滨江各乡,则效力马尾船坞及在轮船者居多,亦物以类聚然也"。④ 二十世纪初,中国工人运动的先驱者林瑞和、林祥谦父子,也都因农业生计困难而入船厂当锅炉工。根据《侯官乡土志》和《闽县乡土志》作者们的统计,至清代末年,这两个地区的劳动力

---

① 光绪《侯官乡土志·地形略》。
② 同上。
③ [清]左宗棠等:《船政奏议汇编》卷四十四。
④ 同上。

从事各色工匠者，约占总就业人数的十分之一，即所谓"各色工匠，船政艺徒，诸厂官工，机器公司、手工局所、劝工习艺人等，以及官私小工出境佣匠、出洋佣工，约居人丁十分之一有奇"。[①] 一九五〇年福建省农民协会曾经对福州鼓山区农村的兼业情况作过调查，至解放以前，这里的工人人数，大体亦是全村总数的十分之一左右。[②] 近代工业的兴起，使得福州郊区农村的一部分农民成为近代工人，这体现了中国近代工人阶级的独特发展道路。

二

清末福州郊区农村的工商业经济以及人口职业构成，虽然有着很大的变化，但是它的发展是曲折的。众所周知，中国的农村是一个以小农经济为主体的社会，其自给自足的性格是极其顽强而又富有弹性，因此，尽管自明中叶以来，城乡各地的社会经济，特别是商品经济有了很大的发展，然而它对于农村经济结构的冲击，却受到了农村自给自足经济的强力抵抗，并且这种抵抗的方式又是十分特殊的。中国农村的自给自足经济，并不是单纯地排斥商品经济，相反地，它能够在很大程度上，有机地吸收商品经济的成分，来为巩固传统的经济结构服务，这就使得明清两代的农村自然经济与商品经济，既有其相互冲突的一面，又有着相互胶着的一面。从而大大削弱了工商业经济对于自给自足经济的冲击作用。这种状况反映在农村的人口职业构成方面，则是出现了大量半工半农半商的现象，即所谓农贾兼业、农工兼业、儒贾兼业等。这种士农工商相互渗透的局面，在受到近代工商业经济影响比较大的

---

① 光绪《闽县乡土志·版籍略》；光绪《侯官乡土志·版籍略》。
② 参看华东军政委员会土地改革委员会编：《福建省农村调查》第一部分《福州市鼓山区农村调查》，华东军政委员会土地改革委员会，1952年。

福州郊区一带,表现得尤为明显。下面,我们以柑蔗、洪塘、仙阪三个区的情况作一举例分析。①

表 1 柑蔗区

乡村	居民	生业情况
昙石	黄姓四百余户。	习四民之业。
白石头	叶姓约三百余户。	习农商,操舟。
岭头	林姓七八十户。	习农商,蚕织。
店头	林、叶两姓百余户。	习四民业,兼习蚕织,又多出洋经商。
联头	程姓二百余户。	习四民业,近蚕业颇盛。
青岐	杂姓八九十户。	田少,多种橄榄。
港边	杂姓百余户。	力田,兼习操舟。
横岐	杨姓三百余户。	力田、操舟、并制船户竹笠。
檀山	王姓四十余户。	习操舟。
鼓山洲	杂姓百余。	习耕种。
厚屿	林姓百余户。	农商为业。
小桥	张姓、渔户、杂姓。	力田,兼习操舟。
洽浦	洪姓三百余户。	习四民业。
西山	詹姓三十余户。	习农业。
溪头港	陈、林两姓六七十户。	力田、兼操舟为业。
徐厝墩	徐姓百余户。	习四民业。
中房	陈姓七百余户。	多力田,有业儒者。
桐口	杂姓三百余户。	多业商。
溪下亭	人居不多。	——

---

① 表1、表2、表3均根据光绪《侯官乡土志·地形略》编制而成。

表 2　洪塘区

乡村	居民	生业情况
洪塘里	杂姓四五十户。	业农圃。
上店	陈、林两姓四五十户。	多种橄榄。
新厝里	郭姓四十余户。	以耕种、操舟为业。
下店	陈、林二姓二三十户。	田地无多，遍植橄榄。
高少	约百余户。	——
怀安	高、张、程等姓约五六百户。	——
西边	约二三十户。	习农圃。
科坞	郭姓四五十户。	业农。
横头街	十余户。	业农。
瓦埕街	杂姓百余户。	业皮商。
陈坂	杂姓七八十户。	业耕作工商。
林厝墩	林姓二三十户。	习工商耕作。
莫厝墩	莫姓三十余户。	多力田，亦有儒者。
柯厝墩	柯姓三四十户。	习耕贾。
李厝墩	杂姓三十余户。	力田，兼习工商。
麦埔	施姓百余户。	习耕商。
瀛洲	杂姓三百余户。	习耕贾。
塘下	刘姓三百余户。	业农圃，兼种时花。
梅花楼	杂姓五百余户。	业农商。

表3　仙阪区

乡村	居民	生业情况
方村	方姓约三百余户。	习农商及造船为业。
上洲	林姓约三百户。	习耕作,土产有梨、橘及李等物。
芹洲	黄姓三百余户。	力田,兼撑溪船为业。
陈厝	陈姓约九百余户。	习四民业。
塔兜	杂姓约三四十户。	
下半洋	张、郑两姓约四十余户。	力田,及种橘为业。
盛汉	柯姓二百余户。	田地甚狭,土人多习经商。
湖刘	刘姓约四百余户。	业耕种。
淇源	杂姓三四十户。	多习制瓦。
大文山	陈姓六七百户。	
马腾	陈、吴二姓约百余户。	田地无多,土人习贸易为生。
仙岐	杂姓四百余户。	多以烧砖为业。
古城	——	惟青梅、杨梅为多,货此以自给,亦有缚制蒙帚以鬻外乡者。
直厅	潘姓约百户。	习田圃,亦多种橘。
镜口	十余户。	
访亭	陈、王等姓约百余户。	多种橄榄。
渡湾	王、张、陈三姓约五六十户。	乡内亦多瓦窑。
保丰	李、王张等姓约百户。	以农樵及种薯自给。
黄溪	杂姓百余户。	
上半洋	潘姓约四五百户。	
小文山	杂姓三四十户。	
泽苗	张姓约千余户。	习农商,乡产橘。
帮道	姚、张等姓约八九十户。	业农,亦多产橘。
潘厝边	潘姓五百余户。	乡俗尚武,从前捷武科者颇多。
瓜山	杂姓约三百余户。	习农商,亦有种薯以自给者。

综合以上三表,清末柑蔗、洪塘、仙阪三区共有自然乡村六十三个,其中未注明生业者有九个,在注明生业的五十四个乡村里,绝大部分是士、农、工、商四行兼业并营,或者是在农耕之余,积极经营各种经济作物的生产,与市场发生了比较密切的联系,那种单纯业农植粮自给自足的乡村,在这里可以说是相当罕见的。这正如《侯官乡土志》的作者在《地形略》中所论及的那样,清末福州郊区生业的总体情景,是"有业儒者,有力田者,有牵车服贾者","工者、农者、商者、方巾阔袖而业儒者,无所靡有"。这种四民兼业的出现,一方面说明了清代后期社会经济尤其是城市工商业经济的发展,在一定程度上冲击了中国农村传统的经济结构,使得农村自给自足的经济成分产生了变化。同时也反映了社会经济的发展,动摇了传统的重儒轻贾、重农轻商的道德观念。士农工商作为"四民之业",比较平等地受到了人们的重视。但是另一方面,儒贾兼业、农贾兼业,又体现了工商业经济与农村自给自足经济以及传统道德观念的紧密结合,阻碍了它们之间的分化,使得工商业经济无法顺利地从封建经济中脱颖而出,难以得到健康的发展。

清末福州郊区人口职业构成的这种混成局面,固然与当时工商业经济的倾斜性有着密切的联系,而清代人口的大量增长,无疑也是其中重要因素之一。福建地区自宋代以来就以人多地少著称,福州地处沿海,人口的密集尤为全省之冠。随着明清两代人口的不断增长,落后的生产力、单纯的农业经济,已经越来越无法满足人们最起码的生活需求。这样,在明清两代工商业经济发展的影响下,农村的过剩劳动力,四出谋求生路,以弥补家计的不足。如芹石等乡,"张、瞿、潘、林四姓约二百余户,土狭人稠,颇患贫苦,多以挑米佣工为业"。安仁溪乡,"刘姓三百多户,是乡无田土,居民多种青果及撑米船为业"。洋柄乡,"杂姓四五十户,田地甚小,居民多习负贩工艺"。盛汉乡,"柯姓二百余户,田地甚狭,土人多习经商"。马腾乡,"陈、吴二姓约百余户,田地无多,土人习贸易为生"。① 这种状况直至解放前夕依然如此,解放初农民协会对于鼓山区的调查报告写道:"人口众多,田地不够……假如没有旁的办法求生,是养不活这许多人的,到了一定的限度,他们将要被迫外出。……由于它是靠近城市,遂在古老农田经营以外,找出两条生活大道:其一为多种供城市消费商品化作物,如水果、马铃薯、蔬菜和牛乳等;其二为发展手工业。"②这样的工商业。归根到底,它只能成为农村家庭自给自足经济的一种补充形式,起着了加固小农经济的作用。在这样的场合里,工商业经济要完全脱离农业经济的束缚,就显得更加艰难。

再者,清代末期福州城市工商业的发展,虽然给郊区人口职业构成带来了一些变化,但是农村广大地区以自给自足为主导的落后经济,半封建半殖民地的畸形工商业以及人口的巨大压力,使得郊区农村经济的进一步发展缺乏坚实的基础,因而农村的人口职业变化又是很有限度的。他们当中的许多人,固然有可能从事工商业来增加家庭的经济收入,甚至少部分人发家致富,但是也有不少的农村人口,谋生相当困难,他们不得不去从事诸如佃耕、佣工等经济待遇很不合理的生业。如飞坑乡、山宅乡等处,"土瘠民贫,均为外乡佃户"。西门外文山区的文山里、牛远亭、转官、程田、李公山等乡村,居民则大多为城里的士宦大族充当墓佃,即所谓"山多田少,土人兼为墓佃"。北门外富村区也有同样的情况,如崎下、崎上等乡,"两乡共百余户杂姓,居民多为墓佃,或灌园,耕作甚少"。又西北门外西湖区的白龙、水塘、台后、铜盘等乡村,"山多田少,民甚瘠苦","多以墓佃为业"。③ 有的甚至出洋做苦力,"乃苦粒食之艰,其膂力强者,用应洋人之招,为苦工于绝域,彼族以牛马视

---

① 光绪《侯官乡土志·地形略》。

② 华东军政委员会土地改革委员会编:《福建省农村调查》,华东军政委员会土地改革委员会,1952年,第31页。

③ 光绪《侯官乡土志·地形略》。

之,是诚可悲矣"。① 此外,人口的过剩和就业的困难,又驱使一部分郊区农村人口,转为流氓无产者而从事迷信活动以至打行诈劫等等勾当,如西南门外南屿区的耿头乡,"俗呼犬头,约百余户,土人有学习符咒秘术,能上刀梯,称为狮公,传名远近者"。北门外的点洋等乡,"施、吴、陈、杨等姓三百余户,乡俗顽梗,有掳人勒赎、图命讹诈种种恶习"。②这类行当,尤不利于社会的安定和经济的健康发展。

这里,我们还应当注意到农村人口职业变化对于城市经济的影响。清代后期福州城市工商业的发达,促使郊区农村的许多劳动力,走进城市,为工为贾,佣工执役。然而正像我们所指出的那样,他们大多数是农工、农贾兼业的。因此,郊区农村的大量人口涌进城市,他们并没有从此成为真正的工商业者,与农村断绝关系。相反地,他们大多是以农家副业的形式,在城市谋求生计,以补贴个体家庭的经济收入。因而他们与农村的联系是十分密切的。郊区农村大量半工、半农、半商的人口进入城市,他们以农村为基地,反而促进了城市与农村的结合,使得具有工商业性质的近代城市与中国传统的农村社会保持着千丝万缕的联系,两者不易分开,妨碍了城市经济的健康成长。同时,在郊区的经商职业人口中,有一部分人在福州为店伙,或开行家;一部人则远赴东南亚各地如印度尼西亚、马来亚、新加坡、柬埔寨以及缅甸、泰国等地。但他们都没有和农村脱离关系,他们得到的资金,仍由其家族投放在土地上面。如解放前鼓山区后屿村的情景:"后屿村中手工业者、工人、小商贩等其他阶层较多,户数竟占总户数的百分之四二·五二,占有土地亦占总面积的百分之二八·六八。"③这种局面限制了社会分工的进一

---

① 光绪《闽县乡土志·版籍略》。
② 同上。
③ 华东军政委员会土地改革委员会编:《福建省农村调查》,华东军政委员会土地改革委员会,1952年,第31页。

步发展。再者,这种与农村有着紧密联系的城市工商业,又往往带来了农村的乡土观念和宗法制度,遂使城市中的经济结构、工商业行会组织,甚至近代民族工商业,都带有相当严重的乡族制和家长制的特点,这些特点,尤其不利于城市经济的迅速发展。

<h2 style="text-align:center">三</h2>

通过对清末福州郊区人口职业构成的初步分析,我们既看到了近代城市工商业经济对于郊区农村经济结构以及人口职业构成的冲击,同时也看到了中国传统社会和以自给自足为主导的自然经济对于外力入侵以及工商业经济的顽强而又特殊的抵抗。这充分体现了中国历史的发展道路,并没有背离世界历史发展的规律,但又具有自己鲜明的特点。

在外力入侵和城市工商业经济的冲击下,清末福州郊区农村的经济结构发生了较大的变化,特别是与内地农村相比,两者无疑存在着很大的差异。然而就清末福州郊区农村经济结构的总体而言,所谓农贾兼业、农工兼业、以农为本,归根到底,这里的工商业经济和人口职业构成的变化,始终未能脱离封建关系和土地权力的羁绊,也影响了中国的阶级结构未能截然分明。工商业经济的发展基础是十分脆弱的。这不但不能有效地促进社会经济的稳定发展,如到了十九世纪晚期和二十世纪初,由于大量洋糖、洋茶、洋烟、洋油的输入,福建各地的茶、糖、纸等传统产品,缺乏竞争能力,外销数量急剧下降,一度导致郊区农村的许多茶农、蔗农纷纷破产,使郊区经济出现了倒退的现象。而且还在另一方面维护了封建政治的长期延续,尽管近现代中国历经了多次的政治变革,从洋务运动、戊戌变法、辛亥革命以至民国政府,从封建帝制、君主立宪到议会制度,但这一系列的政治体制,始终没有冲破封建专制的樊篱,人们的思想观念,亦未能真正地向民主与科学的高度飞跃。我们通过清末福州郊区经济结构和人口职业构成的分析,它所体现出来的农村基层社会和经济基础的这种内在凝固性,无疑值得引起我们的进一步思考。

作者附记:本文承陈支平同志协助搜集资料并整理成文,特此志谢。

(原文收入叶显恩主编:《清代区域社会经济史研究》,中华书局1992年出版。)

二十一 闽俗异闻录

短序

当代史学研究中,乡土史学、地域社会是一门值得重视、有广阔前途的史学领域。同样的,我国传统的史学研究亦很注意于地方志的撰述与探讨,它为通史的编写,提供丰富资料,打下坚实的基础。早岁读史,亦曾有志于福建地方史的研究,顾以人事倥偬,未遑及此。年来为进行中国社会经济史的研究,阅读明清时代的全国各地地方志、文集、笔记以及其他公私记载,对于有关福建地方的典章制度、文物民俗以及社会经济(包括阶级斗争)等等史料,信笔所及,随手札记,或摘录,或原文照抄。在抄录时,为保存史料原来面目,不限长短,有的长达数万言,有的仅寥寥数百字,存之箧中,已有年所。兹以其中史料,颇为外间所不经见,或人所不注意者,饶有参考价值。不敢自珍,根据手头所有,不分类别,稍加整理,公之于世。篇前略缀数言,叙其缘起,资为介绍。

我为什么取名为《闽俗异闻录》呢?这没有旁的理由,纯是基于地理因素,盖"广谷大川异制,民生其间异俗",因而记载各自不同,亦别有所闻。为的本文只是史料的类辑,零篇断简,捡遗补缺,皆所兼蓄并收,让读者各取所需,自由选择,撷其菁华,去其糟粕,用马克思主义的立场、观点,批判地对待祖国的历史文化遗产。

一、冯梦龙记寿宁风俗

冯梦龙是明末著名的文学家,"三言"的作者,江苏吴县人。崇祯七年(1634 年)曾任福建寿宁县知县,编有《寿宁待志》一书。此书国内向少藏本，科学院图书馆有胶卷，兹据日本京都大学人文科学研究所藏影印本，抄录如下：

寿邑山险而逼，水狭而迅，人感其气以生，故性悍而量窄。虽锥刀之细，骨肉至戚死不相让。不知法律，以气相食，凌弱蔑寡，习为固然。丁盛之家，人侧目焉，亲戚常佃亦号家丁，遇有争斗，各于其党一呼而集，且快目前，逆理犯上弗顾也。

山中朴茂良民，课租自饱，有白首不入城市，不睹冠盖者。若村野强梁，惮于见官，而敢于衡命。一遇勾摄，往往持兵相抗，虽已就束缚，亲党犹纠众行劫。及拘絷在庭，如腐鼠然；既释去，则跋扈如故。又好冒籍越诉，强者多途求胜，而弱者以一逃累人。近上台颇知甚弊，多改批本籍拘究，原告不到，即许申明请销，此风或可渐息矣。

寿民力本务农，山无旷土。近得种苎之利，走龙泉、庆元、云和之境如鹜，颇有就芜者，此不可不责之田主也。苎山亦曰蔴山，一年三熟，谓之三季。富者买山，贫者为佣，中人则自力。其地力薄，则指苎称贷，熟而偿之。怀妻子者，鬻苎则一归。归日必联袂同行，备不良也。冬削草毕，逼岁还家。凡完粮结讼，必俟苎熟，荒则否。或失利而历年不归；或得利而携拏久住，寿民之土著者久矣。奸民之在外为非，必托言蔴山，然不可诘也。间有图民举发，而其党互蔽。民首一盗，无何，首者被讼；官捕一盗，无何，捕者亦被讼。非强有司力为担持不可，令人益思汉吏耳。

学校虽设，读书者少。自设县至今，科第斩然。经书而外，典籍寥寥，书贾亦绝无至者。父兄教子弟以成篇为能，以游泮为足，以食饩为至。旧志谓家藏法律，户有诗书，倘所云张楚者与？自余立月课，且颁《四书指目》，亲为讲解，士欣欣渐有进取之志，将来或未可量也。

县书吏多村朴，无工于书算者，每遇大计考成或黄册大造，必于他县雇倩惯手，即寻常文移供招，亦必官自审定，不然文理舛矣。性习复懒，虽事迫烧眉，非再四鞭策不动，有司高下在心，大费力气。有一可取者，其机械未深，稍有奸欺，破絮立见，不似深山大泽、龙蛇云雾之难测也。

吏与生员人俱呼为相公，书手称先生。衙门以吏为尊，私或带缙巾，与儒生齿。用扇亦有分别。诗画扇、熏金扇惟生童与吏书得用。坊里现年用本省画花白扇，门皂辈止用铜箔油扇。若苏、杭真金扇，虽荐绅大家间有之，无轻用者。

寿无科第，惟二三贡宦，其忠厚老成者，不异齐民，而子衿往往反窃缙绅之重，里人严而逊之。平民不识一丁，苟挂名县试，公庭对簿，自称童生。余曾试一二破题，不能作，责之。自此伪童稍阻，然真童称童生如故。

寿城如弹丸，而玄武山占北之半，东南相距不半里，举足可周。出城数武，即空山冷涧，无所复之。故城中绝无肩舆之迹，乡绅与县有司岁仅一再见，皆步行。虽赴宾筵，乘舆张盖者希。有远行，用小兜，与民家同。间有煖舆，亦甚简陋。童仆不广，或荷锄，或折薪，绝无长衣倚门者。居室限于地，故制度狭小，多重屋而少广厦。土织布最粗，江右人市郡中细布，重茧而至，颇得善价。士民男女皆布衣，细纱则偶见之。问馈甚简，盛以木楪才数寸，升豆斗粟，束蔬封果，即可以贽官府。凡此皆庶几古俭朴之风，要亦僻陋之所留也。

民间多畜猪，房闼间纵其往来，门外必立木柜，为猪卧室。往月米贱喂以饭，今亦听茹草矣。鹅少，非大宴会不具。城中地窄，绝无池塘。溪鱼仅二三寸，亦为珍馔。鲑鱼从宁德来，甚艰，非大寒之候，色味俱变矣。时果希少。大家设宴，皆以蒸饼糖食列行，次设生腥五器，始列熟品。品多豕，亦有鸡鸭，俱瘦且带血，登俎韧不堪嚼。若燕窝、西施舌、江摇柱等，虽出闽海，寿之大家有从未经目者。鲅鱼、干鳗谓之常馔，猫亦食惯，偶以鲜鱼投之摇尾而去。

民间三餐俱饭，好食线粉，粉米为之，鬻者最多。贫家乏米，或用粉竟日，取其便也。晓起触山气易病，人多饮酒。以此酒有红白二种，多用粳米为之。冬酒可久，余则味薄易酸。醋最佳，亦有红黄二色。

寿民取材于山，立屋颇省，四围筑石垒土，或用木板，亦不甚费。独瓦最难，致有建竖而经年不盖者。贫民缓急，揭瓦即得价。村落陶瓦颇便，故茅舍绝少。然团沙为质，擘手相碎，不及泥瓦之坚也。屋成亦不甚惜，若移家芑山则空之，还复葺焉。久者一二十年不返，盗卖旁侵，遂生雀角，于躬犹可，于子于孙始大费追求矣。

闽俗重男而轻女，寿宁亦然。生女则溺之。自余设厉禁，且捐俸以赏收养者，此风顿息。婚礼不甚择门户，礼帖名乾坤书，乾书书启，坤书书礼，形如裱帖，面加绣续，小家红纸才一二折，亦有用白。古柬者聘单开自女家，盒担如乾，聘礼如乾，男家从之，乃始成好，最费不过五十金。女家奁盛者笼二十担，牛十头，以次而杀，或贫甚，则男家预扣奁资若干。其聘以饼为重，如江南之用茶枣，粤中之用槟榔也。女既许字，其家制衣俱不给价，将出阁，男家自非赤贫，必有挂帐之礼，专劳衣匠，多至十余金，少或一二金，听女家随意自犒。大家非大故不出妻，小户稍不当意，如弃敝屣。或有急需，典卖其妻不以为讳。或赁与他人生子，岁仅一金，三周而满，满则迎归。典夫乞宽限更券，酬直如初。亦有久假不归，遂书卖券者。孀妇迫于贫，丧中即嫁。甚有双鬓皤然，尚觅老翁为伴，谓之帮老。微独轻女，女亦自轻。悲夫！

附禁溺女告示

寿宁县正堂冯，为严禁淹女，以惩薄俗事。访得寿民生女多不肯留养，即时淹死，或抛弃路途，不知是何缘故？是何心肠？一般十月怀胎，吃尽辛苦，不论男女，总是骨肉，何忍淹弃。为父者你自想，若不收女，你妻从何而来？为母者你自想，若不收女，你身从何而活？况且生男未必孝顺，生女未必忤逆。若是有家的收养此女，何损家财；若是无家的收养，到八九岁过继人家，也值银数两，不曾负汝怀抱之恩。如今好善的百姓，畜生还怕害命，况且活活一条性命，置之死地，你心何安！今后各乡各堡，但有生女不肯留养，欲行淹杀或抛弃者，许两邻举首。本县拿男子重责三十，枷号一月，首人赏银五钱。如容隐不报，他人举发，两邻同罪。或有他故，必不能留，该图呈明，许托别家有母者抱养。其抱养之家，本县量给赏三钱，以旌其善。仍给照养大之后，不许本生父母来认。每月朔望，乡头结状中，并入"本乡并无淹女"等语。事关风俗，毋视泛常，须至示者。

寿人男女衣服微分长短，领缘无别。其相反者有二：男子必服袴，而女既嫁则否，寒则添裙，有添至三四者；男子无长幼，无凉襖，必以布兜其胸，恐触寒气。而妇人虽暑月亦不蔽乳，此其故不可解。

冬月贫儿赤脚，破麻裤不掩膝，而手必提竹炉烘火。尝闻闽人手寒，吴人足寒，陕人头寒，北人腰寒，说或有据。

寿俗小儿才数岁，即为畜发。其冠者居恒脱帽，甚则并不裹帻，以此为适。儒生在途，亦多短衫露顶，各不相诧。吾乡人有札至，问寿人何状？余答曰："寿人甚易识，比他处人不过多一个兜肚，少一顶帽子耳。"虽戏言，实实录也。

寿无丝绵,皆用棉花,随多少弹成衣,网以绵线,贴肉穿之。男未冠,女未嫁,虽盛寒无衣绵者。

男子多拜他人为义父母,互相倚藉,间胜亲生。丁衰之户,亦每觅螟岭,以顶丁粮,不计姓也。又两姓构怨不休,亲知欲为解纷,使乙子拜甲为父,立券而罢。或凤逋不偿,亦用此法,即折券为义子,履袜之赠,虽中怀龃龉,犹终身称父。

俗信巫不信医,每病必召巫师迎神,邻人竞以锣鼓相助,谓之"打尪",犹云驱祟,皆餍酒肉于病家;不打尪则邻人寂寞,辄谤为薄。当打尪时,或举家竞观,病人骨冷,而犹未知者。自余示禁,且捐俸施药,人稍知医。然乡村此风不能尽革也。

寿踞一郡最高之处,峦气中人易病。而癫疾传染犹可畏,即至亲亦仇视之。贫儿无援,有未绝而被焚烧者。余欲择隙地立茅数间,专养癫民,以钱粮无措,未敢轻动。

寿多火葬,非惑西方之教也。其停柩,亦非尽信堪舆说也。土之稍平者屋之,山之稍浮者亩之,地几何而堪宅鬼?余初视讼牒,有争金瓶位者,不解,及讯始知之。村民依山而居,居后为墓。其葬法别为虚棺,内设木板,凿数孔以置骨瓶,曰金瓶位,美其名一也。位设则亲房共分之,举所停棺火之而拾骨,依次以厝,有余不足,授受必价。更有余位,他人亦得议酬而附骨焉。不尽亲族而先授创始人则讼。自非巨姓素封,祖有坟山,不能专葬,停而火之厥有自矣。大家艰于得地,亦有停百余年者,子孙衰替不克葬,仍付一炬。

寿人所用,皆苎山之银,故多低价。然大石、蓝田、淳池、杨梅埒诸处,亦多倾煎更有一种,名曰神仙。以药水煮铁为之,俱小块,最误穷民。闻出自建阳,所当协力访治者也。县中倾银官匠,各有印记字号。纳粮不尽足色,但凿字印即收之。发解日认字领倾,幸而杂支,则估色者沾惠矣。市等绝重,小户苦之。然亦由强用低色，故高其等以相就。欲革此弊，计非使之用钱不可。但郡中久废鼓铸，钱价既贵，重以负担之费，到县先去加一，谁肯用之。若宽有司之力，俾积羡金若干于布司，请钱留县，收支一价，上下通行，周流不竭，专济一方之用，低假及重等之弊，可尽捐乎？余有志而未逮也。

寿无土宜，贸易不至，故人亦无习贾者。惟正街铺行数家，贩买布货杂物，然皆江右客也。

民间以物付质，虽越数年尚欲问取。故绝无质库，皆券于相熟、亲戚之家，利最重约二年一倍，所质亦多谷，不皆银。

寿虽多乡谈，而读书仍用本字，故语音可辨，不比漳、泉。然村愚老幼及妇人语，非字字译之，不解。

西溪人多习戏，然力不能具行头，多往浙合班。大家有庆喜，好事者则于福安迎之。演戏缠头俱出客席，主人但具餐而已。民间酿饮，演一二出不佳，即换别本，一怃众目，瓦砾相赠。故至，亦无终月淹留者。

元旦贺年，家设果楂于门，客至，即献茶酒。大家则设于堂，乡村小户预储半月之粮。盖元夕以前，大家例不开仓，无从告籴也。三日在家款洽，路绝人迹，即有事不敢孤行。迎春，居民好事者亦装一二台阁，然既无优人，又无装饰，殊不足观。迎土牛，居民竞以砂砾掷之，中者新年有采，虽呵禁不止，比至县，牛无完肤矣。

元夕，惟正街有灯，直达城外，珠灯绝无，皆色纸为之。纱灯间有省郡来，亦下下品。

四时，惟端午、中秋二节最盛。端午以四日为之。相传国初民与兵争市肉至相杀，自是民间先一日作节。而旧志云：避闽王死忌，未知孰是。溪水浅而溜，且多石，故不设竞渡。

县无鲜鱼。惟中秋节各村俱涸池取鱼，担荷至城，虽贫人，典衣亦必市鱼一块,为过节之需,晴雨无间。过十五,求市中一鳞不可得矣。重阳在家庆节,不登高。冬至,民间不知节,惟绅衿诣县称贺。县预备头脑酒以代茶,岁首亦如之。六房书吏下至皂壮,无人不濡。库办于赎镪内扣算,费可一两五钱,此例不知始于何时。

腊月二十五日辞年。是日不交财,恐失利市。此后逢吉日迎神安祖。安祖俗云迎祖公婆。

岁除邀亲戚会饮,燔焚放爆,然不甚盛也。是夜民间彻晓不睡,子母之家遣人索逋,旁午于道。漏下五鼓,县官出堂习仪方止。城门不闭,贫家趁口者,或夜半始归,以偿逋之余治鞋帽过年,市铺之闹过于日中。亦有避债,越岁始还者,还则更券。医家取药,去亦登籍。是夜按籍索谢,设有低假,俟元宵后登门求换(崇祯《泰宁待志》卷上,冯梦龙述)。

二、福建宁洋人祭遗习

原始社会里,由于迷信思想和生产力低下之故,杀人以祭的风俗,曾长期留下来。我国历史上有名的河伯娶妇以及各地民间所广泛流传的童男女供祭的故事,都是古代人祭的残迹。曩读《宁洋县志》内载:"曹四公,集宁里香寮人,生时香雾蒙山三昼夜不散,因名其地为香山。元祐间,乡有神,岁以童男女祀;里人患之。公往谒庐山君学禁祝,起方术,归至其乡枣子隔,行厌劫法。人闻空中有金戈铁马声,神惧求活,许其栖水尾潭中,后不为厉。……是为邑中曹氏始祖。"(同治《宁洋县志》卷十二《新事志·仙释》)可知宋代宁洋尚有人祭遗习,至于此俗如何留存,那只好等待读者的探究罢了。

三、闽中《禁左道榜》

忆昔儿时,我每于夏月见到福州民间有所谓"出海"之俗。即是迎神赛会,举国若狂。其在城内外各五帝庙,按地区称庙为涧,如西涧、南涧、芝涧、玉山涧等,往往送冥船到洪山桥下焚化,谓之"出海",说是可以驱逐疫厉。近读明人张鲲渊闽中《禁左道榜》,则知此俗由来已久,特录榜文如下:

张鲲渊仕宦闽中《禁左道榜》:"疫厉之作,固属天行。若夫死生大数,虽司命无如之何!岂因巫祷邪术,可以侥幸万一者。未有巫崇猖狂于白昼,冥船交骛于通衢;擅设仪卫,牌窃巡狩,示号法王,如近日闽中风俗之恶者也。倘系邪神,则妖不胜正,斩伐淤潴,夫岂能逃。若其为正神也,上之不一言成功,去民甚远;下之御灾捍患,祀典有常,而顾甘巫觋之矫诬,耗愚民之赀蓄。徒博祭赛纷纭,钲鼓震耀,以供欺世惑民之假借,窃为其神羞之矣。总缘淫巫妖道,倡言蛊说,以至于此。无论为王法所必诛,正教所必辟,即为受病之人计,而冥幻恍惚其心神,叫嚣惊扰其耳目,绝汤药而勿御,禁酒肉而不亲,不速之死亡乎?尔民崇正即是保生,祛邪乃以遣病,毋听诱惑,自堕冥行。本院以提衡风俗为己任,此后有若等奸民,定行左道惑众之律,立置重典。且有西门豹、狄梁公、张忠定之故事在,本院自愧先贤,然见义之勇,亦所不敢让也。"(吴履震:《五茸志逸》卷五)

福州这种左道习俗,虽历经严禁,并未稍杀。据《榕城纪闻》所载,则知崇祯年间此风尚盛。

崇祯十五年壬午二月,福州疫起。乡例祈禳土神有名为五帝者,于是各社居民鸠集金钱,设醮大傩。初以迎请排宴,渐而至于设立衙署,置胥役,收投词状,批驳文书,一如官府。而五帝所居,早晚两堂,一日具三膳,晏寝皆仿生人礼。各社土神参谒有期,一出则仪仗、车舆、印绶、笺简,彼此参拜。有中军递帖到门走轿之异。更有一种屠沽及游手之徒,或妆装鬼脸,或充当皂隶,沿街迎赛,互相夸耀。继作绸绤采舟,极其精致,器用杂物,无所不备。兴工出水皆择吉辰,如造舟焉。出水名曰出海,以五帝逐疫出海而去也。是日杀羊宰猪,向舟而祭,百十为群,鸣锣伐鼓,锣数十面,鼓亦如之。与执事者,或摇旗,或扶舟,喊呐喧阗,震心动魄。当其先也,或又设一傩,纸糊五帝及部曲,乘以驿骑,旋绕都市,四围执香随从者,以数千计,皆屏息于烈日中,谓之请相。及舟行之际,则疾趋恐后,蒸汗如雨,颠踬不测,亦所甘心。一乡甫毕,一乡又起,甚而三、四乡,六、七乡同日行者,自二月至八月市镇乡村,日成鬼国。巡抚张公严禁始止。张公讳肯堂,从事海上,镇宁波之舟山岛,辛卯年舟山岛破,全家殉难。

这是典型的神权组织。尽管这种神权会社在其活动范围超过封建官府的限定范围时产生有些矛盾。但在封建社会的支配下,他们又和城乡的地主、商人有所联系,提供资金,并且在迷信思想这一点上又是一致的,是以屡禁不止。郭柏苍的《乌石山志》有两节记事,详加说明,可补前文之所未备,特并录如下:

福城内外,凡称涧,称殿者,皆祀疫神。依水称涧,在陆称殿。其先始于南涧,继之则有北涧、西涧。城隍山太岁殿为中涧。开元寺右芝山为芝涧。又有玉山涧、嵩山涧、穿山涧各名目。凡涧、殿皆入例禁,愚民恐官拆除,多牓武圣为名,指神为关、张、刘、史、赵五姓,称曰五帝。张爷居中,稍有人形,谓之劝善。左右四神状皆丑恶,乡曲无赖,酿钱出贷以备赛神,名曰香会。本轻利重,负则群殴之,鬻妻质子不敢背值。五六月间导神出游日请相,纸糊替身,怀于各神鬼襟带之间。再游为游村;末则驱疫,曰出海。剪采为舟,备食息起居诸物,并鬼所请之相,纳于舟中,鼓噪而焚于水次。以祭祀毛血贮木桶中,数人负之而趋,谓之福桶,行者避之。(卷三《寺观》)

又有一节云：

> 榕城内外凡近水依寺之处，多祀疫神，称之为涧，呼之为殿，名
> 曰：五帝。与之以姓，曰：张、关、刘、史、赵。以干例禁，奉武圣于前
> 殿，牓曰武圣庙。城外水部门曰水涧；井楼门曰井涧；汤门曰汤涧；
> 东门曰东涧；西门曰西涧。城内有南涧，即古南涧寺，今称上殿。
> 此涧在华林寺旁，中涧即冶山太岁殿；嵩山涧在柏姬庙前；穿山涧
> 在穿山境；芝涧在今开元寺右。所云玉山涧，即以玉尺山得名也。
> 玉尺山唐为闽山保福寺，宋改法祥院，亘光禄坊皆寺也。故涧、殿
> 建于寺旁，殿中祀老佛、五帝之外，别祀二神。一曰黑节，传为元时
> 人，溺于玉尺山墅中之古井，乡人以为得道，至今祀之。（卷九《志
> 余》）

按：明清时代，江南以及沿海各地迎神赛会之风甚盛。明王穉登的
《吴社编》即专记苏州神社活动，为什么会出现这个现象呢？我以为不
能简单地视为只是一种迷信活动，而和当时社会经济的发展有关，因为
这种迷信活动城镇盛于农村，并以人口较多之区为条件的。他们大量
资金的筹措，如上所说，有的采取高利贷形式，有的则是出于城镇工商
业的支助。我遥忆童年时，福州的迎仓王赛会则以米仓前河墘的制花
业为中心的，而西涧的出海请相则与西门的果子牙有关。但因在封建
政府的压迫与监视下，这城市过剩人口得不到自由活动或从事其他生
业的机会，于是在明清社会里都出现有一批的打行、闯将人物，有的乃
转趋于迷信的活动，这或是这种神权组织得以长期存在的一个根据，拙
见如是，不一定正确，姑供参考。

四、龙岩西陈的《鸭禁碑文》

1960 年大跃进时，我随同厦大历史系前往龙岩东肖开门办学，于

西陈龙泉寺路上见有一碑，记载龙岩州俗鸭禁事情，颇饶兴趣，因倩人抄录，以备遗忘。原文录下：

> 蒙陈大老爷审谕：
>
> 审得陈澄川等见告李在彬等界随田主一案。缘陈澄川等住永潭甲下截，李在彬等住黄邦上截，毗连乡村，彼此耕农早晚两季收割禾稻脱落在田，此只许出钱之人，放鸭啄食，州俗名为鸭禁。上截之张在平、下截之陈良万前因鸭禁控，经张前州讯断：上截归上截，下截归下截。饬令钉立界址，各遵完结在案。而陈澄川等以下截有廿余亩田在于上截界内，钉立不公，呈控前来。兹集讯之下，查阅前州断谳，上截归上截，下截归下截，钉立界址，各归各管，未为不可，但上截之人无与焉。而下截陈澄川等有田于上截界内，倘将割之时，带鸭自己田中啄食自己脱落之稻，亦无不是，而出鸭禁之钱人，势必有言，以下截人鸭，何得啄食上截田亩？互相争论，致启衅端。下截有田在上截，而上截人亦有在下截，彼此交杂。兹断仍照旧立界，鸭禁钱文以照亩数分得。如下截有田在上截者照亩数多少归还下截，其余鸭禁钱文为上截所有。上下截应出修圳等项公费，亦照亩分敛，以息争端，以断讼根。饬取各遵依备卷以剥判。
>
> 道光二年六月穀旦立

五、谢肇淛的万历《永福县志》所记明代永泰客民

谢肇淛为明代著名的文史学家，有名的《五杂俎》的作者，著述甚多。顷读其所编纂的万历《永福县志》，内明嘉、万间有关永泰客民生活及其斗争史料，足资参证，因类辑摘录如次：

> 考邑之田其占于异县之民者，十有二三。则黄籍之户口，固不

尽为邑人。而漳、泉、延、汀之客民,流布山谷,生齿凌杂,实皆邑之户口,而不登邑之黄籍。在彼邑为亡命,在此邑为宾朋。由童而白首,由身而累世,曾不闻县官之有庸调,此何以异于鹿豕哉。

邑居万山之中,地之平旷者,不得什一。通志称其火翳水耕,崖锄陇莳,不虚矣。顾一泓之泉,可溉数里,旱无抱瓮之劳,潦无害稼之患。至于引水不及之处,则漳、泉、延、汀之民,种菁种槠,伐山采木,其利乃倍于田。久之,穷岗邃谷,无非客民。客民黠而为党,辚轹土民。岁侵,揭竿为变者,皆客民也。

正统十三年,沙县邓茂七为乱,诸县响应。异时尤溪贫民佣于永福,永福人奴虏畜之。至是拥众侵轶我邑,所过无不屠灭,几墟其境。

(嘉靖)四十年漳人王凤以种菁失利,因聚众据二十八都为乱,不旬日遂至千人。监司发兵击贼,糇粮不足,百姓皆逃匿,独利洋人鄢俊散家财,持诣垒门给食,兵得无饥。明年,复散家财,号召邑中豪杰得六百余人,白言县请击贼,乃率兵迎贼于九龟里,与战,杀数十人,俊亦身被数枪而死。又明年,刘巡抚等遣将灭之,而西北诸都残毁萧然。

(万历)十七年正月汀人丘满聚众据陈山为乱。知县陈思谟请于巡抚赵参鲁遣把总王子龙灭之。

十八年烽洋、小姑、西林、赤皮、赤水诸处菁贼会盟为乱。而烽洋贼曹子贵、包二等先发,建旗杀掠,屯于大山埔之碛头。知县陈思谟与邑人典仪张仕朝等乘其未会,率乡兵灭之。(万历《永福县志》卷一《地纪》)

陈思谟,广东河源人,万历十七年以选贡知县事,会客民丘满倡乱陈山。明年曹子贵倡乱烽洋,思谟请兵而歼之。贼平,令里宰举山谷中种菁客民籍记之,使相觉察,于是相率治生业,不敢为乱。

（万历《永福县志》卷二《政纪》）

六、福鼎《蓝氏族谱》中的畲字义和石碑禁文

四十年前，我曾草《福建畲姓考》乙文，刊布于《福建文化》（福建私立协和大学出版）。文中论及福建之畲，系越之遗胤，山居为畲，水居为疍，并指出畲的姓氏，非仅为世所说的，仅有雷、盘、蓝、钟四姓而已，而李实为畲中巨姓。解放后，对于畲的研究有新发展。顾关于畲的族属争论仍多，畲傜同源论者大有其人。这是一个学术问题，有待讨论。本年福鼎周君瑞光前来厦大进修，出示《蓝氏宗谱》一书，系同治庚午年纂谱，由王聘三、捷三编订。修谱目录，有"辑谱名次、新修谱序、旧叙、广东盘瓠王祠一记、广东重建祠序、盘瓠氏铭志、释明畲字义、石碑禁文、诸翁传、凡例、谱论、姓属、字行小引、历代名人、支图"。谱中明记福鼎之畲，有蓝、雷、钟、李诸姓，并载福建的由来，有云："唐光启二年，盘、蓝、雷、钟、李有三百六十余丁口，从闽王王审知为乡导官，由海来闽，至连江马鼻道登岸，时徙罗源大坝头居焉。盘王碧一船被风漂流，不知去向，故盘姓于今无传。"这是说畲系从王审知为乡导官，由海来闽，这一说法，虽有待考证，但亦可备一说。兹以谱中的"释明畲字义"和"石碑禁文"，颇足供民族学家的参考，特录如下：

国朝乾隆二年奉闽省督抚部宪郝、卢具奏：普天之下最善良者莫畲民若也，男耕女织，恪守法纪，其风俗近古。奉旨命下绘画畲民图册进览，仍准畲民不编丁甲，免派差徭，循例古法，勒石铭禁。十七年又蒙查明"畲"字义。历朝来，广东、广西、江西等处，皆有蓝、雷、钟、李散居处焉，服贾力田者有之，登科第隶仕籍者有之，未见有畲民二字名色，唯福建、浙江固有畲民之称，畲客之号，不知其何谓也，而字书不载畲字，唯《字典》内有畲、奢二音，释为三岁治田

曰畲,奢又曰火种也,其义近农民。命督抚部院查核,督抚部院召问老叟雷有金云:"开山为田,以供赋税,高地无水之处,栽种山苗,山苗我们所谓奢禾。该地邻人因我们业种奢禾,遂称呼我们曰奢客,如今之采茶人俱称曰茶客一类。世人不识其义,且不知来历,以猜疑我们往古之日大抵从番而入,捏造入番二字,台即读畲字。"以是云耳。奉大宪勒石永禁示谕建立平阳县衙门首。

特授浙江温州府平阳县徐,为恩天一视同仁,恩准照例示禁事,抄蒙分巡温兵备道加三级刘于康熙三十六年十一月二十七日奉闽浙总督部院郭批:据平阳县瑞称,定等畲民系出高辛之后,赐姓敕居各处,开山为田,以供赋税,不编丁甲,不派差徭,历代成例,各省皆然。前蒙示禁,一切差徭夫甲以及采买等项,畲民概行永免。但法久弊生,瑞、平各都里堡地棍阳奉阴违,每多藉端勒索,稍拂其意,即行捏词告害,以致穷畲迁徙流离,山田荒废,国赋无归。现在闽省连江、罗源、侯官等俱蒙示禁勒石永革,畲黎得安耕凿。叩乞大老爷准照例禁勒石永革以苏畲困。奉批温州府查报,遂蒙檄行二县,瑞、平会同确查看详,蒙道宪批仰候核转缴,十二月十九日蒙道宪牌唤定等赴辕询明以便转详覆院定夺,随即禀明始末情由。悉蒙转详督宪。三十七年二月十八日蒙批如常出示严禁,仍饬勒石永革。二月二十四日蒙道宪颁发告示一道,仰平阳县官吏准照,发下告示一道张挂县前,仍将示内禁饬事理勒石永遵。即刷碑模二纸,呈送毋违等因。蒙批遵备前情勒石县前,嗣后如有各都里堡地棍仍前藉端科派畲民丁甲差徭以及采买杂项者,许即指名呈控重究,以凭正法施行,断不宽贷。各宜凛遵毋违。特示。

康熙三十七年五月十六日给。

奉平阳县周重勒石碑永禁示谕,亦建立衙门首。

署浙江温州府平阳县正堂加五级纪录十次周,为循例晓喻示禁事。据畲民雷向春、钟子评、雷文锦、蓝士嘉、李子远等呈称，身等蒙前代高辛氏赐姓蓝、雷、钟、李四姓，迁居散处，开山为田，以供赋税，各省皆然。现在连江、罗源、宁德、福安、霞浦、福鼎、景宁等县，均各勒石示禁，不许里堡地棍藉端索扰。身祖雷起定于康熙三十七年因地棍叠次扰害，是以会同瑞邑蓝文贵等，呈鸣督宪郭暨道府二宪，蒙仰前宪徐将道宪颁发告示张挂并将示内事理勒石永禁，庶地棍敛迹，身等俱各安居。因上年杨宪重建头门，将碑移开，未蒙重立。身等恐地棍乘碑未立，仍然藉端滋扰，呈请修建示禁等情投县。据此除查案准其建修外，合行出示严禁。为此示。仰合邑居民人等知悉，自示之后，尔等务宜各安本分，毋许扰害畲民，倘有不法地棍仍然藉端索扰，许被扰之畲民协保指名禀县，以凭按律究治，断不宽贷。各宜凛遵毋违。特示。

嘉庆七年八月十七日给。

七、陈北溪论南宋漳州淫祠与淫戏

陈淳字安卿，号北溪，南宋漳州龙溪人，为朱熹的弟子，有《陈北溪集》。其所著禁漳州的淫祠与淫戏两论，颇足以窥见南宋时期福建民间生活的变化，这一变化是当时社会经济的繁荣在上层建筑的反映，为研究福建民俗史的重要资料，故系供参考。

（一）上赵寺丞论淫祀书

某窃以南人好尚淫祀，而此邦之俗尤甚。自城邑至村庐，淫鬼之有名号者至不一，而所以为庙宇者，亦何啻数百所，逐庙各有迎神之礼，随月迭为迎神之会。自入春首便措置排办迎神财物事例。或装土偶，名曰舍人，群呵队从，撞入人家，逼胁题疏，多者索至十千，少者亦不下一千；或装土偶，名曰急脚，立于通衢拦街觅钱，担夫贩妇拖拽攘夺,真如白昼行劫,无一空过者;或印百钱小榜,随门抑取,严于官租,单丁寡妇无能逃者。阴阳人鬼不同途,鬼有何说欲人之必迎,人有何见知鬼之必迎。凡此皆游手无赖生事之徒,假托此以括掠钱物,凭藉使用,内利其烹羔击豕之乐,而外唱以禳灾祈福之名,始必浼乡秩之尊者,为签都劝缘之衔以率之,既又挟群宗室为之羽翼,谓之劝首。而豪胥猾吏又相与为之爪牙,谓之会干。愚民无知迷惑陷溺,畏福惧谴,皆罪勉倾囊舍施,或解质举贷以从之。今月甲庙未偿,后月乙庙又至,又后月丙庙、丁庙复张颐接踵于其后。废塞向墐户之用,以为装严祠宇之需;辍仰事俯育之恩,以为养哺土偶之给。……钱既裒集富衍,遂恣为无忌惮,既塑其正鬼之夫妇,被以衣裳冠帔;又塑鬼之父母,曰圣考圣妣;又塑鬼之子孙,曰皇子皇孙。一庙之迎,动以十数,像群舆于街中,且黄其伞,龙其辇,黼其座。又装御直班以导于前,僭拟逾越,恬不为怪。四境闻风鼓动,复为优戏队相胜以应之。人各全身新制罗帛金翠务以悦神,或阴策其马而纵之,谓之神走马;或阴驱其轿而奔之,谓之神走轿以诬罔百姓。男女聚观,淫奔酗斗。夫不暇耕,妇不暇及织,而一惟淫鬼之玩;子不暇及孝,弟不暇及恭,而一惟淫鬼之敬。……一岁之中若是者凡几庙,民之被扰者凡几番。……前后有司不能明禁,复张帐幕以观之,谓之与民同乐,且赏钱赐酒,是又推波助澜,鼓巫风而张旺之。至于朝岳一会,复鄙俚可笑。岳,泰山,鲁镇也,立祠于诸州也何? 因国朝以帝封之。帝以气之主宰者而言,非有人之谓也。而人其貌也,且立后殿于其后也何? 谓自开辟已有是岳,而以三月二十七日为岳生之辰者,又为何据? 阖境男女混杂,昼夜朝礼入门,则群妪谓为亡者祈哀,以为阳府缧绁之脱;庆侍者亦豫为他日之祈,谓之朝生岳。自以为报亲,而不知其为辱亲;自以为修善,而不知其陷于恶。与前迎鬼者同一律,皆蛊害风俗、混乱教化之尤者也。某愚区区欲望台慈,特唤法司开具迎鬼诸条令,明立榜文,并朝岳俚俗,严行禁止,仍颁布诸乡下邑而齐一之,于以解人心之宿惑,而有风移俗易之美;省民财之妄费,而有家给人足之道。实为此邦厚幸。(道光《重纂福建通志》卷五十六《风俗志》)

(二)与傅寺丞论淫戏书

某窃以此邦陋俗,当秋收之后,优人互凑诸乡保,作淫戏,号乞冬。群不逞少年,遂结集浮浪,无虑数十辈,共相倡率,号曰戏头,逐家袅敛钱物,豢优人作戏,或弄傀儡,筑棚于居民丛萃之地,四通八达之郊,以广会观者。至市廛近地、四门之外,亦争为之。今秋自七八月以来,乡下诸村正当其时,在在滋炽,其名若曰戏乐,其实所关利害甚大。一无故剥民膏为妄费;二荒民本业,事游观;三鼓簧人家子弟玩物,丧恭谨之志;四诱惑深闺妇女出外,动邪僻之思;五贪夫萌攘夺之奸;六后生逞斗殴之忿;七旷夫怨女,邂逅为淫奔;八州县二庭纷纷起狱讼,甚至有假托报私仇击杀人无所惮者。若漠然不禁,波流风靡,岂不为仁人君子德治之累。欲望台判,按榜市曹,明示约束。并帖四县,各依指挥,散榜诸乡保甲,严禁止绝。如此则民志可定,民财可纾,民风可厚,民讼可简,阖郡四境皆实被贤侯安静和平之福,甚大幸也。(道光《重纂福建通志》卷五十六《风俗志》)

八、莆田戏剧史资料——《北关外瑞云庙志德碑》

1962年我为搜集福建地方文献,于新修的《莆田县志·莆田金石木刻拓本志》获见此碑,对于研究清代福建社会史、戏剧史饶有参考价值,爰即笔录一过,置之箧间。日前重读是碑,因原书不可复得,而抄本又已破烂，中有缺文，未能复校，谨待识者补之。碑文如下：

　　　梨园戏班子民双珠、云翘等，为鸿恩峙同山岳，勒碑永颂千秋事。缘珠等各班，自备戏船一只，便于撑淡贮戏箱行李。通班全年在船宿食，以船为家。因听雇溪船，每遇海坛雇运饷米，多有撑避，押运员因恐于稽延，遂勒珠等戏船接载，致珠等演毕夜半而回，觅船不见，通班宿食无门，在岸露处，惨莫尽言。珠等于乾隆三十六年三月十三日将情签呈署水师提督游宪辕，蒙批：载运兵米，自应募雇民船，谋食船奚堪勒载，致累营生。若果情实，赴海坛镇呈请饬禁可也。四月初三日，匐叩海坛府杨辕下，蒙批：据呈，业令批饬，不许乘溪船躲避混雇戏船，以误营生。但戏船应当分别有据，方无错误。二十九日具呈县主大爷台上，恳照珠等承管班各赐给据别。蒙批：准给求饬禁每班给示一张在船为据，免致错误。珠等深叩提镇两宪大人大老爷暨县主大老爷覆载鸿恩，为此谨勒志德碑，朝夕焚香叩祝三位大老爷福寿绵绵，奕世金紫，谨颂。

　　　乾隆二十七年二月　　　日

　　　戏班子民双珠　云翘　翔鸾

　　　庆顺　锦和　八艳　八阳　斌亭　胜凤　碧兰　集锦
玉珠　敲金　揖瑞　云阳

　　　锦林　集瑞　满珠　锦树　兴隆　珍玉　洋水　鸣盛
沫芳　东聚　书仓　瑞云　壶兰　树梨　荣招　金兰

　　　凤仪等同立　　（待续）

九、泉州《清源金氏族谱》中的《丽史》

　　五十年代初，我应福建省博物馆筹备处张圣才先生之约，同我系一起调查闽南地方史料，因请庄为玑、陈盛明两同志前去调查，得泉州丁、金、郭、雷各姓族谱共八部，其中大多有关伊斯兰系统及畲族等少数民族史料，各抄录两份，分藏福建省博物馆及厦大历史系。嗣以各种运动关系，历史系所藏资料分散流失，丁姓族谱已不知去向。金氏族谱尚存，中有《丽史》，是一篇很好的传奇文字，也是民俗史资料，对于研究元末泉州地区民族混居情况及社会风俗习惯，饶有参考价值。记得1953年前后，郑振铎先生来厦传达抗美援朝战况，曾请他为文科师生作一次学术报告，我特将这篇《丽史》请他作鉴定，郑先生认为是可传之作。顾三十余年过去了，此愿迄未能偿，因嘱陈支平同志重新抄录一遍，刊布于此，以供同好。

丽史

元正统中，天下乱，林蕻多群盗，泉之清溪沃里凌翁，家富百万。以岁甲申携女无金投城，侨居朝天巷街右。无金姿极艳，通书，能赋晓音，静慧有操，生十七年矣。一日，私向乳母完婆曰："我生在于沃，终当为沃人乎？"完婆曰："父母爱女，嫁不离乡。"无金曰："嗟绿林之木，吾之死所也。"城中士有伊生楚玉者，甫弱冠，读书少林寺，常道凌翁门，无金日迎于帘内。先有清溪人李姓者，为县吏，坐失囚系当论□，质伊家白金一百自赎，竟没。而家贫，伊为焚券，即楚玉父鹤凫君也。李女如响鬻入凌家翁为婢，因识生，知生未婚，私达其意。一日生过凌公门前坠扇，如响见而拾之。扇上小景，题《浣溪沙》，词云：

幽思腾腾，半空楼台垂袖倚东风，玉箫声，在碧桃中，天上鹊桥何处渡？人间红叶几时通、欲凭消息托丝桐。

无金叹曰："昔疑才不称，今见貌不称才矣。"付如响藏之箧中。一夜独坐，手弄梅花一支，俯栏微吟一绝云：

窥眼漫劳莺探息，断魂空悟蝶□缘。

生成惟有枝头雪，不着尘埃到粉墙。

　　如响窃听之，慰之曰："东君爱操，自解主张也。"生自坠扇之后，杳无息耗，将绝念矣。无几，上元张灯，间宵出游，过凌门，忽心动，倏如响开东窗纳生。顷之，无金至，无金迁延进退，身不自容，障袂谓生曰："一念之差，万罪之由也，君谓之何？"生曰："当月不行，当风不言，何也？"无金曰："此非所愿也。"生曰："将之以大礼。"无金曰："妄敢谅乎。"生曰："无忧，金可与断，石可与穿也。"无金拜谢毕，遽揖生还，翻然而逝。生归，因诗以记其事：

　　谁寄阿娇七宝台，金蝉□锁夜偷开，

　　红巾□□青鸾舞，玉管吹风紫凤来。

　　漫口茂陵词赋客，更夸京兆安治才。

　　分明琴瑟叮咛语，云雨巫山那梦猜。

　　越数夜，如响复纳生，无金献玉轸七枚。已而晒明，相对不及一语，生未悟也。忽蛾扑灯花，生征□。无金曰："君何晒蛾也。"生曰："灯花无露蛾，空着惹青灯，是以晒之。"无金正色而言曰："妄闻之，事君子如事天，当明以礼，面者一见之间，辞不敢尽，恐不见察，故复屈邀良躅而献轸，一则欲处君之膝上，再则欲君以寒玉相照也。君兹以多露见求，岂妄之所望于君哉？妄愚幼何知，惟君怜之，君德之，君惠之也。"随泣下。生改颜谢之，自是杳然。

　　先是，鹤凫有妭氏，幼随外祖任海康令，随外祖入籍，不归。因与尉子为婿，嫁于潮阳。兄弟参商五十年，至是妭没且葬，甥以书来告日月，鹤凫君悲伤不致，楚玉请往潮阳会葬，将行之前一日，寻间告别。无金曰："季札以剑过徐，徐君心欲之，徐君死，季札不以剑归，心许之也。爱莫重于心欲，义莫重于心许。君果许妄，乞念早归。"言声泪俱下，生趋出。生出寓潮州港，有《凤凰台上忆吹箫》，词云：

　　哺母鸟啼，离群鸿箫箫，江畔蒹葭厌隔缸，辽贾卷叶所，茹眼时，三更渔火奈江阔。归梦难夸邈然处，青烟笼月泉笼沙。堪嗟故园难住，向水泽鱼村作伴。鱼虾令沈腰成瘦，□鬓欲华，惆怅当时泰约。自□拟敖笑仙家，谁知道万里。今宵流落天涯。

无金别生既久，儿女之情不能自饰。乳母完婆疑之，从容屏人出玉环曰："娘子孩时所弄之物也，吾为子藏之无玷。今长矣，可惜此环也。"无金纳环银瓶，缄其口而还之，曰："愿姥终惜此，口不密，环与瓶俱碎矣。"夏六月，生至，自潮州居少林寺不得通。题《撷芳词》于屏间：

别仙神，相思月如年，肠曲千回转。怅无奈素缘，回首蓝桥路迷烟，怪三更月千山雪，几声谢□惊蝴蝶。依然隔空相忆，井梧坐对，伤心寒魂。

〔僧〕有福有道，见词大惊，此子必纳于邪。儒者教人不可以荒田野草，子悲止其流，要当以礼义成败之说防其□。乃沼（召）曰："读仁不仁，读义不义，仁义人之干也。无干不立，故防水火中，避溺山隅者自修之明也。彼其宫女诵秀才之诗，夫人买长门之赋，脱暮之年坠坑落堑，败名丧躯，足见尤物之无利于人也，览念所为寒心。"生耸然谢云："不能从也。"

顷之，有致政平章乔公者，独一女珍珍，极钟爱，授读《二南》、《女诫》、《列女传》，乔公因其姑为伊之从母，来求婚。生惧，亟托父友先乘间言之，鹤兔辞婶而听友，即遣媒以行，凌翁许诺，伊遂纳币焉。无金之母黄氏，沃人也，为凌后妻，无子。受伊聘有月余，有妪自沃遣来，为黄氏之侄请学温峤故事，且愿纳赘前子。凌翁因言婚不可悔，服不可乱。妪有缓颊将行，阴说黄曰："无子而纳赘，以姑而婚侄，此一老媭之利，而举家故所不欲者也，宜深计之，妪之言不易再得也。"言未毕，黄氏色变曰："非妪见爱，其谁为我虑之。"于是泣告凌翁，求纳赘。翁年老不能制，力辞。伊之友曰："无听三尺之法,彼何恃而敢干也。"鹤凫叹曰:"鼠牙雀角而得妇,吾不为也。"遂命还□。无金失望,白特纳生,问曰:"殉乱与殉义,孰美?"生曰:"殉义哉。"又曰:"成美与成恶,孰贤?"生曰:"成美哉。"无金再拜曰:"谨铭君子之命。"以悟其意,业已许之,不欲悔,而东窗之会遂绝焉。无金以如响来□谓之曰:"始以获人之乱为义,而终掠乱以取之。莺莺处不□而遇张生也,我以世乱惊心,自谋女萝附松之荫,危如莺莺矣。伊郎三接于东窗,俨然在宾客之间,咨于父母,动于媒妁,以行先人之礼焉。其视张生何啻犬彘,此我之所以生死而铭心者也。夫人施我以柳下之仁、云长之礼,而我报之以玉箫之信、绿珠之义,求其称耳。若嫁夫不售,自恨以殒其躯,此真淫女子也。吾岂为是哉?"如响答曰:"伊郎求婚,外子不会而妾启之,妾罪二也。东窗见客,娘子以为不可,而妾纳之,妾罪三也。□三罪以祸娘子,外子必杀身以报伊郎,妾则杀身以谢娘子。"无金曰:"北堂寒暄,唯子是赖,子必勉之。"如响曰:"楚官失业,楚妃不下堂,而就楚官保教之以上也。妾教娘子不正,反卖娘子而独存,世宁有是礼耶?"如响素端谨,复有是言,无金亦加爱之。无金自婚姻改更,无复弄姿,女工俱废,见人每羞颜常以疾称,自号为"白石居士"云。至是□黄在眼,伊生有父□之行,命如响纳生一别。是夜无金赠绫袜一裲,言曰:"妾望以终身为此,今不然矣。目诵一汉宫女诗,意多添一线含情,更看绵今生已过了,重结后生缘。"不觉泪下不能止。又赠玉钗一双,日睹物思人而已。如响置酒,生辞,无金曰:"君去后,知事如何,尚一日出于迫抑,宁复得见君乎? 今夕送君,亦君之送妻一也。"自歌《薄命词》以侑之,鸣咽而止。生为□绝而不能自去。还诗云:

何迫促,杯酒相看短灼,拂拂征衫,缘百年,情乖佳耦。千里望芳□躅,恨正绵绵,愁正续续,椎碎心头玉。

楚玉到福州，凡名士皆集其馆。时朝纲紊乱，名器不惜，寇盗招安，实居朝堂之位。同监试者，招安人之婿也。楚玉同舍生六人愤，一不参谒，径游武夷而去，秋尽乃归。其岑、符二生，蒲士也，爱楚玉之才，临刻密指拥□，谓之曰："天象如此，胡运可知，稍待天下之清，不亦可乎？他年过蒲，幸迁玉趾。"

无金自与如响，暗察其心纯，寝处共之。一日有小婢，自如响卧内，窃㕵中扇去，既而扫地，误坠太湖石畔。凌翁晨起，行花间得见有诗，疑为无金所遗，怒甚。以如响侍寝处拷使言状，如响应对从容，直言娘子托婚之正，伊家求婚之明，吾家悔婚重婚之非理。凌翁鞭扑交下，几有不测。无金将自赴凌所，遇妾璎于阁内，璎教之曰："外子即入，但言不知，小婢不足惜也。"无金曰："事由无金，安敢重为欺匿。夫身为父母所生，心为父母所疑，安用此身为哉？"璎止之，先入，泣告于翁曰："古人有言，教女无嗷，教男无唉。大人东□如此，将杀女乎，将嫁女乎，蹇修之议方成，而中构之言不稳，一譬如临风艳鱼计之未详者也。"凌遂舍之。徐徐阅扇上诗，不觉叹曰："背信而失，去福而生祸，我为黄氏所误至此。"由是提防甚谨。

伊从母乔氏闻凌家辞婚，言于生，平章再恳之。至是乔氏后申请，鹤龛方悔恨，遂许之，生到家，既望乔婚已成，又计沃黄聘亦已通，无金书问复缺，绝不知其故，欲写无金勿弃夙心，乃以诗封所遗玉琴轸还之：

我爱此玉轸，眩高奈尔何！

无将饱璞意，勉强向春□。

无金览诗叹谓如响曰："项王帐下之歌，欲虞姬效死于樽前耳，宁不悟耶！"乃答生诗云：

妾是□中竹，苦节生高枝，

君子不我殡，不受行露欺，

兹志良有感，仁义在恩私，

齿此当自敌，不齿何生为！

君其最明德，□勉青阳姿。

鸿鹄万里冀，无为鸡雀蚕。

其夜，无金沐浴更衣，就房而缢，如响继之。正宛转间，完婆觉，乃不死。完婆忧屡苦告之，无金曰："休当信者不言死，当义者不言恩。"完婆曰："妇人一不自夫，则信；顺天命，则义；违亲殉乱，信义孰有？"无金曰："休是信义，则理当死，非信义则罪当死，当死故也。"黄谕之曰："吾临年老，一女也。我望汝之身，犹男之重也。吾命不从，死从恨矣。"无金曰："恨在违盈耘不在违命。"黄曰："汝知有身，不知有尊。礼云在家从父，岂云在家从盟乎？"无金曰："母知其一，未知其二，礼云出嫁从夫，岂云出嫁从兄乎！"黄语塞。又两月，伊娶乔妇过门，其嫂欧阳氏，亦沃女。沃里有温泉，夏夜妇女咸浴之，因夜闻盗，女浴者惊，一溃误坠汤死者数十人。欧阳与无金同此□，素若无以为之处，间日待黄洗浴，从容问曰："孀人淹起居，亦颇忆温泉之乐乎？"黄曰："不愿顾此陷人坑也。"欧阳曰："田园久荒，鹅鸭长失，凌霄将归，瘁妾同行，妾其别矣。"黄为凄久之，曰："婢妾数多，遣之可也。"欧阳泣云："孀人携妇去虎就麟，何其爱女不一如爱妇哉。"黄亦泣曰："吾非不悔之，但无及尔。"至是闻生别娶，来为小姑等曰："伊郎舍小从大，今明矣。姑不转为计，复维望乎？"无金默然而哂。阳曰："姑勿哂，世间有白头妻，宁有白头情人乎？"无金曰："有之。"欧阳曰："试言其理。"无金曰："尤夫弃小信而就大伦者，孝也。父母悔婚而女不悔婚，贞也。男女不同□，彼行其孝，我守其贞，固无相袭之理也。且婚姻之道，主投和顺，先至而求者为婚，后至而夺者为盗。婚则为妇，寇则为虏。虏于人而反事之，何颜而为世耶？是故父母之命有时而轻，路人之情有时而重。"

欧阳叹息无言而去。□无金从容就义，曲尽其计，欲剖心自明，而难于施□。

无何，黄侄以母聋，来议娶妇□□。无金私念喜曰："入沃由水，吾志行矣。"至期，黄家委禽，凌翁迫出见婚。无金拥泣恨绝，扶不能进。黄氏欲掩其情，亟扶登轿。□出，凌翁驾后舟，及妾璎、完婆皆一送之。无金入舟中，黄侄来与载，无金大哭。沃妪美言慰之曰："沃，尔家也，郎尔见也，乃患苦哭也。"无金厉声应之曰："此非人之所为也。"妪曰："今不必论之矣。"无金曰："沃人虽不论，天下人必论之。"黄侄与妪过别舟，无金与如响推篷而起，顾太阳中午，欣然携手赴泉而死。时霖雨初过，溪流涨急，一漂倏然二三里，沃人率舟救之，几覆，但束手而已。二尸相携，并浮水面，泛如鸳鸯，三入潭而不没，四遇石而不伤。至晚，翁后舟继至，二尸浮与相遇，篙师犯浪接而出之。完婆与璎为更衣，始知皆处子也。凌翁抚尸大哭曰："所不改先结之恋者，吾子知其义也。夫所不从中表之亲者，吾子其知礼也。夫强以不义非礼之命，而驱以死，老悖之罪也。"即就舟中与黄子绝，返棹而归。泊于溪畔，忽觉一老人葫芦挂杖，投村暮宿，逶迤循溪而来。试问之，乃天合医道人也。亟引登舟，诊视，道人曰："死矣。"问处子耶？息妇耶？翁曰："处子。"道人曰："处子□□未开，□迟二十四刻，幸犹可为。"又问年几何，翁曰："长者十九，少者十八。"道人曰："午时入水，□裕伏吟，单岁遇格则强，双岁遇格则弱，强者易而弱者难。"翁曰："大医但尽心，一女活，酬金四十；二女活，倍之。"道人未及答，璎与完婆且泣曰："妾非他人，二女之庶母、乳母、慈母、养母也。大医但尽心，一女活，妾益十金；二女活，益倍之。"道人欣然解囊，取药粉置竹筒中，吹入口鼻耳窍，覆尸一凳上，倒垂其首，一令人不住手抚而捏之。道人步一中作法，绕尸数转，与至约曰："女子十二而心气荣心，气荣而红铅结，英于华池，乃太阴之真金也。金入水火不灭，死则复归于心，入地化为碧。吾药以开周天三千六百五十二之经路，以达于心，吾入到以修三千七十二万之正气，以还于魄，水乃尽出，而心气而通涤，沥既尽金玉自露形也。"至夜半中水出尽，二女口角皆有红沫如□朱之珠光照幌帷。道人抚掌叹曰："俱活矣。"乃改法安卧于褥，以候气复。诘旦，开舟，凌翁三人如约以谢，道人曰："不因有见，不敢有问，请言二女溺水之故。"翁为言之无隐，道人曰："二女贵贱不同，而谢无厚薄，何也?"翁曰："吾女父母俱存，此婢父母子复没矣。吾女专心正色，不羞父母；此婢能专心正色，不羞吾女，吾是不忍其命轻于吾子也。"道人叹息道："公一家礼义仁慈至此，老夫所以天涯而相逢也。"道人自择小金钗一双收之裹中，百金皆不受。翁曰："拊掌以救人，而郤步于受赏，此不可识者也。宁嫌少乎? 吾女妆奁盈舟，随宪大夫所取。"道人曰："不然，岂有方寸之药而值百金者乎? 岂有百金之人而敝裘卖药者乎? 公之财虽无穷，公之分则有定，且二女更生，实天所起，我亦何术之有?"挥手不顾而去。

无金归，欲为尼，左右止之："伊郎得无在乎?"无金怒曰："自今与若辈严约，或以不入耳之言强相聒者，必唾其面。"一日过节，无金绾妆如平日，左右私心喜之。既而妆罢，一剪而落三，封之箧中，见者无不常涕泣。侯生使来，无金以封箧付之，封识有诗二首盖谢绝云：

一剪青丝万业消，双眉不是旧时描。

只看水底秋菰冷，何用音书到寂寥。

一卷密多一篆香，飞花永不恋朝阳。

渔郎休记来时路，万水千山两岸长。

生启箧，举家惊叹，咸为之伤。生与乔氏居一年，夫妻之礼不成，结志成疾，父母□□已成，易诊无由，惟日善开晓之。生非不勉

从,调护终日不能喻之于怀,至是启箧一抢,伤神失魄,奄奄伏枕,作诗以自说云:

洞江花稀锁碧烟,如今仙路不依然,

自惭鹤瘦长移枕,翻作旧雉飞入口,

万里云霄书卷罢,平生生业酒杯干,

闲情不是风流赋,谁信闲情更可怜。

乔氏侍药□问生曰:"妾既待罪箕帚,敢不惟志是从,有怀则言,何必动此念耶?"生举目长吁,顾内不语。乔氏极哀之,乃密赠无金膏□脂粉,劝其蓄发,笺曰:"郎君欲为娘子死,娘子不欲为郎君生耶? 小星之分,珍珍受教□南矣,保无他也。敢展布。"无金答笺曰:"无金非不欲事内子也,第腐草朽木未已,无阳春之想久矣。不敢拜命之辱。敢展谢。"乔复请于姑嫜曰:"后不可以逾先,新不可以向旧,乞迎凌氏纳之,妾不敢以客处请逐。"乔婢绿蠡见乔欲自屈。共谏曰:"吾家三品之贵也,门第千年,名声垂四海,尔姐为之女,甘心绿衣之贱,则三品扫地矣。□秦之议,不敢闻命。"乔出怀中铰子谓二蠡曰:"□郎固属意凌氏矣,凌氏不迎则郎君不起,郎君不起则他之宗绝,而二亲负斯时矣。我独立于伊氏之门,将为新妇乎,将为罪人乎? 我一自屈则郎无妻而有妻,凌氏无夫而有夫,舅姑无子而有子矣。古者□惠公子为围女为妾,夫五公不尊且贵也,而子命不同,莫得而逃。我为伊氏之妾,亦命也,何辱之有? 即有破我者,吾亦杀身以成此义。"遂刺缕血以示。二蠡凛凛归白于家。平章局局然而叹曰:"珍珍盖知有□帛,而慕之也。"乃移书于鹤龛曰:"晋文公妻赵襄以狄女叔隗,及反国也,复妻以女,赵姬请迎叔隗与其子质,以质为嫡子,使其三子下之,以叔隗为内妇,而己下之,春秋以为贤。弱女有志,愿卒成之。"鹤龛大喜不胜,遣媒修□,凌翁乐然曰:"一贵一贱,一贤一愚,尊卑之分,定久矣。"即谓无金曰："往你伊家以报小姐之义可也。"由是无金感激，强自爱，复通书问，□载一缄于此：

薄命无金抚心拜叔：妾闻之坠花恋树，逝水望滩，此理之所无也。□蒙君子之德，不遗下体之微，倦倦殷殷，矢死不回，噫人情如此，一何难哉。幽怀易感，涕泣自零，儿女之情，不知所出，夫以成就君子改过之由，作式女儿不贤云戒，分之宜也。顺亲居室立成进修，道之正也。舍珠玑以收叱，去核智之累也，负涂泥而溷姬姜之侧，冗之尤也。且当君从顺三辰，是妾掩巾之亏也，欲强施面目负箕帚，此实难矣。沉惟沉迷灭性之途，决计匹夫之谅，以负君子之仁。孤贤之浪于义，有所不可焉耳。进退由人，自邻女兮。呜呼，古人所悲，有含冤而反魂，有赍志而更世。由妾观之，自经不殊，不食不僵，投水不溺，亦何还魂更世之易哉。中间目君数年，离别之苦，幽禽之恨，诟辱之状，此花木禽鸟衾枕几席之所共知也。今君不欲言之矣，天日在目，顺时珍重，不宣。

至元四年丁丑秋，无金再笄迎妇，珍珍下堂而迎，避室而寝，虚左而坐，徐后而行，以年相呼为姐妹。适是时清溪侯山鸣汀千数报至，无金失色，珍珍置酒而贺曰："结义士以托其身，不远嫌而厚于别，卒就大伦而兑于难，娘子之智，善其节也。夜纳处子之交，固施而不及乱，卒妻妾序而上下顺，郎君之义达其化也。"无金□爵拜曰："容父母所不能容之过，成苏张不能成之好，继此不死之年，无非小姐之生也。"由大二女相爱且笃，画同柳筐，夜同书灼。时处称为"二乔"。

己卯四月，珍珍有娠，不幸就馆而卒，无金号恸不能自存，自改衣以殡之。无金生女才数月，□断女乳以乳其孤。每晨昏上含悲泣，邻人闻之，辄为之坠泪，大遣水陆斋七日夜，刺血为文以祭之。珍珍眩乱时，如响抱疾告天，雨中叩头出血，求以身代，俯伏不能起,移更乃兴疾亟,七日而亡。临死谓无金曰:"妾死无恨,惟思不报为恨耳,父罪当刑,郎家赎之以金。父贫而金不徵,此何恩也!而妾未报。父殁不能殡,妾自鬻其身,娘子怜父为狱吏,既为掩骸,又荐福焉。此何恩也!而妾未报。妾投水之日,但知有娘子,主翁诸母念妾幼孤捐金以救之,无异于救其子,死而复生,此何恩也!而妾未报。与娘子未当望有今日也。小姐望贵屈身以成郎君之义,引刀刺血感动六亲,使娘子得归,婢子得随娘子为儿!此何恩也,而妾未报。妾告天地,原代小姐,而死异所,以报于众也。天不从人,奈之何哉?惟娘子善抚其孤,妾为娘子报□孟矣。"乔公使人临之,赐□罗以礦。乎喝!妇人不妒,其相报有如此者,使巨鳌闻之于北海之阴,其愚不亦少寥哉。

七月,生赴科场过蒲,访岑、符二生以谒之。二生已携家隐逃不知所之矣。东城楼有诗二首,不书姓名:

风烟相接海天秋,正气消沉杀气流。

景略何心生北狄,夷吾遗恨见东周。

定知海岛余亡客,莫遗瓜田诚故侯。

浪静风恬何日待,壶公四首五湖舟。

鸡鸣函谷驾青牛,垣极妖氛暗九洲,

南北堪舆将混沌,生青气候自春秋,

未知谁出蓝关路,自拟共登王粲楼,

摒子不须怜远别,洛阳几度入迹愁。

生喟然叹曰:"伯夷西山之志,仲连北海之心,寥寥百年,见斯人耳。惜楚玉不能处百江之累,负明哲之教,愧何如哉!"是年生登首榜,连登科目。崑从上都回,谓人曰:"春秋之世,道不行而义犹在。今世道不行,斯已矣。惟不忍先王之遗民,滔焉而无与济,代耕而食,岂得已哉。"乃以例乞就惠州宣教。专以三《礼》《春秋》教后学。尝曰:"邪世不能乱此二径。"□为峻防。六岁,君湖州倅,辞疾不赴,隐居著述。

泉州故多西域,宋季有蒲寿庚等。岁以平海寇得官,寿庚为招抚使,主市舶。寿为吉州,逆知宋运,迄□不赴,景炎间益王南巡,驻跸泉州港口,张世杰以淮兵三千五百人授寿康、寿宣,武人暴悍无课,只寿为画计。益王驾临,诚教寿庚,闭门不纳,尽杀宋室在泉者三千余人并淮军,无遗者,与州司马田真子诣杭州唆都降之。张世杰四攻九十日,不能克。寿、岁部画既定,并看黄冠野服隐于法石寺。一日昼寝,有书生二人称自潮州来,诗二首谒处士云:"梅花落地点苍苔,天意商量要入梅,蝴蝶不知春已去,双双飞过粉墙来。"又:"剑戟纷纷扶王日,山林寂寂闭门时,水声鸟语皆时事,莫道山翁总不知。"寿睡觉,阍人呈之,寿、岁骇汗失措,亟驰人四出,竟不知所觅。元君制世,以功封寿、岁平章,为开平□省,泉州寿、岁亦居甲第,一时子孙贵显冠天下。泉人被其熏炎者九十年。至是元政衰,四方兵起,国命不行。其婿西域那吅呐袭作乱,州郡官非蒙古者皆逐之,中州士类咸没,楚玉遇害,无金属其仆伊力曰:"吾为士人妻,不可辱于犬戎。肆扶孤□后,皆由尔矣。"仰药而死。力殡葬毕,负其孤□奔福州。那吅呐既据城,大肆淫虐,选民间女儿充其室,为金益撒楼下,命女子撄取,以为戏笑。即乔平章宅。建番佛寺,极其壮丽,掠金帛贮积其中。数年间,民无可逃之地,而僧居半城。至正甲午,遣骑攻兴化、福州,行中书省奏檄浔尾场司丞陈骇、丙洲司丞龚各安合兵讨之。陈骇、龚各安皆泉名士,为时儒宗师,以荐避不得已,姑就小官,素得民心,故有是命。伊甫年十七,随福州军校见陈骇,曰:"作乱者那、蒲二氏耳,民皆胁从,若战,必驱胁从者于前,官军杀之何益?"请入城行间,城中千户金吉亦回回种也,守西门。伊拦见之曰:"官兵诛回回大至,公为守臣,能除那吒呐以迎官兵,不世功也。若坐待官兵入,而后迎之,窃恐敌兵之际不辨真伪,公进退狼狈也。"金吉大惊,与伊拦约就夜开城西门,密约陈骇兵入。那吒呐仓卒突骑出子城拒战,伊力持巨斧冒阵砍百余骑,擒那吒呐送京师。是役也,凡西域人尽歼之,胡发高鼻有误杀者,闭门行诛三日,民间秋毫无所犯。僧大奎大书彩旗联句云:"将谓一方皆左袒,岂图今日见王官。"福州官至,发蒲贼诸冢,得诸宝货无计。寿庚长子师文性残忍,杀宋宗子,皆决其手。冢中宝物尤多,冢志玛瑙石为之,翰林承旨撰文,金陵人也,盛称元君恩宠,及归功寿、崴文字智谋云。大凡犬戎叛乱,出其天性,而奸诡饰诬,或目文字所济,亦有之。凡剖尸皆裸体,面西方。伊拦悉令具五刑而诛之。弃其□于猪槽中,报在守则弒逆也。

顷之,伪陈陈有定据福州,不知蒲已败,遣兵循泉州,欲倚为援,遂攻城。金吉与拦分兵固守南城,将陷,伊力战死之。相持月余,闻大明天兵自温州渡海来取福州,乃遁。泉民不遭屠戮者,此三人之力也。

洪武七年,高皇帝大赦天下,圣旨独蒲氏余孽悉配戌伍禁固,世世无得归仕籍,监其祸也。杜子美诗云:"羯胡事主终无奈",诚哉一言也。伊拦辟贤良方正,语在夏西仲《清源杂志》。或者曰元稹记会真、虞记娇红,其事传者其翰传也。若斯人者,炳其翰以绍其传,属之谁哉?君子闻之,曰:"言以文乱弗记,智以遂奸弗记,行以诡世不记,若斯人者,研削何所施哉!惟贵不害明,爱不害义,乔公其贤乎?顺可全宗,恭可范俗。乔氏之女其贤乎?贞一不二,视死如归。凌氏之女其贤乎?智以成美,忠以酬恩。李氏其贤乎?执信守义,矢志不回。伊楚玉其贤乎?仆夫存孤报仇,童子出奇靖难。伊拦、伊力其贤乎?忠以君,义存百千万人之命。金吉其贤乎？夷不知而不传，犹可也。详其事而扬其辞矣。若斯人者，虽弗记而自见其颠末，善观记者，观其主可以为劝之，其所及可以为戒，如此而已，故题《丽史》。

又《丽史》见于清源之野中，作之为谁，举事无知者。夫事不报于正，而辞不以文淫，文不列于教，而义不以文喻。奇识危行，厚德伟勋，足系风守之实，又肆陈焉。其传与否，可不可何如哉。书其后以贴观者。

十、龙溪县二十五都的《禁丐强乞碑》

宋元以来，福建土地日渐集中，农村人口过剩，杀害婴儿事件十分频繁。逮至明清时代，乞丐则是一个严重的社会问题，构成为社会动乱的根源之一。但在中国封建地主制下，由于非身份性地主（包括某些贱民阶层如丐头等），也拥有某种特权，于是这股对立阶层反被地主阶级所利用，成为欺榨、残害人民或其他弱小阶层的工具。福建乞丐，信如《南平县志》所说的："闽省乞丐，往往身穿好衣，藉乞为名，聚众十人，恶讨强乞，甚则伙众恃强肆抢，夜窃者此辈，昼抢者此辈。"成为中国封建社会构成中的特殊产物。前年我们研究组曾到华安进行社会调查，承蒙华安县政协文史组李寿南同志出示清代道光年间龙溪县二十五都一《禁丐强乞碑》，反映出中国封建社会结构的复杂化，其中有某些值得探讨的问题，弥足珍贵，兹抄录如下，以资参考：

禁止宪文

漳州府龙溪县正堂加十级记录十次吴，道光三十年二月初三日，据桃源保甲长唐翁、唐汉、唐佳等呈称：汉等零姓小族，住居二十五都桃源保打铁坑社，安分耕种为生。近年屡有无赖棍徒，勾引外方流丐，鸠党数十，每日入社强乞，勒索饭食、冬粟、花红，稍一不遂意,党率群乞,蜂拥吵闹;窥伺无人,窃掠鸡鸭猪只什物。社人难堪,纷纷较闹。汉等忝系本社家长,势难坐视,合亟沥情佥呈恳呼,叩乞首县重要安民,恩准出示禁逐流丐不准来社强乞勒索,庶几山僻弱社得以安生。一沾感切叩等情。据此,查恶丐估讨,本属例禁森严,据呈该乡无赖棍徒,纠党多人,入社强乞,并复乘间窃掠,尤为地方之害。除呈批示外,合行出示晓谕,为此示。仰该家长等知悉,自示之后,倘无赖棍徒仍敢率众强讨,许即扭交地保禀解赴县,以凭尽法惩治;第不得挟嫌妄拿,致于谷戾。各宜凛遵毋违。特示。

道光三十年二月　日　给打铁坑社晓谕

十一、清末安溪的卖妻和改嫁文书

在中国封建社会里,妇女社会地位之低贱,已为众所周知。毛泽东同志曾形象地把政权、神权、族权、夫权对中国妇女的压迫,称为四大绳索。近年获得安溪县农村的卖妻契约和再醮合同文书各一纸,对于探讨清代福建农村的婚姻关系及妇女社会地位诸方面,不失为重要的材料。原文谨录如下。

(一)卖妻契约

立出改嫁字人安溪庄山社楼仔厝陈〔钦河〕,娶妻汤氏,年登二十四岁,名唤连娘。因家庭清淡,日食难度,自情愿将妻汤氏凭媒配过□□珍山保凤林社陈芬从为妻,议定聘金龙银一百五十大员,其银即日凭媒交收足讫。其汤氏连娘即付芬从娶过,择吉日完婚,传子及孙,财丁两旺,富贵双全。河等不敢异言生端。此系二比,具各喜悦甘愿,永无反悔。今欲有凭,立出改嫁字乙纸付执存照。

即日收过字内聘金完足再照。

知见人　母亲陈氏

代秉笔人　汤福祥

为媒人　□□甘

□嫂林氏

宣统二年庚戌七月　日　立出改嫁字人安溪庄山社陈钦河

（二）二姓合婚文书

　　立出联珠进赘字人大坪社陈氏林门次男娶亲刘氏，不幸次男身故，今因池中无水，鱼难养，日夜挂怀，将刘氏名□娘媳妇，托媒进赘于凤林社陈隆柿之堂侄豪甲为妻。三面言议，甲一半付与陈氏为子，刘氏□娘一半付与隆柿为侄媳，约生男育女，各半均分。其约陈氏承夫生前所置田产物业并茶园以及杉松杂木，一概付甲掌管耕作，□□□□□，甲等不得变卖。至于陈、林二家祖先香火，一概理承远祀，不得推诿他人，而郑家祖先之□，本当奉祀，此系至公无私，凭媒立约，各遵婚约而行，惟愿子孙昌盛，绵延绵□。立出联珠进赘字一纸付执存照。

　　光绪二十四年岁次戊戌葭月　日

秉笔人　　陈祁甫

公见人　　林发有

为媒人　　陈隆汞

立出联珠进赘字人　大坪陈氏林门

公见人　　林强邻

房亲人　　林文四

　　再批约：前夫同胞兄弟早亡，年冥月日亦当奉祀批照。

　　又批：甲等居住林家往来而行，其后日不得串回陈家之家批照。

又批：陈氏承夫所置田产,约生前存留赡老之资,后日存留奉祀之礼批照。

封建社会里,孀妇的外嫁,多半为封建的道德观念所限制,但在生计无着或香火不继不得已的情况下,间有再醮之举,惟其受乡族势力的干涉至为严重,此种现象,除说明妇女地位低贱之外,似更包含着深刻的社会经济内容。上引材料,乡族势力通过再醮合婚文书,极力控制财产权和劳动人手的外移,已经表现得十分明显。

十二、清代龙溪农村的水利管理

几十年来,我为着探索中国封建社会长期迟滞的原因,曾草拟《论乡族势力对于中国封建经济的干涉》一文,略加论述。近翻阅厦门大学历史研究所"明清福建社会经济史研究"课题组的同志们自1983年以来从事社会调查所得的各种影印材料,其中关于龙溪县农村的水利管理,亦颇受乡族势力干预。龙溪杨氏家族的水利管理碑文云:

> 莲池之灌稻田,林木之荫坟墓,由来久矣。思厥先祖费功程,尽心力,几经开凿培植,以有池林也,固欲昭厥孙谟使无变更耳。后之子孙贤愚不一,闻有私筑莲池,砍坎林木,为害不少,良可悼也。兹各房子孙分议开剥严禁,以无废前人功。其已筑而成田者,议坐税以为祭费、开剥工资。就周围田亩食水多寡分为上、中、下登记,立石亦禁。上田一斗出钱八百五十文,中田一斗出钱五百文,下田一斗出钱三百五十文。如填筑莲池,斫伐林木,及锄削后岸,公议罚戏一台。
>
> 嘉庆丙子年　　葭月　　榖旦
>
> 各房子孙同立。

复有龙溪二十五都的一纸互换字契,记载该地公亲家长为调理乡

族内部的水利纠纷事,原文录下:

> 立换字人豪洲,与仲通公派下等为圳水滋嫌一事,蒙公亲千羽、万意,延请两保公亲家长出为调理冰判,全港圳水改收流入豪洲右边厝下水窟,转流入田培苗,不得分散。将外向豪昌、隆盖置买两片茶畬山畬,判换仲通公派下等栽插杉松竹木,又将豪捧承管茶畬一片,判换豪补掌管,又昌畬内判付新开横路一条。至公至夷,相得相益,俾春风于两面,复和气乎一团。凭公人立出换字,一样二纸,各执为照。

光绪十六年庚寅闰二月　日立

公亲人　　前坑黄口

霞林林弄

云山汤和春

大坪林集福

吉土陈吉生

立换字人　　　豪洲

十三、泉州《吴氏家谱》中的《黄龙族规》

泉州市历史研究会收藏有《新榜吴氏家谱》一册,为清末民初抄本,内有《黄龙族规》数则,颇具特色,对于研究清代福建社会经济史、封建婚姻家族史饶有参考价值,特录如下:

黄龙族规

一、吾族一片平原,前人遍植荔枝,正为祖宗坟茔、子孙庐舍,树其屏藩。各乡无碍隙地,未栽者不妨多栽,既栽之后,不许擅自砍伐,若擅自砍伐,将红柴充公,本人押到祠戒饬,斫工议罚。或因起盖厝宅,宜先报绅董踏勘,果于厝场有碍,始听掘起再栽,若有不屑绅者,受树主私贿,许其斫伐,察出重罚,终身不准入祠,而祖宗亦阴谴之。孝悌为人伦之本，凡忤逆不孝、殴兄辱嫂者，人人得而诛之，不准入祠；而为兄当友其弟，为嫂宜和妯娌，不得恃长横恣。

淫乱为万恶之首，或有子烝父妾、叔乱侄妇、侄奸叔母、兄收弟妇、弟纳兄妻者，是为乱伦，宜绝其嗣；亲服中，罪加三等。耆老为乡里表率，不但有齿，还须有德，德之一字，最无限量，但为房长为乡长，均当约束子侄，使子侄循分安业，便是乡房长之德。若子侄不遵约束，可听绅耆处置；若党子侄为恶，行事不正经，便不成人，与未成丁者，概不列为五老。

吾宗聚族而居，当念一本之亲，笃宗族以昭雍睦，不可因微嫌细故，顿起争端。有以横逆相加者，登投绅耆理论，毋速我讼。亦不得划毁五谷、果木、夺牛、破屋等情，违者以犯族规公罚。

族人有能教督儿孙，由科举学堂出仕者，身后从祀功德龛。苦孝于亲，友于兄弟，修祖宗祠墓、谱谍，以及一切公益义举，卓有声绩，亦准入祠，诸绅衿着为之报官请旌，以示鼓励。

妇人不幸夫死，不得借招夫养子之名，坏乱伦纪。若甘心守节，女德委实可嘉者，诸绅衿着为之请旌，采入谱谍，以垂不朽。

十四、明清福建各地风俗的转变

1982年，我应日本京都大学和东京大学之邀，东渡扶桑，作三个月的讲学和研究。其间，在人文科学研究所获见多种省内罕见的明清福建地方志，至为珍贵。今特录出若干风俗记载，以助于了解明代中叶以后福建地区社会经济的发展及其对于城乡社会民情风俗诸方面所产生的深刻影响。

崇祯《海澄县志》卷十一《风土志》载道：

澄在昔为斗龙之渊、浴鸥之渚，结茅而居者，不过捕鱼纬萧，沿作生活。迫宋谢晞圣筑海引泉,而农务兴。颜、苏诸君子唱学振人,而文教启。

明兴,治化翔洽,迄于海隅建邑以来,文物衣冠,顿与上国齿,民间略具脩脯,咸遣子诣塾师授经,吾伊之声汇乎四境。青钱待选,白璧还封,盖蒨蔚为芳林,而离披编为国宝者也。田尽盐卤,必筑堤障潮,寻源导润。有千门共举之绪,而无百年不坏之程,岁虽再熟,获少满籝,戴笠负犁,个中良苦。于是饶心计与健有力者,往往就海波为阡陌,倚帆樯为耒耜,凡捕鱼纬萧之徒,咸奔走焉。盖富家以赀,贫人以躯,输中华之产,骋彼远国,易其方物以归,博利可十倍,故民乐从之。虽有司密网,间成竭泽之渔;贼奴燬烋,每奋当车之臂,然鼓枻相续,吃苦仍甘,亦既习惯,谓生涯无逾此耳。方夫趋舶风转,宝货塞途,家家歌舞赛神,钟鼓管弦,连飚响答。十方巨贾,竞鹜争驰,真是繁华地界。然事杂易淆,物膻多觊,酿隙构戾,职此之由。以舶主中上之产,转盼逢辰,容致巨万,顾微遭倾覆,破产随之,亦循环之数矣。

成、弘之际,称小苏杭者,非月港乎?嘉靖云扰,赤白之丸,乘倭而张;负嵎建垒,几同戎穴,良民莫必其命。迨乎食椹怀好画陇安畿,数十年间,承平足乐。而天启以后,又日日苦兵,报水者偷以自完,接济者乘为奸利……。

婚媾不甚择婿,全凭门户,靓粉袨饰,艳丽相高。又有姻娅沦杂,而高门降衡者。死丧之家,强半作浮屠,云以报所生。其营葬见窟形家言,每至停丧,庶希吉壤。有识者不能自拔。故砭俗宜敦也。士大夫起家寒素,类守其清约、高峙门风,乃襃衣绣棠,灌漏卮而填巨壑者,偏自琐族为甚。富人翁铢积致赢悭,而强文曰俭,纵嫌溪刻足杜豪奢。若其子姓,生长襜褓。虎犊随其所如,狗屠因之,上客羌一掷而十万,亦买笑以千金。永世欢端,宁可冀乎?故防汰宜预也。女贞之木，是不一株，黄鹄之歌，亦匪一响。每见白首称未亡人，闺阃难望，且有沉痛不返，相从下泉者，又有陷贼血溅九死无悔者。……

以凤昔斗龙浴鸥之乡，一旦称东南望邑，庶几比大都会。涤疵荡秽，既方轨可因振豫持丰，又昌辰难恃，柄世君子，岂得以奸媚听之象魏，而污隆委之化工哉！

尤为引人注目的是，明中叶以后社会经济的发展，在一定程度上冲击着封建的阶级结构，使传统的社会秩序发生了变化。康熙《沙县志》卷一《风俗志》记云：

明初离汤火即衽席，未五六十年，即有邓寇之变，疆域丘墟，室庐灰烬，荡析离居，几及三稔。迨禁兵归朝，幸生之民始得冒雾露，披荆棘，救死扶伤，以蕲一日之命。其间含哀衰经者过半，终日觅求一饱之未能，复能治诗书营乐事哉？是以成、弘之世，富者无缯练之御，贫者无粱肉之饫，父子相爱，兄弟相保，煦煦然若初离襁褓。何者？民劳则思，思则善心生也，矧异时之怆中颣外者，悚悚以婴其怀哉？故当是时虽无奇衺之饰，亦无巇额之老；虽无藻缋之彦，亦无□诟之夫，语俗之美，莫有过于成、弘者也。然营生重则务学轻，故旧族往往有赡学之田，而士多不振。要而论之，大抵君子勤让，小人勤力，虽浅中弱植，不离闽峤之故风，而地势饶食，亦蹈些窳之陋习。工砥砺矣；间或沾沾足已；农竞劝矣，间或阴阳罔利。纵不能还盛时之淳庞，亦各以廉耻自讳。嘉、隆之季，已浸浸违其初矣。万历庚申、辛酉之后，干戈倥偬，竞以机械为名高，吞噬抢攘，恣以渔猎为厚利，凿齿之徒，伤鼓吻而争之，锥刀之微，狺狺相搏，民之无良，不特侙俭已也，而小民为甚。故贱至于妨贵，少至于凌长，小至于加大。是以一事之举，尊者权之，而卑者阴拱以掣其柄；一议之兴，贤者谋之，而不肖者号眺以阻其成。甚至强奴悍卒，得以劫其主君；不才子姓，得以挟其父老。讼狱烦滋，告讦㷊起。异方逋逃之民，又从指木教猱而升之，而世胄保家之主，惴惴顾成业如捧盘冰，尚敢出一息与之角哉？逐使首顾居下，冠以首履，越罗蜀锦，照耀舆台之躯，道号翁称，脍炙监门之口，服御之华，驺从之盛，龂龂乎垺缙绅矣，而故家旧族，蔬素不餍。呜呼，至无等也，至迫上也，可胜言哉！且也猾商黠奴，纵子钱以助其欲；深文懻吏，复罗织文致而巧诋之，大都白日之中，鬼瞰其宅矣。历有贤令崇德而尚齿，贵义而贱利，闾阎靡不被化，土罾龙虎，农仞盖藏，而僭窃之徒稍敛迹，向之不轨者，咸回面尚化，是返正之机也。迫沧桑屡易，兵燹迭遭，奔窜流离，不可胜计。

以上所记述明中叶后强奴悍卒社会经济地位的提高及其反主迫上的现象，在泉州、南安、同安诸县志中亦有所反映。康熙《同安县志》云：

> 服饰华美，奴隶之辈与缙绅等，及今而商贾胥役之徒美服食，仆妾舆马，置良田好宅。履缘曳缟，掷雉呼卢，以相夸耀，比比皆然。

康熙《南安县志·风俗志》云：

> 蝇营狐媚，始不过隶豪门以求活，继而狐假丛借，卖其主以自雄，而有司几不敢问矣。

这里，还应引起注意的是，自明中叶起，福建农村的抗租斗争的兴起，如万历《泉州府志》的记载是众所熟知的："佃农所获，朝登陇亩，夕贸市廛，至有豫相约言，不许输租巨室者。及今此风未改，其尤黠者，或串通胥役，以为庇护，而食租者难矣。"万历《福安县志》亦透露有同样的消息：

> 风俗与纪纲相表里，古今互异，戾俗淳漓相半。……若夫俗之漓者，则童冠相狎，未成立而字，论婚以财。责备筐筥，鬻产装奁，以致中人之家不敢举女。民间事佛惟谨，忏会传经，男女杂立，非

读书家,率以浮屠治丧。殡之日,召僧代鼓,治酒延宾,甚至停棺火葬,以修斋、建醮参礼、血盆为孝,而祭典几阙矣。俗侈而凌僭,方巾盈路,士夫名器为村富所窃,而屠贩奴隶,亦有着云履而白领缘者。且喜杂剧戏文,其谚曰:"无钱扮戏,何暇纳粮?"故多以竞戏相轧。其在村落恶少,动以逋租自毒。凡此偷俗,于今为甚,似又以其时为风俗也。

十五、连城新泉张氏、福州侯官云程林氏的族规

中国封建社会晚期,农村社会的家族组织,实为封建政权的补充工具,对于稳固封建地主统治,起着重大的作用。就福建的情景而言,农村各个宗族,不仅有自己的物质条件,拥有广大的族田、公田以及社仓、义仓等,且有各自不成文的法律,即族规、家范、惯例等等。这些族规、家范,深深地干涉着农村社会的各个方面,很值得引起研究社会风俗史学者们的重视。这里,谨录连城新泉《张氏族谱》和福州侯官云程《林氏家乘》中的族规作为示例,以供同好参考。

连城新泉《张氏族谱》,现藏连城新泉革命纪念馆。族谱卷首所载《新泉张氏族规条款》,全文如下:

昔朱子于崇安开粜,乡设社仓一所,请于府,得常平米六百石赈贷,夏受粟于仓,冬则加息计米以偿。自后随年敛散,凡十四年,以六百石还府外,得息米三千一百石,造屋三间贮之,救荒济急,法最善焉。吾族社仓之设于康熙四十五年乙未岁,制府觉罗满公行文各府州县乡村,给发银两,建立社仓。十一世孙讳威,倡会合族,父老衿绅酌议,不领官银,照依三户米粮派出,每石科谷五升,复劝谕绅士殷实乐输,一共得谷六十余石,竭力生放。现置田产,建仓廪,积贮谷石,以备饥荒煮赈,贫乏赖焉。第前人劳苦经营已有成

绪，后人当遵守勿替，使良法美意永垂不朽，斯可云继承不懈矣。族内借谷之家，亦应将干净者如期照数清还，不得少欠斤两。

古者家有塾，党有庠，春秋教以礼乐，冬夏教以诗书，作养多方，所以人才彬彬辈出。今议设立义学二所、经馆一所在东山楼，蒙馆一所即在祠内。但束脩诸费，无所从出。酌量于各房租谷内摘捐，并好善乐施者助出。或殷实家有捐至十两以上者，合族以"培植后学"四字匾额送至其家以奖之。

族内或有产业相争等项，俱安先鸣私房处服；如仍未睦，方许经六房公论。倘不闻族而径到官者，定以家法重惩。更有恃强行凶聚众斗殴者，众攻其罪，具结鸣官重究。

族内晚辈无故得罪房族长，一经六房核实，罚伊不孝。若恃年老辈尊及家贫无赖捏词刁诈者，不在此例。

族内众山树木，前人修蓄，所以护卫风水。不许入山砍伐，即风吹倒者，必众卖以充公用，不得恃强擅搬。违者，经看山人报知，从重罚惩。

男女有别，当严内外之防，妇女不许到家庙前看戏，尤当禁者，夜间做戏纵赌，诲淫生盗，莫此为甚，当戒之戒之，违者公罚。

别处有颓俗，男子妇人竟有认僧尼道士为父母假兄弟者，此同禽兽，殊堪发竖。吾族素守礼义，原无是人，但恐日后人多，或有蹈此亦未可定。今严立约束，不得违禁，并不得出家为道士僧尼，灭绝伦理，妇女亦不得入庵寺烧香，违者罚惩。

不得偷鸡盗狗、攫人财物、自役法网。且赌博为盗贼之源，荡散家业，斗殴行凶，皆由于此，殊为可恨。至于开场纵博，名为窝赌，大干律例，先当严禁。倘经发觉，报官重究。

请客筵宴，只论主人诚敬，不在饮食多品，须丰俭得宜，靡费殊属无益。今议喜庆会客，只五碗四盘二汤。或请官府及凡礼所当加厚者，则四大碗头四小碗头盘三汤，酒惟微醺，不许乱仪乱德。《左传》所谓卜其昼不卜夜是也。

居丧听乐及嫁娶者，国有正法。今人竟有父母之丧服未除而看剧者，反之于心，安乎否乎！甚有乘丧嫁娶薄俗，属尤可骇，所当严禁。

古者居丧三年，吉庆诸事概不敢与；情不可已者，只送仪物，用帖书一"制"字投之，不必亲到可也。

凡吊丧送葬，皆有哀戚之心，丧主不可具酒肉以待宾客，宾客亦不可受。今议只用素饭，不设荤用酒，使主客皆合于礼，且省无益之费，亦不可用鼓乐以娱。户若分胙之类，则听从自便。居丧有疾病者，许少用酒肉，但疾止复初。五十以上者，血气既衰，必资扶养，不拘此例。如期年后出葬者，待宾则酌用酒肉等项，但不可恣食珍馐盛肴。

文会，□言同人雅歌伐木统相亲，而善谓之举，必合一方之士相与讲习切蹉，而后彼此互有进益。今已设立文会，族内父老乐捐数十金，金□的当人生放，务必直正归单并殷实保人，方许借出，止取二分利息，拨于三八两月文会一次，仿春秋二闱。俟银两扩大，则鲜俱有会课，笔墨饮食皆取给于此，永著为例。别项用度，不许将会款挪用。

古者含襚以送死，赗襚以佐生，皆所以周恤丧家，助其殓葬也。若侈费奠物，厚于吊祭，薄于赗襚，无以助丧主之经营，反以累丧主之繁，殊觉未安。今议凡遇族党戚友之丧，随分相助。咸银三分，不留素饭；六分以上者，留素饭。至或□或两□人，情意浮薄，至于转不可已必备物奠者，气亦听□□只□代免两家繁难。

世俗信浮屠，诳言丧事俱备饭僧，云为死者减罪，免入地狱。不知死者无罪而强加之罪，是故入人罪，自干严律。若果有罪，何以追做法事买免，则阎罗老子，必以枉法受人之贿，先入地狱矣。昔程、朱大贤治丧不用浮屠，守礼君子当以此为法。

议于寝堂之东西设立二龛，东龛祀有功祖宗者，西龛祀乡贤，但必经众公论佥同，方许入主。东龛必创修祠宇、乐输祀田、扩大蒸尝之类关系家庙者，微功薄劳不得冒滥。西龛必绅衿中有言行交修、道明德立、如著述传世、泽被合族，及出仕著有功勋入名宦之类，确实有据者。人力营谋，不许混入。

凡进泮捐纳以及科甲诸喜事，若以果盒三五成群贺之，不惟无益，而且累主人。今议明贺随人多寡，止以银充。主人请客，不必拘定一日，请或先或后，听其自便，不得以迟早为厚薄。

身者祖宗之遗体，倘鬻身为人奴仆，辱及前人矣。既买充衙役，至于作奸犯科，亦与此同类，皆所当禁。

古人厚葬其亲，尚不使土□肤，而况发掘祖宗之坟贪利以卖人乎！律例森严，断不可犯。至于火化亲尸，伤害天理，莫此为甚。若在外身死，力不能运枢者，捡其骸归，亦不宜火化。溺女亦属浇俗，不可不戒。

耕祭田者收成后租谷宜早秤准，不可拖欠斤两，恃顽霸佃。至料蒸尝者，若徇私侵吞，以致肥囊入己，其得罪祖宗尤甚，各宜警惕。违者，奉祖宗之命，鸣鼓而攻。

交易公平，乃称仁里。吾乡山多田少，买米者十居八九。市侩用大升籴米，以致米价腾贵，不知粜者升大升小那有错卖，只可惜倡起价数，贻害贫民，殊为可恨。今议依官升官斗公立式样，不得任意加减，亦不得掺糠灌水。此系买卖者自行交易，并无粒米寸粟落于旁人，亦无米身人等，应如众议，遵守良规。违者公罚，顽则呈官究治。至于秤要十六两，戥要十三号马，银水九四色。诸凡买卖，如猪肉等项，务要真实无伤，市价不二，庶几致其公平。

吾族设立男女二渡,其法最善。闻近来竟有混杂者。今议女渡的取在社树下出船,男渡在塘门口出船。男女混杂,一人罚去撑船人工食一钱,每计人数加罚。恃强不遵约束者,报众公罚。十岁以下小儿不在此例。若往来过客,止取钱一文,不许多索。至于塘窟洗浴,取日入为度;违者公罚。妇人挑水,日入时亦不许出至塘边;违者罚及其夫。

祖堂所以妥先灵。若迎佛象至家,则先灵不安,则子孙必不蒙福,反至灾害,此淫祀所当禁止者也。若锢习一时难改,如祖师菩萨轮流承案之类,亦不必迎至祖堂,即在回龙庵派人供养建醮可也。

吾先祖原置店铺,编列天地人和四号。上手出租于人,私修私整,或称顶手,或称抵债,经年日久,占为己业。今议天地人和四号,公估新旧修整费用银两,每植多寡,给还其店,仍归大宗永管业,约正月十四日收租,不得推前越后。其所赎之银两,一时无从出办,议将杨梅滩、陈山背二处租税暂行出典,的取殷实子孙,或把或担,公议承典。其所典之价,迫蒸尝盛大之日,照依原典担数多寡,随为收赎。此所以承先人之志,而扩大蒸尝者也,其典谷之家用圖奖之。

福州侯官《云程林氏家乘》(现藏福建省图书馆),该《家乘》卷十一为《家范》,兹摘录如下:

凡子孙之冠,须于十五岁以下,先会讲说经书,使略知为人子,为人臣,为人弟,成人之道,方许依礼举行,毋徒饰虚文,而不求实义。

冠礼介宾之仪,贫富公量其赀。上者彩币一对(纱绢俱是),次则常币一匹(不拘采色或布亦是),又次则手帕一对。其礼宾款宴,如时会之常仪。至于馐馔脯盐,务致精法,献酬揖让,务尽周旋,不得过侈及鄙俚轻亵。违者罚之。

凡女子之笄，须于十六岁以下，先会讲读《孝经》、《烈女传》、小学，能知大义，方可举行，其母为择宾（宾以亲戚女眷之贤者为之），行礼制辞字之礼介宾如男冠之仪。

子孙议婚，务择读者循理之家，及其女之幽静有德者。毋苟慕富贵。如慕富贵而娶妇，其不至轻其夫而傲其舅姑者几希！豪恶不循礼法之家，及世有恶疾者，毋得议。女子择婿亦如之。

凡子孙聘定之仪，轻重各量其赀。富者银不得过二十两（谓二十两以下皆可），表里数匹，不得过二对（或一对亦可）；贫者银不得过十两（谓十两以下皆可），表里不得过一对（或无亦可），毋勉强以副姻家之求。违者重罚。女子受聘亦如之。

娶妇以嗣亲为重，举乐享宾，殊为非礼。毋滥延乡里素非亲属及亲属非相应之人，设乐歌舞宴酣无节以坏礼法。

宗族有男女幼失怙恃，及家贫无以婚嫁者，许宗子（谓本宗嫡长，后仿此）鸠集族人（谓合族之人，后仿此）之力代举。违者罚之。

嫁女妆奁须要有节。富者首饰，黄金不得过八两（谓八两以下皆可）；白金不得过十两（谓十两以下皆可）。贫者黄金不得过二两（虽无亦可）；白金不得过六两（谓六两以下俱可）。其衣服被帐，俱量力而举，不可勉强。违者重罚。

凡女子诞孙弥月、周岁之礼，惟首生者依俗行之，余但遣人以土果慰问而已。违者罚之。

凡子孙已有子者，不许更置侧室。若三十岁以上无子，四十岁以上只有一子者，许置妾一人，不许与正室公堂抗礼，违者责愧其夫。

男女缔姻之后，如姻家父母遇有庆吉丧凶之礼，须有限节，若父母之寿与凡庆吉，具礼一担（鸡鹅果品之类，后仿此）；贫者具鹅一对而止。父母之丧,具羊豕各一,事礼一担;贫者具礼一担而止。违者罚之。

殓之仪,一依《家礼》,不可使有后日之悔。其金银簪珥,无得丝毫入棺。父母之丧,急遽之际,易至苟且。凡遭丧者、殡者,须择知礼子弟一人司其事。殡殓之仪,一依《家礼》,不可使有后日之悔。其金银簪珥,无得丝毫入棺。

宗族遭丧,有贫窭不能棺敛及具葬者,宗子会族人以义代举,不许徇俗火葬。违者重罚。

凡子孙临丧,不得饮酒,不得宴宾。若有宾客以礼吊哭者,但待以茶果,视礼轻重遣谢而已。

按《家礼》,君子将营宫室先立祠堂,于正寝之东为四龛,以奉先世神主及旁亲之无后者,各以其班祔。置祭田,具祭器。主人晨谒于大门之内,出入必告。(祠)正至朔望则拜,俗节则荐以时食,有事则告。或有水火盗贼,扑则先救祠堂,迁神主、遗书,次及祭器,然后及家财。易世,则改题主而递迁之。吾家大小宗,各当法而行之毋急。

人不生于空桑,必有所自出之,祖也。古者报本,必以冬至祭始祖。但士庶之家,德薄流卑,不可专立始祖之祠而世祀乎,始祖者分之所不敢也。会吾家大宗之子,当以义起,每于冬至之日,设立始祖一主,会族人行祭妥献如仪。祭毕,就烧化。其主胙则宗族会享。不许立祠专奉始祖之主,及将见在当祭之主,混同合祭,以违礼之大分。

大宗祠堂,四时之祭:春以清明,夏以端午,秋以中元,冬以冬至。小宗之祭以祭大宗之明日。凡祭,主妇必率诸妇洗涤祭器深具,祭品务极精洁,起敬起孝。

祠堂东西立牌二面,分记先世忌辰。每遇是日,本宗子孙不得饮酒茹荤,易素衣致祭,不许为世俗浮屠追荐之事。违者罚之。

　　凡祖考坟茔，本宗子孙，凡遇时节，务亲展省，栽培树木。或有年远崩塌者，随即修理，立石刻云某公之墓。无后者，宗子会族人修理之，必不许私卖坟石，砍伐树木。违者不孝，生不许与祭祀，死不许入祠堂。

　　凡祖考坟墓，每年春秋二祭。本宗子孙轮该祭之人，择日预告宗子及族长，具办牲醴羹饭如家祭之仪，率族人从事墓所，务尽孝思，祭毕胙余，许与祭者请墓邻看墓之人劳享之；不许滥请朋辈，放饮无节。其子孙无故不往与祭者，罚栽树五十根。

　　墓祭之仪，废驰久矣，昔柳宗元虽远窜万里外，每遇寒食，北向长号，以首顿地。想田野道路，士女遍满，皂隶庸丐，皆得上父母丘陇，而马医夏畦之鬼，无不受子孙追祀者，其孝思之不退遗若此。吾宗先茔，皆不了一里之外，而当年者，往往坐收蒸尝所入，绝不动念，是诚何心哉！若不设法议处，过此以往，恐或不免于雍门周之叹孟尝君云，他日墓生荆棘，狐兔穴其中，樵童牧竖踯躅而歌其上，宁能免于行恻者乎？兹合同宗，爰辑谱牒，重整家范。墓祭之期，必以清明为率。凡各蒸尝，不许当年轮收，俱听族长合同族众共收祭扫，倘有剩用，存贮公用，庶无废祭之弊。……

　　子孙四岁以上，令观祭祀学礼；七岁以上，令入小学，讲《孝经》《四书》；十五岁以上，令入大学，习书史经传，必以孝悌忠信为主，期闻大道。若二十以上不通一经大义，业无所就者，令习理家事，练达世故，治农理财，专务一业，以为仰事俯育之资。

　　子孙目不得观非礼之书，耳不得听非礼之音，凡涉戏谑淫亵之书，与妖幻咒符之属，并宜屏除。违者罚之。

　　子孙须恂恂孝友。凡见兄长，言语必有伦，行止必以序，应对必以名。接应宾客，不从杂以俚言戏语。

　　家范凡称轻罚者，罚银一两；称重罚者，罚银三两，俱作数付本宗兄弟有行谊能干者收藏。或经放生息,仍逐代具数与大宗族长及本宗之嫡。如有子孙贫乏不能存者,公同量支借与生理,俟其家道稍立,取其母银,仍付本宗收营,以备赈贫之用。

谦斋、质斋二公,立家最能,居常安分,男女夏葛冬褐,妇人荆钗布裙。为之子孙,当谨守家法,毋以文绣锦绮相尚,以坏祖宗朴素之风。

子孙出仕者,务奉公守法,毋蹈贪黩,以贻辱祖宗,遗祸子姓。

凡赌博弹弦、禽鸟花木,及乡里迎神龙舟、鳌山影戏、傀儡徘优之类,子孙痛且屏绝。违者父兄会族长宗子痛棰之。

宗族子孙,贫穷必相给,计必相谋,祸难必相恤,疾病必相扶,婚姻必相助,死葬必相资,此家世延长之道也。违者族长会宗子斥之。

女子十岁以上,不得随母归宁,始就姆教学书算,诵说《孝经》、《烈女传》、小学,凡织纴、中馈、蚕桑、针线并令习之。违者责其母。

男女必严内外之别,不得共围厕,不得共浴堂。女子不得用刀镊工剃面。男仆无故不得入中门(谓厅事内外),女仆无故不得出中门。违者责其家长。

凡诸妇诸女,不得轻接乡里庄媪野姬,听其荒言秽语,变乱是非,蛊惑心志。违者责其父母及家长。若岁节展贺,只可于厅事待之,不得延入内室。

诸妇有寡居守志不夺者,宗族务加敬重,生则尽礼以事之,死则立石以表之。若贫而无子者,宗子会族人周给衣食;死葬,立昭穆相应之子以嗣其后。仍陈于有司请于朝,以旌其行。

诸妇兄弟子侄童仆来相访者,只许中堂厅事相见,待以茶酒,不得延入房闼,以乱人家内外之别。

(原文发表于《福建文博》总第 6-10 期,1984—1987 年。)

二十二　明清福建社会经济史料杂抄

抄前短引①

地区性研究的重要性,近来已渐为史学界所认识,特别中国是一个幅员广大的大国,人口众多,南北异俗差别很大,为掌握中国社会的发展过程的研究方法,应从地方看全国,又从全国看地区,有的还要看到世界历史变化的影响,才能抓住中国历史的发展规律,这点我们早即注意及此。最近为着开展明清福建社会经济史的研究,对于史料的资料,无论是文字的,考古学的,或民间文字,随手摘录,以备遗忘。不敢自珍,陆续发表,并为帮助读者对于史料的认识,略加说明,供作参考。

一

中国封建社会的特点,它是一个中央集权制的封建国家,在这个社会里,它的组合成分是非常复杂的。有身份性的,也有非身分性的,因为它和等级制不同,土地的占有,是依靠政治权力而取得的,所以它的土地所有制,有来自国家的赐予,有的通过经济力量的购买,有的不是依靠政权,而凭藉人多族大,在地方上拥有特殊力量而获得的。还有沿袭原始公社制的残余形式,在中国商品经济有一定发达,通过同族或同乡的乡族组织或神权组织,乡族内的人们互相组合,互相合股出资,购买土地。于是中国封建社会里出现有不少的乡族土地,这在其他国家里是不多见的。土地所有权的分散,既妨碍了土地集中,也促进了小农经济的存在。不久前,我们调查组曾到浦城县进行调查,发现一些神会

---

① 《明清社会经济史料杂抄》原系与陈支平合作整理。

土地买卖契约,他们互相买卖出让继承,具有特点,对于研究中国土地所有制占有形式,有一定作用,特录如下以供参考。

(一)

立卖社人毛吉官,今因缺钱使用,承伯父遗有前坊社分四十八股,内有一股抽出,托中言议出卖与吴宅春官兄边,春秋二季分内。当日三面言定卖得进价钞七百文足,并无拆(折)债逼勒等因。自卖之后,永远吴边分内,卖者不得异言。恐口无凭,立卖社股字为照。

日亲收足讫,并无少数分文。

乾隆四十七年六月初五日立　　卖社分　　毛吉官

保人　　徐细官

代笔　　任国耀

(二)

立卖社分人童长寿,自手置有社分一股,原系前洋前坊社主之祭,今因缺乏使用,自托中议将其社分出卖与吴宅春官兄边前去登簿听名。是日经中言议,三面订定,卖得铜钱四千文正,是日亲收无短少。所卖所买系是二家甘愿,并无相贪逼勒,亦无交易折债。自卖之后,听凭前去轮留分内收租,当日面断童边办得原钱无论远近早晚收赎,吴边不得执留。先言后定,各无反悔,今欲有凭,立卖社契为照。

嘉庆四年十二月廿九日立　　卖社分人　　童长寿

中议人　　赖永林

代笔　　雷鸣高

（三）

立卖社字人张明耀文,手遗有前坊社壹股,今因缺钱使用,自情愿托中言议,将其前坊社立出卖与吴宅春观亲边管业。当日三面言断,卖得时价铜钱玖百伍拾文九八串,其钱即日亲收足讫并未短少分文。所卖所买出在二家情愿,亦无相贪逼勒折债等情。其社系是自置物业,与门房叔侄弟各无干涉,自卖之后,听凭吴边前去管理。自卖之后二家不得异言。先言后定,各无反悔,恐口难凭,立卖字为永远为照。

嘉庆七年十二月十二日立　卖字人　张明耀

中人　季正芳

代笔　钟永能

（四）

立卖天后宫赐福堂会契陈金秀,承祖置有前洋天后宫敬奉天上圣母香灯需用产业,递年合众入宫祭祀演戏庆贺自合壹股。今因乏用,自托言中将其分内壹股,立契出卖与沈宅立森边为业,是日经中言议,卖得土风时值会价光洋伍元正,即日收讫未少。卖受两愿,亦无贪逼等情。其会系祖手自起,与门房人等无涉,自卖之后任凭沈边进宫入簿助祭庆贺,陈姓不得与(异)言。先议后定,各无反悔。今欲有凭,立卖契为照

道光拾玖年玖月拾陆日立　卖赐福堂契　陈金秀

言中　季立晃

代笔　徐学锦

（五）

立卖社会契人吴贤华同侄树芬，自手置有前坊社会各半，又新力社各半股。自情愿托言中二社立出卖与吴贤寿兄边为业，卖得土风时价钱七千文正，即日亲收足讫，并未短少分文。出在二家情愿，所卖所受亦无相贪逼勒折债等因，自卖之后，任凭受者前去订社属管理分内，卖者不得订社之理，同侄再不得生端之折（枝节）异言，不涉与门房伯叔兄弟侄等各无干涉。先言后定，各无反悔。今欲有凭，立卖二社契永远管业为照。

道光贰拾年玖月初二立　卖二社会契人　吴贤华

同侄　树　芬

言中　翁春弟

在见　吴春弟

代笔　徐焯廷

（六）

立当全福堂群人吴凤鸣，承祖置有堂群壹股，坐落前洋街天后宫。今因缺乏使用，自托言中将其堂群立契出当与吴宅新弟观边，当出价光洋壹元伍角正，其洋面订行息长年加贰算，约至冬成本息一并送还，不敢欠少。如若负欠，当与卖同。各无反悔，恐口无凭，立当字为照。

光绪元年三月十六日立　当堂群契人　吴凤鸣

中见　维　良

言中　陈天林

代笔　沈大治

（七）

立卖断社会契字人沈坤弟，承父手置有前洋前坊社会共计肆拾捌股，内合壹股。今因乏用，自托族侄将其社会应合壹股立契卖与吴宅新弟亲边登名入簿，收租完纳，春秋奉祀，杀猪分肉管业，卖得土风时价光洋贰元正，其洋即日亲收足讫，并未短少分厘。所卖其会，系是父手遗下关内应合物业，与门房伯叔兄弟侄孙内外人等毫无干涉。倘有上手来历不清，不涉受者之事，卖者自己支理。自卖断之后，听凭受者递年春秋二季分肉管业，向后卖者不得生端异言。二家先言后定，各无后悔。恐口难凭，立卖断社会契字永远为照。

光绪三年五月初六日立　卖断社会契字人　沈坤弟
言议（堂侄）　大　本
在见（胞兄）　乾　弟
代笔　恒　荣

（八）

立卖社会契吴金棋，承祖父手置有高坂村仁和社会共贰拾捌股，计额租贰千陆佰伍拾斤。其会念捌股内合壹股，今因乏用，自托言中，愿将其社会应合壹股，立契出卖与宗兄树声边登名入会，春秋两季分内管业。当日三面言订卖得土风时值价银洋捌元正，其洋即日亲收足讫，并未短少分厘。所卖所受亦无相贪逼勒折债等因。此系自己应合之业，与门房伯叔兄弟人等原无干涉。倘有来历不清，不涉受者之事，卖者自己支理。所卖其社，是日面订光绪庚辰年交纳租谷贰硕；自后任凭受者入簿分内管业，三年之外，办得契内原价银洋对期取赎，受者不得执留。但庚辰如有租谷不清,赎社之日,任凭受者加贰算息,卖者不得异言。此是先言后定,各无反悔。恐口无凭,立卖社会契为照。

光绪五年拾贰月初二日立　卖社会契　吴金棋

言议　恒　荣

见中　桂　清

代笔　毛东园

（九）

　　立卖社会契宁桂林兄,手承挑(桃)有□南公名下前坊社会肆拾捌股内合壹股。今因乏用,自托族中将其社会内合壹股,立契出卖与吴宅树声亲边登名入簿管业,当日卖得土风时价银洋贰元正,其洋即日亲收足讫,并未短少分厘。所卖其社系兄手承挑(桃)物业,与门房伯叔兄弟侄等概无干涉。倘有来历不清,不涉受者之事,卖者自己支理。自卖之后,递年春秋贰季听凭买者入会分内管业,卖者不得生端异言等情。是日面断,向后其社不得加找,即许听凭对期取赎,受者不得执留。二家先言后定,各无反悔。恐口难凭,立卖前坊社会契为照。

光绪拾年五月十九日立　卖前坊社会契　宁桂林

言议　徐泰明

中见　沈士吉

代笔　宁恒荣

（十）

　　立卖断老会契沈士波,承祖遗下置有天后宫赐福堂老会壹股。今因缺乏钱应用,自托中人将其会出卖断与吴宅道德兄边为业,当日三面言订卖得时值价银洋二十五元正,其洋即日收讫,并未短少分文。所卖所受出在两愿。其会系是祖遗物业,亦无挂欠之理,自卖之后任凭吴边管业置会,向后不得言找、不得言赎。此系先言后定,各无反悔。恐口难凭,立卖断赐福堂老会契为照。

　　　　　　　光绪拾陆年叁月拾叁日立　卖老会契　沈士波
　　　　　　　　　　　　　　　　　　　言议　沈大昌
　　　　　　　　　　　　　　　　　　　中见　大　行
　　　　　　　　　　　　　　　　　　　代笔　兄士荣

二

　　四十年前,我在永安曾根据黄历乡所得土地文书,撰写《清代永安农村赔田约的研究》一文,略述所见。因在抗战时期其他参考资料无从获得,后虽注意及此,亦少所获。前岁在日本京都大学人文科学研究所见到明代万历《建阳县志》和清初的《崇安县志》,曾有谈到赔田约,顾亦不全,兹为便于读者参考,爰就所见资料抄列如下:

　　万历《建阳县志》卷一《风俗》:

　　　建阳为邑,土广民众。……往时民俗质厚,宗族比闾之间,由由于于,患难相维持,缓急相倚赖,居然古朴之风。迩来骛于浇漓,渐于侈靡,负权力者辄以势渔猎,其小民挟机械者动以术笼络其宗戚。告讦之风,日禁而日蕃,甘于破产而不顾;樗蒲之俗,愈遏而愈炽,或至殒身而不知。堪舆信矣,乃有停棺十载,忍其暴露而莫之忧;使女收矣,乃有绝配终身,听其幽闭而莫之恤。婚姻以资财为轻重,要责无厌,至使下户甘心溺女,而伤骨肉之恩;盘餐以水陆为华美,暴殄不休,至使一食残杀多命,而侈饾饤之巧。他如婿列子行,俨然当上宾之礼;弟承师训,俨然通对席之欢。习以成风,恬不为怪。迩则文有无行之徒,以无为教为宗,相扇相鼓,识者有隐忧焉。乡都之间，视坊邑差胜，而巨村大姓，辗转效尤，余亦渐染成俗。是贾生所为太息，而荀悦所为深虑也。呜呼，此岂一朝一夕之故哉。……

惊蛰以后，家浸谷种，以趋东作。赔田者例在社前取赎，腴田恋耕者往往执以为说，延过期不退。

康熙《崇安县志》卷一《风俗》：

市田者与置田者各不问其田，而仅问其佃，佃为世守，主为传舍者有之。或有买田而换佃者有之。佃田之名曰赔，赔为田皮，买为田骨，田与某耕种亦止书苗之数，而侨不及田之址段。虽主家换赔，亦听佃人自相授受，佃去则租无矣，而主家竟不知田之所在。此邑中常有无租而仍纳空粮之田主，有匿田耕种收获而无课之佃户也。

<h1 style="text-align:center">三</h1>

明清时代，在封建政权之外，地主阶级对于农民的压迫和控制，又通过一条"私"的体系，集中了族权、神权、夫权等诸种力量，并巧妙地利用原始公社制和奴隶的残余来进行统治，它为束缚农民的极重要的绳索之一，是封建政权的补充工具，也是地主经济的一种特殊表现形式。我们近来发现福州叶氏家族于清代末年编有《三山叶氏祠录》一书，其中所载颇能反映此种情景，兹将该书卷四中有关文字摘抄如下。

支祠条规

一、官詹公手置有安泰铺店业壹座，东门外民田二十四亩零，鼓山边洲田一号，官丈三亩，又一号，官丈一亩零。旧由上七房轮流收掌，为年间祭扫公业。光绪十三年丁亥支祠告成，七房公议由第四房值轮外交出充作支祠祭业,另立定章,其店业田租契据将契稿刊存备考。

一、递年值轮正董一人,副董一人,一收发款目,一办理事件。由族中酌举勤慎者十余人派下轮值,其未经举派者,不能一概备轮。春秋主祭,应属房长,如房长年高不便,则择与房长行辈相同年齿相若耐劳者代之。

一、祠祭定期春秋仲丁日,元夕团拜定期正月十一日,永为例。先期值轮者,传知合族,届期整肃衣冠,齐集行礼。春秋与祭者二十五房及各外房,每房长各颁给胙肉一斤,祠丁赏给一斤。

一、正月元旦至初五日,祖厅奎阁应备大烛四合,祖厅及花厅各处每夕应备灯烛十合。上元十二夜至十五夜,祖厅奎阁应备大烛四合,祖厅及花厅头门各处每夕应备灯烛四十合。并共给钱二千文,交祠丁备办。

一、每月朔望行香,应备烛五合,贡香五枝,元宝三十合,并仙楼鸡蛋烧酒,每月给钱四百文,交祠丁备办,正副董按序轮司,清晨整肃衣冠恭临,不得逾已刻。

一、上元祖厅前应备庆赏元宵鼓灯四盏,纱大鳌灯一盏;奎阁应备魁星春秋报灯各一盏。

一、年间祭祠祭坟,应备祭品及一切应用款目,均刊立定章,永以为例。值轮者照章办理,不得任意增减。惟春秋丁祭、元夕团拜三次筵席,须按实到人数临时酌定,不能限额。

一、租息所入,除用费外,如有余项及交纳喜金,值轮者应于年底核结,将存款流交俟汇集成数,公同酌议,妥寄生息,以备支用。

一、所置器具,列簿登记,另屋固存。值轮者随时查点,交祠丁看管,族间及戚友概不得借用。

一、祠内房屋,族人不得寄居,亦不得赁租书房,致滋溷扰,并勿许族房及戚友寄存木器家伙、寿板拉杂等件。违者公责。

一、嗣后族中入主祔附祀，七房内祀正龛，七房外祀左龛，均交喜金一十千文，以充公款。其入主之后，开筵受贺经费不动祠款。

一、嗣后族中有膺仕版者，应照定章交纳喜金，以充祠款。由值轮收缴，不得任听挨延。其入泮及捷春秋闱举副优拔者，遵章承办祭坟一次，不另交喜金。

一、族中有入泮捷春秋闱者，应入祠拜谒。有无开樽宴客，听其自便，不动祠款。

一、祭业契券等件，另簿登载，交值轮接管，敬谨收存。递年正月祭祠，公同查对，如有件数缺少，承管者不得含混接受。至契券年久霉蛀，值轮应行抖晾，以珍久远。递年串票，亦应轮交收存。

一、应收租田里图粮色佃户，另立有簿。年间所收租谷，值轮应按名登载。其有蒂欠未纳，按户标明，交次年承管追收。店租亦按年登载。其支发各款，年底核实登簿，流交接管。

一、春秋祭坟，定期清明前霜降前，由值轮筮日，先期传知合族，届期均应齐集。年间墓佃各项花彩，春秋拜坟日值轮照章带给。

一、历代坟地墓向、墓佃，均已刊载。如有应行修理，各房公同酌议，于收存祠款盈余及喜金项下提支配用。

一、福清海头各祖坟，族房中有春秋捷者，应躬临拜谒，应用川费，由年间所收祠款内酌提津贴。

一、各房添丁，应于春秋祭日列条报明，由值轮立簿登记，以便汇载族谱。命名时，须检查族谱，勿得先后重复。其先经重犯者，令卑幼改避尊长。

一、述德社二月文昌诞、八月魁诞，均定春秋丁祭日补祝。社内到者，各预份五十文。正月悦神，定入祠团拜日，社内到者，各预灯份一百文,均交值轮正副董照定章备办。

一、述德社喜金,入泮宫贡成均三千文,登贤书五千文,捷南宫十千文,登鼎甲二十千文。膺仕版喜金,祠有定章,社不再交。

入祠条规

一、科甲出身登仕版者及未登仕版举孝廉、副、优、拔,凡列榜者,本身及其父入祀,除加衔加级不计外,实官至二三品者,其祖并入祀;至一品者,其曾祖并入祀,遵朝典封赠一代、二代、三代之例。

一、不由科甲出身,或军功议叙,或援例纳粟,外官道、府、同、通、州、县已补缺或署任者,京官六部主事、员外郎、中已补缺者,本身并其父入祀。除加衔加级不计外,实官至二三品者,其祖并入祀;至一品者,其曾祖并入祀,如科甲出身之例。其京外各杂官,虽得缺不与。

一、岁、恩、贡、廪、增、附生员,或军功议叙,或援例纳粟官,儒学训导已补缺或署任者,本身及其父入祠。

一、由武进士出身者,如文科甲例,武职行伍并重。除加衔加级及候补人员不计外,实在至游击以上者,本身并其父入祀。至总兵者,其祖并入祀;至提督者,其曾祖并入祀。

一、岁、恩、贡、廪、增、附生员,年七十岁以上者,无论已邀未邀钦赏,均入祀,木主内直书明年岁。

一、年享期颐,例应咨请建坊者,不论官爵科第,入祀木主直书明年岁。

一、捐置祭产祭田银数至一千两以上者,不论官爵科第,议功入祠;二千两以上者,本身并其父入祀;三千两以上者,本身并其祖父入祀。但捐数虽多,不得逾祖父二代,以昭限制。其愿将本身祀典追祀先世者,听其自主。

一、孝妇节妇奉旨旌奖者,分祀右龛,其应合主附祀者不另立主。

一、七房外，自昌公以上，一概立主分祀左龛，昌公以下嗣后入主附祀，应遵照条例如前。

祠丁条约

一、藏贮祭器及陈设物件，另簿登记，统交收管。如有糟踏或被偷窃，即着赔偿。若器具年久损坏，应将原物呈验，不许借口遗失。

一、门户均应关锁，常时由边门出入。大门不许擅开。闲人及邻右小孩不许擅入。

一、各处堂屋阶庭，应随时洒扫洁净，不许堆积灰尘，不许污毁墙壁，花木时加灌溉，不许任人攀折。

一、夜间各处门户应小心巡查，火盗不许疏懈，水缸内水应储满。

一、不许豢养鸡、豚、白鸽，堆砌秽物。各处瓦面檐口，不许架晒衣物。

一、应用芒扫箕畚、拂手、提桶等件，业经给领以后，自行添置备用，不许附会。

一、祠后龙眼树二株，果实熟时，不许任听闲人摘取，亦不许出入。

一、不许招引闲人到祠聚谈聚赌，祠丁人眷亦不许吃食洋烟。

一、族人戚友有借祠内宴会，应小心照料，其跟随厨轿人等，不许混行出入，墙壁上不许安放炉灶，插点蜡烛。客散后各处更宜加意巡察。

一、大门外栅旁街面邻右，有养猪糟踏，须随时驱逐。

一、春秋丁祭、元夕赏灯，应到值轮领单传知各房，朔望行香亦须先期到值轮领香烛。

一、祠丁如有他图,应先期回明,派人接管,不得私相承授。

祠丁赏项

一、春秋丁祭、元夕团拜,每次给赏一百文,丁祭给肉一斤。

一、正月贺年,各族房各给赏一百文,于团拜日交付。

一、族中有入泮捷春秋闱者,拜祠日按卷给赏四百文。

一、族中有婚嫁大庆各喜事,祠丁前往叩贺,酌赏一二百文。

一、族中在祠内宴会,给赏三百文。

一、戚友借祠内宴会,给赏六百文。

喜金章程

部员一十元　　　　　　捐纳二十元

中书一十元　　　　　　捐纳二十元

翰林二十元(侍卫照翰林例减半)

鼎甲三十元(武鼎甲减半)

大魁六十元(武状元减半)

知县即用、大挑二十元　　捐纳五十元　　补缺一百元　署任五十元

同知、通判补缺一百元　　署任五十元　　捐纳五十元

直隶州补缺二百元　　　署任一百元　　捐纳五十元

知府实缺三百元　　　　署任二百元　　捐纳一百元(游击照知府例减半)

道员实缺四百元　　　　署任三百元　　捐纳二百元(参、副将照道员例减半)

监司实缺六百元　　　　署任四百元(总兵照监司例减半)

封圻实缺二千元　　　　署任一千元(提督照封圻例减半)

试差五十元　　　　　学差二百元　司铎二十元

优差候补道府一百元　　候补州县五十元　　入泮宫贡成

均、登贤书、捷南宫,照章承办祭坟一次,不另交喜金。京官外官得意归田者,应自行酌量捐题,以充祠费。

春秋丁祭仪节

届日主人率领族姓盛服入俟于庭,执事者列豆笾尊爵于案,陈祭文于祝案,实水于盥加巾。赞就位,主人盥诣位,族姓按尊卑各就位。赞迎神,主人跪,族姓皆跪。执事二人,一奉香,一挹尊酌酒诸主人,左右进香,主人上香进爵,主人醊酒于地,返爵于执事,及族姓行三叩礼。赞初献,主人跪,族姓皆跪,执事者奉爵,主人献爵,分献者诣两旁龛室,焚香献酒行三叩礼,讫,复位。赞读祭文、祝读文讫,主人以下跪行三叩礼,兴。赞亚献,主人及族姓皆跪,执事者奉爵,主人献爵,行三叩礼,兴,分献者诣两旁龛室,献讫复位,行三叩礼,兴。赞三献,主人及族姓皆跪,执事者奉爵,主人献爵,行三叩礼,兴,分献者诣两旁龛室,献讫复位,行三叩礼,兴。赞受嘏,主人及族姓皆跪祝,取神案酒馔代祖考致嘏于主人,主人啐酒尝食,反器于祝,行三叩礼,兴。赞送神,主人及族姓跪,行三叩礼,兴。赞望燎,执事者取祭文杂帛燎于庭,主人及族姓均退避,由东阶降,主人诣燎位眡燎毕,各退。

上元悦神仪节

届期主人率族姓盛服入,分陈匙筯壶盏之属于案,主人及族姓均就位,各上香,执事者举壶取酌酒进于主人,主人献酒讫,率族姓行三叩礼,兴,各退。分献者于左右龛室焚香进酒,行三叩礼,兴。复位,随主人行一跪三叩礼,兴,退。

班次

主祭者一人位首行。主祭准以七房内齿长者充,其七房外齿长者不充,所以别本支,定主人也,永为例。

次三四行,按长幼循序递列。按通礼族姓俟庭东西,以昭穆世次为序。凡从曾祖诸父、从祖诸父位次,主人而居东阶上前列。今七房外昌辈有人应以七房外之昌辈位列次行之中,七房内滋辈次之,其七房外滋辈概列七房内滋辈之下,七房外大辈概列七房内大辈之下,余照推。

分献

左凫室应于七房外派一人。

右凫室应于七房外派一人。

祝文(略)

春秋丁祭知单

本月　日本祠春秋祭,各宜整肃衣冠,准七点钟齐集,勿得参差。实到者,务即书名,以便备席。此订。

（各房有添丁者,务书名条报明。）

值轮启

元宵团拜知单

本月十一日本祠团拜,各宜整肃衣冠,准酉刻齐集。各房随带大烛一合。实到者,各预份金一百文,务即书名,先行照交,以便备办。此订

（各房照章给赏祠丁彩一百文,务即照付。）

值轮启

述德社春秋神诞知单

本月　日本社补祝文昌魁星神诞,准七点钟齐集行礼,各预份金五十文,望即照交,以便备办。此订

述德社启

述德社元宵悦神知单

本月十一日本社悦神,准酉刻齐集行礼,各预灯份一百文,望即照交以便备办。此订。

述德社启

春秋祭坟知单

本月　日春秋祭先茔，各房均应敬临，准十点钟在北湖亭齐集，勿得参差。此订

（七大房各随带箔二党）

值轮启

春秋丁祭定章

席连饭每桌一千文（四菜碟二品，碗六大碗，一菜汤。按实到人数酌办）。

下饭四桌，连饭每桌四百文（鼓茶担小工一桌，跟随厨丐三桌）。

赞礼二名八百文，京鼓四名（工四百文，烟彩一百四十文），茶担（工租四百文彩一百二十文），小工一名二百文，丐彩一百文，祠丁彩一百文，厨彩一百文，猪羊租彩八百文，胙肉（二十五房及各外房房长祠丁各颁给一斤，未到者不给），白绫帛□一百文（借用学印），老酒三十提，红炮二千响，大锦炮三响，大烛足斤四合，大贡香四枝（每枝三十文），元宝五十合，金银五党（每党六十文），照烛一十合，粉糕二十块，线面一挂，果五枚，桂园、红枣、花生（各一份），韭菜、青菜、盐酱（各一份），硬炭一百二十文，樟脑二十文，茶叶一百文，水烟纸煤一百文。

每次约共享钱一十六千余文（旧章七房值轮中元祭祖，应备家康公、家湘公镪二千、帛十束，黄冈老姆婆镪一千、帛五束，今于秋丁祭祠照章备焚）。

述德社春秋丁日补祝帝魁诞定章

足斤大烛一合，大贡香一枝，中贡香五十枝（每枝八文），红炮一千响，大锦炮三响，元宝一百合，福橘一百双（魁诞用粽），桃包一百双。

每次约共享钱一千七百余文。

春秋丁祭陈设物件（略）

元夕团拜定章。

席每桌一千二百文（四夹盘二品，碗八大碗，即位面，按实到人数酌办），下饭二桌，连饭每桌四百文，喜花三千二百文（彩一百文），茶担（土租四百文，烟彩二百四十八文），祠丁彩一百文，小工二百文，厨彩一百文，老酒七十提，足斤大烛四合，太乙八十枝，宝照二十枝，四两烛五合，全红炮三千响，大贡香四枝，中贡香三十枝，火把一百枝，金银一党，硬炭半篓，仙楼元宝三十合，樟脑二十文，茶叶一百文，水烟纸煤一百文，鼓烛二合，纱鳌鱼灯一盏，魁星春秋报各一盏。

约共享钱一十三千余文。

述德社悦神定章

纱手灯（每盏五十文，按照到者备给），福橘一百双，桃包一百双，足斤大烛一合，头拜烛一百枝，大贡香二枝，中贡香五十枝，元宝一百合，红炮二千响，大炮三响。

约共钱四千余文。

春秋祭坟定章

起寰公坟，北门外丞相坑，墓佃廖姓，墓向丙寅兼己亥，祭品六碗、饭二碗、箔二党，不宜用鸡，不宜放爆。

君兴公坟，北门外竹柄山，墓佃马姓，墓向己亥兼巽乾，祭品六碗、饭二碗、箔二党。

允嶷公坟，北门外丞相坑，墓佃沈姓，疑园公祔葬，祭品六碗、饭五碗、箔八党。

宫詹公坟，北门外铜盘山，墓佃马姓，墓向乾巽兼戊辰，祭品八碗（用全鸡）、饭六碗、箔六党（各房另自带箔二党）。

向若公坟，箔一党（坟在沈墓佃屋后山，箔交沈墓佃到坟焚）。

应备物件

席三桌，每桌一千一百文，八大碗、二点心，匀祭品四座，各房到者二桌，请墓佃一桌。

土地礼四份，每份一百二十文，共四百八十文。

老酒四十提六百四十文，米一斗三百六十文，箔十九党，每七十文，共一千零六十四文，冥衣四份四十八文，元宝十二合二十四文，缠心烛八合六十四文，竹香二只一十二文，百子三挂三十六文，纸钱一斤三十二文，丐彩四十文，丞相坑沈墓佃彩一百六十文，丞相坑廖墓佃彩八十文，铜盘山马墓佃彩一百二十文，竹柄、马墓佃彩八十文，沈墓佃柴钱一百文，观音亭茶钱一百文，挑墓担工二百文，各房轿价每二百文（到者照给，步行者不给）。

以上春秋两祭每次应用钱约八千文。

七房中有入泮、捷春秋闱、贡、成均者，照章承办一次，按卷匀分；另加金鼓四名四百文，金鼓折食彩四百文，亦按卷匀分。

另按卷自备墓佃花彩，照常例各一份；又按卷各给墓佃折席八百文，丐首军流徒二百文。

应备物件

香炉一个，烛台一对，桌围一张，拜垫一个，酒杯二付，筴箸二付，饭碗二付，汤瓢二付，豉油碟八个，酒瓶二个，茶壶一个，茶杯二个。

有新捷者，照章备办，另加采旗一合。

届期准十点钟齐集北门外观音亭，先拜竹柄君兴公坟，次拜铜盘宫詹公坟，由铜盘到丞相坑拜允巘公坟及起寰公坟，同集丞相坑沈墓佃家饮胙。

各项工赏境份完粮

一、祠丁工伙每月三千文，全年共钱三十六千文，遇闰照给。

一、墓佃年节赏，正月十烛，竹柄、铜盘马墓佃五十四文，丞相坑廖墓佃四十文，丞相坑沈墓佃四十文。五月节赏，竹柄、铜盘马墓佃四十文，丞相坑廖墓佃四十文，丞相坑沈墓佃八十文。十一月，丞相坑沈墓佃节赏八十文。十二月年赏，竹柄铜盘马墓佃二百文，丞相坑廖墓佃一百六十文，丞相坑沈墓佃一百六十文。全年各墓佃花彩共八百九十四文。

一、万岁铺境份，正月本境悦神境份一百一十六文，二月本境大王诞预份三百文，正月本境夫人诞预份一百文，四月南离总管诞戏份五百文，十二月地保年礼一百文，全年共应用一千一百一十六文。

一、早晚冬催收租谷工并挑租谷工共四千八百文，另送租二户早冬给工一百零五文，晚冬给工一百零二文，全年共应用五千零七文。

一、完粮闽县高惠里二图一甲叶芬名下银三两五钱九分七厘，每两折钱二千二百文，应钱七千九百一十三文，米四斗一升五合五勺，每斗折钱四百六十文，应钱一千九百一十一文，银串五张，米串六张，每张二十文，应钱二百二十文，每千加底四文，全年共应完钱一十千零八十九文。

中元焰口（略）

应收款目

一房屋

安泰桥坐西朝东店屋全年共收租钱。

一田租

下岐

王利来全年租拜六百斤；现耕占发曲蹄。

王利来全年租秤三百斤；现耕占榕。

板桥

林发乾全年租秤一百二十八斤；原佃林希和发乾祖。

林硕侯全年乡秤一百六十八斤。

陈发枝全年租秤一百四十六斤，原佃林仁德，嘉庆十年过佃。

台头

陈章谟全年租秤三百六十斤，原佃王志良，乾隆四十年过佃。

横屿

庄实儒全年租秤一百五十五斤，原佃庄克盛，嘉庆十年过佃。

王正绥全年租秤一百五十五斤，原佃庄克盛、潘若亨，嘉庆十年过佃。

林克兴全年租秤二百五十五斤，原佃林资平，嘉庆十年过佃。

潘良崇全年租秤一百八十斤，原佃萧汉春、萧昌朝，光绪十年过佃。

萧昌泰全年租秤一百六十斤，原佃萧汉鼎，嘉庆十年过佃。

陈寿筹全年租秤三百十三斤。

陈孝闻全年租秤一百零四斤。

潘必才全年租秤一百二十六斤。

潘振亮全年租秤一百八十九斤。

叶行恭全年乡称壹佰玖拾斤。

郑志文全年秤壹百壹拾斤。

林朝仁全年租秤壹百陆拾斤。

潘大通全年乡秤贰百伍拾斤，原佃竹屿陈桃玉道光陆年过佃。

前溪

黄启芬全年乡秤玖拾斤，原佃王克选王克和乾隆肆拾贰年过佃。

黄克流全年乡秤壹百玖拾斤,原佃王道书黄启谋嘉庆贰拾肆年过佃。

湖塘

江永财全年乡秤玖拾伍斤,分佃王克茂咸丰拾壹年过佃。

王克引全年乡秤玖拾伍斤,原佃江文飞未批换。不知何年过佃。

王存豪全年租秤壹百贰拾斤,原佃王子庸嘉庆拾年过佃。

王存仁全年乡秤壹百叁拾斤。

应发款目

一、春秋丁祭应用约叁拾贰千文。

一、元宵团拜应用约壹拾叁千文。

一、春秋祭坟应用约壹拾陆千文。

一、中元焰口应用约伍千文。

一、祠丁工伙应用叁拾陆千文。

一、各项工赏境份应用柒千零壹拾柒文。

一、完粮应用壹拾千零捌拾玖文。

全年约共用钱壹百贰拾零千文。

四

清代道光年间,湖南人陈盛韶曾历任福建诏安、建阳、台湾等县地方官,他善于采访民情,进行社会调查,著有《问俗录》一书,对于福建各县的风土民情,颇有记载,兹特摘取其中的有关福建租佃关系资料以供参考。

(一)建阳县

骨田皮田

同一田而骨皮异名。何骨?系田主宜税契收粮过户完粮。皮系耕户宜纳租与骨。然骨有不完粮者谓未卖断,找断过户出价若干,止得谷租若干。皮亦有不耕者,仍将此田佃与他人,得谷租若干,并还骨主若干。田皮找断定须税契,不必过户,田骨找断必须过户完粮。有一田而卖与两户,一田骨、一田皮者;有骨皮俱买者。田皮买卖,并不与问骨主。骨系管业,皮亦系管业;骨有祖遗,皮亦有祖遗。其问年讼,有田皮而谋言昆田骨希图抗租者,有佃户谋言昆田皮希图霸田者。惟以契据佃据中见为断。

起埂荷当

佃户除纳租外,当即出银数两与田主,书立起埂字据,拨与栽种。日后起佃,仍将佃户银两退还。荷当字据者,乃佃户书立求耕,情愿纳租,无起埂银者。起埂之弊,日久视为故物,假作田皮霸踞,又或云开垦若干田亩,宜补工费;又或云当年给银十两,今田值四五十两,宜加倍给还。荷当之弊,转至抗租霸产,造出起埂字据,要退还银两。盖田已耕种数十年,甚至数代,久则弊生也。此辈恶佃,宜尽法究治,以保富民。

(二)古田县

根面田

古田之田根、田面,犹建阳之田皮、田骨。曷言乎田面也?完丁粮者也。曷言乎田根也?耕耘纳租与面者也,其租计亩以秤量之。然则面果为主乎?曰:否。根亦有手置,有祖遗,自持一契据,管业耕种,苟不逋租,田面不得过而问焉。于是尾大不掉,有一年欠租,约以二年;二年欠租,约以三年,积日累月,租多难偿。私将田根售卖而田面不知,买者或不问,因此涉讼,酿为夺耕强割重案。夫田以粮为主,纳粮者主也。惟田根出售,必得田面亲笔花押,严禁私相买卖,此风庶乎可熄。然则根与面价孰贵?曰无定,获稻多而租轻者根贵,获稻少而租重者面贵。

(三)仙游县

金石租

书院义学,守合振兴文教之地。非丰其脩脯,厚其膏火,无以延名儒,聚寒畯,收亲师取友之实效。仙游一邑旧有金石书院,额租七十余石,复有常平额租八百八十石,大半应用书院,而乡社乡贤祭费附焉。其催租者,谓之谷差。迄今或大姓抗租,谷差不能过而问。亦有厥田上上,贿嘱谷差,讹言荒芜,甚至田仅数亩,旧欠数百。佃户逃亡,鞠为茂草,里人视为陷井,不敢请佃者,遂积欠至万余石。往往愚民完租,谷差为之包庇。顽户抗租,良民因之株累。以教养重政。而使役隶持之,无怪弊瘤日深,官民俱受害也。方思亲临各乡,协公正绅士,踏勘请厘,详豁荒坍,更易顽佃,而瓜期旋至不果,殊为歉然!

契尾

闻杜少京为仙游宰,年税契尾九千余纸。叱而异之,既知其无足怪。民间契价少者五六两,多不过数十两。然岂殷富多而田价反廉乎? 非也,田分根面,根系耕佃,纳租极贵;面系取租,完粮极贱。买卖田房,一日并立三契,将契价分碎,先写根契价为上等,次写找契价为中等,终写面契价斯下矣。契成,匿不投税,被官催迫,不得已,以面契税,故粘尾多而税价少。司税者告曰:“利于民而不利于官,奈何?”予曰:“苟利于民,官之利也,无易其俗。推匿税之弊深,无以裕国课,绝讼端。不可不照例罚充,以为富而愚者儆。”

(四)台湾鹿港厅

管事

业户抗粮,佃户抗租,为福建积习。漳、泉械斗多起于公田公佃,祖孙父子,久假不归之租。台湾富于租者,专雇一人日管事,其辛资十分取一,故民间租讼颇少。然朴实者不能为,必强有力而狡者为之。其究至于业户失业,管事阴为己有,在所不免。是惟地方官,遇有非水旱成灾抗租者,迫其租、取其田,使知物各有主。不然,姑息穷民,而佃户不知有租,业户不知有粮,其弊不可胜言矣。为政之道,贵得大体以此。

大小租

管荒埔者收大租,即内地所谓田骨也。垦荒埔者收小租,即内地所谓田皮也。大租价极贱,小租价极贵。其价贱奈何?田租率八石,园租率四石,完纳正供外,己所余无几。其佃户止认小租为主人,未尝书立佃据,抗纳者多,不能拨换佃户,故贱也。其价贵奈何?田租率二三十石,园半之。书约税契不完正供,佃人立佃据为凭,抗纳升斗,听其拨换,佃人敢抗大租,不敢抗小租,故贵也。收大租者称业户,颇尊贵,然富者不难清完国课。中下业户佃人欠大租,业户欠正供。即佃人不欠大租,业户亦欠正供。台湾厅县钱粮积欠累累以此,是惟就田问赋税契者,即着过户收粮,则粮饷清而国课裕。

叛产

叛产者何?其人谋反获罪,子孙缘坐,取其田园住宅入官,始未曾请丈,丈亦约量大数而已。后日垦日宽,一甲额滋数甲,一亩额溢数亩,官租仍照原额,每石折银壹圆三角,极解折银六钱有奇。报销归台湾府征收,府离县远,难于催科。专其予夺,总其催纳,别立一势豪为佃首,佃首以原额租归官,以溢额租肥己。佃人换田契尤苛索,规礼不从,即取田换佃,敢怒而不敢言,故台地有屯饷佃首,屯埔佃首,惟叛产佃首利最厚。台湾府莅任,通台佃首换戳,其陋规颇巨,实皆众佃集腋而出。

五

林业商品化,是明清时期福建山区经济的重要组成部分,闽北山区的木材砍伐贩运业,早在明代便是著名的徽州商人涉足的行业之一。近年来,我们在闽北地区发现有一组清代末期客商赁山雇工经营木材砍伐贩运的各方交易契约文书,为研究清代福建木材业的组织形式,提供了第一手的资料。今特抄录如下。

(一)

立出泊杉木批字人吴长远、长勉叔侄等,得有祖遗秋竹坪,土名荀坑林,杉木山数片,其山四至内上至岗顶分水,下至赤岩及小路,左至毛草大岗破岗詹宅山,右至毛草大岗直下黄宅山为界。今将四至内杉木出泊与森泰源号,当日面议四至内杉木价番一百四十四元正,再议先交中番一百元,其余之番登山砍伐时交清。其山四至俱有来历不清,不涉客人之事,山主自当出头料理清楚。其山木自泊之后,任凭木客随时砍伐。此系先相后定,均行甘允,各无反悔。恐口莫凭,敬立批为照。

　　　　　　光绪辛卯年八日　日立　出泊杉木字人　吴长远
　　　　　　　　　　　　　　　　　　同出泊字人　　长励
　　　　　　　　　　　　　　　　　　　　　　　　有理
　　　　　　　　　　　　　　　　　　　　　　　　有作
　　　　　　　　　　　　　　　　　　　　　　　　有书
　　　　　　　　　　　　　　　　　　　　　　　　有望
　　　　　　　　　　　　　　　　　　　　　　　　有品

　　　　　　　　　　　　　　　　　　说谕人　　詹位奴

何际朗

代笔人　吴有兴

（二）

立出泊杉木批字人吴长远，自己续置民秋竹坪土名白马案杉木山一片，其山内四至，上至岗顶分水，下至田，左至大仑破仑詹宅山，右至鸡心仑破仑直下自己众山为界。今将四至内杉木出泊与森泰源号，当日面议杉木价番四十四元正。其山四至倘有来历不明，不涉客人之事，山主自己出头料理清楚。至于杉木自泊之后，任凭客人随时登山砍伐。此系先商后定，各无反悔。恐口难凭，敬立批字为照。

光绪辛卯年八月日立　出泊杉木字人　吴长远

说谕人　詹位奴

何际朗

亲手的书

（三）

立出批杉木合同字，山主练昆烈，情因祖遗有得坐落本处土名大地林厂竹林荀山界内杉木数百株，目今上至岗顶分水，下至长案尾田塘及大地林厂边大路为界，左至长窠冢林仑破仑，右至香炉仔窠左边仑直下下秧墘为界，四至分明，面议出批除山主号留顶大杉木八株仍留该山之内，以为家中日后不时整理需用。又有得胜旗竹林山内杉木数株，其四至上至田，下至田，左至田，右至得胜旗坟林边为界。其两片中所有坟内杉木，照原克留不得妄砍。除坟内及号留之外，所有杉木，无论大小，概出批与兴化木商合春和造作连筒生理，运省发售。面议木价中洋三百四十元正，其中番即日同中交足明白。自受价后，任凭客商登山砍伐。但批内只穑杉木，至于杂木筀竹，除架驴路驴棚应用外，毋得妄行蹧跶。其界内杉木所有来历不明，山主自当料理明白，不管客商之事。倘客商有砍伐越界及另生事端，不管山主之事。至前所议留杉木，务要照数号留，不得藉端妄砍。倘有妄砍情弊，查实妄砍若干株，任山主拣裁若干株作为赔偿之数。该山杉木限尽戊戌砍伐一次。至木料运出境外，本批合同字即便抹销，退还山主管业。诸凡一切，俱系先商后定，各无反悔。恐口莫凭，爰立合同一式两幅，各执为照。

一批笋厂限尽七月初十日后租客居住，另补龙洋十元正，未过七月初十，不得擅行留居。

光绪念壹年乙未十二月　　日立

> 承批木商　合春和号
> 说谕中人　刘客弟
> 同谕中人　练可献
> 在见中人　张俊德
> 同见中人　练来许
> 山主亲笔

（四）

立泊杉木合同批字人周达财，因出泊泰昌宝号造作连筒生理，运省发售，托中问向程后周达财边承泊得杉木山一片，坐落本处土名程后坊作山。目今上至岗顶分水，下至鸡岩破横又横路为界。左至笋厂后鸡身仑仔开有界至路为界破中直上岗顶，右至车坑大仑破中直上岗顶为界。该四至内之杉木，当日同中三面言议定价中洋番一百六十八元，立批字之日，一色现交，其杉木即任客号登山砍伐，财不敢异言阻止，而客号亦不敢越界砍伐。此系先商言定，两俱甘允,各无反悔。今欲有凭,立合同批字,一式两纸各执为照。

一、批得该山内杉木顶大号抽留一根,又六拿大抽拿一根,四拿大抽留一根,归还山主,其余之杉木尽数任客号砍伐批照。

一、批得该山内细竹杂木,客号不得滥行砍伐蹧跶批照。

一、批得该山之杉木约尽丁酉内客号砍伐,如越丁酉外,客号不得砍伐批照。

光绪念十三年丁酉八月日立

出泊杉木字人　周达财

说谕中人　陆日亮

同谕中人　詹日应

劝谕中人　练广贝

见交番人　黄树义

在见交银人　林大枝

同见中人　吴长标

代笔人　吴有捷

（五）

（前缺）

玉山坊土名大细角岗杉木一片,当时议价中番四十五元,其四至在原帐载明,于光绪辛卯年收杉木价中番四十元,丁酉年再收森泰源号找尾木价中番五元。因亲戚之情,另补中番一十一元,合共五十六元,俱已收清。日后登山砍伐,不得妄言异说,此字为据。

光绪二十三年丁酉四月初八日立

清收杉木价中番人　黄树日

全收杉木价人　树人

周树

见交番人 黄嘉弥

代笔人 黄大炘

（六）

立铁钉包箔双拖辂并拿山字屏南县廿三都黄柏村地方人苏泽恺,亲身到山头里地方土名岩前,与兴(化)、仙(游)杉木客合春和字号,箔出□丈连筒数千余筒之则,起路由水井寨前后一带并包前后山里拿山迎柴,统并拖运至磁坑下园堆,应付下妈接拖。当时当面言议工钱每筒二百六十文正。一丈二尺桶木五筒折正柴一筒照算一比帖客。自箔之后,即日兴工起厂,开路搭桥,拿山运柴,不得拖延日期。水篾钉子竹甲自己买办使用,山锄铁器木桶鼎器什物柴辂辂索,系客付用。更约厂租,客出二元,其余厂自己留(料)理。但此生理倘或短少钱文,系自己留(料)理,开工不得向客增补。恐口无凭,立据付执为照。

光绪二十三年进益日立

包铁钉箔字 苏泽恺

招弟

何批人义 义和号

代笔人 翁天官

六

明清两代固然是契约制租佃关系的发达时期,但中国封建社会的显著特点,是新旧因素的相互抱合,因而落后的封建劳役制,在中国封建社会后期的租佃关系中,依然占一定的比重。我们曾就清末华安县(清代属龙溪县)仙都墟的蓄奴制度作了调查,调查结果表明,这里的宗族蓄奴制，一直延至解放之前。近来，我们又获见福州何氏族谱、浦城杨氏族谱、晋江陈氏族谱等，内有不少关于墓佃的材料，对于了解清代福建租佃劳役制的某些侧面，有一定的参考价值。今特摘录如下。

（一）《陈江陈氏五房五家谱》载《李厝前张绍理认耕字》

立字人廿一都李厝前乡张绍理，因陈朝亨有祖坟一首，葬布本乡土名上墓内，坟傍并产园二丘，付理族亲绍统祖父耕种，年收物粒以为看守坟茔辛劳之资，历有百余年无异。兹族亲绍统欲搬移台湾居住，理就与陈宅领耕，依前看守坟茔，毋致损伤祖坟，亦不敢混卸他人等情。如有等情，听闻官究治。今欲有凭，立字为照。

乾隆二十年二月日立字人　　张绍理

知　见　丁士美

代书人　　张日惠

（二）浦城《金章杨氏宗谱》载《天碧洋下地凤形盗葬案由》

惟同治丁卯六年，下地世敬公坟庵，有墓佃余元妹犯盗葬伤祖墓田架屋枭吞祭祖等款，衢乃邀同族长永宣公父子，偕本房有功名者若文辉等，呈控前廉沐批，余学元即元妹，既为尔族看守祖坟，何以擅行盗葬霸田吞租，如果尽实，情殊可恶，候饬差查勘具覆，一面拘讯究察等语。先是伊子名上兴来忠信，被我族人文翰章镇叔侄留宿，追取祭租，殊兴伺隙潜归，反敢黄夜奔挖房禁勒赎等谎，幸蒙批驳在案。自是贿差避讯，案延数载，堆积如山。为此不已乃赴府具呈，沐本府徐公批据称墓佃余元妹看守盗葬霸租，是否尽实，既经控县差拘，何以延不集讯，仰浦城县立即勒集人证，研讯究详，差役如致贿延，立即严究不饶，并将此情札催，本县潘公当蒙奉札严行饬票勒限差拘等因，被伊百计躲避，又不投诉。累至癸酉十二年秋,经长男章云催县叩主文公提讯了结,随沐饬拘,但余姓自知罪无可宽,再四托中求情,自愿挖扦示罚,安山赔租。本冬又经中刘镜堂和解,既许成,主佃仍归和好。立有杨尧阶、余步高合同息字。向后余姓悉照旧章看守坟山,不敢再犯,以免讼端。所具合同是实,录以永远存照。

(三)福州《龙田何氏支谱》载《看守坟山字约》

立字陈子衡,今议过何宅坟山一所,坐高盖山金坑里地方,与赤东衡居附近,其山上树木,衡愿早晚相为照管,得工资三两三钱。字照。

康熙四十九年三月吉日　立字　陈子衡

在见　吴永廉

高仲光

立承领约高仲光,今在玉融龙田何衡承得高盖山金坑里坟山一所,造大老墓一座,又岑边坟茔一座,并山上树木,俱系光看守,得工食十两正。其坟墓并山上树木,如有被人作践砍伐,及牛羊践踏,光自当指名赴衡报知,不得推诿不知。倘有徇情容隐,光认罪无词。光自愿子子孙孙相接看守,倘后子孙不愿看守者,奉工食银交还,不得短少,立承领约为照。

附近墓边如有盗埋,亦须报明。再照。

康熙四十九年三月吉日立承领约字　高仲光

在见　陈子衡

代书　吴永廉

立字潘世重,今在何太爷处领得高盖洋下贵坟二座,前去看管,递年砍锄秽草,伺候春秋祭扫。凡坟上一堎以及界内空地松木,悉系风水,不得砍凿残损,及徇情容他人盗葬等情。即日得讫辛劳制钱八千文。自兹以后，永远留心看管，毋得懒惰，立此为照。

更高观堂边一座统领。再照。

乾隆十五年十一月十一日立字　潘世重

见领　父　潘继尹

保认　潘宗逋

黄亨邹

黄紫腾

代书　潘宗尚

(四)福州《龙田何氏台石派五房象谱》载看守契及闽县告示文

立愿约字原廷畴，窃畴世居东门外上埔地方，有祖遗山地一仑，于乾隆六十年间经畴父手卖断与何府造坟，其四至丈数俱载原契内明白，历今数十载，皆畴并子侄等看管无异。惟该山基址辽阔，界旁余地甚多，畴彼时年幼未悉其详，致上年十月间遽以坟旁栽松空地横二丈、直三丈，擅卖与杀门外半街吴家，得银五十两，折钱四十千文。近因吴家倡议造坑，将次兴工，何府始曾查悉，立时即唤畴等理斥情谕，并付阅畴父手所卖原契，方知此地前已统卖在内，自觉无词，且悔此地卖错，情愿赎还，求免追究。奈畴近遭田园歉收，无力措赎，不已特托戚属郭庆、徐甡、徐喜等，佥恳何府借出制钱四十千文，即向吴家赎回卖错地，地契归还，栽松余地。并约明自此以后，凡族内兄弟叔侄孙曾，均不得于坟上之前后左右再生凯觊异想，仍蹈前非。若有此情，听凭呈官究治，甘当坐罪。今欲有凭，立愿约字一纸，并缴错卖吴家地契一纸为据。

咸丰七年八月吉日立愿约字　原廷畴

在约　男　道　松

在见　郭　庆

徐 甡

代书 徐 喜

立看管约字原道松同侄邦桢侄孙玉平，缘乾隆、嘉庆年间经祖永彩手，先后将本乡祖遗上埔山坟地，上至顶尖，下至垅，左右横阔二十一丈零，统卖与何处造坟，分给福、禄、寿三房看管，中间福房看管邦枢并伊子玉平，左边系禄房邦桢，右边系寿房道松，历来看管无异。兹因光绪二年十二月被禄房道根误将余地卖与陈处，致被何家控告。松等自悔前非，愿备原价向陈处赎回，仍还何家归掌，并约明嗣后不敢再生凯觎，以及别生枝节各等情。至于界内松树，应行互相保护，不得任听砍伐。今欲有凭，公立看管字一纸为据。

再，道松媳枢埋在界内，公议令其起迁别埋，不得延缓。标照。

光绪四年三月　日　立看管字　原道松

原邦桢

原玉平

原邦枢出外子玉平代押

在见公亲　陈家修

张邑主告示

钦加四品衔补用分府直隶州署福州府闽县正堂加十级纪录十次张，遵札示禁事。光绪四年三月十三日，蒙省会保甲总局宪张札开，据前署延平府学训导何兆芬禀称，窃芬有乾隆、嘉庆年间契买东关外上埔山地方坟地一仑，直不计丈，上至顶尖，下至路墩，左右横阔共二十一丈零，安葬祖坟，历久无异。讵山佃原道松等，胆听堪舆方虚谷即承禧山匠舍世海诡谋，将界内山地盗卖盗埋。控蒙谕止查拘该山佃公亲以盗卖知悮盗埋，愿起已将盗卖契据赎回，并公立看管字，一并缴付，求为息讼，禀请察核完案，给示永远等情。

札饬查案办理等因到县蒙此。查此案先据训导何兆芬遣丁陈庆在县控向前情，当经饬差查勘传讯，旋据该差绘图勘覆，据家丁陈庆以原道松等于控后复敢盗埋媳柩等情呈催。又经催查集讯在案，兹蒙前因并据原道松等以盗卖山地业已赎还，盗埋媳柩情愿起迁，嗣后不敢再蹈前辙，出具甘结，呈请示遵前来。除呈批示并饬承销案外，合行出示严示，为此示，仰该处山佃并诸邑人等知悉，尔等须知该处山场系属何姓祖坟界内，余地不容旁人觊觎盗卖。自示之后，该山佃等务须妥为看守，毋再盗卖占葬，倘敢仍蹈前辙，一被告发，定即严拿究办，决不姑宽。其各凛遵毋违，特示。

光绪四年四月　　日给

发东门外东埔墩实贴

七

在近年我们所搜集的许多福建民间契约文书中，有不少清代农村的借贷文书，兹抄引闽北建瓯县的数例借字，由此可窥见清代福建农村债权形态之一斑以及高利贷对于农村土地关系的严重侵蚀。

（一）

立借字人李上进，今因缺少铜钱使用，托保就在本族茂春俚边借出铜钱五千文正。其钱当日言议定每年行息干谷一担庄，秋成之日，面扇交量，不敢推挨以及过欠。恐口无凭，敬立借字为照。其钱内有祭田前后所卖共计六段，卖与天房管业，当日言定天房耕作，□房一冬将借字退还恭房上进取存，如有上年赎田，照借批收钱，承收一冬之外，照契赎田，不敢负言，劳讨一笔。此照。

嘉庆十四年八　月　日　立借字人　李上进

保借人　陈元老

代笔人　陈奶律

（二）

立借字人张玄圣,今因缺少铜钱使用,托保就在本乡李茂光边借出铜钱五千文,面议言定每年每月行利二分照算,如无原钱,照息算利,还钱之日,本利一顿算还,不敢少欠分文。恐口无凭,敬立借字为照。

立字之日,再有张玄圣房屋行契一张带在内。

道光二年七月　立借字人　张玄圣

保借人　黄玄长

木兴请笔

（三）

立借字人张玄圣,今因缺少钱使用,托保就在本乡坊李茂光边借出钱铜六千文,面议言定每年行利青谷一担,送到面扇高量,不敢少欠斗升,还钱一日本利一顶送还,不敢少欠。立字之日,玄圣房契一张带在内。恐口无凭,两相甘允,各无反言,敬立借字为照。

道光四年十一月　日　立借字人　张玄圣

保借人　张光焕

自己木兴请笔

（四）

立借字人张木有,今因缺少铜钱使用,托保就在本乡李茂光边借出铜钱六千文正,其钱三面言议定每年每月行息青谷一担,送到光边面扇交量,不敢少欠升合。但有还钱之日,本利一顿送还,不敢少欠分文。两相甘允,各无反悔,恐口无凭,敬立借字为照。

道光七年十月　　日　立借字人　张木有

保借人　陈翰清

代笔　家木兴

(五)

立借字人周音郎,今因年冬缺少铜钱使用,托保就在埂尾坊李茂光亲借出铜钱一万文,当日言定行息利青光谷一担庄,秋成之日面扇交粮,不敢少欠升合。一此系先言后(定)。恐口无凭,敬立借字为照。

道光癸巳十三年十一月　　日　立借字人　周音郎

保借人　周光炎

亲　笔

(六)

立借字人周音郎,今因年冬缺铜钱使用,托保就在兴埂尾坊李茂光亲借出铜钱五千文,当日言定每年行息利青光谷二桶庄,秋成之日备办好谷,面扇交粮,不敢少欠升合,随年备办本利一顿送还,此系。恐口无凭,敬立借字为照。

道光癸巳十三年十二月　　日　立借字人　周音郎

保借人　周光炎

亲　笔

(七)

立借字人周音郎,今因缺少铜钱使用,托保就在埂尾坊李茂光亲借出铜钱二十千文,当日言定每年行息利青光谷二担庄,秋成之日,面扇交粮,不敢少欠升合,随年备办本利一顿送还,不敢少欠分文。此系先言后定,两相甘允,恐口无凭,敬立借字为照。

　　　　道光甲午十四年十二月　日　立借字人　周音郎

　　　　　　　　　　　　　　　　保借人　周光炎

　　　　　　　　　　　　　　　　亲　笔

(八)

　　立借字人李宝珍,今因缺银生理应用,托为中人前来即向至丁墩翁应升名下借出洋银二十两正足,成借之日当面议谕每月二分照算,不敢少欠分文。今欲有凭,敬立借字为照。

　　□银当日交清

　　　　　　光绪元年腊月　日　立借字人　李宝珍

　　　　　　　　　　　　　　　　说谕人　徐万庆

　　　　　　　　　　　　　　　　在见银人　崔　华

　　　　　　　　　　　　　　　　亲　笔

(九)

　　立借字人周荣成,情因缺少中洋使用,托保就向本乡村李耀桥边借出中洋一十五圆正足,到成字之日一顿交收,无欠分厘,其番言定每年行息青谷一担二桶庄,冬成之日,送到李宅面扇交量,不敢欠少升合,其番言议随冬备办本息还清,就将借字契面即便退还。此系先言后定,两相甘允,各无反悔,今欲有凭,敬立借字为照。

　　当日交付土菊源珑轮流田契一张批照。

　　　　　　光绪二十七年十一月　日　立借字人　周荣成

　　　　　　　　　　　　　　　　保　借　弟荣桂

　　　　　　　　　　　　　　　　代笔人　严振峰

在建瓯同时发现的资料中,还有一种"课字",亦为民间债权契约,类似于其他各地的"典契"、"借胎字"等,兹引二例如下:

(十)

一立课字人吕德瑞,先祖置有祭田二段,其一段坐落土名车垅田,年征苗谷二十箩正青,又一段坐落土名黄岭田,年征苗谷二十箩正青,于光绪十年轮到瑞祭扫收租,且瑞要得银两应用,托保即将前田出课与翁年宝名下课出洋银四两五钱正足,成字之日一顿交讫,未欠分厘。自典课之后,限定九年内备办原价字笔退还,如无原价,仍凭银主召耕管业,不得异说。恐口无凭,敬立课字为照。

光绪八年十二月　日　立课字人　吕德瑞
保　人　吕金保
代笔人　肖光瑞

(十一)

立课轮流祭田字人田维灿,承祖有得文纲、永茂公祭田数段,坐落皇康,土名中洋门前田等处,递年实收大小苗谷共六十三担庄,四至在佃载明。且灿今因缺番使用,无从所办,即将前田托中说谕课与卢金余亲边承课为业,当日同中面议定课契价中番一十员正足无申扣,成字之日,现番交讫未少角尖,亦无债算贪勒等情,且灿今日自课之后,其前中番每年行息谷一担一桶乡,秋成之日,备办好谷,送扇交量,不敢少欠升合。如有拖欠,其前祭田约至丙午年仍凭钱主登田召耕收租管业,与灿并不得阻当妄言异说等弊。其祭田系灿值收之业,与房亲人等各无干,倘有来历不明及完课祭墓焚纸,不干钱主之事,要灿出理头直。先言后定,两家甘允,各无反悔。今欲有凭,敬立课祭田字为照。

今交得课出中番一十员正足无申扣再照。

光绪癸巳十九年十二月　日　立课轮流祭田字人　田维灿

说谕人见交　田维顺

代笔字人　叶又三

八

明末清初社会动乱不安,影响当时社会经济的发展,而清初的迁海之役,东南各省尤其是福建沿海一带,受祸最惨。1985 年冬,得惠安方志办蔡永哲先生大力支持,获见惠安峰尾村《刘氏族谱》,其中有《峰城》、《迁海》、《展复》三记,对于清初的迁海有所反映,兹抄录如下,以资参考。

峰城记

非国而有城者何?重地者。何曰地以人重也,曷重乎人?人者,天子之所贵,而有毛之土无弗保也,故欲富则谋其富,欲寿则谋其寿,俾之以生以长,保世滋大,莫厥攸居,呜呼至矣。此我峰之所以蕞尔滨海,非国而有城也。粤稽明洪武十八年,委命信国公汤和巡视登莱、淮阳、吴越、闽岭等处滨海要地,筑城备倭。至南都中,和疾,更命江夏侯周德兴成之。惠邑滨海筑城五,而峰居其一。初在烟墩山之南高阜处,规制狭小,设官弹压,只容防守人数,而未及乎民居也。迨隆庆壬申,因倭陷惠邑后,巡检丁公乃议移拓大,环民居而尽城之,设四门、浚沟洫,泰和立永胜台于城隍,而题其柱曰:"万胜崇高隆保障,永全峻极懋平章。"故我族皆在其中。自是以来,百年间,人烟辐辏,文物昌炽。盖惠之山川,自戴云发脉,东行至大小尖,又东至吴洋村分一支,北行至日曝岭为观音山,西北分一支为涂岭山,至九龙岗又分支,东至海,逶迤二十余里为圭峰诸山,与黄崎对峙海门,凡入海诸水胥汇焉。在宋为忠恕乡德音里,今属八都厚林铺。其地三面临海,一面平衍,皆沙汙之区,非有深泉沃壤可以耕聚,然而食之毛者虽瘠必勤。张净峰先生所海(谓?)滨海业海,亦不废农事,其俗性然也。大抵峰之人,多良善畏法度,急租税,聚族千烟,虽有小忿,从无一人入县吏之门者,此邑侯黄公彬匾之曰"仁厚可风奖",实录也。夫以峰之地隘而壤瘠,人良而俗敦,处胜国三百余年中,俾昌俾炽,籍不迁徙,则城堞无恙,祠谱完全,庶富得教,当有一变而至于道者,奈何废雉颓垣,乃经展复百年之久而始克稍葺也。今天子有道于万斯年,我族人得以世守海滨,长享太平之福,岂不甚愿。曰峰城刘氏者,刘氏之重有赖于峰城也,则峰城可不治哉?予尝阅疆志,以为北障沙格,南距黄崎,特于吉了、湄洲、辋川在其内。世治为诸商所集,世乱则盗舡多泊,其为重地,固不专刘氏然也。苟使建议者得因时完善,俾刘氏之子姓休养生息于无穷,又宁非体圣明播广被之德泽于无物不获其所也哉!

迁海记

盖闻安土重迁,迁固斯民之不幸也。第古之迁民有二:有因其罹患而迁之,若殷之不宁五邦是也;有因其梗化而迁之,若周之大降四国是也。后世迁民,不外此二者,要皆君天下者不得已为斯民谋,遂生复性之权宜,而非有私意于其间,奈奉行者不能仰承德意,则所以绥民者反以厉民,民滋戚已。予尝读明林场海坛一疏,则心悲之,以为海上之民,何不幸,既罹于寇,复苦于官,岂明室方隆,而乃有壅蔽聪明若是耶!且夫海民之迁也,实由海寇之乱,而海寇之乱也,实由弘、正之后海禁稍宽,故汪直、徐海辈勾倭蹂躏闽、浙始,嗣是而漳之袁八、酉二老、荫子、马洪烂、李魁奇、刘香、陈虎、郑芝龙等,驾船集伙,焚劫沿海,迄明亡无宁岁。迨入本朝,郑成功复扰两岛，跳梁海上十余年，到处抄掠，良民遭毒，奸民接济，故顺治辛丑，朝廷始不得已允台臣苏纳海疏，而迁海之令下矣。初江浙、次闽粤。惠北官定界址自九峰，南过天湖岩，历灞头山，直抵柳庄，榜限十月二十日止，令沿海之民尽搬入界内，否则发兵剿流。故我族皆在其前弃家。旋因总督李率泰自漳定界，南还驻涂岭，再立新界，由枫亭大路一直至柳庄，限十一月十五日悉令前界之民搬入大路，仓卒驱民，仅三日耳。故我族星散四方，或仙邑，或涵江，甚有落魄于福、延、建等处，而不知死所者，悲夫！沿海之民，何不幸若是耶！未迁而寇至，则以为引援，剿之兵，兵则以通接济之海，彼抄此劫，互相荼毒。既迁而室庐焚毁矣，田业抛弃矣，且也安插无方，流离道路，饥寒困苦，作他山之鬼者十而八九，此岂朝廷迁民之至意乎？殆仰承德意之未获其人也。抑观盘庚之告诫，首由有位多方之谆谕，恒及多士，则得人为治，振古如斯夫。

展复说

夫所谓仰承德之克获其人者，其惟我姚公乎！姚公讳启圣，康熙辛酉奉命总制吾闽者也。先是，八年己酉奉旨展复，自枫亭后览抵鳌头，南过龙田、古县及圆通院，而滨海不与焉。己未正月，复奉旨再迁原展二界，因海澄有事，未即奉行，十一月乃尽迁。及公至，目击迁民愁苦，首陈复回之疏，极其惨切，天子可其奏。公遂布告中外，令迁民尽归故乡，老羸癃疾，咸愿食于界内。迨癸亥秋，台湾尽平，民乃相继渐回，其贫而远不得归者，尚且过半。奈天心不佑，姚公遂于是年冬卒于官署。后来官吏积弊仍然如故，藉旧逋、藉挪移、藉隐漏，种种需索，公行无忌，而复回残黎，复愁苦万端。今国家升平百余年矣，民不生外事，我族人得以相安于畎亩衣食，以乐生送死。夫孰知列圣之功德休养生息于百年之深，而闽外重臣所绸缪缔造于拨乱反正之日哉！

九

诏安县档案馆安藏有《杨氏族谱》抄本一部,其中《清漳霞山杨氏永茂户内真派中叶族谱序》,对于明清之际该家族的流离情况亦有惨痛的记载:

> 吾家杨氏,自元至今,世居漳之赤岭洋滨礼。皇明丁几千数,代有名人。霞山之号,因为我有户开永茂,特其一耳。彼时族谱世受,炳炳煌煌。夫何明末不造,草寇窃发,大清初起,海氛未平,昔之间阎扑地者化而丘墟矣,昔之鸠宗聚族者化而星散矣。户口凋残,典籍失矣,兄弟离散,神主遗亡。夏殷之礼,无征于祀,宋太祖之主道亡乎南渡,非虚言也!我曾祖简毅公遭丙戌(顺治三年)之乱,奉老父率妻子避隐于靖邑涌口中都寨,传至蕴,凡四世矣。时久途遥,诸与曾祖为兄弟者之子孙,几乎不可记忆矣。康熙庚寅岁(三十九年),先君定尔公与诸叔父始旋归故里,至之日,族党四散,居人鲜少,徒见高山而水清,地广而田肥,殷然欲求先祖之坟墓,则镜灵公之重修、见湖公所立肇世祖之墓道,巍然道左,而肇世祖五堆之土得以不泯,下此则杳然莫稽矣。盖族谱已失,神主已亡,而故无存,其痛可胜言哉!

十

1983年,我们在闽南华安县(清代属龙溪县二十五都)搜集到一本《陈氏追远堂合约集》,大部分为明清两代该地的山林买卖、租佃以及其他相互关系的契约、文书,其中有乾隆年间山林互控案例一件,对于了解清代闽南山区主、商人、佣工以及乡族社会等各方面的关系,有所裨益。现将全文抄录如下:

（一）

乾隆十五年庚午三月，龙潭孟等处山内什木佃与炉商李福即安澳举人李清远烧炭供炉无异，迨后突有李林社、黄武明等恃强意图谋占，伪称伊亦有份，突萌阻当。谁料李福因缺炭供炉，不忍为商害人，误虑眼前，忽忘远虑，密自私佃，致黄家元美、从先实出争山，迳行阻较，时古墩陈拱秀、圣君等赴漳平县曾控告，以越界强占事叠赴曹主呈告，蒙审未结，续控卫主各在案。乾隆二十年乙亥五月廿一日告，廿三日批着山邻公亲即日查覆。无如黄元美、从先等预萌蓄占，假造伪约，藉伊祖黄称光承王师仔山场字据预改永乐二年承得感化里三师仔山场混登连界，藉伊屈溪林字样，希图混占我曲溪林之地。殊不知人容天不容，黄元美等累梁提伊祖黄称光于永乐二年承得感化里王师仔山场立约遗掌等说，于八月初三呈诉，致陈时容呈剖，蒙主于乾隆二十二年十一月初八日堂审，饬谕成化年间如开漳平县，仍分为四里，元美伪契约字契首登化里住人王师仔，契尾登永乐二年，平邑未开，总名集贤，安有感化？伪造诡契，不辨自明，是以元美等情知败露，挥金延遏。又兼县主批着山邻公亲并炉商原差据情禀覆，自知罪咎，躲审悬属后狡计将伪约首化里二字，化里假本字，不占不休，种祸图谋。谨将乾隆二十年六月初二日公亲朱行水、山邻陈雄玉等禀覆抄历。为遵批回复事，据陈秀等于五月二十一日以越界强占事告黄元美等，蒙批着公亲即日查覆。查陈拱秀承祖遗管山场土名赤狗坑龙潭湖曲溪林以及樟木埯等处，山内杂木给佃炉商李福砍伐烧炭，而黄元美等互争向阻。陈拱秀台挖蒙批们蚁等查覆，查之陈拱秀等历掌山场地方赤狗坑等处，系睦里石码社地方界内，坐东向西，历节两承批约佃，据查元美等所管山场在李林乡，系化里地方长荣社界内，坐西向东，公共一崎峰为界，陈山在前，黄山在背，虽相连各分里社，劝二比各照界掌管毋得互争。但黄姓坚执，劝处莫何，今将查过情由据实覆明，叩乞大老爷察夺。

乾隆二十年十二月十六日，台下差邓香禀叩禀为据实回禀事。窃蚁蒙差陈拱秀控黄元美等争山一案，经已带到二比当堂讯审，蒙谕候勘覆，着蚁等口往控争赤狗坑龙潭湖处所看验杉松柯枋等木，检验若干察覆奉票随往赤狗坑龙潭湖看验，但彼处柴木经佃与炉商烧炭供炉，如今柴木砍烧三分去二，只有坑尾约有一分之数未曾烧完，彼处俱是山岩石确，难以检验，但蚁等细查得三山崎至一峰崎前向未狗坑龙潭孟曲溪林系睦里陈姓所管地方，崎后李林乡系化里黄姓所管地方，其一峰崎乃二里交界之处，兹蒙差着理合将看验缘由据实禀覆，叩乞恩主大老爷察夺。

乾隆二十二年十月初八日，陈时容叩县主批此案，皆因炉商李福两边认佃，明有串通虚伪情弊，以至互争不收，且两造供称均未得银，仰差即唤李福到案讯究。

抄乾隆二十二年十月十九日炉商安溪举人李清远即李福禀叩为遵唤声明事。乾隆十五年三月内，在陈仁丰众等佃山一所，地名樟木埯赤狗坑等处前来砍伐烧炭供炉，价银一百元，砍烧无异。迨后有黄武明众等称此山场伊亦有分，被其阻当，无炭供炉，无奈姑从勒佃价银二十大员，以致亦执有佃约，与陈仁丰众等互控。两约年月虽属相同，两造写约非无先后，山谁仁爷剖讯两造自明，佃价均收清楚。但蒙金票朱谕，此案皆因炉商两造认佃明有串通虚伪情弊以致互争不收，且两造供称均未得银，仰差唤李福到案讯究，县主批该商佃山何不查明确实遽肯因阻混行给银以致两造互争，反执商佃为争占之柄，其中孰真孰伪，该商速即据实禀明，以凭讯结，毋得串占架讼干咎。十月二十五日，炉商李福再禀，为遵批据实声明事。乾隆十五年三月内在陈仁丰众等佃山一所,在和睦里小地名赤狗坑龙潭孟曲溪林等处,前来烧炭供炉佃烧无异。迨后黄武明众等生波突出争阻,时因缺炭供炉,无奈并佃。不料黄家蓄意竟执佃约与陈家互控。兹蒙堂讯吊唤,即于本月十九日以遵唤声事具禀。蒙批该商佃山何不查明确实遽肯因阻混行给银以致两造互争反执商佃为争占之柄,其中孰真孰伪,该商速即据实禀明,以凭讯结,毋得串占架讼干咎,批收五纸暂存等因。切向陈家佃山查明,确系陈家祖业,迨后与黄家并佃,从勒者被其争阻,因公亲卢□珍劝议屈从,总之不忍为商生意之故,致二比相争,不吝多出银两,欲为息争之端。岂料黄家狡诈,反兴讼之柄,佃价均收清楚。遵批合再据实声明,伏乞青天大老爷申察讯结,以断讼端,沾恩切禀。

(二)

乾隆二十六年辛巳门,隔员仑仔控案供谕录详抄,问据曾君常供:小的今年四十四岁,在溪河放杉木生理,缘珍山保有门隔员仑山场一所,是曾、陈两姓的公山,内树木是曾机一房培养的,原议卖银两股均分,陈、曾山主共得一股,曾机培养应得一股。乾隆二十五年,因族中要把这员仑山发卖,小的招了陈高合佃烧炭,先向山主陈阁与曾桓们买了一半,各支山价银四十六员,给有山批二张。又向培树的曾秘夫即曾机、曾兴昭即曾健们买一半,议树价银八十员。是曾世禹、曾敬辉们作中,经曾继祖代书一张山批,付小的收执了。缘陈高与曾世禹合伙宰猪,曾世禹有欠陈高二十三员的银,这树价曾世禹有分的,陈高要就树价内扣抵欠数,那曾机们不依,就把这山木别佃刘奔、刘宾们夺去砍伐。小的故此出来告争,因张荣是领办军工的炭户,小的原许烧炭卖他,所以把帮办军工火炭的话写入呈词的。后来是曾灼看见刘宾不遵谕止，安窑烧炭碍他祖坟，才去阻止。毁他炭窑是有的，小的并没有去搬毁他槽板龙骨的事的。

问据陈高供：小的今年四十七岁，因乾隆二十五年，曾君常招小的合佃门隔员仑仔山树烧炭，先向山主陈阁与曾桓们买了一半，各交山价银四十六员，各给山批一张。又向培树的曾秘夫、曾兴昭们认买一半，定价银八十员，经曾继祖代书一张山批，付小的们收执了。缘小的原与为中的曾世禹合伙宰猪，曾世禹有欠小的二十三员的银，这树价他是有分的，要就树价内扣抵欠数。曾机们不允，就把山树别佃刘宾们夺去砍伐。小的所以和曾君常出来控告，蒙准谕止拘讯。后来刘宾不遵谕止，再到山里挖窑烧炭，小的就同曾君常再赴台下禀控。只是曾炳嫌他炭窑伤碍祖坟，有去阻窑，小的没有同去，也没有搬毁槽板龙骨及抢夺匠工寮内物件的事。

诘问现据曾秘夫、曾兴昭都说没有佃给你们，那曾世禹、曾敬辉也说没有和你作中代书，曾继祖又说你的山批是你们失他控写的，可见人们只向山主承佃，并未有向培树木曾机们承佃了，怎敢混告呢？

复据曾君常、陈高同称：小的们已向山主承佃，那曾机们也经许佃了，只因小的陈高要就山价扣抵曾世禹欠账，他就不依别佃刘宾夺砍，故此不愿，出来告争的，总求明审就是。

问据曾机供：小的今年四十三岁，曾秘夫不是小的名字，那文隔员仑的山木，从前实是要卖陈高、曾君常去烧炭，后因陈高说曾世禹有欠他二十三员银，要就树价内扣抵，众人不肯，将山佃与刘宾去的。刘奔是小的舅郎，曾君常们恨刘奔引刘宾来佃买，迁怒小的，因他控造内批内有卖主曾秘夫名字，他就把曾秘夫声明即曾机，希图扳累小的出审，实在小的没有收银，给他佃批的，求明察。

　　问据曾健供：小的今年四十二岁，曾机是小的胞侄。曾君常们恨曾机引刘奔来佃山，连小的都要告害，因捏造山批内有卖主曾兴昭名字，他就把曾兴昭声明即曾健，实在曾兴昭不是小的名字，小的没有给他佃批的。余供与曾机供同。

　　问据曾禹即曾世禹供：小的今年五十八岁，从前与陈高合伙宰猪。乾隆二十五年，陈高向小的要佃山去烧炭，小的向族众说明许了他，议定价银八十员。因陈高说小的欠他猪账有二十三员银，要树价内扣抵，族众就不依了。小的并没有和他做中，也没有收他银子交与曾机的。

　　问据曾亦即曾敬辉供：小的今年三十八岁，曾宗德是小的祖父。曾君常们因小的祖父把山木立字佃与刘宾，心里挟恨，混扳小的作中希图报害，实在小的不曾有和他做中的，求察情。

　　问据曾继祖供：小的今年三十七岁。乾隆二十五年，曾君常们佃小的们门隔员仑山内树木去烧炭，议定价银先立一张山批，是小的代书，时因买卖不成，那张山批就勾毁了。后来曾君常们要与刘宾控争山木，虑无凭据，恳小的造写一张山批给他，许小的十员银，限事成交送。小的一时错了主意，就造定一张山批付他，实在小的未有得他银两，求开恩就是。

　　问据陈阁兴供：小的今年七十岁。这门隔员仑的山是陈、曾两姓公山的，因山内曾机们葬有祖坟，付他培养树木，原约卖银对半均分。乾隆二十五年曾君常、陈高来佃，小的找众佃他去烧炭，交过小的四十六员番银，随立一张山批给他，这是真的。后曾君常们去和曾机们承佃，怎样不成，曾机如何别佃刘宾，以致控争，小的就不知详细了。那刘宾实在没有和小的族众承佃的。若是陈高们先佃没有银子，可交小的，要别佃刘宾收他五十员银子，就该另立山批给他了，怎么只是原给陈高山批，又是陈孚名字立批呢？明是刘宾假捏混赖，求明察。

问据曾桓供：小的今年六十二岁。那门隔员仑的山是小的族众与陈家公共的山，树木是曾机们一房培养的。乾隆二十五年，陈高们向佃烧炭，小的有收他四十六员番银，交在曾贡家里，充入祖祠公用，给他一张山批。那刘宾并没有和小的族众公佃的。

问据曾贡供：小的今年四十三岁。乾隆二十五年，陈高来佃山，曾桓们收他山价银四十六员，交存在小的家里，这是有的。小的平日读书，不敢惹事，并没有到山去打破刘宾□□□及搬毁槽板的事，这是刘宾诬告的。

问据刘宾供：小的今年三十九岁，是福河厂匠头。道宪大老爷给有牌照，着小的办槽，上年七月间用银一百零五员向曾简书、曾霞昭、曾宗德们佃山，给有山批一张。又因山是曾、陈两姓公山，小的又用银五十员交曾霞昭交陈家佃买，也交有原给陈高佃批一张，批明转给小的收执。小的就召匠工到山去砍锯槽板枝尾烧炭的。时有曾□、曾炳要索背手银，小的不依，就说这山木是他坟荫，出头控告。又谋曾君常说山木是他先佃的，出来扛帮。至上年十一月三十日，陈高、曾君常、曾□、曾炳们又谋陈番、曾贡、陈兑、曾肯、曾□们党人到山，将炭窑打破，把槽板搬毁，并匠工衣服锯物抢去。刘俞跑来报知，小的才赴控告。落后又把炭窑一尽打破，把龙骨四枝劈做火柴，付陈井、陈咸仲们搬到华尌去卖，被小的认获禀究在案，求迫究。

问据刘俞供：小的今年四十二岁，在山头和刘宾看寮的。上年十一月三十日，小的在山上望见曾□、曾炳们拥到山里，把炭窑打破，小的骇怕，跑去报知刘宾就是，□□毁了，□□板火炭，那寮内衣服锯物也无被抢，小的不敢混供的。

问据刘奔供：小的今年三十八岁。刘宾是小的同宗，他佃山锯槽是要军工船去用的,不比做买卖的,小的没有和他合伙的,求察情。

问据刘闽供:小的今年三十四岁,是刘宾雇来锯槽板。时因刘宾与曾君常们互控停止,小的就回家去了,后来甚么人打破炭窑,搬毁槽板龙骨,小的不在山,不知情的。

龙溪县主吴诘问那门隔员仑是陈、曾两姓公山,陈、曾两姓族众已经先佃曾君常,陈高要去烧炭,若因陈高没有银子将山批送还,族众续收你银再佃与你,就该陈姓族众另给山批,若是陈高转卖与你,就该陈高批明转付,且查你前后告词只称向曾霞昭们佃山,并无言及和陈家承佃字样,至今才出呈明,显系假捏混赖。至你所告曾君常们率众搬毁槽板火炭及抢夺匠工衣服的事,如今讯据乡保苏敬章们,都供只有曾□、曾炳嫌你挖窑伤他祖坟,打破三处,并无搬毁槽板火炭及抢夺衣服的事,即你所牵干证刘俞,也供只有看见毁窑没有看见搬毁槽板火炭衣服,你明是生枝妄告了,还有何辩呢?

刘宾复供:小的这张山批是陈姓原给陈高的,因小的要佃,免得另写,是陈孚代笔批明□□□□□□十日小的不在山,是刘俞报知小的,说曾□□员又□□□那槽板火炭也必被他搬毁,匠工衣服也必被抢,故□□□□□既蒙明审并无搬毁料物,小的不敢强辩了,求明察。

问据曾简书、曾霞昭、曾宗德供:小的曾简书今年六十二岁,小的曾霞昭今年六十五岁,小的曾宗德今年八十二岁。同供:小的们是曾姓家族长,本族有文隔员仑山场,这是陈、曾两姓的公山,树木是小的一房培养的,山上有一穴祖坟。乾隆二十五年间,小的们因置蒸欠银,公议将山木出卖。先有曾君常、陈高向佃,议价银八十员,小的们都允了。后因陈高说曾世禹有欠他二十三员银,要就树价内扣抵，小的们不依，就歇了。到上年七月内，刘宾来佃锯槽板，小的们收他树价银一百零五员，写一张佃批给他，另讲明近坟树木留为坟荫的。这壹百零五员银内□□□□置蒸的欠项，剩二十五员，留存公用的。那曾□、曾炳们□□□□□□就纠谋陈高、曾君常出来控告，小的曾霞昭并□□□□□□□买山的事，求察审就沾恩了。

堂谕质问刘宾□□□□□□收你银子内陈姓买山的事，你还有何辩呢？

刘宾复供：求明断就是。

问据曾□供：小的今年三十四岁，曾霞昭是小的老子。那刘宾佃山去烧炭，小的并不敢索他背手银，缘山上一家坟，是小的祖坟，刘宾在坟边烧炭，迫害祖坟，当时曾炳来叫小的同他到山去看那炭窑，实系在祖坟臂里。小的一时情急，有去打破炭窑的，没有搬毁他槽板，这是刘宾混告的，求明察。

问据曾炳供：小的今年五十七岁。文隔员仑一穴祖坟小的有分，小的是三房子孙，三房山有风隙，全靠树木遮蔽的。前年陈高来佃买，被小的阻止了。上年刘宾又来佃买，族中曾霞昭们收他树价，把山立批付他，原议过近坟处所不许砍伐烧炭，三房交隙处所留为墓荫。不料刘宾就在近坟处所安窑烧炭，小的因为伤碍祖坟起见，所以出来呈控，把近坟的炭窑打破，并没有搬毁他的槽板。如今近坟及三房风隙处乞断留存树木以为墓荫，小的就情愿了。

该龙溪知县吴审：看得厂匠刘宾与民人曾君常等互控山木一案，缘卑邑二十五都珍山保地方有陈、曾两姓公山一所，土名门隔员仑，内曾姓葬有祖坟一首，曾机等房众栽有杂木。向来陈、曾族众公议，山内如有人培养树木者，日后砍卖，今将价银山主与树主各半均分，立有合约为据。乾隆二十五年十一月间，曾机等房众口置蒸田乏费，议将山木召卖。随据曾君常邀同陈高合伙向佃，经议明山价九十二员，树价八十员，先交陈姓山主陈阁兴山价银四十六员，又交曾桓转交曾贡山价银四十六员，经曾健祖代书山批为执。时曾姓族内曾世禹有欠陈高猪银二十三员，陈高欲就于树价内扣抵，因曾姓族众不允，遂不成交而息。上年七月间，曾简书与曾霞昭、曾宗德等因欲请还公项，辄将山木公同议价一百零五元转批与厂匠刘宾为佃，伙雇刘奔、刘闰、刘俞等就山制造槽板并挖窑烧炭。因该匠等炭窑迫近曾姓祖坟之傍，曾□、曾炳等恐伤坟墓，出而阻挠，并将近坟所挖炭窑三处毁破，当即赴县以控买控卖等事具告。刘宾亦以强毁军料阻挠等事先后具呈。而曾君常等，又以曾机等贪价重卖等词互相讦控，俱经卑职批查，并饬差谕止严拘讯究在案。兹据刘宾等各赴宪辕具控，仰蒙宪台转奉道宪檄饬前因，并押发曾□等一干人犯下县。卑职遵即饬差带齐两造证见人等，逐一查讯。该处山场原属陈、曾两姓公业，山内树木实系曾机等房众所植。乾隆二十五年，曾君常等虽向曾、陈两姓有批佃山木之事，但所交番银九十二员，系山价而非树价也，且当时陈高欲扣曾禹欠项，彼此不允，并不成交。讯据中见曾敬辉等，供词凿凿。又据代书曾继祖供认，听受曾君常贿嘱，捏写山批属实，则曾君常所缴批字，实属假捏影冒混争，已无疑义。至刘宾承佃此山，既向曾简书等立批佃买，如果另用番银五十员又交曾霞昭转向陈姓承批，何难另立批字付执，今查验山批，何以又系原给陈高之批，仅于批后陈孚出名代书，则亦假字捏混，更属显然。况现据曾霞昭坚供，并未接收刘宾银两转向陈姓买山之事。质之刘宾，亦俯首无词。其为刘宾买树是真，佃山属虚，不待言而明矣。今查曾君常交给山价，已讯据陈阁兴、曾贡等供认属实，但树价并不成交，原不得为佃主，除陈阁兴等原收价银照数还给曾君常等收领，不得混争佃买外，所有该处山木，应请断给刘宾照旧砍制船料，运厂应用，以济军工。但该山内曾姓葬有祖坟，前因挖窑烧炭，以致曾炳等出阻滋事，今应将坟之前后左右二丈之内，一不许砍伐，二不许挖窑烧炭，其白虎风隙之处并请存留荫木四十株，公同照号以庇风水，以杜争端。至刘宾佃买树价，固已交明，所有山价并无成交，今山木全归刘佃，而曾君常原交山价，又令陈兴等缴还，则刘宾名下应照曾君常原出九十二员之数，坐还陈阁兴、曾贡等收领，另立佃批付执，庶陈、曾两姓一半山价既不至落空，而刘宾山木原应照约全买，即照曾君常所出银数坐还山主，亦不为过，俾二比各得其平，自不致再有纷争矣。再查曾君常与陈高并未成交树价，乃敢假造批佃捏词控争，代书曾继祖听许贿嘱代写假批，以致滋讼，均属不合，应请各责三十板，以为刁妄者戒。曾□、曾炳等虽因祖坟伤碍起见出阻，讯无勒索背手银两，并无搬毁料物情事，但不候查讯，辄敢逞凶毁破炭窑，亦属不合，应请各责二十板以儆。时逢热审，各犯杖罪，应请照例折责发落。刘宾所告曾贡、曾肯、陈番等搬毁槽板折抢寮物，及陈位、陈戎仲等听陈高指使将制造龙骨砍作火柴傲买等事，讯属子虚，应同未到案之陈兑、陈井、曾插、曾策等，均请免究。曾君常与刘宾所缴假批，抹销附卷。曾世禹所欠猪银二十三员，应听陈高自行取讨；曾继祖听许番银十元，并请免究。余审无干，请省释。再查该匠刘宾假造批佃，牵告多人，亦有不合，可否念其承办军工起见，从宽免究，出自宪恩，非卑职所敢擅便。缘蒙饬讯，合将查讯过缘由详候宪台察转示遵。

十一

明代万历年间，矿使、税使四出搜刮，为害天下。内监高寀在福州、月港等地横征暴敛,曾激起商民的强烈反抗。去年,我们在云霄县档案馆获见嘉靖进士云霄前涂人林偕春所著《云居士文集》,其中卷四有《代乡人呈罢榷税启》,亦为当时内监衙门在云霄别起榷税事。因罕为人所引用,特抄录于此,以助于进一步了解明中叶以后封建统治阶层对于社会经济特别是商品经济发展的严重压抑。

　　呈为恳乞天恩,俯恤民隐,申详停止毫不征税,以安地方事。照得云霄地方,负山四塞,只有一线水路通海。住居其间者,十家九无半亩,只惟薪樵渔捕、负贩贸易,朝种暮收,聊以糊口而已。至于盐布绵苎等货,则皆来自他方,肩担手挟,间关而至,非有辇输车载,如通都市镇行都者比也。近本年二月内,内监衙门议于云霄镇地方,别起一税行,委田舍人前来开榷。计所榷者,皆鱼盐薪布等物,在官无秋毫之利,在民有剥肤之灾,即使内监闻之,亦且酸鼻不忍,登时报罢矣。若夫稽查洋船一节,似不可已,但利未可见,而患且先踵矣。以言之云霄洋内撑使船,只有四等:一圆柴船,则山溪内所用以装薪谷者也,一船一日只得工食银三分。一开口稳底崎头船,则溪港内所用以装泥粪壅田者也,一船一日只得工食银四分,此皆无蓬盖之船,不能出海者也。一□顶艚船,则捕鱼人与贩鱼所用,以装鱼虾诸鲜者也,计一年所得仅可以偿人船之费。一丈八蓬船,及二丈二蓬船则牵风人所用,于秋冬网鱼,春夏装蚬、薯、豆等物,于泉、潮间货买,而时于惠、潮以稻回者也,计一年所得,亦仅偿费,每遇风波盗贼之警,则得不偿失矣。此虽山海之船,而来往有期,强半在内者也。此外一二大船,则或六鳌镇海之船,客人所雇以装糖卵杉木往福省者也,过浃时自有引税,或广州、潮州之船,彼人所用以装盐谷来鬻者也,盐谷踊贵,始有至者。若本地贩卖高州之船,装载白藤薯干等物,亦是民间所急,似不可少。然迩年来被所司严察,鲜有去者矣。前四等船只,乡民日用饮食所系,旦夕离之不得，即欲征其税，是抑其吭而夺之食也。后三船等只，来无常期，去无定户，得则撑驾，不得则废阁，稍闻征税之令一出，彼有转而之他，破舟而沈耳，是欲征其税而竟无可得者也。大都此方生民，半倚船只为活，小船既不堪税，大船又无所税，所可稽查者，不过装载渔船而已。此等渔船，穷民既破半家之产而成，又拼半死之力而驶，月得升斗之利，未足以供家，岁有修葺之费，未几而转徙，盖不惟无三年之船，亦且无三年之人，累年逋饷实坐于此，今宁有奇术足以巧取之乎？就使一一起税，亦不当九牛之一毛。而此辈目前欲耕无田，欲市无货，眄眄一苇之舟，又不胜诛求之扰，亦安能必其命哉？势不得不穿山而逃、入海而逝耳，为患不滋剧乎？方今圣明在宥，尚不忍于加刑于已议之辟，而滨海穷民，反不得沐更生之惠，是仁施于所不爱而忍于所爱也。奉公如太监，亦既周览兹土矣，斗地孤悬，水陆艰险，虽有数区之廛、数樯之船，曾不足以当眉睫之一盼，而肯就此起税哉？所未释然于此者，盖缘此中二三奸猾，如饥鹰饿虎，遇物即搏噬，素倚澳甲牙行为名，指称船饷，抽分牟利，干聒内监之从人，而哄之来此设法起税耳。征一渔十，征十渔百，甚至欺村民之聋哑而夺之货，市井不敢诘，道路不忍闻，类皆搏入手之利，而非欲以佐公家之急者也。其于利入，能有几何？上伤朝廷旷荡之仁，下酿内监箕敛之怨，此愚民所以相率吁于天，而不惜以为群啸也。窃谓以内监之仁且明，而一闻情状，亦必痛恨此奸猾者，而重置之法，不少贷矣。军门、察院、司道各老爷为朝廷布德，意为地方作主张，岂忍坐视民困而不为之一调停议处哉！伏惟仁德父母，体念赤子汤火之中，必欲置诸衽席之上，诚万口倚赖者也。某等无知不议忌讳，亦不知上司作何区处，作何颁示，相率叩呈，乞鉴赤心，亟为申详各衙门，请将前项征税一切停罢，庶小民获以喘息，而地方亦不至生变矣，诚为万代阴骘。激切具呈。

有关明代万历年间云霄镇的榷税问题,康熙《漳浦县志》、嘉庆《云霄厅志》的《艺文志》中另引有云霄万历进士吴寀和漳浦嘉靖进士林绍的两篇记文,为相互参考。兹一并摘录如下:

林绍《免云霄镇税记》

漳浦无矿亦无税,迩者矿使浮慕金浦之名,创开榷场于云霄镇市。市民以该镇距诏安百里,诏安已税,云霄复税,民日担负鱼虾薪米之末,仅售刀锥,安论饷课? 于是惊扰久之。一白昼扬旗,一夜深举火。舍人仓遽归报,中贵人怒发上指,几为侯累。侯慨然曰:"臣以无罪待罪,铜章倘得为民弭患,从贵人逮系归乡里,民职塞矣。"于是市民感奋,争以其行货居货自占,岁率摊钱百缗输之官,径解内监,无令别遣材官重扰民。为议上,抚臣台枭啧啧异之。侯又上言曰:"夫浦邑之有云霄,犹全闽之有漳浦也。先年倭饶煽乱,镇人负其魁桀之气,开关延敌,贼人大创,至不敢城下弯弓。微独浦邑赖之,即全闽亦赖之矣。今若起税,势必凋疲荡析,在目前无过九牛一毛之利,一旦东南有警,是我且自撤重门,彼必别生内变,甚非镇守自为桑土之计也。"中贵读侯危言,且咤且休,坐税百缗,旋亦报罢。噫! 侯之遇事,慷慨筹虑深长类如此。君子谓侯之惠全浦云霄镇其一也,其惠云霄镇议免税其一也。镇人立石以颂侯浟浟之德有以也夫。

吴寀《免云霄镇税记》(节略)

夫征商非古也,自大工大兵之役兴,而始仿率贷法,中贵人分道董税,若鱼鳞然,网盖弥天矣。然税有定地税之者,有颛役浦岩邑也,云霄又浦之东偏也,其民负海为生,蛟龙之与争,而中贵人过听无情者,漫谓是弹丸可税哉,驰一介使者驻焉,为竭泽计。始至汹汹。公逆其必弄潢池也,预遣所部兵从使者,阳唯诺而潜掣肘之,乃使者竟耽耽横决不可当,翙彼鸥枭,飞而攫肉,舟车襁负,鱼盐菽粟，无不算入锱铢者，其细已甚，民弗堪也。盖间架过唐，青苗过宋，使林总嚣然，丧乐生之心，而不难走死地如骛，稍稍攘臂揭竿啸矣。公推赤招携，谕以大义，力免使者无他虞，更核诸贾祸奸细法之，以谢百姓，民始贴然，而使者遂缩首向无诸去。公于是复退而却顾曰："止沸者撤其薪，清流者澄其源，今民即徼命旦夕乎。倘税额未蠲，更重辱使者，以示必行，祸之蔓也，何日之与有。"则又飞檄当道，毅然请革，条析利病，苦口危言，直欲以去就争之，而无听其积重而不可返。中贵人竟悔且怵，诸凡无名横税一朝报罢。

十二

明中叶以后，各地农民为反抗封建土地所有制，经常进行平谷、抢米的斗争。在福建地区，嘉靖时则有清流农民的平仓，上杭李占春的平谷，永安邓兴的平米。万历二十二年，福州市更爆发了大规模的抢米风潮，抢米群众不但把斗争矛头指向囤囤居奇的奸商，还指向士绅和地主。是年，德清许孚远任福建巡抚，他在《敬和堂集·抚闽疏·题处乱民疏》中，对这次事件有详细的记述，兹摘录如下：

> 题为奸民仓卒攘乱，旋就宁息，遵旨摘究乱首，恭请正法，并自劾抚绥无状，及参将领违误军机事。据福建按察司按察使王桥呈，问得一名邓三，年五十岁，福州中卫军。状招：三与在官陈梅、陈柯、包拉、吴和尚，素性强暴。三等住居城市，陈柯充当刽子手，吴和尚向在南台地方惯做水贼，俱各不合时常横行。有闽县学在官员生员李章与伊在官父李三，住居省城温泉铺，家资巨万，开铺卖米。伊父子平昔嗜利，与人交易，算至丝毫不让，又执泥不肯零沽，是三等侧目已久，无由启衅。万历二十二年四月内，青黄不接，邻府俱各缺米，商贩鲜至，省城一时米价骤腾，人心汹汹。随奉军门许都

御史出示,民间米户俱要平价,不许高抬,一面行府发仓平粜,及议洋赈恤间,三等就不合乘机构衅,借口饥荒,扬言惑众,以致人心摇动。本年五月初一日,三等又不合纠同别案另问驿王一仓、官二等,与今脱逃未获张七等,在九使神庙密谋抢夺。至初二日午间,张七在德进桥遇在官刘宾,口称我昨往九使庙祈福,要到李三家买米,照军门定价一两一石,如不肯,定揸他见官等语。就与刘宾分别。刘宾随往李三对门在官赵一家催取会银,因问曾有人到李三家买米讲口否?赵一答无至。本日酉时,是陈梅、张七同到李三家,陈梅执银一两八钱,面要买米二石。比李三亦不合推拒不允,互相争竞。陈梅又不合高声喊叫,比时省城内外观望穷民,俱各蜂聚前来。三等又不合乘势率众拥进喝同别案另问潘三等,拆毁房屋,将伊米谷一百余石并首饰金银器皿衣服段布等物,尽行混抢讫。三人不合故违强盗放火烧人房屋积至百人以上不分曾否得财奏清枭示事例,将伊园亭举火焚烧,乘凶分党劫夺本铺在官莫二家首饰衣服等项。三仍又不合为首喝同别案别问彭六等移众齐到仙塔街地方在官纸铺户许茂槐门首,将门打开,拥众百余徒攻入,劫夺首饰金银器皿纸札货物米谷等项。三等仍各不合聚众通衢喧嚷,节奉军门传牌严谕利害令各解散不听,随差标下坐营古应科带兵擒拿,当获党犯。今首发陈三等三十八人,于本月初三日解院捆打。省发外众党仍复不散。本日午后又分投别案另问夏肥一、柳六、林耀等,前到侯官县召公坊铺在官郑七家勒要借银十两,比伊不允,遂打进伊家将桌柜内银一十六两抢散。仍率众拥入内室,抢去米谷一十石,并家伙牲畜等项。本日酉时,陈柯又不合为首倡,同别案另问徐三等,齐到怀安县前居住在官回籍州同蔡忠门首呐喊,打入家内,陈柯将伊帏轿一乘放火焚烧,仍混劫去谷三十石,并丢入池内小箱一个,内称有银三百两,并首饰衣服猪畜等项。在官林五见证。本时又分投别案另问周门、陈五、郑麻六等齐到龙山巷地方在官郑志门首,放火烧伊柜栏,攻入家内,劫去谷七十石,并金银首饰衣服等项。又分投仓官二等劫去在官张五、谢一、钟五米店内白米七石、粗米五石、谷二十石。又分投驿王一、林耀、魏藩等,抢夺怀安学前在官黄存仁家首饰衣服米谷等项。又分投别案另问王三、林五、傅四等抢夺西门地方居住在官生员林东荣家谷一百五十石,并首饰衣服香炉等项。三又不合同别案另问孙一等混行抢夺南关在官员一贯家皮箱一个,内银一百二十五两,并首饰等项。比三怀挟古坐营擒拿党伙,陈三等解责前忿,声言要代出气。又不合为首倡率结义吃血兄弟别案另问张二等百余人,聚众攻拆本官住宅,强将门户什物放火焚烧,及至官兵杨雄等前来救援,三等强撤人家铺柜排塞街巷抵拒。仍又不合故违强盗杀人枭首前例,用砖石毒打兵士王三伤重及落牙将死倒地,仍要拖身焚烧,幸有地方人民救获得胜。三又打伤兵董益,至初六日身死。古坐营行令把总黄鸾相埋讫。三又不合抢夺杨雄铁锐一把,麾舞欲杀官兵,仍要打武生陈应桢见在识证。三又不合勒要彼处居住在官生员蓝盛银五两,主众免劫。是夜三更时分,包拉又不合为首手执铁枪同三等攻劫寓居三山驿前在官生员刘文爍家财,包拉要银十两,刘文爍写票一纸,许明日与银,包拉不允,刘文爍止付酒银六分,包拉不快,仍拥众三百余人,混抢去谷四千斤,并衣服等件。包拉又不合逞凶用枪杀伤刘文爍父子三人头额并手各散,抢即丢弃无存。吴和尚在乡,风闻城内抢夺,就于初三日夜,又不合为首率同别案另问黄恕等,抢劫南台等处地方在官潘飞龙家财,打破房屋,劫去银首饰一副、衣服七件;又劫朱姐、林二、徐权、张七、何三、刘四、范细四、王三等家银两衣服米谷等件。吴和尚又不合强勒在官史继昭、史继美、张汝达、韩八、大寮等家银两不等,史继昭十二两六钱,史继美二两、谷二千斤。时张汝达出外,伊妻送银五两,韩八、大寮等十余家各银一两,分受,方免焚劫。史继昭面质是实,前后两昼夜。三等仍各不合出没无忌,愈肆猖狂。随奉军门召遣标营把总林翔凤、石文纲领兵并巡捕指挥雍炫、安继爵、王鼎,典吏李守欢、何良教,督同地方保约应捕人等,陆续擒获三等二百余人,并获见在赃物:白绵布五匹、布皮一块、铅八两、学士椅一张、围屏一件、衣服十二件、金漆桌一张、屏风座一个,系李三家;青绵布道袍一件、青济布道袍一件、白绵布男衫一件、破碎寿板一块、毡袜一双、儒鞋一双、青布衫一件、白布一匹、白布裙一件、蓝布半匹、黄绢帕一个、连纸四十五块、牌纸二十三刀、粗纸二十张、谷一百二十五斤、苏木五斤零三块、锡茶壶一个、扫帚八合、白豆九十斤零二斗,系许茂槐家;米桩二个,谷三十斤,酒坛、米箩各一个,系郑七家;凉床绵被各一张,系蔡忠家;寿板二块、白碟二十八个、谷四十斤,系黄存仁家;耳环一双,系陈氏家;米三斗五升,青布袍、葛布道袍、蓝布女裙、旧青布夹祆、旧青布道袍各一件,李干二斤,油麻一斗,牛油六十斤,系潘飞龙家;谷二十斤,系朱姐家。又谷四十斤,系林七家;银一两,系史继昭家。……今据前因,照得地方米价久贵,小民艰食,当青黄不接之时,……乃陈梅等之藉育强夵,邓三等之乘机抢掳,甚至满城呼噪,放火行凶,肆无忌惮,实为乱民,非饥民也。但聚众千百,诛之不可胜诛,又事起仓卒,一倡百和,如火因风发,莫测其端,市井顽愚,良可哀悯。不摘其首乱数人置之重典,无以正法;不将众党分别处治,姑从宽释,无以安众。除从轻者不敢烦渎圣听,敬将正法者具题请旨定夺。

十三

谢肇淛编纂的万历《永福县志》,是福州永泰县最早的县志。其中有不少关于土地关系、人口、风俗以及动乱等社会经济史的资料。顾该县志目前流传甚少，特摘录如下，以供参考。

卷一　地纪·土田

福州九邑，而六滨江海，忽为洲溆，忽为潭渊，故土田时有盈缩。永福开山为田，农勤则日增，农惰则日减。名田者，堤塝之外，上至山椒，下至山址，皆得而主之，县官案籍征赋，田主计亩收□，佃田有阙危巇险，惟其播种，若履亩而科其赋，则弃而逃去，复为菅茅，故卖买之家，惟知有佃户，不知有田。田在千岩万壑，未易蹑屐至也。

唐之田无可考，宋之田二千八百二十八顷三十五亩二十六步，民田二千三百八十九顷七十八亩四十步，寺观田四百八十顷五十六亩三角四十六步。园地六千六百九十三顷五十四亩二角一十九步，民户园地四千七百九顷七十七亩一角三十步，寺观园地一千九百八十三顷七十七亩一角三十步。通共科苗米六千九百四十九石三斗二升，夏税产钱四百四十四贯七百五十文。元之官田二顷一十亩五分一十六步，民田一千二百九十二顷一十亩三分二厘三毫，地八分一步，山园五顷九十一亩五分，通共科税粮五千一百六十四石二斗三升有奇，税钞二百三十七锭四十九两九钱五分。国朝洪武二十四年，官民田园山塘地通共二千六十四顷六十七亩；二十九年以未科荒地分与福建延、平二卫军之老弱者屯种，在二都有龙屿屯，七都有葛岭屯，八都有郑洋屯，十都有汰口屯，十四都有北桥屯，十六都有古岸屯，十八都有白面屯，二十都有下庄屯、有章窒屯，二十一都有洋尾屯，二十三都有后坑屯、有东山屯，二十六都有埔埕屯，二十七都有拿板屯，二十八都有姜埕屯，三十三都有松行屯，三十五都有屯口屯。当斯时也，田仍兵戈之前，而佃田者已凋残于兵戈之后。至永乐元年，瓯窦半为荒坂，而官民田园山塘地仅有一千三百六顷三十亩有奇。于是二年复分二卫军屯种者，在十六都有洋山屯，十九都有古洋屯、有白面屯，二十三都有赤洋屯、有秋垄屯，二十八都有白渡屯，三十二都有南干屯。正统十三年，邑懼邓茂七之祸，民愈凋残。至景泰三年，官民田园山塘地仅有七百四十七顷六十三亩有奇。自是之后，闾阎靡敝，田园半名于外豪，而本邑之民，乃为之佃作。盖至于今，终不复振，稽之万历四十年，亦不过七百七十二顷六十三亩有奇，通共科苗米四千二百八十三石有奇。福州屯米二千一百七十石有奇，延平屯米三千六百七十一石有奇。

户口

宋以前户口不可得而详矣。宋之户则有主有客，主户九千五百八十一，客户一万一千七百八十六，合之得二万一千三百六十有奇。按宋制，县之大者四千户，而永福以二万计，至夥矣。是以当时缙绅，于兹为盛，一科进士至有八九人者有以也夫。元之户则有南有北，南户一万五千六百七十，北户二十，合之得一万五千六百九十。此其大凡耳，而时有增减欤。口之多寡则未详焉。国朝洪武十四年，户则有民、有军、有匠，合之得六千九十有二，口则有男有女，合之得一万四千二百一十七。正统十三年邓茂七扇乱沙县，其党西击永福，所过无少长尽屠之，邑遂残破。景泰二年户仅一千二百一十八，口仅三千三百七十三。至万历四十年，户之增不能三百，口亦止于四千一百一十三。或者徒见民不加多，乃疑有司未稽，其实，顾皇恩浩荡，不察渊渔隐匿之弊，时容有之，然余观宋进士考，永福科不乏人，至于今则寥寥焉，此非今昔异才，亦其户口有多寡耳，未必尽由于奸胥之掩护也。又考邑之田，其占于异县之民者十有二三，则黄籍之户口，固不尽为邑人，而漳、泉、延、汀之倖民流布山谷，生齿凌杂，实皆邑之户口而不登邑之黄籍。在彼邑为亡命,在此邑为宾萌,由童而白首,由身为累也,曾不闻县官之有庸调,此何以异于鹿豕哉。

风俗

邑居万山之中,地之平旷者不得什一。旧通志称其火翳水耕,崖锄陇莳,不虚矣。顾一泓之泉,可溉数里,旱无抱瓮之劳,潦无害稼之患。至于引水不及之处,则漳、泉、延、汀之民,种菁种蔗、伐山采木,其利乃倍于田。久之穷冈邃谷,无非客民。客民黠而为党,鳞轹土民。岁侵揭竿为变者,皆客民也。土民好礼守法,安土重迁,敦朴款诚,不事夸诩。君子则重名节而薄声利,事非甚不得已,未尝俛仰尊贵。小人则男耕女织,山谷之中,有至老不入城市者。独郡志谓其信鬼,此不能无云。

时事

国朝洪武四年,温九作乱,寇掠乡里,有司捕之,逃去,寻复来,邑人杨惟吉率众获之。

正统十三年,沙县邓茂七为乱,诸县响应。异时尤溪贫民佣于永福,永福人奴虏畜之,至是拥众侵轶我邑,所过无不屠灭,几虚其境。

(嘉靖)四十年,漳人王凤以种菁失利,因聚众据二十八都为乱,不旬日遂至数千人。监司发兵击贼,糗粮不足,百姓皆逃匿,独利洋人鄢俊散家财持垒门给食,兵得无饥。明年复散家财,号召邑中豪杰,得六百余人,自言县请击贼,乃率兵迎贼于九龟里,与战,杀数十人,俊亦身被数枪而死。又明年,刘巡抚等遣将灭之,而西北诸都残毁萧然。

(万历)十七年正月,汀人丘满聚众据陈山为乱,知县陈思谟请于巡抚赵参鲁,遣把总王子龙灭之。

十八年,烽洋小姑西林赤皮赤水诸处菁贼会盟为乱,而烽洋贼

曹子贵、包二等先发建旗杀掠，屯于大埔之碛头，知县陈思谟与邑
人典仪张仕朝等乘其未会，率乡兵灭之。

关于嘉、万时期永福山区的棚民暴动，在卷二《政纪》中亦有记载：

陈思谟，广东河源人。万历十七年以选贡知县事。会客民丘
满倡乱陈山。明年曹子贵倡乱烽洋，思谟请兵歼之。贼平，令里宰
举山谷中种菁客民籍记之，使相觉察，于是相率治生业，不敢为乱。
又请复机兵旧额，得八十人，都试之以固封守城。东北隅外山高于
雉堞，贼得登山觇我虚实，力请当道移城于内山之椒。工未竣，以
内艰当行，百姓诣两台乞留，竣工乃去。去之日，至无宿春，百姓肖
像祀焉。

又《戎备》条云：

国初沿海郡邑设卫所以防岛夷，永福虽山邑，无鲸寇之患，然
丛岩沓嶂，往往为凶裔窟穴，则固非可以去兵者。其后承平日久，
所谓机兵者，徒以供县官送迎存谢故人权贵于千里之外，而教场废
为草坂，军器库乃不留寸铁。嘉靖三十八年，倭奴卒至，陷我城郭，
戕我县令，竟无能批亢其锋者。兴泉道兵备使者从永福间道驰入
莆田，不能征发一卒为卫。及至祩口，乡民林泰者，素以军法部勒
其佃客，乃召三百人以从。四十一年，因增机兵四十名，未几汰其
原额三之一，以其工食充幕府饷。又以其余分半赴郡，在县者只留
二十七名。盖谓机兵，无益于戎备也。隆庆五年，复汰者十人。万
历十七年，汀人丘满据陈山为乱，邑中束手无策，幸其未炽，知县陈
思谟请于巡抚遣兵灭之。明年，余党复推曹子贵、包二为首，据大
埔之碛头，而诸党之在西林、赤水、虎头垅者未至，遂为乡兵所擒。
贼既定，思谟乃请于巡抚，尽复其机兵之汰者，而旧额如故。然亦
备数已耳，非能登锋尝寇者也。

又卷五《志余》云：

丘满之乱也,诸生林彭龄谓令陈思谟曰:"贼必保陈山。陈山斗绝峻险,林木蓊荟,急遣人悉烧民间囷囤。贼可困不可攻也。"思谟从其策,贼果栖陈山,我兵环而守之,贼饥不能忍,皆出就缚,或相枕藉饿死者无数。独大索丘满不得。或告思谟,满故与梁氏妇奸,必匿其家。思谟大怒曰:"满死矣,若尔借之修怨于梁氏乎!"杖而遣之。后数日,密遣人刺候梁之所,因获满于丛岩。

十四

明代泉州安平商人,闻名海内外,我曾在数十年前著文有所论列。近年又获见《莆阳溪黄氏宗谱》,其中有《金墩黄氏祠堂图记》记述安平的地理形势及通商情景,颇有参考价值,兹抄录于此,以供同好作进一步的研究。

泉城以南循五陵而下五十里为安平,宋金墩全盛时,万有余家,其最著曰高、曰安、曰黄、曰叶、曰李五大姓而已。其地势则有三峰毫光,转东北十里许为六都,熊山逶迤而行,为吕林、钱埔、曹店,自是而东曰坩坂,掩以内市浦边,障安平之左臂,由内市南行者为庄头桂林以至东石,拒海门之东。其西曰许田,接而隶曹庄,拥安平之右臂。由曹庄直南为南安界,而之朴兜水陆江崎,以石井拒海门之西。则是东石、石井之处,实安平之二巨鳌也。其水则自晋江趋东南隅入于海,南归于石井,江海门而入安海,以通天下之商舶。而南安诸水,则自九溪东折于南瀛溪入溪尾水陆而注于海,共晋江诸水大会于海门,此则安平外局之形势也。

又自曹店而下至龙山寺分为三支。一支举坑墟连皇恩而尽于东阳洋,一支起颜家墟埔连西安而周于西畴,中一支乃为安平鳌山之大都会也。其东西之水,东自坩坂内市浦边下汇为东埭,西自许田西安下汇为西隶埭,二埭内灌田数千亩,外设二斗门,以泄水势,并会于安海港,朝宗于海焉。此则安平内局之形势也。旧传东西无埭,海水东入内市浦边庵前,西入于西安曾埭,商舶亦至其乡,与居人互市。其屋宇鳞鳞于次,北接曹店,南接内市,故二乡有市店之名,至今乡人作井为灌注,往往得船缆蛎房及海树,则旧说信然矣。

又自中一支言之,由龙山南行为今北门外,转东北山佑圣宫,乃三分其派,东西为两派,中为正派。其东曰后库田埕,而尽于海,护正脉之左腹。西由鳌头西柯下坂坑,亦尽于海,包正脉之右腹。至于正脉,则起山头,连于高家祠堂,突起一山,鹦哥山后高贵盛山以用土而尽,由高而南为鳌尾塔十字街,以跨于海。吾家居地,乃正脉之正,高尽处为都会之趋也,是以古今称贵盛者,必正脉高家尚书惠连之族,而黄氏则长者黄护之居,李为承务郎李钦之第。与夫所为业者,但居正脉惟安连济居西安之水陆坊,而吾宗实据高、黄之胜也。

十五

惠安县档案馆收藏有《惠安龙山骆氏族谱》手抄本一册,内详载明代万历年间骆氏家族与仆佃之间的纠纷始末。明末东南之奴变,乃明代农民大起义的重要组成部分,因碍资料未备,尚有许多问题有待进一步的探讨。《骆氏族谱》中关于佃仆资料的发现,有助于明代后期福建奴变的研究,亦可了解到明代中后期社会经济的发展尤其是商品经济的发展,对于明末奴仆地位的提高和促进奴变运动的兴起,实有着密切的联系。现按照该族谱的编排顺序,将其中有关仆佃的材料详抄如下。

义男世系图

　　噫斯系也，胡为乎来哉？尝念在昔，先人当播迁之始，与四仆同济时艰，爰收入籍，盖亲之也；最后考系者附载在谱，抑严之也。料世远代湮，流泽易逝，仆裔克能成立，遂忘其祖之所自出，而起悖主乱宗之思，此辨章愆词所以速见于前事也，然则兹谱可不附乎？顾附之矣而不为加详，何也？负固之仆裔孙犹尔混称尊长之分，家主先自贬黜，名之不正在昔齐楚之时而已然矣。今虽不能详，且亦何必详哉？姑依古本而存之耳。

　　　　　　　　　　　东壁谨志（按东壁为明末崇祯时人）

　　　　　　　（义男世系图缺）

二世祖孚仲府君传

　　迁居后，凡云头祖业，悉分诸养男管掌，并赐同姓，共收入籍，其一体同视之心又如此。

大事记

　　族谱非记事之书也，记事而何附于谱？盖记其事也实记其人也，实记其人之事关乎祖宗之事。关乎宗族之事也，他不具论。夫事莫重于祭祀，自斯人之夺其祭田也，而始祖之祖废事莫大于坟墓，自斯人之指祖墓为废坟而阴以予人也，而二世祖之坟废事莫大于主仆之名分，自斯人受赂于叛仆，而假族谱以供其变乱也，而主仆之名分废。呜呼！斯何人也，抑何事也，而更废之也。……

　　初议立春每房请四人换七张通赞引在外祭品骏筵各定式有差。……

　　原养男黄来保裔孙依期送纸供单一只，公定以春祭日送。……

　　原云头下洋旧基逆年系养男元庆等依期送纸，今定以春祭日送。……

万历九年春祭，逆仆黄来保裔孙乾育不送牲纸。

万历十四年叛仆骆乾育出揭乱宗，族长骆以成等倡义共攻，诸生骆日升出其愤词、辨章正之。

倡义立字稿

立公议户长骆以成、房长炳乡等，为健奴乘主事。始祖必腾公仅生一男，讳天佑，字孚仲。生四子，长一麒，次一麟，三一凤，四一鸿，昭穆支派，载在族谱者斑斑可考。有随迁养男黄来保、杨成安、朱长安，但收户入籍，共支户役。虑世远仆得幸主，将旧置田地庄舍在云头下洋者尽付三养男等管掌，岁供牲纸，备载谱图悉明白。

今有乾育兄弟，住居云头而迁晋邑者，即黄来保之裔也。伊叔成贯送跟安海商人为奴，因侥致富，遂逞奴猾。今春葬文不遵主仆名分，赂嘱铭刻墓志，将伊祖来保改作天保，冒称吾祖必腾公有二子，长天保，为乾育之派；次天佑，为惟俨公之派。以此乱伦混宗，欺骗亲友，仍将所刻墓志遍颁，渺视族中无人，造意妄认，罪恶不容。失今不正，传世子孙有以伯族呼，奴仆而倒置房落甚矣。生死有知，能无愧乎！凡我同族子姓兄弟，苟有一念笃祖敬宗之意、传子贻孙之谋者，皆当目击心忿。以本月初六日，齐刻泉城东门二郊庙，同往乾育家正名，并带所刻主仆情由，遍粘街坊，庶晋邑士大夫君子览观者，亦得共愤而切齿之。今我宗族，凡有同行者，各书名字于左以凭，届期会集。倘嗜利忘义、甘心事仆不敢出一言以相攻正者，皆非我族类，生何面目入家庙，死何面目见先人于地下乎？自此以后，摈而不齿。其向义出头之人，俱刻名字列之主仆匾额，永挂祠宇，以垂不朽，使远代后裔，得有考据以定名分云。

公议条款

一、主仆混乱，乃通族之羞，非一人私愤，其公费等钱，除养子孙外，照依派盐丁数均出。如有恃顽不出者，会众同取。

一、首议之人非生端喜事，以前辈尊长不敢劳烦，故不得已而任其责，如或后日生端报施首议之人，族众誓约壮心共御，使后之向义者有所激励云。

一、凡同宗子姓兄弟，既议之后，如再因财利之交而忘良贱之分者。查实，会众鸣鼓而攻，以为后之戒。

一、举议正名，系祖宗重事。如有倡为不必较以阻后生之行，此乃得罪祖宗，永不许入家庙。

户长以成

房长炳卿　伯颖　孔谐　尔元

惟用　惟翰　伯修　孔府

维和　良耀　孔忠　尔宋

尔由　德良　德传　七会

德溢

倡义房长伯俊　子森　堆怌　恩训

遵谊　廷煌　时聘

举呈生员趋庭　趋敬　廷炫　廷煌

廷赡

公议宜睦　师冲　师章　师美　师敏

师恤　师升　师裴

公举会众子孙森　文载　师永　日明

宜睦　师美　遵信

君辛　仕明　斯杰　国选

鸿传　一咢　用哲　于俨

国钦　韦甫

忿词辨章首序

余子姓故蕃，弘、正以来，蔚以文章，有声绵胵，则自肇基十一祖必腾公宅云。有子曰天佑，迁玉埕。而今怨词中所载黄来保者，则必腾公之仆佃云头者也，供牲纸共应门役者，盖三百余年，里叟邻孩喙能道说也。乾育固来保裔，遽倡为长房之说，以尝余宗人，且捐赀反间嚼无耻者为之解图。余宗叔以成公谓余辈曰："吾宗岂尽聋哑哉？兹喏喏也，何面目奉麦饭而洒世祖之堂！"遂数育乱宗罪状榜之，今其愤词辨章昭揭矣。

里中豪有卖宗党育者，哆口为公言："公亡呶呶攻富贾也，正义不足以胜邪利，虚词反以谋实畜，某固□，公之宜自为计。"公竖发曰："任之矣，不为祖孙也者，则听其凌祖也者，畜即畜耳，独奈何吞声抚委，甘重生仆而轻死祖哉！余亦谓人无阻公，复阻公，某必唾其面而辱之。"呜呼！公志顾不龌龊哉。世人大都先周圆而绌廉偶，骭时韦而羞称名谊，簌簌龉龊之失，局驰鹜于蜗囷，蚁膻鼠腐，濡口缩气，既负下迹秒不足道，而其首鼠模棱者，则又畏首尾而不敢动，藉彝心矢激亦怀恚忿艴而有所不平，而终不能扬眉吐气，声大义而抉之，然而思逃夫雌伏之名也，则又反唇。夫谓谓者曰："彼嚣嚣者，为空言耳，而乌乎能？"于戏！此岂以颜舌董笔，而仅空言藉哉。人生百年，旦暮顷刻。巍然者，有时而巅；华然者，有时而零。维纲常在宇宙，正论在人心，不以利爽，不以威陵，亘千古而不可磨倾。故奸可网横财，而不可屈天理；赀可鼓卿侯，而不可欺鬼神。惟贤惟德，可以竖身；惟忠惟孝，可以立名。隐忍则为不勇，助逆则为不仁。有一于此，则生不可以辱弁冕，死不可以见先人。而恃富积奸，以贻其祖于二主之失者，其为是非，又不待言显矣。于戏！正气不出谈经张道之子而出于山林之偶傥，余悲已，余赧已！后之为必腾公之后，而读公之愤词者，岂不亦感愤壮烈追扬风谊，扼腕口诛，而再三快赏于余言哉。

日升书

忿词

惠安二十二都玉埕里立忿词户长骆瑗，因世仆乱宗，名分倒置，姑述其概，俾览观者得辨玉石，庶本宗世系不至为他姓所紊乱也。

始祖必腾公，先自光州固始避乱入闽，暂住云头村，仅生一男，讳天佑，字孚仲。旋僻处，遂卜玉埕里徙居焉。今乡贡骆廷炜，荣授教谕骆纶，廪生骆惟翰，奉训大夫骆惟俨，生员骆希谟、天赐、惟佐、惟义、惟朝、惟仁、惟桢、趋庭、趋敬、廷晨、廷煌、廷炫、廷赡、日升等，皆正派也。

祖有随迁养男黄来保、杨成安、朱长安，俱收入籍，共支户役。祖虑世远，健奴乘主，严厉传家，族谱载详悉。仍将云头建立田地付来保等耕种，岁供牲纸，而以旧筑庄舍令世居焉。即今骆乾育号安峰者，正黄来保之裔也。始无立锥之地，为桶匠治生，妻陈来定女，弟乾任娶贺庆福女，二姓皆白崎村郭、李之仆佃也。世代□□，村落五尺通晓。伊叔成贯，怜育无依，送跟安海商人为奴，颇得厚利，遂带货物往广交接倭船，携弟乾任为质，对银二千余两，约货填还。讵育见财忘义，弃弟不赎，被倭带去，经今未回，诈称身故。以此积奸致富，遂逞雄猾，渺视主仆分谊。今春葬父，谋地占害，掇采谱记糟粕，声惑宦家代笔志铭，将伊祖来保改作天保，冒称吾祖必腾公长子，而抑天佑次之，以此欺瞒亲友，炫耀缙绅，识者咸切齿之。夫以来保之后裔孙子，至今称主称仆，尊卑森严。惟育移居晋邑，欺众弗察，遂蒙虎麑，乘主蔑伦，情甚可恶，神人共愤。岂不知族类子姓斑斑谱记，纵奸诡百出，为能以一旦之骤富，而混数百载之黑白哉！第恐闻风轻信，未袭成例，谨将乾育世仆事由遍告诸士大夫君子，共扶正气，众口交摈乱宗罪恶，知所警戢，而晋之乡宦误听缔亲者，亦不可因财而忘贵贱之羞。若吾惠邑，则人人睹记，不待辨矣。间有骆琰及子士宇,俱邑庠生,则以吴姓赘者,此非乾育傂也,而亦不敢混有所纪云。

户长　　骆瑷

房长　　骆以成

炳卿

孔谐

伯俊

维用等同具

辨章

玉垾长老骆瑷,为世仆骤悍乘主乱宗,既已略序源流,刊著世系,鸣钲罪恶,播诸睹闻章灼矣。乾育复设簧鼓之词,冀惑通邑大都之听,譬之里妇效颦,益自献丑,黎牛虽黄,岂能乱虎。第念祖宗见陵,首足倒置,子孙又安能嘿嘿已哉!其主仆原由,俱在愤词中,兹不赘,故(姑)击其投辞所不通者。

投词曰天保生二子:一龙、一鹏,主必腾祀,天佑则居于玉垾。夫云头果必腾公裔也,则必腾公之祭玉垾者,盖三百余年,曾有一年一人与祀事者乎?公立祭田,今祀无绝,我四房轮管至今,而云头不得与,此大彰明较著者也。公惟一子,僻处絜家以徙,而留仆来保、成安辈居故里,以耕我祖田耳,乌在为分居哉?且育能近号其父云山,而岂不能远名其祖以天保、龙、鹏哉?此其不可通者一也。

投词曰军苦役也,何不令养男独当,而玉垾与云头轮当乎?不知初抽应役,贵孙原孙俱为来保之孙,而勾补如佛长、永正辈,又系杨成安之裔,果何尝轮当战?且军为朝廷公役,既收养男入籍,自当与之共应,即虽轮当,且主仆之分固不缘是改也。此其不可通者二也。

投词曰云头既为养男,何里长差役两房轮当?户下甲首名有分属,不知原收入籍,正以共支门户,军、盐二籍,例又不得分析,岂有玉埕为里长,而云头独为甲首乎?则轮流催当固所以均我之劳也,岂以里长荣之,而以分属甲首利之哉?此其不可通者三也。

投词曰云头既为养男,则颜居、希逊、启宁辈何以称为族长?不知此所谓族长者,固长彼族类耳,如今立投词族长甫立是也,何尝长吾正派哉?且颜居自壮丁赵卫当军,又何时为族长也?此其不可通者四也。

投词曰云头支稍落,旧传族谱为族子负逃抛没,遂为玉埕诸人所抑。亲谱出万历八年,不知余谱修于正统十三年者犹存简蠹编蠹,主仆森载,历代递修,各有名字可据,何称抛没?本派四房,各分一谱传世,何得阴匿?如云盛衰相形,轩轾情生,则余族故蕃,其散处下埭、张坂、前埔者,亦不甚盛,玉埕诸人俱不抑,而独抑一云头哉?夫爱憎升坠,世态或有,奈何恣睢行之族中,令兄弟等辈而奴视之?其不可通者五也。

投词曰少泉、磬山并拜云头祠宇。其说尤诬。少泉父子曾经海道之晋,舟泊云头,庄、陈二家所共睹者也,乌有表表大贤而拜养男之祠宇者乎?又云磬山在宦途,亦雅相顾。念夫萍水相逢同郡,犹可相轸,况乾育为我世仆,在外商贩,情固不斩提携也,岂以此而遂为侄哉?后育为子求姻,赂媒耸听于林、黄二大族,及事微露,贵人意动,育无措,乃厚币盛筵恳诸族人一二,为之门面事,遂得寝。我族中亦甚恨错趾为而不平,盖花桥市人人都记矣,不何情礼往来哉?此其不可通者六也。

今春育葬父,族子有布牙某者往吊以金纸,后为颂志铭,故少亮诸人始发愤鸣义以攻之。而投词辄为拜养男之墓,挟干馐之恙。试问埔庄诸人,我少亮、廷照、日升等曾一措趾其墓乎?且彼往吊者，已甘心矣，又何嫌何恙？即一人恙觥鼓，我阖族而代之泄忿乎？此其不可通者七也。

投词又曰冤家唆使为造帖。夫三尺童子闻人斥其父祖，犹艴然而怒，矧以仆乘主，等之篡弑，不共戴天之仇，谁不痛心切齿者，乃待唆使哉？育以谋地伤害，布财恃势，构憾大家，动则自疑，岂知我子姓愤义，一唱百响，非别宗听所能激。云屯修词，竞管狂气，非他乎所假成，而欲挟怨诬扯，无识甚矣。此其不可通者八也。

磐山、东乔未仕时，籍有声望，考较之府，□育时以仆故使令，何云至爱而其子不得摈哉？日升年青志励，每念元宗售耻，目击时事，藉令不攘袂奋勇唱词正名，谓所学何具？以污崇严，羞衿晃轻黉序之士也。今育以尊祖为悖祖，以明伦为灭伦，反诋之为学校羞，耸词无惮，此其不可通者九也。

寄食安海，商人主母见在，而曰我架诬之嗤笑；通夷弃弟，黄绍道词可凭，而曰不幸没于九龙滩；请罪改志，达甫领墨未干，而曰我长老之力，止至于琰及士宇，则吴伯羲赘于来保之子仲仁者，载在谱谍可镜也，乌谓无据哉？此其不通者十也。

呜呼！名分至重，鬼神难欺。乾育始则猎幸掩丑，颠倒冠绥之分，继而求荣反辱，纵恣浮浪之谈，使吾宗之怀义壮烈者，痛愤而不可忍，傍之触目激中者，扼腕而不能平，安得不为宗祖一声言也哉！况吾祖与来保播迁共济时艰，而其裔反加以名在主上，来保有灵，亦岂心安地下哉？成安等子孙观望觫觫，岂肯平哉？乾育积奸致富，罪状如猬毛，而今又混乱吾宗，伯仲其主，丧心病狂，非见谴何以能自有邪！者彼□祯者，固螟蛉子荣茂、子静、乾彦辈，素无赖徒，为桀为虐，曷足道哉！曷足道哉！

族长　骆瑷

房长　以成

伯俊

炳卿

德良等同具

崇祯己已年，四世祖叔坟一首，坐本乡斋堂后山，被健奴一贵盗丢盗葬，通房觉究。时坟迹虽存，坟之真否莫必，姑戏、饼量罚，另处地半斗充为一鸿公蒸尝。

十六

明清两代，福建有不少乡族集团，为了扩大本乡族的影响以及加强对于乡族内部的控制，往往集建有形形色色的乡有或族有的寺庙庵观等。此类寺庙，由于财产系乡族所捐给，寺庙的僧道等管理人员，对于该乡族集团往往带有较强的依附关系。1983年，我们在邵武县获见《樵西古潭何氏宗谱》，其中卷三记载樵西何、叶、徐、吴四姓合资修建南山善济庵，并附有一组何、叶诸姓与该庵僧人的各种关系文书，对于了解明清时期福建地区寺院经济和乡族势力的一个侧面，很有帮助。今抄录如下，以飨同好。

立议明抵兑字人僧普照、静修，原何国盛、锦标、思圣、鼎玉、周俊、又岐等，先祖施有均山寺田米十石四斗，因山门颓败，致僧觉安迁徙南山庵，将所施米数带归此庵，已有年所。及至僧权一理家不守清规，将何施主所施产业盗卖一光。今何姓查明，速欲鸣官究治，僧等适值众施主敦请掌管是庵，因力劝何姓念在三宝佛上，又兼旧腊庵遭回禄，姑从宽宥。但何姓所施米数，原以斋僧供佛，并奉祀祖牌，奚容盗卖？僧等不敢忘何姓善心，情将祖自己续置皮骨田一坋，坐落匾岭嵊，载民粮二斗正，以为抵兑。幸何姓准从，日后（僧）等再不得私行盗卖。至上手，清明之日年例交何姓铜钱五百文帮纳国课之资，亦不得少欠。恐口无凭，立议明抵兑字，永远为照。

乾隆四十三年三月初六日

　　　　　　　　　立议明抵兑字人　僧普照

　　　　　　　　　　　　　　　　　静修

　　　　　　　　　在见眼同人　陈德柄

　　　　　　　　　　　　　　僧静修自书

　　　　　　　　　　　　　　以上俱押

立承请字人僧普照，原南山庵系僧等祖师讲经设法之地，自明迄今，颇有名声，僧自幼已迁出别庵。今南山庵旧遭回禄，众施主召回撑持此庵。其庵中田园产业，俱交僧管理，不得荡败。日后殿宇重新，各施主祖牌仍照从前奉祀，且轮值六年，冬成敦请何、吴、徐、叶每姓施主，额定六年冬斋一次，不得欠缺。恐口无凭，立承请回庵并议明合同字为照。

　　　乾隆四十三年三月二十六日立承请字人　僧普照

　　　　　　　　　　　　　　经议人　陈德柄

　　　　　　　　　　　　　　在见眼同人　蔡胜儒

　　　　　　　　　　　　　　代笔人　僧本明

　　　　　　　　　　　　　　以上俱押

今将冬斋规例载明，一、敦请叶姓施主上房共六位；下房共八位；何姓施主六位；吴姓施主六位；徐姓施主十四位。一、冬斋席上籼糍、煎豆腐、青菜；酒各席四瓶。

南山善济庵序

距樵西古潭廿余里，南山善济庵在焉。自前明创建以来，殿宇奂轮，神灵赫奕。居士倡施相继捐助产业，虽不然画一心乎，祀神无二致也。泊国朝乾隆四十二年间，该庵倏毁于火。逾年，何、徐、叶、吴四姓，因祖施有田产山场，越坛设有各祖先位牌，偕同僧普照，仍其旧址重新募捐以复之，数十年来纵功浩大，力不从心，未能廊殿整齐，而僧俗漠无忌惮者却未有之。近因僧逃，遭远近不肖之徒串秃祯悟舞弊残害，酿成讼端，始构于捕厅，继控于军府县宪，暨上制县均叨批县讯究，随蒙县宪郑讯断押退该僧追限不肖等缴吞租谷，并饬另举妥僧住持，各具依结在案。何长旺、叶茂富、吴毛予、徐世南等遵谕，公举观济庵僧知远住持。该庵请给示禁，军府二宪颁给告示，以杜樵采，并不肖流丐匪徒诸色人等覆辙骚扰。兹知远才入该庵，不谙从前备办各项规条，敦请何、徐、叶、吴四姓人等诸庵公立簿据五本，互相载明各业坐落、各项规条，编定阆、来、景、自、幽五个字号。何姓执存阆字号一本，叶姓执存来字号一本，吴姓执存景字号一本，徐姓执存自字号一本，僧知远执存幽字号一本，俾知远得以照簿管业办事，该庵神灵香火，亦得以永保勿替云，旺等尤有所厚望者。方今圣天子御宇，薄海内外，物阜民安，凡郡县之神庙梵宫，靡不废者修、坠者举。善济庵仅复殿宇，远近居民及现在各施主倘能于诵读耕耨之余，继前人而全复古迹，毋令长此廊殿未能整齐，不亦涵濡雅化安享升平者所当然哉！是为序。

今将该庵何、叶、徐、吴四姓祖施田产山场坛越及从前住持僧赎置田段列后：

一田坐落扁岭垌边旗畬棕树烂泥窠。

一田坐落水口乺松垌头大垌上小垌上早禾坑桃坑排。

一田坐落猴迹窠菜地窠新圳。

一田坐落雷堆坑狼竹排批霜冇。

一田坐落墓窠口煌前。

一田坐落庵后俗名剃头田。

一田坐落庵门口坥埂址羊箸案下塘窠。

一田坐落岭干干坥埂下陈家珑苋山窠。

一胃米坐落岭干干俗名三斗坋,载米八斗,年交租谷一石五斗二升正,佃人陈赐来。

一山场周园水口内外。

一坛越方丈前后。

又将条规列后:

一每年国课,僧务须早完,免致差催滋事。

一该庵各业,僧不得出卖。

一住持僧须恪守清规,不得游荡,及存面生歹人,亦不得在庵开庄赌博。

一施主不得霸耕田段以栽讼根,亦不得串僧盗砍盗拚护蔽各树木,并不得入庵借贷银钱米谷,及与僧饔其酒肉,致骚扰朋烹荡败,如有此情,查出鸣官究治。

一每年正月初二日,务亲登各施主家拜贺新年,施主家待饭二餐。

一每年清明日亲送铜钱五百文到古山街何姓交办合族清明者,收以作津贴,何姓办清明者款待午饭,并给煎腐、籼糍与僧带回庵中。

一每年清明次日,僧亲送铜钱二百五十文交叶姓收,叶姓款待午饭,并给籼糍、煎腐与僧带回庵中。

一冬斋各规条,照先年指办,俱不得增减。

一每逢己甲之年冬月,僧敦请何、叶、徐、吴四姓施主到庵饮盘查酒,人数照前,住持请其酒席,定籼糍、煎腐、素菜,酒各席四瓶,凡到饮盘查酒者,奉籼糍二斤,余果品照旧。

嘉庆廿三年岁次戊寅锺月上瀚吉旦

公立簿据施主　何长旺

叶茂富　徐世南

吴毛予　何惟端

叶正万　徐荣锦

何思奇　何松年

吴纲胡　叶连春

徐华兴　何士筠

何作新　叶日新

徐荣兰　何士良

吴华兴　叶正僯

叶月高　徐华亮

徐华禄　何士昭

何士聪　吴振元

吴纲松　徐春桂

徐富永　何友孙

何元赐　徐荣福

吴光胜　吴光明

何惟城　叶衍茂

叶丽章　叶胜隆

　　　　吴玉才

公举新住持僧　知远

　　眼同　江兴

　　　　欧富贤

　　　　黄天俦

　　　　饶思赐

代笔　廖毓堂

以上俱押。

军府批列后

特授邵武清军督粮总捕分府加五级纪录十次记大功一次

麟,为祷给示禁等事。案据民人何伯继支下长旺六股人等禀
称,始祖伯继公置买四十四都南山庵周围山场蓄树木,施归庵
内,以作屏障暨置买田产以膳香火,是庵设有伯继公施主牌
位,由昔至今,世远年湮,从无不肖子孙入庵残害,即附近居民
亦历无一采樵伤其薪木。迄因族孽乘旧僧逃,纠串野秃,踞产
分烹,酝成讼案,革面终难革心,垂涎山木茂林,值金数百,不
容盗拚,附近樵夫运斤盗砍。新召住持弱难追捕,毫无忌惮。
旺等室远人遐,无可奈何,伏乞俯念神地,颁给示禁,以杜樵
采,万代公侯,顶祝上禀等情到府。据此,除批示外,合行出示
严禁,为此示谕附近居民人等知悉,尔等务各体念该处山场,
毋许潜入樵采树木,以妥神灵。自示之后,如敢故违,许该住
持僧人指名禀报本分府,以凭严拿究办,决不姑宽。各宜凛遵
毋违,特示。嘉庆廿三年十月初七日给。

（《邵武樵西古潭何氏宗谱》卷尾三）

在漫长的中国封建社会里,曾长期保存着奴隶制的残余。它对于
中国社会经济的发展,起着了一定的延缓作用。近来,我们获见福州郊
区农村的一些民间契约文书,其中有数纸民间奴婢买卖交易文书,从一
个侧面反映了明清时期福建农村中的奴隶制残余,今特抄录如下,以供
参考。

身契

立卖断婢女身契刘利益,今有自己使唤婢女名唤红鸾,年方十
四岁。今因乏用,托媒卖断与江处为婢。三面言议,卖断出身价钱
柒拾壹千文正。其钱即日收足,其婢女即听江家改名使唤教管,日
后或转卖,或俟长成择配,悉从江家之便,益不得干预其事。至此
婢系益自己使唤,并未曾重张典当受人财礼等情,如有来历不明,
系益出头承当,与江家无涉。风水不虞,听天之命,惟愿入门益利,

长发万金。恐口无凭,立卖断婢女身契乙纸为照。

　　　　　光绪贰拾肆年拾贰月吉日立卖断婢女身契刘利益(花押)

　　　　　　　　　　　　　　从命婢女红鸾同

　　　　　　　　　　　　　　中媒黄林氏同

　　　　　　　　　　　　　　　　李氏同

　　　　　　　　　　　　　　代笔林长春同

身契

　　义女姓停:

　　立卖婢身契吴志泰,自己使唤有婢女一身,名唤冬梅,年登一十四岁。今因别置,将此婢凭媒林元清等卖与侯邑二十三都郑张氏处为婢,即日得讫身价壹百二十二千文正。自卖之后,任听改名使唤,长成之日,听从择吉婚配,与吴家无干。此婢系泰自己手买使婢,并无来历不明,典当别人财物,如有此情,系泰自愿出头承当,不涉买主之事。倘有风水不虞,从天所命,泰亦不得言说,生端枝节之理。两家允愿,各无反悔。今欲有凭,立卖婢身契乙纸,付执为照。

　　坤造乙卯年十一月念二日己时

　　庆生大吉

　　嘉庆拾叁年肆月日

　　　　　　　　　　　立卖婢身契　吴志泰(花押)

　　　　　　　　　　　从命婢　冬梅(同)

　　　　　　　　　　　媒人　林元清(同)

　　　　　　　　　　　　　　茂桂(同)

　　　　　　　　　　　保媒　陈志高(同)

　　　　　　　　　　　代笔　叶观盛(同)

保养成人契

　　立缴卖断婢女身契江清辉,自己凭媒价买有婢女,名唤云鸾,年方十五岁,身中并无暗疾。兹经托媒将此婢女转缴与侯邑廿三都汤院地方郑处为婢。三面言议,卖断出身价钱七十八千,即日随契收足。其婢女听郑家改名使唤,长成之日,亦听择媒收价。自卖之后,不得以父母兄弟藉亲往来,永断葛藤。但此婢女系辉自己凭媒价买,非是拐带私逃,亦未曾重张典当他人财物,以及来历不清等情,如有来历不明,其身价钱听从郑家收回,辉自己出头抵当,与郑毫无干涉。倘有风水不虞,听天由命。两家允愿,各无反悔。今欲有凭,立缴卖身契乙纸,又缴到刘利益卖身契乙纸,付执为照。

道光贰十六年四月吉日立缴卖断契江清辉(花押)

从命婢女　　红鸾(同)

保认媒人　　林陈氏(同)

代笔　　祝长成(同)

出嫁契

立婚书王陈氏,原有义女喜鹊,今已及笄,理宜婚配,凭媒说合,配与本县下廿三都汤院郑常经处为侧室。三面言议,即日得讫聘金伍万文正,本义女即付择吉成亲。如有来历不明,系氏出头承当,不涉郑事。伏愿:福并箕筹,寿齐鹤算,珠璧联辉,麟趾绳绳,百代芝兰,竞秀凤毛,振振千秋。今欲有凭,立婚书乙纸,永付为照。

乾隆叁拾肆年四月吉日立婚书王陈氏(花押)

冰上人郎伯大山(同)

代笔郑常蔚(同)

十七

何乔远《镜山全集》中收有《海上小议》、《开洋海议》、《请开海禁疏》等多篇文章,记述作者要求开放海禁、让民间自由通商的主张,尤其是作者同情郑芝龙，极力呼吁明朝中央政府及福建当道者信任、重用郑芝龙，询为当时难得之见。现特摘录如下，以供研究者的参考。

海上小议（崇祯二年）

天下之事，当于未然图将然，谋天下之事，当于无计求为计。今海上郑芝龙之功，不待言矣。芝龙无饷，我无以处之，亦不待言矣。顾处饷之方，未有能出于海洋税之外者，唯在变而通之耳。凡洋税于海澄县，给引发船，此故事也。自海寇为梗，人多不往。吕宋兴贩，顾兴贩在也。缘吕宋酋长因我货不往，彼来就鸡笼、淡水筑城贸易，而红夷亦住台湾，与我私互市，顾皆奸民好阑接济，是我不得收税者，不得收海澄县之税耳。而鸡笼、淡水、台湾诸处税，独不可严奸阑之禁，必令给引乃发乎。夫利归奸民，而上不得一分之用，此所谓舛也。愚见以当请于朝，将海澄之税移在中左所，而我以海防官管之，外则使芝龙发兵巡逻，私贩之人治以重罪。彼素知其窟穴而习夫风涛，必不至漏网，则昔日海澄之饷今在中左，此仍旧之道也。

夫芝龙归心于我，为我守护，万耳万目所共睹，而海上之民倚为捍御。若令其自出饷军，则是我意彼旧日作贼，财帛尚多，既贳其罪，当出为我用，则我尚以盗心处之矣。今彼白出财力为公家干事，世上亦无此差使，且我地方如此之大，千处万处，不得一饷，何彼作贼数年，便有不贳？昔汉卜式输财助边，但有一次耳，岂能日日策应武帝，以为南征北伐之需哉。亦当念芝龙财帛虽多，亦有罄尽之日，彼虽不敢再叛，抢之而去，别居海岛上，自为田横，此时海寇复来扰我边鄙，以自思饷则当急矣。又念去年春军帅弃镇逃窜，漳、泉祸在燃眉，以此思饷则饷当急矣。又思海运不通，米粟翔贵，百货腾踊，人民艰窘死亡，无可输纳钱粮，以此思饷则饷当急矣。又假如李芝奇作反，芝龙被杀，海事无人料理，彼来作扰，以此思饷则饷当急矣。又试追想曩日三省会剿之旨意，有一省奉行否，有一处措置钱粮否？大凡我中国之待夷狄，因其跳梁，动言征剿者，此皆事外之人好事之见。国家辽阳，亦坐此病，报之天下，一方可知，万望当事大人君子留意处分。

鄙人又有欲言者：杀人者死，此律法也。彼杀人者，未必皆平生枭悍之人，亦偶然人为之死耳，而坐以杀者谓之偿命也。今芝龙解来之贼，虽云被虏，但当时急于求生，听贼使唤，若持刀杀人便当偿命，何必问其生平善恶与否、家属保任有无？盖芝龙目见面审，必是真贼，无可疑者，而吾欲以不死待之，此小惠非大德，反失豪杰任事之心。若今纵之去，彼后作贼，又可责芝龙再捕之耶？此愚见之一也。闻近李芝奇来求抚，当因而收之，使其在我掌握，后日欲杀欲留权则在我。或待其党既散，凭芝龙与之分疏，此隆庆间我款俺答之事。若怒其人而禁之，则彼掉头不顾，即芝龙力能擒之，亦费许多事，此又愚见之一也。山中之人不知事体，惟是乡邦之急，不揣有言，伏惟当道大人君子采择行之，幸甚！幸甚！

开洋海议（崇祯三年）

窃谓海者闽人之田也。闽地狭窄，又无河道可通舟楫，以贸迁江浙两京间，惟有贩海一路，是其生业。高皇初定天下，彼时寸板不许下海，是时乱离新辑，人民鲜少，皆窳易活。其后渐有私贩，虽败露之后坐以大辟，然走死地如鹜者，不能绝也。至嘉靖初年，柯副使乔杀入贩夷人，朱巡抚纨大严海禁，申明大辟，然二公之身皆以不免，海之不能禁明矣。至万历初年，始开洋税于漳州海澄县，其时收税共得十三万余金，人民安乐，军饷饶足。此一时也，吕宋夷人朴质，一柑中口售一银钱，他物类此不可枚数。侵寻晚末，我人奸诡，夷亦自开慧识，无此狼藉。顾其地有机翼山，金银自出，充溢流露，不似中国须烧凿炼冶，故彼亦不甚惜，今民间所用番钱者是也。至于红夷作梗，劫夺于货，以致盗贼旁挺，官府以闻朝廷，遂绝开洋之税，欲使奸民无所得为盗。于是盗不得于海上，而转炽于海滨矣。红夷与吕宋，皆西洋之夷也。红夷本国名加留巴，吕宋本国则佛郎机也。两国地形相直海中，红夷旧不各与中国为市，及见吕宋与中国交易得利，亦欲强我载货其国。我人生怕不敢与通，而红夷强牵我船至其国中，于是吕宋不得贸易，互相仇怨，谓我人此是反夷，此是穷夷教我绝之。红夷无所得利，又劫夺我货于海中矣。其实红夷颛悍重信不怕死而已，而其意只图贸易，别无他念。盖自万历甲辰岁求通，彼时税监高寀许之，而其时臣子方与税使为难，漳南道沈公一中首使把总沈有容好却之。及于近岁屡欲求市，我以为贼，痛绝之。抚台南公，至于大创献俘，而彼尚愍不畏死，一心通市，据在台湾，时时闯入中左，与郑芝龙为唇齿之交矣。

台湾者，其地在澎湖岛外，于夷人无所属，而我亦以为海外瓯脱，不问也。今则红夷入据其处，结茅割菅，苦盖家室，而奸民将中国货物接济之，于是洋税之利不归官府而悉私之于奸民矣。吕宋见我不开洋税，亦来海外鸡笼、淡水之地，私与我贸易，奸民又接济之如红夷，而洋税之利又不归官府而悉私之于奸民矣。夫以中国税额大利，悉闭绝以与奸民，此舛之大者也。

佛郎机之地，本在西洋，吕宋不过海岛一浮沤耳，其民皆耕种为业，佛郎机夺其地，开市于此，人遂名吕宋，而亦名东洋。其开市于此，犹我中国都北京而设荆州、芜湖之镇以抽分然。其夷能与中国贸迁，其国货赂大集，则佛郎机王有赏，不则有罚，此如中国黜陟幽明矣。若此则贩海之兴，夷人所觊幸而不可得者也。鸡笼、淡水之地，一日夜可至台湾；台湾之地，两日两夜可至漳、泉内港，而吕宋夷百物百工悉藉于我。其来鸡笼、淡水，我等百工，如做鞋、箍桶之类，凡可以备物用者，皆至其处，又可无往返之劳，此又小民糊口一生路，亦我小民所视幸而不可得者也。此皆据今日吕宋、红夷二夷入我近地而论，此所谓东洋者也。此外，尚有暹逻、柬埔寨、广南、顺化以及日本倭，所谓西洋也。暹逻出犀角、象牙、苏木、胡椒，如西留巴，又出西国米、燕窝，他番所无。柬埔寨、广南、顺化亦出苏木、胡椒。日本国法所禁，无人敢通，然悉奸阑出物，私往交趾诸处，日本转手贩鬻，实则与中国贸易矣。而其国有银名长铸，别无他物。我人得其长铸银以归，将至中国，则凿沉其舟，负银而趋，而我给引被其混冒，我则不能周知。要之，总有利存焉。而比者，日本之人亦杂住台湾之中，以私贸易，我亦不能禁。此东洋之大略也。

今日开洋之议，愚见以为旧在吕宋者，大贩则给引于吕宋，小贩则令给引于鸡笼、淡水；在红夷者，则给引于台湾，省得奸民接济，使利归于我，则使泉州一海防同知主之。其东洋诸夷及大贩吕宋，则仍给引于漳州，使漳州一海防同知主之。兴贩大通，生活有路，贼盗鲜少，此中国之大利也。窃因而论之，开洋之家十人九败，其得成家者十之一二耳，而人争趋之者，何也？此譬如吾辈读书，能得科第者有几？其不遇者至于穷老无以为活，皆云书之误人，然而人人皆喜读书者，以其有科第在前也。今兴贩之人，亦有遇盗丧其资斧，亦有丧身波涛以饱鱼鳖，然而甘之者何？以有成家十之一二者，可几幸也，而又可以苟且度日。其在国家以爵禄縻天下之士，使其童乌以至白首钻研于功名之途，一生不暇休废，至其不遇则亦已老矣。而小民被其设财役贫，亦可苟且度日，此亦所以销海上奸民之一议也。且夫盗贼而横行海上，不过劫取一二船货，杀伤数人之命而已，而开洋慨绝，盗贼狼子野心无所得劫掠，仍来登岸焚略劫杀，子女银币悉为所有，则其为祸转烈而为患转大矣。

有宋之时，市舶司实置在泉州。彼其通番，则有彭亨、百花、大食等国,凡三十余,皆来城下,载在泉州旧志可考也。又每岁四月,则郡守为海舶祈风,以求回船。彼时诸公皆有祈风之诗,刻石在泉州九日山可考也。是以有宋之朝,金缯和虏不至框匮;其后宋家失事,亦不在贸易之夷,皆往事之可见者。夫此其往也。今海上洋禁百凡犹可,而漳、泉之郡地狭人稠,不仰粟于东广则不得食,彼无所掠,则将买粟之船尽数取去,而吾民之饔飧困矣。又如泉州须纸于延平,须酒于建州之类,诸物不敢下船,一从陆地驼挑,而百物之杂用困矣。夫此犹其小者也。行贾者,天下之大利也,今天下之人无所不行贾,贾于吴、越为盛,吴、越之人利莫大利湖丝,而夷人所欲亦莫大此,夷人所工者,织细作绒,而不得湖丝则无所得下手。其湖丝已成之货,若绫罗细缎之类,则彼又鏨以为花为鳞服之,以为观美。又如江西磁器,亦彼所好。是洋税一开,其为商贾之利甚广且远,所以生天下之民人也。夫此犹其小者也。今中国之中,只此财用,有出孔而无入孔。出孔莫大于西北边,而入孔莫大于西南夷。出孔者以之款虏守边,一出而不可复还。入孔则西南夷,宝货所聚,而一切闭绝之,而徒求之加派重敛之间,其后民不堪命,转而为盗,则征剿之费又继其后,破财更大,瓦解土崩,皆兆于此为国家深长思者所宜虑也。海滨鄙野悉索见闻,惟有位君子实重图之。

请开海禁疏

南京工部右侍郎臣何乔远为乞开海洋之禁以安民裕国事。臣备员南署,节阅邸报,见有闽中开洋之议,只诵明旨,未见详奏。臣闽人也,敢言海事。窃见闽地窄狭,田畴不广,又无水道可通舟楫上吴越间,为商贾止有贩海一路可以资生。万历间开洋市于漳州府海澄县之月港,一年得税二万余两,以充闽中兵饷,无所不足。至乎末年,海上久安,武备废弛,遂致盗贼纵横,劫掠船货,兼以红毛一番时来逼夺,当事者遂有寸板不许下海之令,至以入告,而海禁严矣。然海滨民众多生理无路，兼以天时旱涝不常，饥馑洊臻，有司不能安抚存恤，致其穷苦益甚。入海从盗，其始尚依一二亡命为之酋长，既而啸聚渐繁，羽翼日盛，海禁一严，无所得食，则转掠海滨，海滨男妇束手受刃，子女银物尽为所有，而萧条惨伤之状，有不可胜言者矣。自郑芝龙招抚之后，颇留心为我保护地方，近者海氛稍靖，此证开洋之一会也。失今不行，海滨之民无所得食，势必复为盗。

　　臣请言开洋之利。盖海外之夷，有大西洋，有东洋。大西洋则暹逻、柬埔寨、顺化、哩摩诸国。其国产苏木、胡椒、犀角、象齿、沉檀、片脑诸货物，是皆我中国所需。东洋则吕宋，其夷佛郎机也。其国有银山出银，夷人铸作银钱独盛。我中国人若往贩大西洋，则以其所产货物相抵；若贩吕宋，则单是得其银钱而已。是两夷人者，皆好服用中国绫段杂缯。其土不蚕，惟藉中国之丝为用。湖丝□□□自能织精好段匹，錾凿如花如鳞，服之以为华好。是以中国湖丝百斤值银百两者，至彼悉得价可二三百两。而江西之磁器、臣福建之糖品果品诸物，皆所嗜好。佛郎机之夷，虽名慧巧，顾百工技艺皆不如我中国人，我人有挟一技以往者，虽徒手无所不得食，是佛郎机之夷代为中国养百姓者也。此东西二洋之夷，多永乐间太监郑和先后招徕入贡之夷，恭谨信顺，与北虏狡犷不同。至若红毛番一种，其夷名加留巴，其国去吕宋稍远，向岁羡佛郎机市我得利，强我人鬻贩彼中，我人惮其险远，而佛郎机亦恶其争彼货物，教我人绝之，而红毛番始为难于海上矣。要其人狞顽，惟利是嗜，不畏死而已，而其信义颛一之性，初未尝负我钱物，且至其国者，大率一倍获数十倍之利，曩虽被我大创，顾未尝我怨，至今往来我近海地不绝也。自我海禁既严，泉州、澎湖之外有地名台湾者，故与我中国不属，而夷人亦瓯脱之，于是红毛番入据其地，我奸民为接济；

而佛郎机见我海禁，亦时时私至鸡笼、淡水之地。我奸民阑出物，官府曾不得一钱之用，而利尽归于奸民矣。夫与其利归奸民而官府不得一钱之用，则孰若明开之，使上下均益，而奸民亦有所容乎？且始惟以海贼横劫贩船故，禁一船不许下海。贼既不得志于海，而反为暴于海滨之民，度商船之遇贼也，十不二三耳。且其船俱带有火药器械，连艐而行，贼来殊死斗，其不济者常少。贼来海滨，则男妇束手受刃，子女银物尽为所有，视商船所失相万矣。

臣伏念万历年间税以二万余也，立法之始则然也。今天下人民日众，图生日多，若洋禁一开，不但闽人得所衣食，即浙、直之丝客，江西之陶人，与诸他方各以其土物往者，当莫可算。汉司马迁所谓走死地如鹜者也，如是则四方之民并获生计。且往者既多，积渐加税，度且不止二万余但可充闽中兵饷而已。臣见中国之财，天产地毛，悉以输东西二北边之用。其款房者，一出而不复返。天生大利在海外之国，而一切闭绝之。但见有出孔无入孔，使奸民窃窃自肥，而良民坐受其困，殊为可惜。此其故，虽有先后诸臣建议，臣意庙廊之上未知其详且便之若此也，故敢为皇上披陈。倘以臣言可采，则洋税给引，或仍旧开于海澄县之月港，或开于泉州府同安县之中左所，即使泉、漳两府海防官监督。而该道为之考核，若有贪墨显迹，申明纠治。而郑芝龙既有保护地方之意，责其逐捕海上，如三年内盗贼不生，人船无害，即行大加升赏。《礼经》所云四方来集，远乡皆至，上无乏用，百事乃遂。此古帝王生财之大道也。臣具疏临遣，旋接邸报，户部复奉圣旨：这开洋通商事宜，该部既称不便，著照常禁饬，钦此。臣知朝廷无反汗之理，欲止不言。既伏念天下事，知之明乃处之当。此事臣知之最真。非臣一人之言，合臣泉、漳二府士民之言也，未论裕国，盖弭盗安民，莫先此举。仍再乞勅下臣本省抚按广徇泉、漳士民之言，著为一定之论，布而行之，以为永利。臣本求去之人，何若为此烦渎，实以欲靖地方，必开小民衣食之路，闭之者乃所以酿祸，而开之正所以杜萌也。臣不胜仰望待命之至。

十八

关于王在晋《越镌》中的海上贸易资料，我已在《从一篇史料看十七世纪中国海上贸易商性质》（载《文汇报》1962 年 11 月 2 日）一文中加以引述。事过二十余年，《越镌》一书更难获见，为了保存资料，爰就我当年所抄转载于此，以供同好们更好地分析这篇资料。

浙海距倭，盈盈一水，片帆乘风，指日可到，是真门庭之寇，操戈砺刃以相待者，倭未尝一日忘情于我，惟是杜勾引之奸、断往来之路，固我之藩篱，绝彼之睥睨，而后内地可长无事耳。

往时下海通贩，惟闽有之，浙不其然。闽人由海澄入路，未尝假道于浙。今不意闽之奸商舍其故道，而从我之便道，浙人且响应焉。此衅一开，闽实嫁祸于我，而患不知所底止矣。今岁之凌波泛海者，党与颇众，声息颇扬。藉有抚院严儆稽防奸宄，而按、盐二院督汛饬兵，法令整备，于是一岁之间三获通倭人犯：一则海贼劫商掠货以入倭，其二则奸民造船揽贩以通倭，至于省会重地招商置货之奸并获焉。

海贼欧梓与巨寇洪贵等，纠闽贼四十二人，驾船列械劫柴客之船，掠泉商之货至福州港口，则并越人之船货而有之，绍商黄敬山等被捆丢舱，搬抢糖货。群盗分艅复回海澄，而泛海开洋径回日本者，盖二十有八人焉。倭山已在望中，乃天厌其恶，被风直漂金齿门，与哨兵构斗，以三船之众不能当群贼之锋，迫至十五船奔袭夹攻，而梓等十四人乃受缚于官兵，余尽投之水国。捕兵何士廉、华文贵杀贼陈华联，洪茂杀贼洪坤。初缘欧梓等止认通番而不以为贼也。若谓士廉等有擅杀之罪，乃绍商投认白糖等货，而桶号俨然在也；先告福州海防听失状，又俨然证也。则梓等之为海寇明甚。寇劫既真，官兵未有遇寇而不攻者，攻未有能禁其不杀者。我兵枪伤足、槊伤胸，被弹而立倒，则捕兵杀贼，岂云杀降。陈华联二贼之死，仅以当何人德之命。临阵交锋之下，恐无擅杀之条，但以五百人而攻二十八，贼要非勇敢之师，我兵伤者四十余，死者一人，亦非全胜之绩。何士廉、华文贵侵匿盗赃，当捐擅杀之辜，以就克减之律，与钱才、胡胜等并论。蔡山、孙应麒功浮于过，而哨捕陈钦、王子贤则当直纪其功。□□功过相准，其擒贼官兵，应照擒斩流来剧贼功并叙。欧梓等强劫情真，黄三虽哓哓致辩，而商人周瑞、杨石认系相帮捆缚，面质既真，无辞骈戮。许二，年未及冠，无捆缚劫商之事，姑议缓刑。至于郑崇岐，擅离汛守，既违军中之节制，妄称不杀，敢造海上之浮言，欲饰罪以邀功，几变白而成黑，所当以军法从事者。此金齿门擒获海贼功罪之案也。

其一起，为奸民严翠梧与脱逃方子定，以闽人久居定海，纠合浙人薛三阳、李茂亭结伙通番造船下海。先是，子定于三十七年，同唐天鲸雇陈助我船，由海澄月港通倭，被夷人抢夺货物，遂以船户出名具状，称倭为真主大王，告追货价，所得不赀。严翠悟、李茂亭闻之，有艳心焉。有朱明阳者，买哨船增修，转卖茂亭，先期到杭收贷，同伙林义报关出洋而去。翠悟、三阳乃唤船匠胡山打劫赠船一只，结通关霸，透关下海，等候随买杭城异货，密雇船户马应龙、洪大龙、陆叶艬艎船三只，诈称进香，乘夜偷关驾至普陀。适逢潮阻，哨官陈勋驾船围守，应龙等辄乘潮而遁，哨兵追之，乃索得段绢布匹等物，纵之使行，而前船货物已卸入三阳大船，洋洋赴大壑关矣。于时子定先往福建收买杉木，至定海交卸，意欲策随等三阳船贩卖,遂将杉向大嵩潜泊,而预构杨二往苏杭置买湖丝。又诱引郑侨、林禄买得毡毯,同来定海。见三阳船已先发,乃顿货于港子定家,寻船下货。时值军令严行,密访漳、泉流来奸徒,并将闽船尽收入关,子定通番事情遂为黎知县所侦缉搜赃,于高茂章财园内搜上年发去账簿;于子定家中,其朝见倭王及本王娘小王娘王儿子王媳妇王姑丈把水头日通事等礼仪章单,以及叩恩急捄便商洙语、告追被夷抢去财物状稿,尽被搜出。而子定亦无能置喙矣。计定海打造通番船有三:一船李茂亭为长,而发旗者之为士垣也;一船唐天鲸为长,而发旗者之为薛三阳、董少也;一船方子定为长,而合本者之为严翠梧也。奸商托声势以恢张,则不得不借宦旗为引导,藉公差为影射,则不得不索马票以前行。宦旗薛三阳之假冒,当被薛乡宦举发,追执送官,向无本宦之首,则黎知县不预闻其事。无赖奸豪当得志于穷崖绝岛之间,今各犯累累致讼庭,则一首之力居多矣。查总旗马牌,为生员冯嘉会往福建探亲,乞牌前往,以病不果去,而原牌乃为唐七所得,唐七转卖林宜斋,宜斋与严翠梧等持之下海。夫马牌止行于驿递,而不可行于海洋,藉是为支吾,亦无聊之语云耳。冒宦旗,窃邮票,引诱奸民纵横下海,定海关任其漏税,桃花渡任其造船。埠头与舟子同心,关霸同商贩作弊。迨其事败,则又挟宦以必援,海上从来未有之事矣。然敢为厉阶,所恃巡海官兵扼其喉而蹑其尾。奈之何,有陈勋等之贪贿也。众商以倭为市,而众兵以商为市,所得于马应龙等之船者若是其多,彼李茂亭船,岂能越普陀而飞渡,则不能脱官兵之耳眸。国家养兵防海,乃索买路之金钱,作海门之垄断,陈勋等不遣,不足以告诫于三军。乃奸商严翠梧、薛三阳,造船犯禁,为法之所不宥矣,相提而论。商无船不行,禁商莫先于船户,船非匠不造,禁船必先于船匠。乃船行于海,惟凭舵工为行驶,而货鬻于商,惟凭积俭为收买,故船户、船匠、舵工、牙侩均当置澄以遏奸萌。薛三阳、严翠梧船只,据愬在温州被风打坏,事发于五月,而船坏于九月告照,明为抵饰,应追原船没官。至于积奸方子定,业经拘摄,而李衢邵本得贿故纵,不惜以身为尝,与犯人同罪,合从本律。黎知县发奸杜患,功应纪录。汪主簿验船含糊,应提究。此定海擒获奸商功罪之一案也。

又一起,为福清人林清与长乐船户王厚,商造钓槽大船,倩郑松、王一为把舵,郑七、林成等为水手,金士山、黄承灿为银匠。李明习海道者也,为之向导;陈华谙倭语者也,为之通事。于是招来各贩,满载登舟。有买纱罗、绸绢布匹者,有买白糖、磁器、果品者,有买香扇、梳篦、毡袜、针纸等货者。所得倭银在船溶化。有炉冶焉,有风箱器具焉。六月初二日开洋至五岛,而投倭牙五官、六官,听其发卖。陈华赉送土仪,李明搬运货物,同舟甚众,此由长乐开船发行者也。又有闽人揭才甫者,久寓于杭,与杭人张玉宇善,出本贩买绸绢等货,同义男张明,觅船户施春凡、商伙陈振松等三十余人,于七月初一日开洋,亦到五岛投牙一官、六官零卖。施春凡、陈振松等亦留在彼,而玉宇同林清等搭船先归。此由宁波开船发行者也。

林清、王厚抽取商银,除舵工、水手分用外,清与厚共得很二百七十九两有奇。所得倭银,即令银匠在船倾销。计各商觅利多至数倍,得意泛舟而归,由十月初五日五岛开洋,十二日飘至普陀附近,被官兵哨见追赶,商船忙驾入小月岙,被礁阁,各负银两登山奔窜,逃入柴厂,将未倾倭银抛弃山崖溪涧间。哨官杨元吉督同捕兵缉拿,邻哨解尚元者亦统兵至,协擒伙犯六十九人,搜获倭戒指、金耳环、倭刺刀、炉底、器械等件,又搜获银共三千九百两七钱。所证有倭语及通番帐目,其从倭而至无疑矣。

夫漳、泉之通番也,其素所有事也,而今乃及福清。闽人之下海也，其素所习闻也。而今乃及宁波。宁波通番，于今创见，又转而及于杭州。杭之置货便于福，而守之下海便于漳，以数十金之货得数百金而归，以百余金之船卖千金而返，此风一倡，闻腥逐膻，将通浙之人弃农而学商，弃故都而入海。官军利其贿，唯恐商贩之不通；倭夷利其货，唯恐商船之不至。获息滋长，则旋归故里，可勾倭而使入资斧，偶讪则久恋夷邦，可导倭以行奸。我恶其去，而倭喜其来；倭喜其来，而我禁其去，则恐挑怨于倭，而将来必挟众以求通于我。我以异货动倭之欢，慕倭以厚价中我之贪婪，是倭以铒钓闽，复以利饵浙。浙人积货以资闽，假道以便闽，而闽人纠党以愚浙，豢倭以祸浙，窃虑无穷之衅，从今伊始。造船之林清、王厚，作佣之揭才甫、张玉宇，诱引之陈华，俱应引例。李明计赃论徒。若银匠、若舵工水手及同舟随行者，苦于人之众而限于法之穷，彼从闽出，与此中纠合者不同，姑从末减，用开一面。哨获官杨元吉等当从优叙。此普陀捕缉奸商功罪之一案也。

又一起，为抚院访拿省城通番人犯赵子明、沈云凤、王仰桥、王仰泉、何龙五名。子明向织造蛤蜊班段匹等货，有周学诗者转贩往海澄贸易，遂搭船开洋往暹罗、吕宋等处发卖，获得颇厚，归偿子明赊欠段价。因在洋遭风，许愿在三茅观延请道士周召南设醮演戏酬神，观者甚众，而学诗之通贩遂露。子明虽不与学诗同往，而转卖得利，应与学诗并徒。生员沈云凤者，将资本托仆沈来祚、来祥往海澄生理，来祥等每径往吕宋等处贩卖货物，包利以偿其主。据称来富系虚名，并未留居彼中。论理则祥、祚获得而归，来富何为独淹异域，家有通番之奴，似当罪归其主。但云凤年齿甚轻，不谙生计，远方兴贩，或系奴之所为，徒二奴而令云凤赎罪，肆亦足以创矣。

访犯王仰桥，为王吉，而方子定招中之王敬桥为王如宝，王南园者即子定招所载之王南国，盖国与园豕鱼之讹也。如宝等领税官黄宇本银贩货下海，似当与杭城之张玉宇同条并遣，但事出访闻，而原招亦止称严翠梧等在王敬桥、王南国家收贩，当无通倭实据。王吉、王南园俱改杖为徒，与王如宝、黄宇并罪焉可也。何龙洲之通贩事败于伊妻之争闹；朱文光之出洋，词证于表伯之出首；但文光访查无名，而仇口首词难信，龙洲配而文光减杖，亦罪疑惟轻之意云。意龙□无其人，王仰泉患病另结，此省城通番访犯之罪案也。

合四案而并论之，则欧梓等系强盗劫商掠货以通番，方子定等、林清等系奸商纠伙造船以通番。赵子明等系大户出本借资以通番，或疏漏于驾船之日，而旋获于因风飘泊之时，或脱略于出海之先，而终败于宪檄严时之候。海贼欧梓、许振、吴三弟、蓝兴、陈太孙、蔡二婴、陈七、杨二、蔡仁、陈二、柯七、黄三，并斩决不待查。许二姑议缓死。陈勋、王本和、朱应纹、王金，以私受买港受财枉法论。林清、王厚、薛三阳、严翠梧，以擅造违式大船下海论。张玉宇、揭才甫、陈华，以纠通下海买番货论。李衢、邵本与方子定，同罪论。郑从岐，以擅离汛地论。朱明阳、李明、唐天鲸、赵子明、周学诗、王如宝、沈来祚、沈来祥、何龙洲、王吉、王南园、黄宇、胡山、徐大策、沈学、陈坡、吴进、马应龙、洪大卿、陆叶，与受赃王国臣、魏山、张用、韩克爱、余国华、陈明、陆道、王胜、林清，各计赃并徒。至于克留盗赃之何士廉、华文贵、胡胜、钱才、单应宿、王山、蒋明、江云、李子龙、庄从，胁从下海之郑松、金士山等六十三人，歇客之钱维峰，寄赃之高茂章，合伙之杨二、郑桥、林禄、丁二官，纵仆之沈云凤，被首之朱文光，放船之袁云阳，通同纵犯之董志、倪元、蔡德、陈明并从杖警。孙应麒、蔡山、洪茂、夏文俱应免罪。逃脱之方子定，严行限缉。未到之李茂亭、林义斋、唐七、董少、陈助我、冯嘉会、施春凡、陈志宇、董敬塘等，倪应号、徐守道、张栋等，俱应分行所属提究。其海贼朱大、朱二、王祥、许珍甫、刘八行，原籍缉拿捕盗。严孟龙及患病之王仰泉，所当另问归结者也。

再照，浙与倭邻□□可虑，林清以十月初五日开洋，十二日直达彼，当各汛尚尔飘摇，矧春汛乘风，更虞迅速。往时闽船入不浙界，故临汛易于稽防，今虽三令五申，而透漏如故，定海关外船只混淆，商贩莫辨，此可不严界限乎？香船例不税验，而奸贩托名进香，尽多私载，以普陀为寄寓，此可不严稽核乎？督税有官而任关霸之把持，凭埠头之买放，汪主簿之查验，岂无异货，捕役之追回，岂是原船，此可不严究诘乎？杭城之货专待闽商，市井之捏牙勾同奸贾，名报税，私漏出洋，此可不严入官之禁乎？擅造通番大船，地方不报，官司不问，差役通同里甲隐藏蔽，此可不严连坐之法乎？内地造船，必由港门而出，各港俱为官兵汛地，扼其险阻，岂能飞越？此可不严守把之令乎？普陀一带，为入倭要路，商船入倭，多由官兵卖放，谨其防闲勤于哨探，此可不择总哨之官乎？夫倭大有欲于中国，然犹睥睨而不即发者，非真畏中国之兵也，淼茫天堑，苦于无船。今奸商各船而往，并船而归，倭固有其船矣。前驱向导苦于无人，今奸商觅利则来而复往，亏本则往而不归，倭固有其人矣。火药箭铳苦于无具，今丝绵绸绢可带，则硝磺铜铁亦可带，倭固有其器矣。彼方利我之玉帛，而吾以玉帛导之；彼方窥我之虚实，而我以虚实告之、鼓之、舞之者。奸商众则海贼繁，入倭为商，遇商为贼，在海为贼，入内地为倭。海贼繁而倭必至乱必作，其究则由奸商通贩始。嘉靖间海禁少弛，而宋素卿、王直、徐海勾倭作难，蹂躏我内地，虏掠我人民，还重而□□效。今一岁而获通倭者三，闻闽中各路有三四十船下海，网巾云履等物靡所不售，髡奴效法唐人，鳞介易我衣裳，时事尽堪蒿目，与言太息，几于谈虎而色变矣。今欲严通番之禁，必明揭条例昭告于人，曰通番者若林清、严翠梧诸人，以造船遣；受贿者，若陈勋、王本和诸人，以买港遣；纠伙者若揭才甫、张玉宇诸人，以接买遣；官兵不守汛者，若郑崇岐，以擅离汛地遣；卖船者，若朱明阳，驾船者，若唐天鲸，船匠若胡山、徐大山，私载者若马应龙、洪大卿，偷放者若沈学、陈坡，通贩若周学诗、何龙洲，给本如赵子明、黄宇，知情牙侩如王如宝、王南园等，但坐赃以充城旦，庶借本之大户尽知爱惜其资财，影射之奸豪咸思保全其氏族，涉海之僄民并图顾恤其身躯，防守之兵戎亦思谨严其节制。其间用法虽浮于律，而原情实符于例，益戢祸止乱，必期法重而民畏，借数十人以行法，而海滨无尽之生灵所活不知几千万也。此今日防海之□□所当请命于朝者。若夫善后弘远之猷，则有院台之主裁擘画在矣。

（《明清福建社会经济史料杂抄》原发表于《中国社会经济史研究》1986 第 1 期—1988 年第 3 期）

二十三　重印《惠安政书》及《崇武所城志》序

惠安为吾闽滨海名城之一。我在早年时，即喜听乡土逸闻传说。长而治史，于方志之学，颇有殊好。壮游四方，每于通都大邑，穷乡僻壤，不论长篇巨著，零编断简，下及文书契约，凡可供论史之用者，无不着意收录，广为宣传，以供同好。这个想法，老而不衰。

1951 年冬，我参加惠安崇武镇土改工作，见其城寨之古，风物之美，颇动思古之幽情。在土改中，我曾调查过峰港乡蒋姓石工的社会构造。它是一乡一姓的村落，整族皆以打石为生，遍布本省各地城乡，他们在乡是族长，在城市是工头。这样一种社会构造，透视出中国社会城乡之间农工结合的特殊形态，引起了我的深思。同时又见到崇武四乡妇女长住娘家的习惯，也是社会史上的一个很原始的资料，值得探讨。那时我又在崇武图书馆发现一部《崇武所城志》（明嘉靖朱彤纂集，明崇祯陈敬法及清代、民国人均有陆续增补），其中记载对于研究崇武地方史很有用处。因该书向未见于省内书志学者的记录，归语福建省立图书馆馆长萨士武同志。萨君精于福建方志之学，闻而大喜，不久即倩人抄录一本，藏之省馆，这书始渐为世所知。

1980 年春，我由美返国，应日本东京大学东洋文化研究所佐伯有一教授之约，在东京小作勾留，由山根幸夫教授陪往东洋文库参观，适东洋文库的明史研究班正在研读叶春及的《惠安政书》，因其有关福建地方文献，曾粗翻一遍，得山根教授的帮助，穷一日夜之力，复印全书见赠，心感不尽。《惠安政书》收在叶春及所著《石洞集》内，书分五卷十二篇，有图有文，举凡山川形势、道路交通、地方利病、民间生业，以及风土民情，无不纤悉备载，是叶氏任惠安知县时所亲自调查并参考当时文献所撰成的，为惠安地方志上一很重要的原始资料。本书在日本有多种版本,后来发现东洋文库本有缺页,又承山根教授从静嘉堂文库藏本中影印补入,俾成完璧。关于叶春及的生平仕履和治绩,《明史》及闽粤地方志均各有传,可不复述。至于《石洞集》,则《四库全书总目提要》卷一七二集部别集类二五有详细介绍,特引用如下,以供参考:

> 《石洞集》,十八卷,明叶春及撰。春及字化甫,归善人,嘉靖壬子举人,官至户部郎中。事迹见《明史·艾穆传》。是编首载《应诏书》五篇,共二卷,史所谓授福清教谕上书陈时政,纚纚三万言者也。次载《惠安政书》十二篇,其官惠安知县时作,共五卷。次公牍二卷,次志论二卷,为所修府县志书之论,用《鄂州小集》例也。次诗二卷。其第十九卷目录作《崇文榷书》而注一阙字,其曾孙纶跋语谓此书奉旨所刊。

很遗憾的是,我僻居闽海,未见《石洞集》全书,在《政书》以外,叶氏有关惠安的史料不得参考,只好俟之异日。我深疾当今社会有一股不正之风,以垄断资料为能事,秘不示人。曾告关心闽南史学的有关朋友泉州王连茂、惠安蔡永哲等同志,愿将此书公之于世,以广流传。乃得惠安县文化馆及县志办的支持,拟将以上两书于近期内付印重版,命缀数言列诸刊首。我以为两书的重新印行是本省方志史上的一件大事,因叙我与两书的因缘,以为开端,并告关心福建地方文献者。最后,本书的出版,要特别感谢山根幸夫教授为中日文化交流做出的重大贡献。

(《惠安政书》及《崇武所城志》点校本由福建人民出版社 1987 年出版)

二十四　重印《闽都别记》序

　　福建人民出版社为保存地方文献,重新校印《闽都别记》,嘱我写一前言。我于该书素乏研究,但颇感兴趣,印象甚深。记得六、七岁时,我们总喜于夜晚饭后茶余之际,团聚在一起,围听大姑母为我辈兄弟姐妹讲说《闽都别记》里的故事,说得娓娓动人,听得津津有味,更阑夜静,乐而忘倦。至今在我的脑际里还回旋着什么"周拱的金砖"、"拿宝不居财"、"蛇郎哥、蛇郎奴"、"郑唐烧火炮"等故事。勾引我重新回到六十多年前那种无邪而天真的童稚生活。

　　《闽都别记》的写作时代,约在清乾嘉之际或者更后些,系当时福州说书人根据本地民间传说,参考历史故事所拼凑而成的一种话本。作者曾署名"里人何求",然对于他的生平略历,则究莫能详。民国《福建通志·艺文志》,未见著录。在近人的著述中略有提及,亦语焉不详,是以本书的作者,究竟为谁,尚是一个疑问。或云"里人何求"含有不知何许人之意。话虽如此,亦非无线索可寻。《别记》本在括叙古迹题咏,常附有拂如氏之五七言诗,这拂如氏是否即系《别记》的作者,史无明文。但在第七回所附的"九仙山"两首诗,起句作"吾宗伯仲九神仙,修炼斯山汉代年",似是作者与何氏有关。不过我们以为本书既属话本,则非出于一人之手,故可不必详究作者为谁。关于本书的来历,最初印行此书的董执谊先生在跋文里有如次的话:

　　　　《闽都别记》四百回（按:应作四百零一回,因第二百回有两回）,约百二十余万言,……其书合于正史及别史记载者各十之三,野说居其四焉。以福州方言叙闽中佚事,且引俚谚俗腔,复详于名胜古迹;文词典故,多沿袭小说家者言,虽属稗官,未始非吾闽文献之厄助;博奕犹贤,不可废也。

因本书用福州方言土语，以熟见的福州地名古迹，穿插历史故事，附会民间传说，描写福州社会生活，带有浓厚的地方色彩和乡土气息，故雅俗共赏，深为一般大众所喜爱乐闻，拥有一定的读者。以前只有抄本行世，它和《榴花梦》一书同是福州租书铺的热门书，直到清末民初始有刊本，据目前所知约有四种。一、是最早的油印本（用销锢纸写成的）；二、宣统辛亥藕根斋的石印本（以上两个版本均出自福州南后街董家，即董执谊氏）；三、抗战胜利后福州三山书纸店的五号铅印本；四、最近福州古籍书店的复制本。至此书原名是否即是《闽都别记》，亦有不同的说法。本书二百四十一回有"前文结《双峰梦》全篇"之语，知此书的前半部当名《双峰梦》；自二百四十一回之后，则另有人拼凑续写。友人徐吾行兄前曾荐有一部《闽都佳话》的清末年抄残本，仅有数回，与流行本相较，内容颇有详简的不同，略可考见其发展与变化的痕迹，似此，本书还有一个题名——《闽都佳话》。

本书故事以福州东山榴花洞为开端，联贯到汉唐五代，特详于开闽王氏，经宋元而迄于清初，内容是很庞杂的，大小故事拼凑在一起，缺乏系统，时间观念很不谨严，文字亦欠雅驯，显然出于说书人之口，迎合市民听众的低级趣味，是以很有一部分的不健康成分及对于少数民族的诬蔑辞句。然书中保存有大量的福建（主要是福州地区）的民间故事、神话传说和谣谚，这种口头文学，值得民俗学家、语言学家以及研究福建地方史者和文学史者参考。随便举一些例子如下：

《说文》曰："闽，蛇种也。"本书便残留有人头蛇身的神话和"山都木客"的故事，这可为探究福建原始社会的传说提供材料。福建的少数民族——畲族系以犬为图腾，素有拜犬的习俗，本书亦有王姝生犬和（猰）钟（犬）与娥霜公主结亲的故事，把这一个历史故事保存下来，这和古希腊人说某族人为天鹅的子孙、牛的子孙等正相类似。他们虽是动物，但都具有人性和魔力。福州闽江流域有一种水上居民——疍民，俗称"曲蹄",历受封建政府的歧视与压迫,不得移居陆地,平日操着水上运输业务,又过着像浙江九姓渔户的江山船那样的生活,这在书中亦有所揭露。

陈靖姑的神话,是全书的一个重要线索,福州民间流传很广,是一种保婴、保赤神。解放前,福州城乡的社庙,俗称曰:境,都有临水陈太后祠,进行奉祀,并于每年正月元宵举行迎神赛会。在这故事中,不时穿插着降伏水怪山妖,为民除害的神话。而死亡灵魂的复活,在书中便演变成为"缺(嘴)哥望小姐"的故事。作者还借鬼神妖怪的嬉怒笑骂的笔调,讽刺、揭露当时社会的黑暗,引述李考叔的《鬼方记》,认为鬼是不可怕的,倒是"鬼怕正人"。这种大无畏的精神,就在今天还是值得肯定的。书中又常以民间传说附会历史故事,把白鸡小姐的白妃说是柏姬小姐,这是指元行省郎中柏帖穆一门的死事,那是不符合历史事实的。

郑唐和曹学佺的故事,则是"徐文长型"的民间故事在福建的再版,集中表现中国人民的聪明与智慧,以及他们对于不合理的社会制度的不满。

本书的另一个特点,即比较详细地描述福州地区的社会生活,如戏班生活、地方掌故、社会风尚等方面都有所讲说,颇可补充正史记载的不足,再则本书又保存大量福州地名的种种传说,如今天尚为人们所熟悉的钱塘巷、猪姆岭、鸭姆洲、银镶浦等,都加以神化或予以不同的解释,这种乡土味,对读者很有亲切感,可唤起爱乡的感情。

自五代王氏起,福州就是一个港口,海外贸易是很发达的,所以本书有一定篇幅谈到福州地区的商业活动和海外贸易的情况,残留有一些可供探索的痕迹。如法海寺旁之宦贵巷,原名番鬼巷;大桥下的泛船浦,原名番船浦,即当年泊番船之故处也,这番鬼巷是否反映福州地区也曾存在过类似广州的蕃坊,也值得考证。总之,自宋以迄明清,外商来到福州者颇有其人,只因说书人对于海外情况不清楚,是以所反映出的种种颇非事实。书中还涉及当年福州较大的行业——杉木行、中亭街鱼行，以及丝绒店、药材店、洪塘篾等；也谈到福州典当、钱庄、汇票等等，并指出福州与台湾贸易的紧密关系，还多次谈到福州的商业区——南台。这方面的故事既有迎合小市民的兴趣的一面，也有对商人为富不仁和欺诈刁吝行为的鞭挞。

我认为，书中最值得重视的，就是保存福州的大量方言、俗谚和民间故事，如为人民艳称的"荔枝换绛桃"的故事，以及"沉东京浮福建"、"看见枇杷叶，思量家母舅"、"潭贴㭴"等俗谚，迄今尚在民间流行，足供学者参考。间还有一般地方志所不经见的地方掌故，亦颇足珍。

根据以上所说，福建人民出版社重新整理出版这部书是有意义的，一是保藏福建文献；二是提供有益的材料，有助于研究福建历史。当然，任何历史遗产都有精华与糟粕，我们必须根据历史唯物主义的原则，慎重对待，具体分析。既不可粗暴，也不可笼统地表示赞同或反对，这是我们的态度，也希望读者能本着同样的精神阅读本书，做出分析，并给予评论。

二十五　敬悼郑天挺先生

去年年底的一天,突然传来郑天挺先生于十二月二十日去世的噩耗。一时间,我变得发呆了,一直不相信这样的事。因为十七日我刚参加全国政协会议后离京返闽,而郑老则开完五届人大四次会议返回天津,那时并未听闻他有身体不适之说,而且这不幸的消息只是得自北京来信,恐怕是一个误传。直到南开大学发来讣告,我才不得不相信这悲痛的事确已发生。这些日子里,我的心情一直不能平静,和郑老交往过从的往事,一幕幕展现在我的眼前。

郑天挺先生早在解放前就是享有盛誉的明清史专家、北大教授。我从北大的《国学季刊》和《清史探微》中增益颇多,深佩郑老严谨的治学态度和学术成就,却无缘会面。我和郑老的接触是解放以后的事。一九五四年,我到北京参加教育部召开的第一次文科教学座谈会,郑老是历史组的召集人,我恰分在他这个组里。记得我发言时,郑老十分注意,用亲切的眼光久久端祥着我。会后交谈,郑老告诉我他原籍福建长乐县,老家住在福州西门大街亮功七贤境附近。我家适在西门外半街,近在毗邻,一时倍感亲切。郑天挺先生早岁随家北迁,福州话能听却不能说,但乡情仍厚。那时我不过是四十刚出头的人,他对我这个陌生的后辈却很爱护。郑先生青年时代就读于北京大学,参加过"五四"运动和福建学生反帝反封建运动,在这次谈话中,他问过当年在北京高师搞学生运动很活跃的刘庆平老师还在不在?并谈到北大福州学生朱谦之、郭梦良等的一些情况。从那以后,我和郑老在文科教材会议、学部扩大会议等场合经常接触,特别在文科教材会议中,往来更为频繁。郑老和翦老主编《中国通史参考资料》,我被分配主编古代部分第七册,即明史部分,一遇有疑难,郑老总是不吝指教,初稿完成后寄请郑老审定。

一九六二年十二月十一日,郑老致我一信,内云:"大稿明史资料早经奉到,并已付印,因弟往来京津,未及早日函陈,至深歉疚。资料原定今年出版,因印刷任务关系,明春始能排竣,将来清样打出,当即寄请审定也(无改动,只有几处用文言"也"字,换一二字)。杨英《从征实录》拟名原不甚妥,今得新本,确证原名《先王实录》,为之大快,校记在何处发表,蒙早见示。"这封信在十年浩劫中有幸保存下来,但明史资料清样在中华书局排后却被毁掉了,原稿也不知下落。一九七八年六月在武汉召开第二次文科教材会议时,我和郑老住在一起,谈及此事,他不胜扼腕,痛恨四人帮摧残文教事业的罪行。他鼓励我重新编辑,我因诸事羁绊,初稿近日始成,但他已来不及为之审定了。

一九二〇年秋陈嘉庚先生筹办厦门大学时,郑天挺先生刚从北大毕业,他和周予同先生应聘来厦大任教,担任国文课。虽然他在厦大一年后辞聘北上,但对厦大仍有深厚的感情。一九六二年春,郑成功收复台湾三百周年学术讨论会在厦门召开,郑老在百忙中抽身南下,首次重返厦大,以炽热的爱国主义激情,景仰故乡的民族英雄郑成功,并在我校作了学术报告,给大家留下了难忘的印象。一九八〇年月,中国经济史学术讨论会在厦大召开,郑老无暇南下,于五月三十日给我写了一封热情洋溢的信,其中说:

　　这次大会,从您一告诉我,我就决定无论如何总要参加。这是由于:(1)我是厦门大学校友,想回去看看各位老师和同学。我一九二〇年在北大毕业就接受厦门大学聘书,那时还在筹备,一九二一年四月才正式上课,我教国文,到今天已经六十年了。一九六二年回去看过一次,二十年,所以归心似箭。(2)我受旧思潮影响,乡土观念颇重,故乡虽无直系亲属,总想故乡的四化,故乡的生产,故乡的教育。乡音久改乡思在,确是如此。(3)我是学习明清史的,明清社会经济是我学习中的薄弱环节,我迫切希望向各位专家多学习,以增益识见。直到三天前我还是决定去的。但是这两天情况有些变化。市人民代表大会就要开会,我们八月份举行学术讨论会的筹备工作纷至沓来,不允许我短期、特别是在六月份短期离开天津。我只好请求您的原谅,大会的原谅,厦门大学的原谅。这次克晟去参加,我已嘱咐他,把大会的发言详细记录带回来,供我补课。厦门我还是要去的,我还是争取去的。

去年四月,厦大举行六十周年校庆纪念,郑老不辞辛苦,回校参加。在校庆期间,他以八十高龄为师生们作学术报告,并和教师座谈。他追忆六十年前在厦大的往事,提到演武亭校址奠基典礼时,曾经搭了一个牌楼,当时他横书"南国启运"四个大字,还有一付对联(已记不起来了)。那时厦大正在草创,他却看出是南方文化教育事业兴起的希望,真是独具慧眼,远识卓见。他喜看今日厦大的进步,充满激动和喜悦,连声说:"厦大我一定再来,一定会来的!"十一月间,我将福建省委决定今年在厦门召开郑成功学术讨论会的消息告知克晟同志,郑老欣然命驾,并约同在南开大学向他学习的日本东北大学教授寺田隆信博士联袂同行。孰知郑老遽归道山,未能实现重返厦大的宿愿。这是多么令人遗憾的啊!

郑老是一位历史学家,又是一位教育家,一生培养了不少人才,今天有名的史学家许多出于他的门下。郑老对我是关怀备至的。记得在一九六三年学部扩大会议期间,他在史学组座谈会上,对我运用土地契约文书研究历史大为激赏和鼓励,虽事隔多年,记忆犹新。一九六二年五月一日,郑老从北京给我写了一封信,推我主编《明代史纲要》,信中说:"此间近有编纂中国断代史计划,分九册,每册三十至三十五万字,……其中明代史纲要,咸推吾兄主编。亦知吾兄工作甚忙,但此事关系教育下一代,十分重大,且众望所归,想必蒙惠允。"我在郑老的鼓励下接受了这一任务,但迄今没有完成,真是愧对郑老。厦大历史系陈诗启同志研究中国近代海关史，他得知后十分赞赏，还特地发函邀请他参加明清史国际学术讨论会。杨国桢同志写的《林则徐传》，他不仅在百忙中抽暇读完全书，还给了很高的评价，认为该书"文字生动、简炼，史料丰富、翔实，……确乎难能可贵"。他对后辈如此关心爱护，完全是出于他对事业的责任心和高尚的品德。

我同郑老交往过许多年，深为他的学识和品德所感动。谨以此文，聊表我对他的哀思，并录存郑老的一些行迹。郑天挺先生的高风亮节，永远活在我们的心中！

（原文发表于《中国社会经济史研究》1982 年第 1 期）

二十六　喜读叶显恩新著
《明清徽州农村社会与佃仆制》

　　叶显恩同志的新著《明清徽州农村社会与佃仆制》(安徽人民出版社 1983 年 2 月出版),是一部解剖和探讨明清两代徽州农村社会经济结构的专著,也是一本很有特色的地方史著作。拜读一过,十分高兴。关于徽州社会经济的研究,在四十年代初我曾作过初步的探讨,日本的藤井宏教授亦有这方面的著作问世,嗣后作者如林,附庸蔚成大国。叶显恩同志的新著,则是后来居上,超越前者,为我国社会经济史坛新添了一朵奇葩。作者采用文献资料和社会调查相结合的研究方法,不仅在披阅大量丰富的徽州历史文献上,而且在搜集、访问、梳理散藏各地的徽州民间文约、帐籍上,都下了很深的功力,付出过艰巨的劳动;同时,又善于吸收社会学、地志学、人类学、统计学的研究手段,运用于历史学研究之中,借助于许多在历史文献资料上语焉不详甚至没有的各种知识,实现对一地区的典型解剖。作者在这方面的苦心钻研,使本书形成显明的独特风格。这表现在:

　　第一,作者把徽州明清时期的历史问题,诸如缙绅地主势力的强大,且久而未衰;商业资本的发达;宗法土地所有制的发展和宗法势力的强固;封建文化的发达;理学和礼学的盛行;佃仆制的顽固残存,一一放到徽州自古以来历史发展的全过程中加以考察,揭示其来源、性质和演变情况,从而相当准确地把握住明清时期徽州历史的本质特征,给予恰当的历史地位。本书上溯到徽州历史有文献可征的汉代,下延到写作时的二十世纪六、七十年代,凡史籍、文集、地志、谱、民间文约,悉收齐备;近人对徽州遗俗遗例的调查采访记录,土地改革文献,直至现时民间长老口碑,亦极力索求,加以形容。用丰富具体的实例,并尽可能地作出数量统计,把明清时期与此前此后的历史情况加以比较。这样,既把明清时期徽州农村社会的历史写活了,具有较强的说服力,又不使人感到画蛇添足,从而增强读者对徽州历史的全面理解。这种写法,可以说是断代地方经济史专著写作的一个创新,也是一次较成功的尝试。

第二,作者没有满足于了解徽州历史全貌以剖析明清时期徽州历史的重大问题,还进一步描绘明清时期全国性的农村社会风貌来探讨徽州地区的典型性。他把专题研究引入地方史的领域,改造了传统的地志学体例,赋予了专门性、科学性的新内容;又把地方史和断代史沟通起来,成为明清农村社会经济史一个不可缺少的篇章,使两者相互发明,相互补充,从而使地方史著作具有更强的生命力和影响力。作者在《前言》中曾经指出:“在作全国性历史综合研究的同时,需要作局部地区的典型解剖。全国性综合研究,自当以各地区的研究为基础;同样,地区的研究,也不能局促于狭窄的小天地,而必须放眼于全国历史发展的整体。把个别的、局部的历史现象无限推衍,扩大成普遍性的东西,以偏概全描绘历史,其荒谬是不言而喻的;但是离开中国历史的整体,囿于一隅之见,孤立地去研究地方史,无疑也不可能揭示历史的真貌。”这一认识是很有见地的。他在写作中尽可能地、有意识地避开往昔地方史研究中存在的这种通病,以致不仅研究徽州地方史的人必读这本书,而且研究明清史(特别是农村社会经济史)的人没有读到它,只能感到遗憾。在为开创社会主义四化建设新局面的今天,全党、全社会都痛感必须对我国和本地区的历史和现状、特别是经济发展的历史和现状作出科学的分析和估量,地方史研究的重要性更加突出了。如何使地方史研究更好地为社会主义四化建设服务,这本书的写法无疑具有参考和借鉴的意义。

徽州地区的历史,固然有大量丰富的文献资料和文物资料,比研究其他地区的历史有着便利和优越的条件,但要把这些资料读懂读通,并进而爬梳升华为科学信史,需要有较深的理论修养和学识的积累。正因为它的困难大于它的便利条件,所以虽然认识到徽州历史资料价值的不乏其人,但真正厕身其间,刻苦钻研,取得成果的,只有少数学者。叶显恩同志不畏其难,以很大的勇气和毅力进行可贵的探索,运用历史唯物主义的观点分析史料,在吸收前人和当前研究的成果的基础上,在许多问题上作了更深入的论述。第一章从徽州的地域沿革的较大的稳定性、山多田少的自然环境、北方移民举族迁徙定居的特点、人口的相对过剩和耕地面积变化不大等方面,论证徽州的地理环境对经济发展的影响。他既否定了古人相因成袭的地理环境决定论的观点,又用丰富的材料特别是整理了尽可能详尽的统计资料,对地理环境、人口变动等和经济发展有关的诸因素作了客观的估量。这是过去论者有意无意避开的问题,作者坚持实事求是的态度,进行科学的论证和评价,这是很有意义的。第二章对封建土地占有关系的分析,特别强调宗法地主土地所有制的发达,和长期以来没有形成大的私人土地占有者的特点,以及它和佃仆制顽固残存的关系。这些看法基本上也是稳妥的。第三章,对徽州商业资本分析,认为"佃仆交纳的土特产和佃仆在商品运输上提供的劳役,是徽州商业资本形成中的一个重要来源","这两者都可以看作是商业资本的实际组成部分"(第 116 页),是作者提出的新见解。第四章和第五章,对徽州的封建宗法制度和封建文化,作了系统的阐述。第六章论述徽州的佃仆制度,是全书的重点所在。作者认为"佃仆制在明清时期是盛行徽州地区的租佃制度"(第 240 页)。和我国其他地区一样,徽州地区也存在私人地主制下的一般租佃制,随着商品经济的发展,一般租佃制对宗法地主土地所有制下的佃仆制也发生愈来愈大的冲击和影响,但佃仆制无疑在明清时期徽州的土地租佃关系中占了重要的地位。在存在佃仆制的地区中,徽州又无疑是最有代表性的。明清时期的历史文献及徽州民间文约上常见有佃仆、地仆、庄仆、庄人、住佃、庄佃、火(伙)佃、细民、伴当等名目。作者通过实地调查,访问老农和熟于掌故的老先生,结合文献材料进行综合分析,认为:"明清时期以不同名目存在于徽州地区的佃仆,来自不同的历史时期和不同的地区,为地主承担不同劳役,彼此之间也存在着一些细微的差异,但实际上并没有什么本质的不同。为了行文的文便,我们把他们统称为佃仆。"(第239页)从这里出发,他把徽州存在的这种具有严格隶属关系的租佃制度,定名为"佃仆制",而没有沿用以往学者所通用的"庄仆制"文字一名称。在分析了佃仆的来源之后,作者着重考察了佃仆经济,认为佃仆承担种种劳役和实物地租同时存在,劳役地租占有一定的比重,是一个重要特点,"佃仆制和庄田制、劳役租制是互相依存、互相影响的"(第267页)。"佃仆的身份属于农奴",他的特点是"隶属于整个宗族","带有宗族农奴的性质"(第281页)。明清时期中国已进入封建社会晚期,产生了资本主义萌芽,在政治经济因素的推动下,佃仆制不可避免地日渐衰落。但徽州地区为什么能够顽固残存下来?作者的结论是:"带有奴隶制残余的徽州缙绅地主势力的强大及其久而不衰,徽州商业资本的发达,宗法势力的强固,封建理学的猖獗,以及地理环境和人口的特点等种种原因,交相作用,互相影响。"(第301-302页)在阐发如上观点时,作者都列举了充实的资料,做到史论结合,对进一步讨论和研究颇具启迪作用。

正如历史过程是一个错综复杂的运动一样,要从历史现象中找出它的发展演变的规律,是一个错综复杂的精神劳动。本书论列的一些重要观点在前人研究的基础上前进了一大步,但有些地方也并非无可商榷之处。比如,把明清时代流行于安徽、江苏、浙江、江西、湖南、湖北、河南、广东、福建等省的某些地区的具有严格隶属关系的租佃制度统称为"佃仆制",我们以为是科学的。但是,各地残存的原因不一,历史形成的习俗也有所差异,各有各的特性。共性是由不同的个性中抽象出来的,对个别的、不同的个性特征加以如实的揭示,当能更深刻地理解历史事物的本质。那么,在徽州地区,这一制度的代表性特征是佃仆还是庄仆? 我们认为还是可以重加考虑的。嘉庆《黟县续志》云:"族居者曰村,其系属于村者曰庄",佃仆一般是住在庄上的。诚如作者所说,徽州宗法地主土地所有制强大,佃仆制又和这种庄田制有很大的关系,在现代查湾村调查中仍有"八百庄"之谣和名称的沿袭(第 307 - 310 页),似乎可以说"庄仆"在徽州地区比"佃仆"的名词更能反映其本质的特征。又如作者引证契约资料正确地说明了明代徽州的地权"已分割成田底权和田面权,出现了一田二主,即田骨主(田底权)和田皮主(田面权)",入清以后,田皮"也成了一种可以出卖的地权"(第 64 页)。但在另一处,又说"所谓田皮权是永佃权的一种形式"(第 251 页),提法显有矛盾。因为史籍、文约上使用"田皮"的含义虽然往往是把田皮权和永佃权,即田面的地权和长期耕作的佃权,混淆为一,这和"业"既可表述地权、也可表述佃权一样,缺乏明确的观念,但永佃权和一田三主是地权分化的不同形式,性质也不同,从契约关系上还是可以区别的。其标志是佃权可否自由转移。当田主承认"田皮"有自由出卖、转让等权利的场合,它实质上已经变成一种地权的分割了。当它变成实际的行为时,即成了一田二主的一种形式。这时,永佃农已经变为田皮主兼佃农了。因此,田皮权是不可能和永佃权等同的。在这里,作者沿用了史学界的传统说法,而这一说法究竟能否成立,恰是需要进一步探究的。再如,作者强调佃仆的劳动是徽州商业资本积累的一个重要来源。这一看法是新颖的。但从许多徽商发家的前史来看,有许多和佃仆制看不出有必然的联系。徽州民间文约中记录了不少中下层徽商起家的经历,就和土地没有关系,或和佃仆经营没有关系。对这一部分徽商(在数量上当占多数),也有必要进行分析,加以论明的。至于徽州商业资本发达的历史作用,我们感到它对落后的生产关系——宗法制和庄仆制的保护,是值得重视的,它对徽州历史的发展的消极影响是极大的。如果本书能在这方面加强论证,似可对徽州商业资本和佃仆制的关系得出更加辩证的、全面的认识。此外,有些问题涉及到不同的章节,在论述上和史料使用上都有一些重复,似还可作进一步的调整。

这些问题,有的是属于百家争鸣的问题,有的是史学界尚待深入探讨的新课题。以此责难作者,显然是不公正的。特别是经过十年动乱,本来十分正常的学术讨论的不同意见,进而有人曲解利用,作为否定他人学术成就的口实,这就使近来一些书评作者不得不左瞻右顾,望而却步。我们之所以仍然大胆地把它提出来,只是希望书评这一形式能充分发挥传递学术信息的作用,使有志于此项研究的学者们,包括作者和我们自己在内,在肯定本书所取得的成就的基础上,共相析疑解难,求得更加深入的进展。

叶显恩同志是一位治学严谨的中年学者。我们在看到叶显恩同志的成就时,不能不怀念已故的梁方仲先生。我们强烈地感觉,在当前史学研究中,需要一大批优秀的中年人才,这是我们的事业后继有人、兴旺发达的一个重要标志。

（原文系与杨国桢合作写成,发表于《中国社会经济史研究》1983年第3期。）

跋

　　本编所收入的论著,是已出版单行本之外的傅衣凌先生其他文章。这些文章最早发表的时间是在上一世纪三十年代,最迟的是 1988 年,时间跨度五十余年。其中大部分是关于中国经济史和社会史的文章,间有少量关于中国史理论方法论介绍以及史料辑述与序言、书评等的文章。由于傅衣凌先生生前曾多次使用过"休休室读史札记"的名称,自己一度也以"休休生"为别号。故此次整理出版,即以"休休室治史文稿补编"作为书名。编排体例基本上以原文发表的时间先后为序。

　　《休休室治史文稿补编》所收入的文章,虽然不如其他已出版的论著单行本那样有着比较集中系统的论述主题,但是从这一补编的文章中,我们反而可以更加清晰地看到傅衣凌先生一生中对于开创中国社会经济史的探索历程。尤其是其早年对于中国社会史的兴趣与理论方法论的关注,体现了那个时代老一辈史学家们对于开创新史学的不懈追求。

　　傅衣凌先生的散篇论著,应该不只《休休室治史文稿补编》中所收录的这些。但是由于早期的一些文章,已经很难寻觅,故此次整理编辑,不得不暂付阙如。《休休室治史文稿补编》整理编辑中所存在的错误不足之处,敬请同仁方家批评原谅。

陈支平

2006.9.20